新编21世纪心理学系列教材

临床心理学

第2版

Clinical Psychology

姚树桥　傅文青 等　著

中国人民大学出版社
· 北京 ·

作者简介

姚树桥，博士，教授，博士生导师，现任中南大学医学心理研究所所长，中国心理卫生协会常务理事，中国心理卫生协会心理评估委员会主任委员，教育部大学生心理健康教育专家指导委员会委员，全国高等学校第二轮应用心理学专业本科规划教材评审委员会副主任，《中国临床心理学杂志》主编，湖南省心理学重点学科第一带头人。主编国家级规划教材《医学心理学》（第五、六、七版）、《心理评估》（第一、二、三版）等教材 7 本，并为在我国学习的留学生主编了首部全英文教材 *Psychology for Medical Students*。承担国家自然科学基金重点及面上项目 4 项、国家科技支撑计划 1 项，以及省部级科研项目、国际大型合作科研项目 10 余项。发表论文 500 余篇，其中以第一作者或通讯作者在 *Biological Psychiatry*，*The American Journal of Psychiatry* 等国际权威杂志上发表论文 50 余篇。获国家科学技术进步二等奖等国家、省部级科研成果奖 5 项。

傅文青，博士，教授，硕士生导师，现任苏州大学医学部医学心理学研究所所长。从事医学心理学教学、科研与心理治疗 27 年。主要研究心身疾病、心理治疗方法及中国文化心理学，发表文章 50 余篇。出版著作与教材 15 部，主编教材 3 部，主译心理学参考书 8 部。

唐秋萍，博士，教授，硕士生导师，现任中南大学湘雅三医院临床心理科主任，中国心理卫生协会心理评估专业委员会委员，中国心理卫生协会心理咨询师专业委员会常务委员等。30 多年来一直从事精神卫生、心理咨询实践的教学和研究工作。研究方向主要为心理评估、心身疾病的咨询与治疗。主编《功能性疾病》《实用短程心理治疗》《健康心理学》《临床心理学》等著作 6 部，主译《健康心理学》著作 1 部，参编著作 10 余部。发表学术论文 60 余篇。

朱熊兆，博士，教授，博士生导师，现任中南大学医学心理学研究所副所长，中南大学湘雅二医院医学心理中心副主任，湖南省临床心理学学科带头人，中国高等教育学会医学心理学分会副理事长。一直从事心身疾病的诊治以及应激反应及心理-神经生物学机制研究。主持国家自然科学基金项目、国际合作项目等 10 多项。获教育部科技进步奖二等奖 2 项，湖南省医学科技二等奖 1 项。在国际权威学术期刊上发表 SCI、SSCI 论文 100 多篇，在国内学术期刊上发表论文 200 余篇，主编、主译著作 9 部。

吴大兴，博士，教授，硕士生导师，现任中南大学湘雅二医院医学心理中心主任医师，湖南省高层次卫生人才“225”工程医学学科骨干人才培养对象，中国心理卫生协会心理咨询师专业委员会委员，中国心理学会心理学普及工作委员会委员。长期从事医学心理学临床工作，擅长心理咨询与治疗。主持国家自然科学基金 3 项，湖南省自然科学基金 1 项，参加国家、省部级课题 7 项。近年来，以第一作者或通讯作者身份发表 SCI、SSCI 英文论文 18 篇。主编专著 2 本，参编国家级规划教材 6 本。

内容简介

临床心理学是心理学的分支学科之一，作为一门心理学与医学交叉的学科，它主要探讨人类心理病理现象发生发展的心理机制及防治措施，其工作就是对心理健康问题进行诊断、治疗和预防。近年来，我国临床心理学工作有了长足的进步和发展。目前，我国正处于快速发展和转型阶段，个人社会心理健康问题凸显，急需一本符合我国国情的临床心理学教程。

本书用 14 章的篇幅介绍临床心理学的主要内容。以引进、消化和吸收的国际上常用的临床心理学基本理论为切入点，逐渐过渡到介绍具有我国特色的临床心理评估和心理治疗的具体知识和技术，包括心理评估、智力评估、人格评估、神经心理测验、临床评定量表、心理干预、精神分析、行为治疗、人本-存在主义治疗、认知治疗及其他治疗方法，以及心理治疗的疗效评估等全面且详尽的内容体系。各章的内容体例安排基本是以理论开始，过渡到技术与方法介绍，最后进行简要的理论总结。书中穿插大量案例与分析，在帮助学习者加深对知识点的理解、拓宽其视野的同时，提高其在实践中的应用能力。

本书著者长期在一线从事临床心理学科研、教学和临床工作，积累了丰富的实践经验。因此，本书适合作为普通高校心理学、应用心理学，医学（军事）院校医学心理学、精神卫生等专业的本科和研究生教材，也可作为心理咨询、心理治疗师的培训教材，同时可供社会读者阅读参考。

第2版前言

《临床心理学》自2009年出版以来，得到广大读者的高度认可，多次加印仍供不应求。近十年来，我国临床心理学工作取得长足进步，社会对心理健康的需求日益增加，大众希望得到专业的服务的心情急迫，而且广大有志于从事心理咨询与治疗的临床心理学专业人员也迫切需要进一步完善自身的知识结构。基于这样的背景，我们精心修订了这本《临床心理学》。

本书除了在基础理论部分补充一些最新进展外，主要在心理干预与心理治疗部分做了较多修改。在心理干预总论中，增加了现代心理治疗的发展趋势、心理治疗的有效因素等内容，是对国内学者心理治疗经验的重要总结；在现代精神分析理论与治疗的进展方面，详细介绍和总结了心理动力学的新理论、新发展，如客体关系理论、自体心理学、依恋理论及主体间心理学的核心内容，特别是这几个流派的发展脉络与相互影响。在认知心理治疗部分，介绍了认知治疗的新发展、新疗法，如辩证行为治疗、正念认知疗法。由于正念疗法系列成为现代心理治疗发展的新热潮，故增加了正念疗法一节，详细介绍了正念理论与正念疗法的进展。

本次修订继续保持14章的总篇幅。本书的编撰修订具体分工如下：第一章由姚树桥撰写；第二章由蒋莉撰写；第三章由范晓玲撰写；第四章由周永红撰写；第五章由吴大兴撰写；第六章由蚁金瑶撰写；第七章由朱熊兆撰写；第八章由傅文青、张天布撰写；第九章由傅文青、张沛超撰写；第十章由朱熊兆撰写；第十一章由唐秋萍撰写；第十二章由张宁、钱丽菊、李波撰写；第十三章第一、二、五、六节由赵幸福、汤臻撰写，第三、四节由傅文青、唐一源、单敬、阙墨春撰写；第十四章由唐秋萍、刘曼、陈纹撰写。

由于近十年来临床心理学的进展很快，且涉及多个学科，知识范围扩展很广，因而，尽管我们每位作者在修订过程中都投入了大量时间和精力，但限于知识水平，错误还是在所难免，恳请广大读者多多指正。

本书修订过程中，中国人民大学出版社张宏学老师做了大量仔细耐心的工作，她的关心、督促及参与，对本书的修订工作及顺利出版起了很大作用。同时，吴大兴、傅文青老师为本书的组稿、编排、校对做了大量工作。在此，一并向他们致以诚挚的谢意。

姚树桥

2017年12月30日于中南大学湘雅二医院

第1版前言

临床心理学是一门探讨人类心理病理现象的原因、发生机制、防治手段的应用性学科，是心理学与医学相结合的交叉学科，其核心工作有临床心理评估和心理治疗技术的研究与应用。在西方发达国家，临床心理学经过百余年的发展，已经相当成熟和规范，成为当今心理学科中最庞大的分支。在美国，临床心理学家占心理学从业人员一半以上，其科学研究和临床服务已渗透到社会生活的各个方面，显示出旺盛的生命力。与西方发达国家相比，尽管近30年来，我国临床心理学有了长足的发展，除引进、消化和吸收了国际上临床心理学的理论与常用技术外，也建立了一些有我国特色的临床心理学理论与技术，但整体上与美国等西方国家临床心理学的发展水平仍有相当的差距，尤其在科研水平上还有很大的差距，专业人员培养体系还相当不完善，所以，我国的临床心理学是一门正在形成和发展之中的医学与心理学交叉学科。基于这样的背景，我们精心撰写了这本《临床心理学》。

在全体作者努力下，本书力求体现这样一些特色：(1) 重视临床心理学的科学基础，全面反映当今临床心理学的科学家-实践者的培养模式；(2) 彰显理论与实际并重的指导思想，临床心理学专业人员不仅要具备深厚的理论知识，以及独立开展临床心理学领域科学研究的能力，而且要能熟练地进行心理诊断和心理治疗工作，具备解决临床实际问题的能力；(3) 注意体现当今临床心理学科的进展，书中不仅介绍了临床心理学领域传统的知识和技术，而且适当地介绍了当前临床心理学前沿研究的成果，如临床认知神经科学的新进展。

本书共14章，以临床心理学基本理论为切入点逐渐过渡到临床心理评估和心理治疗的具体知识和技术介绍，具体到每一章大致也是按照这样的方式安排内容：以理论开始，过渡到技术与方法介绍，再进行简要的理论总结。

本书的编写具体分工如下：第一章由姚树桥撰写，第二章由蒋莉撰写，第三章由范晓玲撰写，第四章由周永红撰写，第五章由吴大兴撰写，第六章由蚁金瑶撰写，第七章、第十章由朱熊兆撰写，第八章、第九章、第十三章第三节由傅文青撰写，第十一章由唐秋萍撰写，第十二章由李茹撰写，第十三章第一、二、四、五节由吴天诚撰写，第十四章由唐秋萍、汤炯撰写。

临床心理学的发展十分迅速，涉及的学科和知识面极广，尽管我们每位作者都投入了大量时间和精力，但因知识水平有限，错误在所难免，恳请读者指正，我们将不胜感激。

本书的撰写得到了中南大学研究生教育创新工程经费支持。中国人民大学出版社龚洪训和陈红艳老师做了大量工作，他们的关心、督促及参与，对本书的顺利出版起了很大作用。同时，学术秘书吴大兴老师为本书的编排、校对做了大量工作。在此，一并向他们致以诚挚的谢意。

姚树桥

2009年4月8日于中南大学湘雅二医院

目　录

第一章
绪　论

进入 21 世纪初，临床心理学面临着巨大的机遇和挑战。美国的一项大规模心理健康需求评估显示，约三成美国人存在各类需治疗的心理疾病。当前中国正处于社会经济与科学技术快速发展与转型期，人们的生活节奏明显加快，心理应激与压力在加重，心理行为异常和精神障碍人数逐年增多，心身疾病、生活方式疾病及危机干预需求成为重要的临床问题。在中国，卫生部 2006 年对 30 个市和 78 个县死亡原因进行调查，结果显示精神疾病被列入死亡原因的前 10 位。2008 年卫生部发布数据，我国每年约有 25 万人死于自杀，还有约 200 万人自杀未遂。死于自杀的人中，约一半患有抑郁症。据《中国教育报》载，另一项大型调查显示，我国小学生有异常心理问题的比例是 16.4%，有严重心理行为问题的比例是 4.2%；初中生有异常心理问题的比例是 14.2%，有严重心理行为问题的比例是 2.9%；高中生有异常心理问题的比例是 14.8%，有严重心理行为问题的比例是 2.5%。在我国，自杀也是大学生群体突出的精神卫生问题，预防自杀已成为当前高校心理健康教育工作的重要内容。

我国黄悦勤等 2017 年发布的一项大型中国精神卫生调查研究显示：我国心境障碍患病率为 4.06%，其中抑郁障碍 3.59%；焦虑障碍患病率是 4.98%；65 岁及以上人群老年痴呆患病率为 5.56%；酒精使用障碍患病率为 1.84%。国家卫生和计划生育委员会《全国精神卫生工作规划（2015—2020 年）》也指出："随着经济发展和社会转型，心理应激、焦虑症、抑郁症等常见精神障碍及心理行为问题逐年增多，精神卫生与心理健康工作面临严峻挑战。目前我国精神卫生服务资源严重短缺且分布不均，全国共有精神卫生专业机构 1 650 家，精神科床位 22.8 万张，平均 1.71 张/万人口（全球平均 4.36 张/万人口），精神科医师 2 万多名，平均 1.49 名/10 万人口（全球中高收入水平国家平均 2.03 名/10 万人口）。医学工作者和社会大众对焦虑症、抑郁症等常见精神障碍和心理行为问题的认知率低，社会偏见和歧视广泛存在，讳疾忌医多，科学就诊少。现有精神卫生服务能力远远不能满足人民群众的健康需求，与国家经济建设和社会管理的需要有较大差距。"

目前，心身疾病、慢性病及生活方式疾病，如心脏病、恶性肿瘤、脑血管病、意外死亡等取代传染病成为人类主要死亡原因。据报道，2001 年全球总死亡人数 5 560 万，其中慢性病占 60%。预测到 2020 年，慢性病的死亡人口将占总死亡人口的 75%，慢性病的患病率在成年人中高达 70%。慢性病与人的心理应激、压力及各种不良生活方式密切相关，吸烟、酗酒、网络成瘾、过量饮食、久坐不动与缺乏锻炼已经成为普遍的生活方式与工作方式。总之，心理社会因素已经成为各种疾病的直接或间接的原因。

可见，心理健康问题普遍地影响着人们有效生活的能力，它会造成学业成绩不良、工作表现不佳、人际关系不好、生活质量下降。心理健康问题对身体健康和疾病也有着深远的影响，那些有抑郁症状的心脏病患者在心脏病发作后，其第二次发作的风险明显提高。

临床心理学的工作就是对心理健康问题及其后果进行诊断、治疗和预防。临床心理学家运用心理测验、访谈和行为观察等技术手段来诊断心理问题，进而通过各种心理治疗方法对心理健康问题进行有效干预。他们还要制订预防心理健康问题的方案，全面提高人们的身心健康水平。此外，临床心理学家还要开展研究工作，以便更好地认识心理健康和身体健康问题的性质及原因，改进评估和诊断的方法，评价新的治疗和预防方法的效果。当然，由于心理健康问题极其复杂，人们的认识还有很大的局限性，因此临床心理学工作又是非常艰巨而富有挑战性的。

第一节　临床心理学概述

一、临床心理学的定义与性质

（一）临床心理学的定义

要给临床心理学（clinical psychology）下一个简单明了的定义是很困难的，因为很多年来，临床心理学领域一直在不断扩充，不断发展。最早提出临床心理学概念的是美国心理学家韦特默（Lightner Witmer），他于1896年首次使用了这个术语，并把临床心理学定义为通过观察或实验了解个体学习的基本原理，其目的是促进个体的发展。1935年，美国心理学会（American Psychological Association，APA）的临床分会也提出了一个类似的定义："临床心理学是一门应用心理学，其目的在于，采用测量、分析、观察的方法了解个体行为的能力和特点，同时综合身体检查和社会背景等情况，对个体的适当调整提出建议和意见。"2000年美国心理学会临床心理学分会则将临床心理学定义为："临床心理学综合运用科学、理论和实践，来理解、预测和改善人们的适应不良、能力缺乏、情绪不适，并促进人们的适应、应对和个人发展。临床心理学关注的焦点是人类适应在智力上的、情绪上的、生物学上的、心理上的、社会上的和行为上的方方面面，这种适应贯穿于人的一生，因文化背景不同而异，涵盖了不同的社会经济水平。"① 从这些定义的演变，我们可以看出，临床心理学的研究领域在不断扩大，而且，关注的重点从

① Compas，Gotlib. Introduction to Clinical Psychology，Science and Practice. New York：McGraw-Hill，2002.

观察和理解人类行为转变到改善人类行为。

临床心理学的定义因发展阶段不同而不同，现在通常是这样来界定的：临床心理学是心理学的分支学科之一，它既提供了心理学知识，又运用这些知识去理解和促进个体或群体的心理健康、身体健康和社会适应，同时对个体或群体的心理病理问题进行有效的干预。这个定义强调已有科学知识的运用和新知识的产生。因为临床心理学首先应有坚实的科学基础，然后才能为拓宽心理学和行为科学的研究领域，满足公众的需要作出独特的贡献。

（二）临床心理学的学科性质

心理学是研究人的学科，人是社会动物，既属于生物学科范围，又与社会学科有密切联系，因此，心理学是一门介于自然科学与社会科学之间的中间学科。临床心理学又是心理学的一个分支学科，是应用心理学中的一种。同时，临床心理学与医学关系密切，是心理学与医学的交叉学科。临床心理学首先是心理学，其次是服务，所以它是“科学-实践”的学科。从这种意义上讲，临床心理学也属于边界学科。这一学科分支发展比某些心理学分支要晚，但它的发展速度很快，现在其活动领域的范围和从业人员人数均大大超过了心理学中的其他分支，成为一个发展最快、充满生机、极具生命力的心理学分支学科。

临床心理学并不是唯一的运用心理学知识帮助人们的心理学分支。心理学的其他可帮助人们的分支学科还包括咨询心理学、学校心理学、社区心理学、工业/组织心理学和应用发展心理学。临床心理学和这些心理学分支学科有着许多共同的特点，但对于预防和治疗人们的身心健康问题，临床心理学的独特之处在于，它运用心理学的研究成果来增进人们的健康，强调临床心理评估、心理咨询和治疗、心理病理问题的防治，这是临床心理学的核心工作。

二、临床心理学家的思考方式及工作范围

（一）临床心理学家的思考方式

临床心理学家思考方式的核心包括四项工作，这些工作就是对人类行为的描述（description）、解释（explanation）、预测（prediction）和改变（change）。

1. 描述

要确切了解一个人或其心理问题，首先要仔细描述个体及其生活背景。就个体而言，这种描述包括关注个体现有行为的性质，还有详细记录其过去的发展情况。就临床心理学而言，这种描述主要通过心理病理问题诊断系统、心理评估及与既往流行病学调查数据比较来实现。

2. 解释

要了解一个人或一个心理问题，只有描述是远远不够的。临床心理学家迫切需要建

立审慎的模式来解释这些问题是如何发展又是为何发展的。不论对个体还是对一般人群而言，建立经实证验证的解释心理病理问题发生、发展的理论模式是临床心理学家的重要任务之一。解释需要参照理论模式对个体或问题提出假设，这些假设要经得起严格的实践检验。

3. 预测

检验解释最严格的、必要的方式就是看它能否进行预测，这种预测要得到实证研究的支持。同描述和解释一样，预测的重要性无论是临床心理学实践家在帮助个体的工作中，还是临床心理学科学家在探讨心理病理问题防治措施研究工作中，都是显而易见的。在可控制的条件下或很好操作的情况下，仅仅通过重复观察就可能进行预测。

检验预测有两种研究方式：（1）对表现在真实生活中的问题的发展进行纵向研究；（2）为验证特殊的预测或假设，在可控制的条件下进行实验研究。

4. 改变

对于临床心理学家而言，仅对人类行为进行描述、解释或预测还是远远不够的，因为临床心理学要运用心理学知识来更好地为人类健康服务。为了治疗和预防某些心理病理问题和躯体疾病，增进人们的身心健康，临床心理学家提出并采取有计划的、有效的干预措施，以促进个体或群体在身心健康方面不断改善。

（二）临床心理学家的工作范围

临床心理学家的工作范围主要包括研究、评估、治疗、教学、咨询和管理等（见表1-1）。

1. 研究

临床心理学家的研究主题非常广泛，包括神经心理学、行为医学、应激和社会支持、儿童问题、心理药物学、发展问题、测验的编制、心理治疗方法、脑损伤和心理缺陷、婚姻和家庭问题、各种形式的心理治疗方法的效果评估等。

2. 评估

评估过程包括对个体信息（行为问题、人格特征、能力以及智力水平等）的收集。这些信息可以用于对病人存在的问题做出全面的描述，对问题行为进行诊断，选择治疗技术，对治疗效果进行评估；还可以用于对个体的人格特征进行描述，指导个体进行最佳的职业选择，选择参与某一实验研究的被试，确定犯罪者是否具备责任能力等。

3. 治疗

目前，在临床心理学家的工作中，心理治疗是最普遍的。其具体工作可以被称为心理治疗、行为矫正、心理咨询等。治疗的重点在于消除个体或团体的心理困扰或问题行为，有时还会通过向社区、机构提供建议以预防心理问题。预防方法和内容有多种，主要包括学龄儿童的社会技能的培养，成年人对应激及其后果的应对方式的训练，帮助离异家庭处理离婚所带来的各种可能的影响，辅导躯体疾病患者正确应对疾病及其治疗的不良反应等。从长远看，预防心理和躯体障碍的发生，将远比当障碍发生时再治疗的代价要低，效果要好。

4. 教学

相当一部分临床心理学家的工作主要是进行教学活动。他们的课程包括人格、异常心理学、临床心理学、心理治疗、行为矫正、会谈技术、心理测验、研究设计以及临床评估等。

5. 咨询

咨询活动包括个人的医疗保健、法律诉讼以及政府部门和组织的各种内部事务等方面。也包括有时帮助各种社区服务机构进行工作。

6. 管理

由于临床心理学家具有对人际关系的敏锐性、拥有人际交往的技巧以及富于研究成果等，因而他们经常成为一些组织的管理者。

表 1-1 临床心理学家的工作场所及有关情况

场所	主要角色	主要职责
学院或大学	教授	教学、研究、临床训练督导
心理健康中心	临床心理学家	评估、诊断、治疗（心理治疗）、管理
医院	临床心理学家、医学心理学家、康复心理学家	评估、诊断、治疗（心理治疗）、与医学专家联合会诊
精神病医院	临床心理学家	评估、诊断、治疗（心理治疗）
独立开业（诊所）	临床心理学家	评估、诊断、治疗（心理治疗）

三、临床心理学的相关学科

（一）咨询心理学

咨询心理学（counseling psychology）是研究心理咨询的过程、原则、技巧和方法的心理学分支。它运用心理学的知识去理解和增进个体或群体的心理健康、身体健康和社会适应能力。临床心理学与咨询心理学的共同之处在于理论基础相同，评估方法和治疗性会话技术相近等。二者的不同之处在于它们的侧重点不同：咨询心理学家的服务对象一般为正常人，而临床心理学家的服务对象则主要是有心理障碍的患者。咨询心理学更多地与“心理保健”相联系，而临床心理学则更多地与“心理病理学”相联系。临床心理学家一般在医院或心理诊所等部门工作，咨询心理学家一般在教育机构或具有教育职能的部门工作，主要解决学生的学习和个性发展问题。

（二）学校心理学

学校心理学是应用心理学的分支之一。我国台湾《张氏心理学词典》中的定义是：“学校心理学以在校学生为研究对象，目的在于了解学生身心状态，分析探讨学生在教育环境中成长的情形与适应困难，从而协助教师改进教学，以达成学校教育的目的。”美国心理学家考斯尼（Corsini）主编的《心理学百科全书》认为：“学校心理学是由学校心理学家在教育情境中，综合运用心理学的知识和技术，直接或间接地促进学生最适度学习的一门学科。”① 从这些定义中我们可以看出，学校心理学研究的服务对象是在校学习的学生，学校心理学既是教育心理学的一个分支，也是临床心理学的一个分支。学校心理学和临床心理学的共同之处在于解决心理问题，促进心理健康，但学校心理学的研究对象主要是6～18岁的学生，特别是那些有身心缺陷和学习困难的所谓“问题”儿童与青少年。

（三）精神病学

精神病学（psychiatry）是现代医学科学的一个重要组成部分，它主要研究精神障碍的病因、发病机理、临床特征以及预防、诊断、治疗和康复等有关问题。现代精神病学不仅涉及各种精神病、神经症、心身疾病或伴随躯体疾病的精神障碍的诊治，还涉及适应性障碍、人格障碍、性心理障碍，以及诸多的儿童智力、能力或品德发育障碍的防止、矫正和处置。

精神病学家（psychiatrists）是医生，因此他们所接受的教育和训练与临床心理学家的不同。精神病学家的训练，主要是偏重生物医学的训练，行为科学方面的训练较少，而临床心理学家的训练背景恰好相反。此外，精神病学家在治疗心理障碍时常常会开些精神药物，而很少使用心理疗法。尽管精神病学家和临床心理学家在使用心理疗法方面是相同的，但精神病学家擅长精神药物的使用，而临床心理学家更擅长心理评估和行为科学的知识及技术。

尽管这两个领域有着不同的学术传统，但精神病学和临床心理学在研究和实践方面有过许多合作：在理论研究层面，涉及病因学的研究、心理障碍原因的调查以及广泛深入的治疗研究；在临床实践方面，精神病学家负责精神药物的评价和使用，而心理学家则负责心理评估和心理疗法等专门知识和技术。

第二节　临床心理学发展简史

一、早期工作

临床心理学的主要任务是了解一些“特殊人群”的心理学问题，并改善他们的心理状况。远在临床心理学家这一职业出现之前，社会上就有一些个人和机构在从事现在的临床心理学家们的主要工作。历史上曾经从事过这项工作的人员有基督教牧师、其他宗教团体、内科医生以及社会工作者等，而心理学家是直到近代才加入这个行列的。

据史料记载，在相当长的一段时间内，心理问题的治疗工作都是由宗教机构来完成

---

① Corsini. Encyclopedia of Psychology：volume 3. New York：John Wileysons，Inc.，1984.

的，它们往往基于鬼神之说来解释和治疗心理问题，认为这些问题之所以会出现，都是由于邪恶力量的作用。

除了鬼神说以外，那时对于心理问题还有一种医学上的解释，就是躯体源性假说，也称体质说。最早对情绪、行为障碍做出医学或生物学解释的是希波克拉底（Hippocrates）。早在公元前 4 世纪，他就提出，心理问题与躯体疾患一样，都是由四种体液（血液、黏液、黄胆汁和黑胆汁）的平衡失调引起的。这种生物学解释出现之后，一些医生开始对心理问题进行诊断和治疗。但是，从 16 世纪直到 19 世纪，对心理障碍患者的主要医学处理方式就是将他们投入精神病院或收容所，病人被当作囚犯一样关起来，生活条件极差，根本得不到什么照顾或治疗，有些地方甚至连基本的人道主义措施都谈不上。值得庆幸的是，近代的心理卫生保健工作与早期的大不相同，精神疾病的生物学机制和精神药理方面所取得的进展大大地促进了精神疾病的诊断和治疗工作。

二、临床心理学科的产生过程

临床心理学作为一个特殊的心理学分支，它的产生与发展是与母体心理学密不可分的。科学心理学诞生于 19 世纪末期，其早期工作都集中在“色觉特征的确定”这类科学问题上，与今天临床心理学研究的主要方向——心理障碍的评估和治疗相去甚远。

1879 年德国学者冯特（Wilhelm Wundt）在莱比锡大学建立了世界上第一个心理实验室，这是心理学发展史上的一个重要的里程碑。那时在冯特的实验室工作的博士中，有一名年轻的美国人叫韦特默，1892 年韦特默在莱比锡大学获得了哲学博士学位。之后他回到美国，在宾夕法尼亚大学担任心理实验室指导教师，继续从事知觉过程方面的研究。

韦特默工作上的转折点是从一个儿童患者开始的。1896 年春天，一位教师带着一名学生来找韦特默帮忙。这名学生是一个 14 岁的男孩，在拼写与阅读方面有着严重的障碍，但在其他方面还称得上聪明。韦特默对孩子的情况进行了仔细研究后，制订了一项专门提高阅读和拼写能力的强化训练计划。也正是因为这件事，韦特默最终下定决心在宾夕法尼亚大学开办了全世界第一个心理诊所，专门治疗有学习困难的儿童。此外，他还呼吁创建一个心理学的新分支，以助人为目的，帮助他人从心理困扰或心理障碍中康复，而且他采用了“临床心理学”这一名称来给这个新领域命名。同年，韦特默向新成立的美国心理学会提出了这一想法，虽然当时在学会中引起的反响不大，但“临床心理学”一词及临床心理学应遵守的服务方向则最终为人们所接受。

韦特默在宾夕法尼亚大学首次开设了临床心理学的课程。1907 年，韦特默开办了一所专门训练智力发展迟滞儿童的教学医院来加强诊所的工作，同时也为学生提供见习和实习的场地。另外，他还创办了世界上第一本临床心理学的专业期刊——《心理学临床》（此杂志后来改名为《美国临床心理学杂志》），自任主编。韦特默为临床心理学领域作出了巨大的贡献，因此今天人们普遍认为他就是临床心理学的创始人。

三、临床心理学家在心理评估领域的主要成就

临床心理学植根于心理测验学和精神动力学。前者成为临床心理学中的评估技术，后者成为心理治疗的源头。心理评估和心理治疗一直都是临床心理学的主要工作。

在临床心理学的早期，临床心理学家的主要工作是心理测验。就在韦特默创办心理诊所帮助学习障碍儿童的同时，法国学者开始了另一项意义非比寻常的工作。1905 年，应法国教育部的委托，比奈（Binet）和他的同伴西蒙（Simon）编制了一套测量工具，用以从普通学校中筛查出那些智力有缺陷的孩子，以便制订出最合理的针对各种学龄儿童的教育程序。这就是世界上第一套正式的智力测验工具，即比奈-西蒙量表。标准化的个体智力测验的出现是应用心理学上的一大进步，比奈和西蒙由此成为心理测验的创始人，以后的许多智力测验工具和人格测验工具都是在他们的影响下产生的。

比奈-西蒙量表的问世为临床心理工作增添了有力工具，很快它就被许多不同语言的国家所引进和修订。1916 年，比奈-西蒙量表经斯坦福大学的心理学家推孟（Terman）进行标准化后，成为人们广泛应用的一套智力测验工具，即人们常说的斯坦福-比奈智力测验（简称比奈量表）。我国的比奈量表的第一个修订版由陆志韦于 1936 年完成。

如果说比奈量表的问世及推广，是临床心理学产生的第一种影响力量，那么，第一次世界大战的爆发则成为临床心理学发展的第二种影响力量。1917 年，美国宣布加入当时正肆虐欧洲大地的第一次世界大战，这使美国军方面临一项史无前例的任务：征召大量新兵入伍，以组建庞大的陆军及海军队伍。当时战争要求能够评定士兵的情绪稳定性、耐力和智力，考虑到心理学家曾经在人类的学习、记忆以及智力的个体差异的评估方面进行过深入的研究，军方于是把这项任务交给了心理学家。

为了评定士兵的情绪、心理状态，伍德沃斯（E. L. Woodworth）编制了“人格资料量表”。其主要作用是甄别入伍人员有无情绪问题，以便淘汰患有明显的神经官能症的患者。这个问卷成为以后临床上常用的各种问卷、调查表和核校表等一类临床评定量表中的第一个。

以美国心理学会主席耶克斯（Robert M. Yerkes）为首的一批心理学家则开始着手研制用于对应召入伍的士兵进行智力筛查的工具。由于当时已有的智力测验工具（如比奈-西蒙智力量表）需要个别施测，不可能用于大规模的筛查工作，因而耶克斯与他的同事们便编制出了陆军甲种（Army Alpha，测验言语技能）和陆军乙种（Army Beta，测验非言语技能）测验工具。这两套团体测验工具，前者适合有文化的入伍人员使用，后者适合没有文化或不懂英文的人员使用。这成为心理测验中团体测验工具、言语测验工具与非言语测验工具的开始。这项工作的完成具有极其深远的意义，它奠定了心理学家运用可操作的、有效的手段对个体的心理特征进行评估的专家地位。

第一次世界大战之后，很多人投入了心理测验方面的工作。卡特尔（R. Cattell）开始对哥伦比亚大学的学生进行测试，主要是人格特质测试；赖斯（J. M. Rice）从事人们书写能力方面的测验等。这便是教育领域的心理测验运动的开始。

临床心理学领域在心理评估与测验方面取得了很大的进展，除了外界社会力量的介入和推动，当时在科研方面的巨大成就也是一个很重要的推动因素。比如，1943 年心理学家哈特卫（Starke Hathaway）出版的明尼苏达多相人格调查表（Minnesota Multiphasic Personality Inventory，MMPI），就标志着心理学家在对待人格与心理障碍的评估方面方法学上的重要转变。MMPI 所采用的评估方法是将某一个体在测验中的反应与大量接受过测验的个体成绩进行统计学的比较，从而确定该个体与已知具有某种人格特质或患有某种精神疾病的人群的相似程度。与从前临床的、主观的评估方法相比，MMPI 所用的方法显然更具有统计学的意义和基础。它所采用的实证主义的测验编制方法，也是当时一个重大的方法学上的创新。

20 世纪 60 年代，人们逐渐意识到对人类行为进行直接观察有时比心理测验更能获取有效的信息，这样心理评估领域又取得了一项重要的进展。最初将行为观察法用于心理评估的是学校和精神病院，在这些场所心理学家比较方便对个体行为进行观察，而且他们能够控制周围的环境。例如，Bijou 与 Peterson 等人 1969 年就报道了他们观察儿童在自然环境下活动的实验研究，他们在家庭、学校及其他一些场所进行观察，并且同时观察孩子的父母、同伴以及老师的行为。这项研究以及以后的系列研究表明，这种行为观察法是有效的（因为不同的观测者分别对同一个体进行独立观察，得到的结论基本相同），而且在反映和评估疗效方面也很有用。

四、临床心理学家在心理治疗领域的主要成就

19 世纪末 20 世纪初，几乎都是精神科医生来负责治疗心理障碍患者的，这在很大程度上是受了弗洛伊德（Sigmund Freud）的影响，因为当时精神分析是主要的治疗方法。心理学家最早参与心理治疗是在 20 世纪初的儿童指导运动期间。1909 年，威廉·希利（William Healy）在芝加哥开办了一个儿童指导诊所，专为那些有心理问题的儿童提供服务。该诊所的职员有精神科医生、社会工作者，也有临床心理学家，主要是对儿童及青少年进行治疗，所治疗的案例按今天的标准来看可能相当于 DSM-Ⅳ中的品行障碍（conduct disorder）及对立违抗障碍（oppositional defiant disorder）。由于当时治疗方法的主流是弗洛伊德的精神分析疗法，因而心理学家们进行治疗时总是鼓励孩子们进行戏剧表演或角色扮演，然后再对那些表演进行精神分析的阐述。

此外，心理治疗工作也受到了心理学领域以外的力量的推动：正如第一次世界大战确立和提高了心理学家在评估领域的地位，第二次世界大战也有力地促进了临床心理学家对心理障碍患者的治疗工作。

在第二次世界大战中，有不少打算应征入伍的人因他们的情绪或其他心理问题而落选，这样的人比例达 27.6%，仅次于因视力而落选的人数。由于这一发现，人们开始去研究这些心理问题及其严重程度。在整个第二次世界大战期间以及随后的一段时间里，心理学领域最大的进展是心理学家发展了新的治疗方法与技能，并稳固了自己在心理障碍治疗领域的专家地位。当时许多遭受过战斗应激（有过战斗经历）的战士出现了一种以心理创伤症状为主的综合征。当时这种综合征被称为“弹震症”或“战斗疲乏综合

征”，就是现在我们所说的创伤后应激障碍（post traumatic stress disorder，PTSD）。PTSD最主要的症状是有很高的觉醒水平、持续的焦虑、与创伤有关的场景或情绪体验的反复回忆，回避一切与创伤性事件有关的事物或想法，而且这些后遗症长期存在。内科医生以及其他一些试图用药物治疗的人发现：那些受害者如果在战斗进行期间就及时地获得治疗，症状就能得到有效的控制；但如果治疗被耽误了，到了后方医院才开始治疗的话，病情就很有可能进一步恶化，预后比那些立即得到治疗的士兵要糟得多。

于是，心理学家又一次被召集起来，治疗那些有“心理创伤”的战士。第二次世界大战的结束给临床心理学领域带来了迅速的、戏剧性的转变。据战后统计，有4万多名遭受心理创伤的退伍军人返乡，必须给他们提供相应的治疗。而对于这个庞大的数字来说，精神科医生的数量远远不够，因此退伍军人管理局决定要从心理学领域培养心理卫生保健工作的专业人员。为此，退伍军人管理局投入了大量资金专门用于培养具有博士学位的临床心理学家。可以说，正是第二次世界大战促进了临床心理学训练计划的完善和训练水平的提高。1946年美国还没有正式的临床心理学培训课程，但到了1950年，当年毕业的心理学博士中有一半人获得的是临床心理学博士学位（见表1-2）。

当然，心理学家不只是在退伍军人管理局所开办的医院开展心理治疗工作。卡尔·罗杰斯（Carl Rogers）就认为心理治疗不应局限于医学、精神病学以及精神分析的狭隘领域中。当时卡尔·罗杰斯是罗彻斯特儿童指导中心的主任，他率先提出精神分析治疗不应只由精神科医生来担任，经过训练并取得相应资格的临床心理学家同样可以从事这项工作，而且不会比那些有医学背景的治疗者做得差。

当时，行为治疗的方法也逐渐发展和完善起来，这就进一步推动了心理学家从事心理治疗工作的进程。经典条件反射及操作条件反射理论分别出现于20世纪的初期及中期，心理学家们马上就发现了它们在解释和治疗适应不良行为方面的潜在价值。1924年，华生（J. B. Waston）的实验显示了条件反射及学习在恐惧的形成过程中所起的重要作用；精神科医生约瑟夫·沃尔普（Joseph Wolpe）是首批将行为主义理论用于临床实践的科学家之一，他提出神经症性行为（焦虑障碍）实际上也是通过条件反射过程形成的一种习得性行为，因此通过一种类似的逆过程也可以使其消退，他将这种过程称为“交互抑制”。

随着心理学家对治疗领域的逐渐深入，有关心理治疗的研究也成了临床心理学领域的研究热点之一。如卡尔·罗杰斯对于来访者中心疗法的早期研究，艾森克对于心理治疗疗效的评估及相应的结论，沃尔普运用行为疗法治疗焦虑症的实践，等等。

五、临床心理学家在健康促进和疾病预防中所做的工作

无论心理治疗在抑郁、焦虑、进食障碍或物质滥用等方面多么有效，对现有病人的治疗也不能使以后发病的人数减少。弄清这个简单的事实，对于整个公共卫生事业以及心理疾病的预防工作会起到很大的促进作用。

20世纪上半叶，在临床心理学的学科发展和职业发展过程中，对心理疾病的预防并没有成为主要的工作。但从20世纪50年代起，心理学家们逐渐认识到，要改善整个社

会的心理卫生状况，就必须重视预防工作。因此，在美国，出现了几件对于心理疾病的预防工作及整个政府的卫生保健政策有很大影响的事件，如20世纪50年代末美国心理疾病与健康联合委员会（The United States Joint Commission on Mental Illness and Health）发布的报告，1963年肯尼迪总统积极肯定和促进了对战争导致的心理障碍及其他一些心理障碍采用新的治疗方法与处理程序的立法工作，1960年美国开始发展功能全面的社区心理卫生服务中心等。在这些积极行动当中，人们都进一步强调了降低心理疾病发病率的重要性。

在这个推动采取疾病预防措施来降低心理问题和心理障碍发病率的运动中，临床心理学家充当了重要的角色。预防措施主要针对儿童进行，心理学家们试图从幼年时期开始就着手预防心理障碍的发生，具体的工作内容包括对攻击行为和品行障碍的预防、对抑郁症的预防以及对物质使用及滥用的预防等。

表1-2 西方国家临床心理学在科研、评估、治疗及职业等各领域发生的重大事件年表

年代	影响领域	事件
1879	科研	冯特在德国莱比锡大学建立了世界上第一个心理学实验室
1892	职业	霍尔（Hall）及其同事创立了美国心理学会（American Psychological Association，APA）
1895	治疗	弗洛伊德和布洛伊尔（Breuer）一起出版了《关于歇斯底里症的研究》（*Studies on Hysteria*），阐述了他们强调心灵内在状态的研究模式以及神经症（焦虑障碍）形成的基础
1896	治疗	韦特默在宾夕法尼亚大学建立了世界上第一个心理诊所
1905	评估	比奈与西蒙编制了世界上第一套智力测验工具，用于筛选法国学龄儿童中的智力障碍者
1907	职业	韦特默创办了《心理学临床》杂志，这是临床心理学领域的第一份专业期刊
1917	评估	美国参加第一次世界大战，应军方要求，心理学家编制完成了团体智力测验工具——陆军甲种（言语）和乙种（非言语）测验工具，帮助进行新兵入伍前的甄别工作
1919	职业	美国心理学会临床心理学组成立
1939	评估	韦克斯勒（Wechsler）出版了韦克斯勒智力量表，这是全世界第一个成人智力量表，也是目前应用的韦氏成人智力量表第三版的前身
1941	治疗	美国参加第二次世界大战，军方训练了许多心理学工作者来对患有弹震症的士兵进行心理治疗
1942	治疗	罗杰斯出版了《心理咨询与心理治疗》，这是在心理障碍的治疗方面最初的几本著作之一，在这本书里，他还提出了与弗洛伊德的精神分析截然不同的一种新疗法——来访者中心疗法
1943	评估	哈特卫出版了明尼苏达多相人格调查表（MMPI），这是当时第一个进行“客观评定”的人格测验工具
1946	职业	美国退役军人管理局向大学提供资金用于训练临床心理学家，为第二次世界大战遗留的那些心理障碍患者提供治疗

续前表

年代	影响领域	事件
1949	职业	在科罗拉多州的博尔德城举行了关于临床心理学专业研究生教育问题的会议（博尔德会议）
1952	评估	美国精神病协会出版了《精神障碍诊断与统计手册》（第一版）（*Diagnostic and Statistical Manual of Mental Disorders*，DSM-Ⅰ）
1968	科研与评估	米歇尔出版了《人格与评估》，对某些传统的人格测验理论提出质疑，并且发展了一种行为学的方法来进行人格评估
1973	职业	在科罗拉多州的韦尔城举行了关于临床心理学博士教育问题的会议（韦尔会议），会议通过了在临床心理学领域推行职业教育模式（授予心理学博士学位，PsyD）的决议
1988	职业	美国心理协会（American Psychological Society，APS）成立，它的出现从某种意义上来说是美国心理学会内部科研派与实践派分裂的结果

第三节　西方国家临床心理学家的培养

一、专业训练模式的发展

在西方国家，临床心理学家的训练模式有两种，一种强调科研与临床并重，另一种相对来说则更强调临床训练。

从第二次世界大战开始，人们就意识到必须对临床心理学家的训练过程及其模式进行规范。美国心理学会主持了这项工作，并制定了一系列的鉴定标准，如学业课程安排、科研能力培养、资格考试以及临床实习等。1949年美国心理学会在博尔德召开了关于临床心理学家训练模式的会议，最终制定了临床心理学家的“科学家-实践者”训练模式。按照这一模式，临床心理学专业的学生必须同时接受科研和临床知识及技能两方面的训练，首先应成为一名心理学家，然后才是一名职业心理学家。临床心理学家首先要学会进行科学心理学的研究工作，其次，要成为行业的从业者。这次会议后来被称为博尔德会议，这一模式又被称为博尔德模式，它是临床心理学家培养的经典模式，在后来的60多年里一直被临床心理学领域采用。

博尔德模式一经产生，就在美国受到挑战。到20世纪60年代，对博尔德模式的非议日益增加。1968年，由伊利诺伊大学的唐纳德·彼德森（Donald Peterson）制定的一种新的训练模式出现了，它适用于培养侧重于职业方向的临床心理学家的模式。1973年，在科罗拉多州的韦尔城举行的一次关于临床心理学家训练问题的会议（这次会议后来被称为韦尔会议）上，重申博尔德模式是临床心理学家的一种重要培养方式，但是对于新的培养方式即职业教育模式也给予了高度的肯定，确立了临床心理学新的学位体制，即向以心理学应用为职业定向的研究生授予心理学博士学位。

在美国，自 1973 年韦尔会议以来，授予心理学博士学位的学术机构有了很大的发展。然而，后来情况又发生了变化。在 1990 年召开的美国临床教育与培训会议上，与会代表批评 20 世纪 80 年代施行的心理学博士计划，转而又主张采用科学家-实践者模式。目前美国大多数大学临床心理学家的培养模式还是科学家-实践者模式，并授予哲学博士学位。如 1990 年至 1992 年三年间，美国 80%以上的临床心理学博士毕业生被授予哲学博士学位，12%左右被授予心理学博士学位，4%左右被授予教育学博士学位。

对于临床心理学家而言，良好的科学训练已日趋重要，将来更为重要。但这并不意味着，所有的或绝大多数的临床心理学家要继续从事研究。相反，人们认识到，大部分获得临床心理学博士学位的学生，将在工作中向那些需要帮助的人提供心理学服务。

二、临床心理学家的培养模式

临床心理学家的培养模式直接关系到临床心理学队伍的扩大和专业水平的提高。在西方国家，目前主要在研究生层次上进行训练，有两种比较成熟的应用型人才培养模式，一种被称为哲学博士培养模式，另一种被称为心理学博士培养模式。

（一）哲学博士培养模式

临床心理学哲学博士的培养采用科学家-实践者培养模式。这种模式要求学生具有心理学科学家兼实践家的能力。这一模式的主要内容有：（1）临床心理学家必须在大学的心理学系和医院接受训练；（2）他首先要成为心理学家（psychologist），再成为临床家（clinician）；（3）必须通过临床实习训练；（4）必须具有诊断、心理治疗和研究的技能；（5）训练的目标是取得博士学位（必须提交有第一手材料的毕业论文和通过答辩）。经典的博尔德模式规定在大学本科毕业后再参加 4 年博士学位课程和随后 1 年的临床实习。此外，学生在学习期间必须完成特定时间的临床实践训练（通常为心理评估和心理疗法），还要在已获得执照的临床心理学家督导下进行临床实习，每周 40 小时，历时 1 年。

（二）心理学博士培养模式

临床心理学的心理学博士培养模式与哲学博士培养模式在研究和临床实践两方面的训练有所不同。尽管有一些心理学博士培养模式以大学为基础，但大多数隶属于培养职业心理学家的专门学院。这种培养模式，降低了学生培养方面的科学要求，不大重视临床研究，更多地强调向学生提供实际的操作技能，对心理评估和干预的训练更为重视。

目前心理学博士学位的授予人数增长很快，其中绝大多数学位证是由独立授课的心理学职业学院颁发的，这些学院并不属于哪个大学，而是独立存在的教育单位。近年来临床心理学家的培养人数出现了快速增长，一个主要原因就是这种职业教育模式的心理学博士的增多。

第四节　我国临床心理学的现状与发展

一、我国临床心理学的早期发展

在西方国家，美国心理学家韦特默于 1896 年在宾夕法尼亚大学创立了世界上第一个心理诊所，1907 年又创办了第一份《心理学临床》杂志。此后半个世纪，与临床心理学相关的大事件不断出现，其中各种心理诊断和心理治疗方法的诞生，奠定了临床心理学工作的基础。

我国临床心理学的发展几乎与西方国家同步。20 世纪初，精神分析理论就已传入我国，并在我国个别医学院校开展教学和实践工作。心理测验工作开展得更为普遍，1915 年在广州就开始应用记忆测验，1918 年在北京清华大学也已使用原版推孟修订的比奈智力量表，我国学者陆志韦于 1936 年对斯坦福-比奈智力量表进行了修订。据调查，从 1915 年到 1940 年，我国引进和编制了至少 74 种心理测验工具。此后，由于抗日战争、苏联学术界的争论及“文化大革命”等事件的影响，我国临床心理学工作发展缓慢，仅在少数单位开展了较为零散的工作，专业人员数量也极少。但是，这些专业人员却成为以后我国临床心理学快速发展的种子，他们所做的工作奠定了日后该领域发展的基础。

二、我国临床心理学发展现状

20 世纪 70 年代末，我国临床心理学工作开始得以恢复，各高校尤其是全国重点医科院校有关专业人员逐渐回到教学、科研岗位，开设临床心理学相关课程如医学心理学课程，尝试编写相关教材如医学心理学、心理测量、心理咨询与治疗等，并开始组织相关教学和科研机构如医学心理学教研室或心理测量、心理咨询机构。

20 世纪 80 年代，我国临床心理学的兴起与发展在临床和研究领域得到迅速反映。随着人们对心理健康的认识加深，心理学服务需求日益增多，促进了心理咨询和治疗的临床工作的复苏。1987 年以后全国各大中城市已普遍在大型综合医院、高等院校中建立了心理咨询门诊，出现了专职的心理咨询和治疗机构或私人心理咨询诊所，服务对象逐年增多，接受过系统培训的心理咨询与治疗的专业人员长期处于供不应求的状况。

在临床心理学研究领域，最先得到重视的是临床心理评估方法的研究。早期的临床心理评估偏重引进和修订国际上临床常用的心理测验工具，如韦氏智力量表、明尼苏达多相人格调查表等，此类工具迅速得到广泛应用。进入 20 世纪 90 年代，越来越多的拥有我国自主知识产权的心理测验方法研制成功，并得到推广应用。目前，我国临床心理学研究者重视现代测量学理论的指导作用，注意吸收心理学、临床医学及认知神经科学的最新研究成果，针对当前我国临床心理学研究与实践的需求，逐步研制和完善拥有自主知识产权的、应用前景广阔的心理评估方法。与此同时，随着心理评估研究的不断深入，心理咨询与治疗方法的研究也引起研究者的浓厚兴趣，国际上主要的心理治疗方法相继被引入我国，逐渐成为主流临床方法。我国临床心理学研究者在建立具有中国特色的心理治疗模式方面取得了突出成绩，钟友彬创立的认识领悟疗法和杨德森等创立的道家认知疗法就是该领域研究成果的代表。钟友彬的认识领悟疗法针对心理障碍患者的特点，采用短程心理分析模式，临床研究结果显示该疗法效果良好；杨德森等所倡导的道家认知疗法则更多地体现了我国传统文化的影响，将中国道家哲学的处世养生之道整合于现代心理治疗理论与实践之中，多项研究结果表明该疗法远期疗效较好。此外，众多研究者在病理心理、神经心理、心理健康等相关领域也取得了丰硕的研究成果。

中国心理学会在 1979 年成立医学心理学专业委员会。1985 年，中国心理卫生协会成立，并于 20 世纪 90 年代初期成立了心理评估专业委员会、心理治疗与心理咨询专业委员会和大学生心理咨询专业委员会，1997 年还成立了森田疗法应用专业委员会。2001 年，中国心理学会又成立了临床与咨询心理学专业委员会。此外，《中国心理卫生杂志》于 1987 年创刊，《中国行为医学科学》于 1992 年创刊，《中国临床心理学杂志》于 1993 年创刊。目前，全国相应的专业刊物已有 10 种左右。这些学术性组织极大地推动了我国临床心理学的发展，对提高专业领域的学术水平起到了积极的作用。

近年来，我国的临床心理学工作已逐渐渗透到医院、学校、企业、社区、监狱、司法及军事等部门，解决各个行业人群的心理健康问题，反映了我国临床心理学科应用的广阔前景。

三、我国临床心理学发展趋势

今后，我国临床心理学科将继续以生物-心理-社会模式作为指导思想，坚持科学与实践并重的原则，提高临床心理学科专业理论与研究水平，增强学科自我生存能力，力争取得更多高水平的科研成果。此外，扩大应用领域及提高临床服务的能力，也是我国临床心理学面临的主要挑战。我国临床心理学科已呈现出如下发展趋势：

（1）该学科队伍人数将快速增长，学历层次会进一步提高；临床心理学专业人员培养模式将逐步规范，专业服务水平也将进一步提高。

（2）拥有我国自主知识产权的适用临床的心理测验和计算机辅助的心理测验将大幅增加；具有某种法律效应的测验管理法规必将产生，从而为我国心理测验的研究和开发提供基本的保证。

（3）利用我国病理心理研究对象（包括脑损伤患者）资源丰富的优势，在心理障碍和脑损伤的病因和发病机制方面取得国际领先的成果。目前，我国临床心理学家通过基因、大脑、行为及环境多层面研究，极有可能阐明常见心理障碍的病因及发病机制，也有可能澄清心理应激和与生活方式相关的躯体疾病的相互作用关系。

（4）通过对危险人群进行多方位的、有针对性的早期干预，使非传染性慢性疾病和与人类生活方式关系密切的艾滋病、成瘾行为等发生率大幅度降低。

（5）在健康领域工作的临床心理学家将广泛参与旨在促进人们心身健康、减少损害健康的心理社会危险因素、提高人们（包括病人）生活质量的各项研究和实际工作，工作范围将扩大到医疗保健、学校、企业等社会各个领域，并在社会上产生越来越大的影响。

四、我国临床心理学工作者的培养

临床心理学知识面极广，不仅涉及几乎所有的心理学分支学科，如基础心理学、异常心理学、神经心理学、生理心理学及健康心理学等，也涉及基础医学（如神经生物学、病理生理学）、临床医学（含内科、外科、妇科、儿科、耳鼻喉科、皮肤科、神经精神科等）、预防医学和康复医学等有关知识和技能，还涉及人类学、社会学、生态学等人文社科领域的广泛知识，例如语言、交际、习俗、婚姻、家庭、社区、居住、工业化等社会文化背景及相关的心理学问题。因此，要成为一名专业的临床心理学工作者，需要在心理学、医学及相关的人文社科领域进行正规的、长期的学习和训练。目前，我国职业的临床心理学工作者工作场所很广，大多数在大专院校尤其是医学院校从事教学、科研和临床等方面的工作，少数人在医院、卫生保健单位从事临床和科研工作。预计和美国临床心理学家一样，在发展到一定阶段后，会有越来越多的人走向社区，开设心理诊所，开展心理疾病的诊治和预防工作。不管在什么场所从事何种工作，职业的临床心理工作者都需要接受正规训练，取得一定的资质，才能从事专业性工作。临床心理学工作者的培养途径和方式甚多，其中短期培训和进修班、本科及研究生的培养方式最为常见。

1. 短期培训和进修班

在20世纪80年代，我国的临床心理学科尚处于初期发展阶段，专业人员极为缺乏。当时一大批来自相关学科（如心理学、基础医学、精神病学、公共卫生学、神经科学及社会科学等）的人员进入临床心理学领域。为了在短时间内提高这些人员的专业素养和业务水平，国内几家较有实力的大学和科研机构如中南大学湘雅医学院（原湖南医科大学）、北京大学医学部（原北京医科大学）及中国科学院心理所等单位开展了长达20余年的临床心理学短期培训（1～3个月）和进修学习（0.5～1年）工作，为我国培训了近万名临床心理学工作者，这些人成为我国临床心理学发展的骨干力量。

2. 临床心理学专业本科生培养的尝试

近年来，国内部分院校（截至2017年年底，已有百余所院校）开始招收和培养临床心理学或应用心理学专业本科生，部分院校招收咨询心理学本科或专科生，少数医学（军事）院校招收医学心理学专业本科生，培养模式主要有两种：一种是按心理学专业本科生培养模式进行培养（应用心理学专业临床心理学或医学心理学方向），教学内容侧重心理学知识和技能，学制4年，毕业时授予理学或教育学学士学位；另一种是按医学本科生培养模式进行培养（临床医学专业临床心理学或医学心理学方向），教学内容侧重医学知识和技能，兼顾临床心理学知识和技能的训练，学制5年，毕业时授予医学学士学位。目前，各院校每年招收临床心理学相关专业方向本科生或专科生人数预计已达到万余名，这对我国未来临床心理学的发展将产生深远的影响。

3. 临床心理学专业方向研究生的培养

按现行我国学科分类系统，临床心理学科属于心理学科（一级学科）中的应用心理学（二级学科）的分支学科（三级学科），也有部分医学院校自主将临床心理学科作为二级学科设置在基础医学或临床医学（一级学科）之中。学科分类的不统一，导致了目前我国临床心理学专业方向研究生毕业时的学位名称不一致，有的授予教育学或理学学位，有的授予基础医学或临床医学学位。但是，各院校临床心理学专业方向研究生培养模式大同小异，均强调了临床心理学科研能力和实践能力并重的培养模式，即科学家-实践者培养模式。目前，我国临床心理学专业方向研究生培养分为硕士研究生和博士研究生两个层次。医学院校中具有临床心理学专业方向硕士学位授予权的较多，招收研究生数量也较大，学制通常是 3 年；而具有临床心理学专业方向博士学位授予权的院校很少，每年招收人数不到 100 名，还有极大的发展空间。临床心理学专业方向研究生的培养，为我国临床心理学科的发展积累了一大批高素质的学术人才和业务骨干，这也必定是我国临床心理学工作者职业化发展的主要途径。

4. 心理咨询师与心理治疗师等临床心理学应用型专业人员的培养

近年来，在我国政府有关部门的积极参与下，心理咨询与心理治疗专业人员的培养工作取得长足进步。2001 年 8 月，当时的国家劳动部颁布了有关心理咨询师国家职业资格考试的试行规定，2003 年进行了首次考试，目前已有百万以上人员参加并通过了人力资源和社会保障部的心理咨询师资格认定。原卫生部和国家人事部也在 2002 年对卫生部门从事心理治疗的人员做出了有关职称考试的规定，并已定期举行了有关考试，目前有五千余人通过了国家卫计委的心理治疗师初、中级职称的考试。

但是，也应该看到，上述所有获得有关资格者，几乎都只接受过短期培训，只学习了一些基本的心理学理论与技术，专业能力水平较低，其专业技能尚有欠缺。调查发现，我国心理健康服务人员以女性居多，高学历者占少数，虽大多考取了资格证书，但普遍缺乏接受督导和自我成长方面的培训。美国心理学会（APA）规定，个体取得心理学博士学位后，在专家督导下经过一年的临床实践，才可以拥有申请咨询的资格；在英国，从业人员必须有 3 年以上（不超过 5 年）、至少 450 小时的在正式督导下的咨询实践。我国从业人员连续性培训时间太短，学时不足，督导数量有限，普遍反映专业知识不足，培训欠缺，自身问题无法得到及时督导。而且我国心理健康服务从业者所使用的理论大多来自国外，以整合的理论取向为主，本土化理论很少。这些问题存在的原因可能有以下几点：一是开设心理学专业的高校数量有限，且大多是师范院校，很多男生不愿意报考师范院校，使得心理服务人员性别比例失调。二是心理健康服务人员的收入较低，造成高学历服务人员和男性服务人员的流失。三是我国心理咨询与治疗行业并没有统一的准入标准，从业人员专业素质参差不齐，实际具有心理督导能力的人并不多，使得心理咨询师接受督导和进一步成长受到限制。

这些都说明我国临床心理学在心理咨询与心理治疗，以及心理健康服务的职业化与专业化方面亟待加快发展、提高。对于如何规范我国临床心理学专业人员资格认定及怎样提高已从业的临床心理学工作者的专业技能，我国临床心理学工作者也在努力探索中。

2006年以来，中国心理学会临床与咨询心理学专业委员会设立了临床与咨询心理学专业机构和专业人员注册系统。2016年中国心理卫生协会也成立了心理咨询师专业委员会，目前中国心理咨询师协会也在筹建中。可喜的是，临床心理学专业化培养相关工作得到国家层面的积极关注，2017年1月国家卫计委、中宣部、中央综治办、民政部等22个部门共同印发《关于加强心理健康服务的指导意见》（国卫疾控发〔2016〕77号），这是我国首个加强心理健康服务的宏观指导性意见，明确了专业社会工作参与心理健康服务的路径和方法，强调了专业社会工作在提供心理健康服务、完善心理健康服务体系中的重要作用。2017年10月党的十九大报告提出的"加强社会心理服务体系建设"，对于加强心理健康领域社会工作专业人才队伍建设、推动心理健康领域社会工作实务发展具有重要意义。目前，国家有关部门正紧张有序地抓紧推动我国心理咨询师与心理治疗师等临床心理学应用型人才专业化、标准化培养的工作。

第五节　临床心理学研究方法

一、临床心理学研究的意义

临床心理学研究涉及心理障碍、心理健康以及心身的相互关系，它为临床心理学家理解心理现象提供了知识基础，同时，也为临床实践工作提供了主要依据。比如，临床实践中所使用的心理测验和其他评价方法，都要有相应的信度和效度，这都有赖于研究的支持；通过研究结果，临床心理学家也能了解到哪种干预方法更为有效。反过来，临床经验又为研究提供了方法和假设的来源。

临床心理学家使用了多种研究设计，其范围包括从一次研究一个个案的设计到大规模、多水平的有着成百上千被测试对象的研究设计等。临床心理学家在许多不同场合包括控制条件良好的实验室和医院、诊所、学校和社区等自然环境中从事研究，并利用多种分析数据的方法，这些方法包括从大样本复杂的多变量统计到单一样本研究的非统计学方法。研究者根据所要回答问题的类型、所反映的被检验的假设以及影响结果解释的因素来选择相应的方法。

二、临床心理学研究选题与研究假设

任何研究都始于一个需要回答的问题。为了使科学研究重点突出，一个问题需要提出一种假设。研究假设使问题深化，它反映了研究者对问题解决的最佳构想。而且，假设可以进行统计学检验，以确定虚无假设能否在某种确定的情况或统计概率上被拒绝。

研究假设至少有三个方面的来源：一是对临床个案或系列案例的仔细观察。训练有素的临床研究者首先应该是人类行为的敏锐观察者。临床心理学家与来访者或病人之间的互动就是最丰富和最直接的观察来源。例如，治疗攻击性、违拗儿童的临床心理学家可观察到，这些儿童常常来自父母关系高度紧张的家庭，这个现象使这种假设的可能性增加：儿童时期的攻击性和违拗可以归因于父母的冲突与不和。然而，似乎同样存在这样的假设：儿童的攻击性和违拗行为也可能是父母间关系紧张和争吵的原因。由此看来，个案观察又提出了因果关系的新问题，要回答这些问题则要采用其他方法和补充新的资料。

二是人类行为或心理病理学的理论。理论是临床问题假设的一个重要来源。对一个临床心理学家来说，理论就是行动指南，它使临床心理学家知道要做什么以及为什么要做。例如，操作性行为理论预测，在肯定结果之后的任何行为都将增加其反应频率。这个理论进一步预测，当被操纵的肯定结果仅仅在部分行为上以一个可变的模式，即在肯定结果后的反应比例随时间变化的模式被偶然施加时，其行为的频率将会更高，强度将会更大。因此，与所提出的问题相比，在有关肯定结果对行为的影响上，研究者能够回答更多的问题。在每个行为事件上偶然施加作用时，研究者能够假设一个可变比例的强化模式将比没有强化或被控制的强化更快地增加行为。这个假设能够被临床上的相关行为，如儿童的破坏或违拗行为的保持和发展来检验。

三是以往的研究结果。假设也能够直接从以往的研究结果中产生，其重要性在于避免重复研究，以原有研究结果为基础，提出新的假设。系列研究是心理学研究中最有效的范例。在研究的系列中，前一个研究的发现便是下一个研究的开始。因此，在进行一个复杂问题的研究时，研究者进行的最好研究是由系统的、协同的和程序化的系列研究组成的，而非一些孤立的实验或研究。在临床心理学的标准化研究中，利用基础研究的成果来建立干预机制就是常见的例子。

三、研究设计方案

确定了研究假设的变量测查方法之后，临床心理学家要进行研究设计。临床心理研究设计有四种基本形式：个案设计、描述性研究设计、相关研究设计和实验研究设计。这些形式均可作横向或纵向研究设计。

（一）个案设计

个案设计（single-case designs）是在控制条件下研究个案的系列方法，它源于行为主义心理学。与纯粹的描述性“案例研究”不同，个案实验设计具有系统的规范要求。首先，在初始条件下，实验者获取个体行为的次数或频率（A），以建立行为的“基线”；然后，对个体施加实验影响并继续观察其行为，以确定其行为的次数或频率是否随实验影响的出现而改变（B）；在一个A-B-A的个案设计中，回到初始实验条件（返回A），同时继续观察个体的行为，以确定其行为的次数或频率是否恢复到初始基线水平，实验者在施加和取消实验影响的过程中对个体的行为进行测定。例如，实验者可以系统地施加或取消行为上的一种特殊类型的强化（例如父母的表扬和关注），同时观察个体行为随强化的出现或消失所发生的改变。多基线设计（multiple baseline design）是一个可供选择的方法，它同时考察多个行为，每个行为建立一个基线水平，被施加的实验条件每次改变一个行为。

（二）描述性研究设计

描述性研究设计（descriptive research designs）在临床心理学研究中，常作为了解某人群中某种心理特征或心理问题发生率或患病率的研究方法，其目的在于描述某特殊现象的状况，而非预测或解释该现象什么时候发生，或为何发生等。描述性研究方法常用于心理障碍流行病学调查，这是心理障碍研究的第一个步骤，因为此类研究经常需要给所研究的问题一个操作性定义，以便于选择测量该问题的合适的方法。由于这不是因果关系研究设计，因此采用这种方法的研究不能预测、解释问题发生的原因。

（三）相关研究设计

相关研究设计（correlational research designs）用于确定两个或两个以上变量之间的相关程度。简单（或双变量）相关是指在受试样本中观察到的两个变量之间的关系。

进行相关设计研究时，大多数研究者认识到，要了解他们所研究的问题，选择两个以上的变量可能更重要。当研究者要确定两个以上变量之间的联系时，他们会采用复相关（multiple correlation）或多元回归设计（multiple regression design）的方法。这种设计比简单相关设计复杂，更能说明多重因素的复杂关系。在相关设计中，评估变量间关系的一个更有效的方法是运用结构方程模型（SEM）来分析数据。在很多方面，这种方法比多元回归分析具有更严格的检验。

运用相关设计可以获得很多重要信息，但相关关系不能推断因果关系。两个或两个以上变量的相关，并不能使研究者知晓这些关系的方向。只有实验设计才能确定变量间的因果关系。

（四）实验研究设计

通过控制一个或一个以上变量（自变量），来确定它们对另一个变量或一系列变量（因变量）的影响，这就是实验研究设计（experimental research designs）。

临床心理学研究的实验设计主要包括两个方面。首先，研究者通过控制实验条件来研究两个（或两个以上）变量之间可能存在的因果联系。要理解心理障碍的原因，实验研究非常重要。由于伦理道德问题，临床心理学家往往通过动物实验模拟心理障碍，或者对某种心理障碍患者进行实验研究，以此来了解与这种障碍相关的因素。

其次，研究者通过设计研究来评价预防或治疗某种心理问题的干预效果，其中随机安排被试为接受干预的一组和没有接受干预的一组（控制组）。在疗效研究中，两组的随机安排在与疗效相关的重要变量方面尽可能做到同质，如果在治疗前能够证明两组完全同质的话，那么治疗后两组的差异可以推断是由治疗直接引起的。

第二章

临床心理学的理论模式

不论是考察单个个体还是一群人的行为或问题，临床心理学家都会面临着大量的信息。临床心理学家是应关注外显的、可观察的行为，还是应关注个体口头报告出来的内心体验过的思想或情绪，或者是应关注个体身上经历过的生理性或生物学过程？临床心理学家还要关注个体行为的情境和背景吗？如果我们不得不将某时某刻能够利用到的全部信息一一予以体验的话，那么我们（包括临床心理学家）都会崩溃的，于是我们只能有选择性地去关注某些信息。而临床心理学家所认同的理论或理论框架决定着他们应该关注什么信息、忽略什么信息。

因此，在临床心理学中，理论的重要作用就是组织和建构心理学家思考来访者及其问题的方式。理论所起的作用就好比一幅路线图的作用，帮助心理学家去寻找治疗个体及其心理问题的路线。

在临床心理学的发展过程中，主要有四种起着重大影响作用的理论模式：心理动力学模式、行为和认知模式、人本主义模式和生物学模式。这四种模式分别关注人类心理的不同方面，它们尝试用各自的视角来揭示人类的行为。心理动力学模式强调童年经验、潜意识对成人心理的影响；行为和认知模式强调学习和信念在人类心理发展中的重大作用；人本主义模式强调从人本身的存在研究人，对人类的发展充满了信心；生物学模式则强调应该根据心理的生理基础来研究心理的发展。从这些观点出发，每种模式在对异常行为的治疗上都有着与自己理论相应的治疗方法。

第一节　心理动力学模式

关于人类行为和心理问题，心理动力学提出了几个基本观点：第一，人类行为要受到潜意识所支配的内驱力、动机、冲突的影响；第二，对于无法解决的冲突或无法满足的需要、愿望和幻想，人们常常采用自我防御机制；第三，个体的早期经验，如亲子关系，在心理发展过程中起着重要的作用；第四，对于这些无意识的影响的领悟与修通，将促进心理的健康；第五，分析病人与治疗者的移情，有助于解决冲突，完善心理功能。

心理动力学模式通常包括精神分析理论、新精神分析理论和客体关系理论。

一、精神分析理论

精神分析理论是现代心理学的奠基石，由奥地利精神科医生弗洛伊德于19世纪末20世纪初创立。它不仅影响了临床心理学领域，而且对于整个心理科学乃至西方人文科学的各个领域均有深远的影响。弗洛伊德的精神分析理论，通常被称为“经典的精神分析”，它主要包括以下几种基本理论。

（一）人格结构理论

弗洛伊德认为人格结构由本我、自我、超我三部分组成。

本我，是指原始的自己，包含生存所需的基本欲望、冲动和生命力。本我是一切心理能量之源。本我按“快乐原则”行事，它唯一的要求是获得快乐，避免痛苦，它不理会社会道德、外在的行为规范。本我的目标乃是求得个体的舒适、生存及繁殖，它是无意识的，不为个体所觉察。

自我，其德文原意即指“自己”，是自己可意识到的执行思考、感觉、判断或记忆的部分，自我的机能是寻求本我冲动得以满足，而同时保护整个机体不受伤害，它遵循的是“现实原则”，为本我服务。

超我，是人格结构中代表理想的部分，它是个体在成长过程中通过内化道德规范、内化社会及文化环境的价值观念而形成的，其机能主要在监督、批判及管束自己的行为。超我的特点是追求完美，所以它与本我一样是非现实的。超我大部分也是无意识的，超我要求自我按社会可接受的方式去满足本我，它所遵循的是“道德原则”。

（二）自我防御机制理论

自我防御机制（ego defense mechanisms）是自我在寻求表现的本我冲动与否定它们的超我要求之间的日常冲突中，用来保护自身的心理策略，它包括压抑、否认、投射、退行、自居、隔离、抵消、转化、合理化、补偿、升华、幽默、反向形式等各种形式。人类在正常和病态情况下都不自觉地运用自我防御机制。运用得当，可减轻痛苦，帮助渡过心理难关，防止精神崩溃；运用过度就会表现出焦虑、抑郁等病态心理症状。常见的自我防御机制有以下若干种。

1. 压抑

当一个人的某种观念、情感或冲动不能被超我接受时，它就被潜抑到无意识中去，以使个体不再因之而产生焦虑、痛苦，这是一种不自觉的主动遗忘和抑制。弗洛伊德认为歇斯底里障碍和其他一些转换性的心身障碍都是压抑造成的，这些症状是被压抑的愿望的象征性、替代性的满足。在正常人身上，被压抑的愿望也常借口误、梦、过失等形式表现出来。

2. 否认

否认指人有意或无意地拒绝承认那些不愉快的现实以保护自我的心理防御机制，如有的人听到亲人突然死亡的消息，短期内否认有此事以减免突如其来的精神打击。

3. 投射

投射指个体将自己不能容忍的冲动、欲望转移到他人的身上，以免除自责的痛苦。弗洛伊德认为，社会偏见现象即来源于投射作用。常见的精神病患者的被害妄想也来源于投射作用。

4. 退行

当人受到挫折无法应付时，即放弃已经学会的成熟态度和行为模式，使用以前的较幼稚的方式来满足自己的欲望，这叫退行。成年人沉湎于幻想和白日梦就是退行的一种较严重的表现形式。

5. 自居

自居指个体把他人的特征加到自己身上，模拟他人的行为，又称认同。作为一种防御机制，当个体遇到挫折时，常常把自己比拟为成功的人物或偶像，从而分享其成就和威严，借此减轻自己的焦虑和痛苦。

6. 转化

转化指精神上的痛苦、焦虑转化为躯体症状表现出来，从而避开心理焦虑和痛苦，如歇斯底里病人的内心焦虑或心理冲突往往以躯体化的症状——瘫痪、失音、抽搐、晕厥、痉挛性斜颈等表现出来，患者自己对此完全不知觉，转化的动机完全是潜意识的，是患者意识所不能承认的。

7. 合理化

合理化是个体遭受挫折时用利于自己的理由来为自己辩解，将面临的窘境加以文饰，以隐瞒自己的真实动机，从而为自己进行解脱的一种心理防御机制，如狐狸吃不到葡萄就说葡萄是酸的。

8. 反向形式

自认为不符合社会道德规范的内心欲望或冲动会引起自我和超我的抵制，表现出来会被社会惩罚或引起内心焦虑，故朝相反的途径释放，从而导致反向形式，如有些恐人症的病人内心是渴望接触异性的，却偏偏表现出对异性的排斥。

（三）人格发展理论

弗洛伊德的人格发展理论也就是性心理发展理论，他认为人的发展即是性心理的发展，这一发展从婴儿期就开始了。弗洛伊德将人的性心理发展划分为五个阶段：（1）口欲期；（2）肛欲期；（3）性蕾欲期；（4）潜伏期；（5）生殖期。刚生下来的婴儿就懂得吸乳，乳头摩擦口唇黏膜引起快感，叫做口欲期性欲。1 岁半以后学会自己大小便，粪块摩擦直肠肛门黏膜产生快感，叫做肛门期性欲。幼儿到 3 岁以后懂得了两性的区别，开始对异性父母眷恋，对同性父母嫉恨，这一阶段叫性蕾欲期，其间充满复杂的矛盾和冲突，儿童会体验到俄狄浦斯（Oedipus）情结和厄勒克特拉（Electra）情结，这种感情更具性的意义，不过还只是心理上的性爱而非生理上的性爱。只有经过潜伏期到达青春期性腺成熟才有成年的性欲。成年人成熟的性欲以生殖器性交为最高满足形式，以生育繁衍后代为目的，这就进入了生殖期。弗洛伊德认为成人人格的基本组成部分在前三个发展阶段已基本形成，所以儿童的早年环境、早期经历对其成年后的人格形成起着重要的作用，许多成人的变态心理、心理冲突都可追溯到童年期的创伤性经历和压抑的情结。

二、新精神分析理论

从经典的精神分析理论创立时起，弗洛伊德的追随者就开始了对其理论观点的修正，其中最著名的就是阿尔弗雷德·阿德勒（Alfred Adler）与卡尔·荣格（Karl Jung）。尽管他们都是弗洛伊德很喜欢的弟子，然而他们最终皆因学术观点上的分歧而与他分道扬镳。

阿德勒是最早与弗洛伊德决裂另创自己理论的精神分析学家。他的个体心理学对后来的新精神分析和儿童教育等领域产生了重要影响。所谓“个体”，并不是指个人主义或自我中心，而是强调人的社会情感和一体性，强调人是一个不可分割的实体，只有通过理解人与其他社会成员的联系才能理解个体。他侧重从社会因素的角度探讨人格的形成、发展以及神经症的成因与防治的心理学体系。他对精神分析由生物还原论的本我心理学转向社会文化取向的自我心理学起了积极的推动作用，是从古典精神分析向新精神分析过渡的中介。

荣格则极大地扩展了无意识的概念。荣格对精神分析心理学的主要贡献在于区分出个体无意识和集体无意识。个体无意识对每个个体来说都是独特的，包括一切被遗忘的记忆、知觉和被压抑的经验，以及属于个体性质的梦、幻觉等，这和弗洛伊德的前意识很相似，是可以进入意识的；集体无意识是人类在漫长的历史演变过程中积累下来的沉淀物，包括人类的活动方式和人脑结构中的遗传痕迹，如人对黑暗的恐惧。个体无意识的内容曾经被意识过但被压抑，后从意识中消失了，而集体无意识的内容从来没有在意识中出现过，是完全通过遗传而得来的。集体无意识是自远古以来祖先经验的储存，是对史前世界以来直至今日数不胜数的微小变化和差异事件的记录。这一概念是荣格最大胆、最神秘、引起争议最多的设想，也是其理论的核心。集体无意识主要的组成部分是原型，荣格认为原型是遗传的先天倾向，不需要任何帮助就可使一个人的行动在一定的情况下与人类祖先的行动相似。原型有多种，但是最重要、最突出的有四种：人格面具（persona）、阿妮玛（Anima）、阿妮姆斯（Animus）和暗影（shadow）。

除了阿德勒和荣格，埃里克森（Erikson）、霍妮（Horney）和沙利文（Sullivan）等人对新精神分析理论的贡献也是不容忽视的。

埃里克森把人格的发展首次扩展到人的整个生命周期，把弗洛伊德的心理性欲发展理论修正为心理社会发展理论。弗洛伊德重视潜意识的作用及其对情绪和行为的影响，埃里克森则更为重视自我意识如何通过文化和社会关系来发展。他认为，人的自我意识发展持续一生，人格发展的每个阶段都由一对冲突或两极对立组成，并形成一个危机。所谓危机并不是指一种灾难性的威胁，而是指发展中的一个重要转折点。由此人的一生可以分为八个阶段：基本信任对基本不信任（0～1.5 岁）、自主对羞怯和疑虑（1.5～3 岁）、主动对内疚（3～7 岁）、勤奋对自卑（7～12 岁）、同一性对同一性混乱（12～18

岁）、亲密对孤独（18～30岁）、繁衍对停滞（30～60岁）和自我整合对失望（60岁以后）。每一阶段的危机，如果能够得到积极解决，自我力量就会增强，人格就会健全发展，从而有利于个人对环境的适应；反之，则会人格不健全，不利于个人适应环境。重要的是，埃里克森认为，这些任务和发展的阶段并非囿于童年早期，而是贯穿于人的一生，从婴儿到老年。

霍妮反对弗洛伊德将人类的心理现象归结为死亡本能、力比多（libido）情结与阴茎羡妒（penis envy）等概念，认为人类的某些精神冲突是由外部文化及环境造成的。在人格发展方面，弗洛伊德理论认为女性的精神障碍是基于对男性的"阴茎羡妒"，霍妮却采用阿尔弗雷德·阿德勒的观点，认为女性希望成为男性是因为希望拥有那些被我们的文化认为属于男性的特质或特权，比如力量、勇气、独立、成功、性自由及选择伴侣的权利，这些都是文化因素而非生物因素决定的。霍妮还指出，当男性（男孩）发现自己没有怀孕生育的本能时，他们反而会产生妒忌及自卑心理，所以男性表现出的进取心、争取成功是对这种自卑心理的补偿。

沙利文强调的则是人这个有机体与其环境的人际关系。他认为，人格不是别的，乃是一个人在以一定文化为背景的人际关系中的一种日趋完善的相对持久的模型或完形。沙利文很重视人格发展中的认知过程，即不同年龄的儿童在文化环境中习得的应付各种符号化的实际能力，并区分出几种经验模式，另外他还特别强调语言的共同有效性在人格发展中的重大作用。

总体来说，这些新精神分析学家对比弗洛伊德有以下改变：他们更强调自我的作用，因而又称之为"自我心理学"；他们重视人际关系在人格发展中的重要作用；他们认为心理发展持续人的一生，而不仅仅存在于童年早期。

但必须指出的是，新精神分析学派仍保留了弗洛伊德学说中的一些最基本的概念，如潜意识、压抑和阻抗、精神决定论、移情作用以及自由联想法等。

三、客体关系理论

对于当代精神分析来说，最重要的理论发展是客体关系理论（object-relation theory）。20世纪70年代以后，英国一部分精神分析学者逐渐从传统的精神分析中发展出一个较新的取向，这就是客体关系理论。这个学派的主要代表人物有英国分析学家克莱茵（M. Klein）、鲍尔比（J. Bowlby），以及欧裔美国分析家玛勒（M. S. Mahler）、柯恩伯格（O. F. Kernberg）和科胡特（H. Kohut）。

在20世纪40年代，一些理论家受克莱茵的开创性工作的影响，提出婴儿不是"动物性的和本能性的"观点。这些理论家对人性持积极的看法，他们认为，婴儿生来就是为人际相互作用和积极的社会发展做准备的。婴儿的力比多的动力就是把一个人际"客体"或个人特别是父母联系起来。客体关系理论家认为，就像鸭子对在适当的时候出现的抚养者进行"印刻"一样，婴儿从心理上依恋早期抚养者，更重要的是建立客体接受的与早期抚养质量一致的情绪生活。如抚养者（客体）鼓励一种安全的依恋和关系，婴儿自然的积极的人际关系和内心成长就会得到发展；而一种虐待的或忽视的早期人际客体，则导致父母之爱不足，将会阻碍这种成长。

客体关系理论的主要倡导者是英国精神病学家鲍尔比。像弗洛伊德一样，鲍尔比也受到了达尔文进化论的影响，但弗洛伊德强调人类从低等的种类演变而来，鲍尔比则更强调依恋（attachment）的进化和自然选择的价值。依恋是婴儿与其母亲相联系的本能性动机，因此，作为一个满足需要的客体，母亲从一开始对于婴儿就是非常重要的。婴儿以后的人格发展和情绪安全是婴儿依恋图式或客体的可利用性和质量的函数。同样地，鲍尔比认为，许多形式的心理病理学源于害怕与依恋客体分离相关的基本焦虑。

这里，"客体"一词指的是内在心理过程的外在表现，更是病人早期生活中重要人物的外在表现。因此，客体关系理论比弗洛伊德创始的精神分析理论更强调人际关系。精神分析理论强调内驱力，客体关系理论则强调人际（客体）关系在人格发展中的作用。

客体关系理论对于精神分析的发展的重要意义有两点：一是将心理治疗中所关注的心理冲突，由俄狄浦斯期转向口欲期；二是将精神分析技术由干巴巴的解析转向对于治疗师与患者关系本身以及移情和反移情的重视。对于治疗关系的重视，是完成精神分析心理治疗从理论到实践的桥梁。客体意象的内化以及处理反移情与负移情，已经成了当代精神理论与实践的核心。正是在重视关系的背景之下，精神分析与人本主义和存在主义才携起手来。

第二节 行为和认知模式

行为和认知模式包括行为治疗以及各种认知疗法，如贝克（A. Beck）的认知疗法、埃利斯（A. Ellis）的理性-情绪疗法等，都被认为是"行动取向"的治疗。行为治疗认为非适应性行为是习得的，通过治疗要重新学习新的适应性行为，矫正非适应性行为。治疗中鼓励来访者积极行动，一步一步地实现具体的改变。目前行为治疗越来越重视认知因素的作用，而认知疗法也重视行动在改变中的作用。各种认知疗法均认为导致人出现情绪困扰或心理障碍的原因是不合理的信念和非理性的思维方式。这些治疗重在改变那些非理性的认知，建立理性的人生观。

一、经典性条件反射

经典性条件反射（classic conditioning）又叫应答性条件反射或巴甫洛夫条件反射。20世纪初，巴甫洛夫（Pavlov）曾对狗的消化系统进行研究。在对狗进行实验研究的过程中，巴甫洛夫注意到，狗在食物进入嘴里之前，就开始分泌唾液。食物单独出现，狗也会分泌唾液。巴甫洛夫进一步观察到，狗实际上是在听到带来食物的助手的脚步声的时候开始分泌唾液的。他最初把这种现象称为心理分泌（psychic secretion），后来使用了"条件反射"（conditioned reflex）这一术语。巴甫洛夫由此推论，狗学会了把脚步声和将要出现的食物联系起来，所以，最终狗只要听到脚步声（最初为中性刺激），就会分泌唾液。

1919 年，美国心理学家华生根据巴甫洛夫的研究，开始提出早期行为理论。华生重视外显的、可观察的数据，更重要的是，华生并不否认思想或内省的存在。他认为，基于可观察到的行为的数据，比基于自我报告的思想或情绪，要求更少的推测，因而更加科学有效。

为了解释人类所有的情绪表现和个体情绪性行为之间的差异，华生假设，我们依靠联想或条件反射学会了更多复杂的情绪反应。在一项著名的实验中，华生和他的研究生运用经典性条件反射的原理，让一个 11 个月大的婴儿对恐惧产生条件反射，这个婴儿就是初学心理学的学生都知道的“小阿尔伯特”。尽管他们的实验存在着造成小阿尔伯特痛苦的道德问题，但它仍然堪称一个划时代的研究，它是支持华生的假设“情绪是可以学习的”的第一个实证研究，也是人类“实验性神经官能症”的第一个实验室证明——在对并非真实的恐吓刺激进行反应中获得了焦虑。

经典性条件反射或联想学习，被假定涉及了一些情绪障碍的病因学。例如，由于可以对自主性神经系统的唤醒功能进行条件反射，因而焦虑是可以学习的，正如华生对小阿尔伯特的研究证明了的一样。所有美国精神障碍诊断系统（DSM）所列的障碍，包括恐惧症、惊恐发作、创伤后应激障碍，其焦虑水平都很高。因此，经典性条件反射可以解释焦虑性障碍，也可以解释某些性变态，如恋物癖。有趣的是，人类和其他有机体显然偏爱把某些刺激与焦虑联系起来。例如，恐怖性焦虑的发生通常是对蜘蛛、蛇那些有毒的动物进行反应，而不是对兔子和海龟那些对人类没有威胁的动物进行反应。

二、操作性条件反射

在斯金纳（B. Frederick Skinner）的著作《科学与人类行为》于 1953 年出版之前，学习和条件反射的研究都毫不例外地受到巴甫洛夫理论的影响，特别是经典性条件反射的影响。在这本开创性的著作里，斯金纳强调工具性或操作性条件反射在其他学习形式中的重要作用。经典性条件反射理论重视先前的行为或先于行为的环境条件，操作性条件反射理论强调行为的后果或行为之后的环境条件。跟随行为（反应）之后的积极后果（刺激）会增加将来行为出现的可能性（正强化），会消除跟随行为之后的负性刺激（负强化）。这些操作性原理，在很大程度上是建立在桑代克（Thorndike）的效果律的基础之上的。效果律的基本原理是，有机体将重复它们受到奖赏的行为，不重复那些被忽视的或受到惩罚的行为。

与大多数人想到的相反，对一个行为不断地进行强化，不是提高或保持其出现频率的最有效的办法。关于强化物在不同时间出现的影响的研究证明了，一个行为如果只是在它出现的某个时间得到强化的话，这个行为将更可能被学会和维持。这种间歇性条件反射是赌博行为难以禁止的主要原因之一，赌注在某个时间得到强化，相信下一次赌博会赢，即使最后一次都没有赢。事实上，在一连串的坏手气之后相信好手气会来，被认为是“赌徒悖论”(gambler’s fallacy)。其实，每一次的手气都是独立的。

三、社会学习理论

20 世纪 60 年代，当斯坦福大学的阿尔伯特·班杜拉（Albert Bandura）对观察学习或模仿（modeling）进行一系列经典的研究时，行为主义理论发生了一场重要的变革。班杜拉认为，许多行为是操作性或工具性条件反射无法解释的，他证明了可以通过观察他人模仿行为来学习一种行为，即使观察者没有得到直接的强化。班杜拉把这一现象称为“替代性学习”（vicarious learning）或条件反射，它为挑战行为主义的某些基本原理进行广泛研究打下了基础。确实，班杜拉的研究为考察青少年观看电视暴力、接触媒体暴力的研究提供了基础。

班杜拉认为儿童通过观察他们生活中重要人物的行为而习得社会行为，这些观察以心理表象或其他符号表征的形式储存在大脑中，来帮助他们模仿行为。班杜拉的这一理论接受了行为主义理论家们的原理，但是更加注意线索对行为及内在心理过程的作用，强调思想对行为和行为对思想的作用。他的观点在行为派和认知派之间架起一座桥梁，并对认知—行为治疗作出了巨大的贡献。

概言之，经典性条件反射、操作性条件反射和社会学习理论都重视解释可观察到的现象，只不过学习理论更严格地依赖可观察到的行为和事件，把心理过程完全排除在外，因而在解释人类行为方面表现出还原论和机械论的特点。当然，学习理论的发展还是促进了现代非机械主义行为模式的发展。因为现代学习理论非常重视联想过程，通过联想，有机体包括人类才了解他们周围的世界及其与世界的关系。这些联想过程包括心理的或认知的活动的因素。

四、认知理论

心理病理学的认知理论是临床心理学领域中发展迅猛的最新理论。认知理论的基础是，个体不仅受周围世界的影响，而且受人们对世界的主观认识和解释的影响。那些认识和解释消极的人，比那些对环境有积极看法的人，更可能产生抑郁或焦虑。认知治疗的代表人物是美国的贝克和埃利斯。

（一）贝克的认知治疗理论

临床心理学中最有影响的认知理论家要数贝克了，是他最早从对抑郁症病人的临床经验中提出了认知疗法。贝克认为，抑郁症病人以“负性认知三联征”（negative cognitive triad）为特征，也就是说，他们对自己、对世界、对未来都持消极的看法。抑郁症病人认为他们不值得被爱，他们的环境没有人支持，他们的未来是无望的。贝克认为，抑郁症病人还具有“负性图式”（negative schemas），即让他们用消极的态度认识和解释经验的认知结构。从本质上来说，这些图式是对人际关系、能力、自我概念等的消极期望，它们源于不利的早期经验。贝克认为这些负性图式是抑郁症发生中的易感因素或素质。在心理病理学的素质—应激模式中，一种疾病的发病，是素质或疾病易感性与环境中应激源交互作用而致的，因为环境中的应激源“激活”了这些素质。对于抑郁症患者来说，贝克假定，当有着失败的图式期望的人遇到充满了压力的生活环境时，这种图式就会使他们产生失败的消极认知，而这些认知会破坏适应性行为，降低动机，使情绪变坏，最终产生抑郁症。

简而言之，贝克认为，不利的早期经验如失败、拒绝，会导致个体（包括儿童和青少年）发展起失败和拒绝的消极图式，这些图式在被相关的应激性生活事件激活之前，是潜在的、潜意识的。一旦被激活，它们就会使个体一直消极地思考，这样就产生了抑郁症。其实，贝克解释焦虑症产生的原因在本质上与他解释抑郁症产生的原因相同。对于焦虑症，贝克假定，个体的早期经验如危险或威胁，发展了有关这些主题的图式，当他们遇到激活这些危险或威胁图式的情境时，这些消极认知就会使他们体验到焦虑或恐惧。

（二）埃利斯的ABC理论

在认知理论流派中，对心理健康问题卓有研究的另一位心理学家是埃利斯。埃利斯采用理性-情绪治疗模式，对求助者心理失调的原因和机制进行了深入细致的研究，并将研究的结果概括为ABC理论。A代表引发事件（activation events），是指求助者所遇到的当前事件，事件的形式既可以是具体的事情，也可以是求助者的思想、感受、行为或对以前事件的回忆等；B代表求助者的信念系统（beliefs），是指求助者对引发事件的认知和评价，它可以是理性的，也可以是非理性的；C代表引发事件之后出现的各种认知、情绪和行为（consequences）。

一般认为，求助者的认知、情绪和行为是由引发事件直接导致的。但理性-情绪治疗模式却反对这种观点，认为在大多数情况下，A和C之间还有一个信念因素在起作用，只有通过求助者的认识和评价引发事件才能影响求助者。求助者通常根据自己大量的非理性信念看待引发事件，这就导致了求助者的不良情绪和行为。换言之，引发事件本身无法产生非理性的情绪和行为，导致这种结果的原因是求助者自己的非理性信念。

因此，理性-情绪治疗模式认为，有效的帮助是对求助者的非理性信念系统进行质疑，即对非理性信念进行识别和辩论，这个过程可以用D（disputing）来表示，这样就可以协助求助者克服各种非理性信念，最终使求助者的情绪和行为困扰消除，形成一种有效的理性生活方式，达到目标E（effects）。

心理病理学的认知模式一直是许多研究的焦点。研究结果表明，许多不同形式的心理病理学都具有不合理思维的特征，但是，有关认知致病作用的证据还不够充分。也就是说，大多数研究提示着，有着抑郁症或焦虑症等严重问题的人，具有消极的思考方式，但研究结果还不能充分表明，他们在生病前就存在着这些不合理思维的模式。认知过程可能是心理障碍的原因之一，这依然是临床心理学家研究最为活跃的领域之一。

第三节　人本主义模式

20世纪50年代，美国心理学出现了第三势力——人本主义心理学，它在一定程度上是对占统治地位的精神分析理论和行为理论的一种挑战。它反对行为主义环境决定论和精神分析生物还原论思想，主张研究人的本性、潜能、经验、价值、创造力及自我实现等，故号称心理学的第三势力。人本主义心理学的主要理论包括：（1）人性本善论是人本主义心理学的基本人性观、动机理论和人格理论的基础；（2）需要层次理论是人本主义心理学的动机理论；（3）自我实现理论是人本主义心理学基本理论的核心；（4）以人为中心的疗法，旨在提供一种良好的心理氛围，调动来访者内部资源进行自我理解和自我矫正，以达到心理健康。

一、来访者中心理论

人本主义理论中影响最大的是罗杰斯的来访者中心理论。在他看来，人类生而具有自我实现和积极成长的倾向性。他的基本治疗态度是：真诚一致（congruence）、无条件积极关注（unconditional positive regard）和共情的了解（empathic understanding）。真诚一致是指治疗者的想法与他对患者的态度和行为应该是一致的，不能虚伪做作，即治疗者在与来访者沟通时，要任随自身内部的感受和态度开诚布公地表达和流露，使来访者感受到治疗者对自己的真诚态度，不怀疑治疗者有任何保留，这样才能使来访者发生内在的改变，并向建设性方向转化。无条件积极关注是指不带价值判断地表达对人的基本尊重。治疗者对来访者的接纳与关怀是无条件的，由此营造一种有利于来访者转变自我概念的气氛，无论来访者当时的感受如何，治疗者都应予以理解，甚至是珍视。共情的了解是一种能深入他人主观世界了解其感受的能力，共情的了解开始于全神贯注地倾听，治疗者的倾听和日常生活中的听是不同的，有经验的治疗者能完全进入来访者的内心世界，不仅能理解来访者自己意识到的部分，甚至连来访者自己尚未觉察的潜意识层的意识也能觉察出来，并把这种理解传达给来访者本人，这对来访者的转变有重要的作用。治疗者如果具备这三种特质，就能营造一种促进成长的气氛，使来访者在其中可以向前迈进，从而成为他所能成为的人。

在罗杰斯看来，与其说个体生活在一个客观现实的环境中，不如说他生活在自己的主观经验世界之中。这个主观的经验世界称作“现象场”（phenomenological field）。由于重视个体现象学经验，罗杰斯提出了“自我的理论”（self theory），这个理论假设每一个人都有改变的能力，而且每一个人都有某种程度上的自由，可以自我指导和成长。

自我理论是罗杰斯的人格心理学的核心理论，自我概念的确立是罗杰斯心理学的里程碑。罗杰斯区分了自我概念、现实自我和理想自我。他认为，自我概念是指个人认知到的自我，即个人独特的知觉、看法、态度和价值观的总和；现实自我是一个相信别人对自己看法的自我观念，即个人目前的真实情况；理想自我是一种个体希望做什么人的自我观念，也就是个体期望的自我形象。理想自我与现实自我并不总是一致的。二者越接近，个人适应越良好，生活也越幸福，这是人格健康发展的标志之一；二者相差很远甚至相互矛盾，个体就会适应不良、焦虑、苦恼，甚至造成人格障碍和心理疾病。

二、需要层次理论

马斯洛（A. H. Maslow）提出了另外一种人本主义思想，他强调自我实现的重要性。其心理学理论核心是人通过自我实现，满足多层次的需要系统，达到高峰体验，重新找回被技术排斥的人的价值，实现完美人格。他认为人作为一个有机整体，具有多种动机和需要，包括生理需要、安全需要、归属和爱的需要、自尊需要和自我实现需要。所谓自我实现，就是不断实现潜能、智能和天资，完成天职或天数、命运或禀性，更充分认识、承认人的内在天性，在人的内部不断趋向统一、整合或协同动作的过程。自我实现的需要是超越性的，追求真、善、美，将最终导向完美人格的塑造，高峰体验则代表了人的这种最佳状态。

马斯洛还特别强调高峰体验与自我实现之间存在着的密切关系。他认为高峰体验是自我实现者的人格特征之一，还是通向自我实现的途径之一。高峰体验不仅对增强心理健康、提高心理生活质量有重要价值，而且对人的自我实现和社会发展也有重要意义。

马斯洛认为，每个人都有自我实现的潜能，但很少人能够达到自我实现，他估计自我实现者大约占人口的百分之一或百分之二。马斯洛由此认为，自我实现者运作的功能层次，与一般人或正常者的运作层次完全不同。自我实现者很容易满足他们所有的需要，但他们特别关心较高层次的需要。

三、格式塔治疗法

格式塔治疗法是现象主义与行为主义心理学的整合，它是由弗里兹·佩尔斯（Fritz Perls）等人所开创的。格式塔治疗法是一种经验性的而非解释性的方法，它主要经由一些现时知觉的实验技术，促使来访者获得对自身的障碍和矛盾冲突的即时察觉，并接受个人的责任，找到他们自己走出困境的道路。

格式塔治疗法一方面处理来访者知觉的主观世界，注重此时此地的个人体验和知觉重组，另一方面也鼓励来访者不断去尝试新的行为模式替代旧的不适应的行为，促使原来处于冬眠状态的人格得到激发和重新调整，以拓展他们对环境的适应能力。格式塔治疗法的重点是“现在”和“如何”，帮助来访者为他们自己所体验和所做的所有事情承担责任，使他们依自己的期望而生活，真正成为他们自己。

佩尔斯的主要贡献在于技术，他在数年间创立了许多存在主义疗法必不可少的技术，如现时此刻的体验（here and now）和空椅子技术。大多数格式塔治疗师强调立足现时此刻来帮助来访者体验世界，而非立足于过去与未来。虽然过去的经历、梦想或未来的理想可以加以讨论，但重点还在于来访者对这些内容的直接的即刻体验。空椅子技术是最著名、最有效的技术。当一位来访者表达与某人之间的冲突时，治疗师指导来访者想象那个人正坐在空椅子上，自己对着他讲话。来访者讲了一些话后，治疗师突然坐在空椅子上，模仿那个人的口气来回答。治疗师通过持续建议来访者在关键时刻互换角色，来指导来访者与想象中的他人进行对话。通过这一练习，来访者学会更为彻底地体验与理解情感。来访者还从中了解到自己将许多想法投射到他人身上。运用空椅子技术还可以向来访者指出其存在的分裂、僵化的部分。通过这种形式，一个问题的两个方面，或一个人冲突的部分就被凸显出来。

四、自我决定理论

人本主义理论的最新模式要数 20 世纪 80 年代问世的德西（Deci）和瑞安（Ryan）的自我决定理论。自我决定理论认为，每个人都有三种基本需要，那就是能力感（competence）的需要、关联性（relatedness）的需要和自主性(autonomy)的需要。这些需要是根据人是生命有机体和具有活动特性而界定的。所谓“能力感”是指个体对环境感到能够操控与胜任的程度，因此个体会为了获取足够的能力感，而挑选那些他们认为挑战性适中（optimal）的工作或任务。而“关联性”涉及个体在情感上感到是否能与他人产生联结的程度，尤其当环境提供足够的接纳、关怀与温暖的情感力量时，更能够促使个体接受各种困难与挑战，从而达到心理成长的目的。“自主性”则是指个体对其行为之掌控程度的知觉，当个体认为行为是出自个人的自由意志，而非被命令、被逼迫或有被威胁的感觉时，便比较能对其所选择的目标产生允诺及追求的意愿。

第四节　生物学模式

人类表现出来的思想、情绪和行为都与生物学机能的某些方面联系在一起。当我们思考、感觉或行动时，我们的中枢神经系统就在起作用。因此，临床心理学家对他观察到的或来访者报告的行为的生物学基础进行考虑，是十分有必要的。

我们将从两个层面上讨论行为、发展和心理病理学的生物学模式。首先，行为遗传学（behavioral genetics）的研究重点在于确认行为的遗传。这一领域的研究者试图了解亲代传给子代的基因信息对人格和心理异常的影响程度。其次，行为神经科学（behavioral neuroscience）研究生物学过程（特别是中枢神经系统的神经递质）对思想、情绪和行动的决定作用。尽管行为遗传学和行为神经科学都在一定程度上丰富了人类行为的生物学理论，但它们运用的研究方法不同，分析的层次也就不同。

一、行为遗传学

行为遗传学是研究支配生物的向光、向地、摄食、求偶、育儿、攻击、逃避以及学习与记忆等行为的基因和基因表达的时间、场所及作用途径等的遗传学分支学科。

对临床心理学而言，行为遗传学家试图了解心理障碍或心理病理学的症状遗传的程度。该领域研究不同遗传性、不同成长环境的个体，比较其行为和心理功能的差异，旨在评价基因、环境以及二者相互作用对行为、发展和心理障碍的影响程度。

关于心理障碍的遗传研究，行为遗传学有两个重要的发现。第一，遗传学在许多心理障碍中起着重要的作用，在不同类型的心理障碍中，能解释30%到60%的差异量。第二，更为重要的是，基因不太可能直接决定个体的行为，基因似乎是通过个体与环境复杂的相互作用而发挥作用的。例如，Kendler等证明了抑郁症遗传高危者相比非遗传高危者，更可能对应激事件做出反应，进而发展成抑郁症。

目前普遍认为心理行为障碍是多基因遗传的，是基因易感性和环境因素共同作用的结果。个体基因可以通过以下几种方式来塑造所处的环境：一种方式是被动效应，高智商的父母会为孩子创造信息量丰富的环境，从而有利于促进具有高智商潜质的儿童的发展；另外一种方式是唤起效应，拥有某些基因的儿童可能会在周围环境和社会生活中诱发特定的反应。例如主动、活泼的婴儿比被动、退缩的婴儿更容易从周围环境中得到积极的反应。还有一种方式是主动效应，外向的儿童会主动和他人交往，让环境更适合自己的发展。个体基因也可能以交互作用的方式和环境互动，不同基因的个体可能对环境的敏感性和反应方式不同。例如拥有易感基因的个体在遇到刺激和压力性事件时，比没有易感基因的个体更多表现出抑郁，会减少活动和与人疏远。

虽然对疾病的易感基因研究有了很大进展，但我们目前对大多数心理行为障碍的易感基因还是知道得很少。研究遗传作用的方法传统有家系调查、双生子法和寄养子法，而近期则有连锁分析和关联分析，以及基于单核苷酸多态性（SNP）的连锁不平衡分析。通过基因芯片技术和全基因扫描技术等手段应用，人们期望能够对基因对心理行为障碍的作用方式有更清楚的认识。

二、行为神经科学

近20年来，科学家们在中枢神经系统功能研究方面已经取得了引人注目的成就，这在一定程度上要归功于复杂技术的发展，它使人们能够更加全面地理解信息从一个神经元传递到另一个神经元的方式，也大大增加了对包含激素过程的内分泌系统与行为关系的理解。显然，许多种类的心理障碍都有着生理学基础。

在中枢神经系统里，引导思想、情绪和运动行为的信息从一个神经细胞或神经元传递到另一个神经细胞或神经元。信息是以神经元内电脉冲的形式，通过神经递质（neurotransmitters）在两个神经元之间的间隙或突触来传递的。前一个神经元带来的电脉冲将神经递质释放到突触，把信息传递给下一个神经元。信息的传递取决于第一个神经元发出的神经递质，取决于突触里的操作过程（促进或阻碍神经递质的运动），取决于第二个神经元接受神经递质的能力。释放到突触的神经递质可能有三种结果：（1）神经递质到达了下一个神经元的末端，成功地传送了信息；（2）神经递质通过重摄取或与轴突的受点结合，返回到前一个神经元的轴突的末端；（3）神经递质受到突触里的酶的破坏，神经递质一旦遭到破坏，不能和树突联系，就无法传递信息。

一般的，心理病理学的生物学理论着重于突触内神经递质的不平衡性引起神经信息传导紊乱，其原因可能是：（1）某些神经递质的水平不足；（2）其他神经递质的水平过足；（3）突触里影响信息传递的其他生化物质（即不是神经递质但影响神经递质的化学物质）的水平不足。神经递质在成功地把信息传递到下一个神经元之前，会受到酶的破坏，或者自身不能分解，突触内浓度过高时，便会使突触前膜返回至神经元内。尽管神经递质的类型多种多样，但有三种神经递质与心理障碍的关系最为密切：去甲肾上腺素、多巴胺和5-羟色胺。去甲肾上腺素与应激反应关系密切，多巴胺在精神分裂症中起着重要作用，5-羟色胺似乎与抑郁、焦虑、自杀倾向等情绪障碍的发生有关。

最近几十年来，越来越多的研究者关注早期神经发育在精神障碍中所起的作用。他们认为，个体如果在某些关键时期如胚胎期、出生前后的正常发育受到了干扰，或者在青春期由于遗传、环境的原因使得大脑皮层的重组受损，就会导致精神分裂症的发生。大脑皮层的异常可以表现为凋亡神经元增加、神经元萎缩、神经元增殖不足、大脑海马体积缩小等。对于海马体积缩小的抑郁症患者，其海马体积在抗抑郁治疗后可恢复至正常水平。这说明神经元和神经组织存在可塑性。实际上，大脑一直在改变，在碰到应激事件、营养不良、疾病、药物等情况时都会有所变化。现有的神经环路可能被修改，新的神经环路也可能产生，动物实验和人体的研究观察都证实了这一点。究竟向哪一个方向发展，取决于具体的环境和相关因素。在神经细胞的存活、分化和生长过程中，在神经系统的损伤修复过程中，神经营养因子起着重要作用。如脑源性神经营养因子（BDNF）可以防止发育中的运动神经元死亡，维持和促进成熟的运动神经元和感觉神经元的存活。神经营养因子在治疗阿尔茨海默病、脑血管病和脑外伤等精神神经疾病方面有重要潜力。

第五节　整合理论：生物-心理-社会的观点

上述四种理论模式都在不同层面或不同角度探讨了人类重大心理问题的原因，每种理论对这些原因的解释却各不相同。我们不妨以临床上的抑郁症为例，看看这四种理论模式是如何解释抑郁症的成因的。

一、精神分析的/人际的观点

弗洛伊德认为，作为一种急性促发作用，丧失（loss）在抑郁症的发生中起着重要作用。在他看来，口欲期需要没有得到满足的人会过分依赖别人，自我发展得不充分。当个体成年后再次体验到这种重大的丧失时，拒绝和放弃的情绪会再次被激活。如果我们后来遇到激活这些情绪丧失性的事件，早期丧失就会使我们依赖，可能体验到愤怒、自我憎恨和抑郁。

从人际观点和客体关系观点来看，抑郁症是由有问题的人际关系，特别是重要关系的丧失引起的。抑郁症症状在一定程度上可以解释为应对困难社会环境的不适应。在应激之下，那些对抑郁症易感的个体，由于缺乏正常人际功能或早期关系存在问题，会对其他人过分依赖，并寻求再次被确认。当他们变得更加抑郁时，他们的关系也变得进一步紧张了。抑郁症特有的悲伤、自我贬低和烦躁会使抑郁症患者难以接受别人的接近，甚至赶走抑郁症患者需要支持和依恋的对象，从而进一步恶化其抑郁症症状。

二、行为的/认知的观点

行为主义理论对抑郁症的观点也包含了丧失的概念，但是它强调环境中强化物的可变化的丧失。重要关系的丧失可能减少一个人一生中的强化物，根据操作性条件反射理论，强化物的丧失会使个体减少行为。这种现象表现为社会性退缩和活动性降低的症状，这正是抑郁症的特点。强化物的丧失和随后的行为减少会形成一个恶性循环，使获得强化物的机会更加缺少，从而抑制了他们的行为。使事情变得更糟的是，抑郁症患者通常得到同情和关心等形式的强化物，而这正是他们力图放弃的行为。简言之，适应行为消退了，抑郁行为却得到了强化，一个恶性循环形成了。

从认知的角度来看，某些人关于自我、世界和未来的思维方式使他们容易产生抑郁。一种应激源一旦触发或激活这种认知障碍，具有抑郁症倾向的个体就开始用消极的方式关注和解释周围的信息。他们关注积极事件之外的消极体验，以消极的方式歪曲模棱两可的或中性的体验。这种消极的思维方式直接影响了个体的情绪和行为，从而引起抑郁症的主要症状。

三、人本主义观点

从人本主义的角度来看，抑郁症是丧失无条件积极关注的结果，从而造成真实自我和理想自我之间的不一致。人本主义理论假设，当人们有条件地积极关注时，他们通过外在的价值观和理想来引导自己的行为。这样人们感受不到自己的内心体验，看不到自己的目标和价值观。而且，他们为理想自我设立一个外在的理想标准，这一标准对个体而言是不现实的。结果，真实自我和理想自我的不一致越来越明显，这种不一致将会被体验为自我价值感降低，这正是抑郁症的特点。

四、生物学观点

生物学理论探讨抑郁症的原因基于两方面资料，一是行为遗传学研究抑郁症遗传性和抑郁症神经递质失调的结果，二是双相抑郁（过去称为躁狂抑郁症）的遗传性研究证据比单相抑郁更为充分。有证据表明，单相抑郁症的易感性至少在一定程度上可以遗传。例如，在一项 1 033 对同卵或异卵双生女性研究中，Kendler 等发现，如果把环境因素包含进来，同卵双生子出现抑郁症的一致率高于异卵双生子。科学家也已证明，抑郁症与非抑郁症病人的神经传导过程存在差异，特别是，抑郁症患者的中枢神经系统的下丘脑-垂体-肾上腺轴释放的肾上腺皮质激素水平升高，而5-羟色胺和去甲肾上腺素水平降低。

五、整合的观点

哪种理论能“正确”解释抑郁症产生的原因？通过上述理论的阐述可以发现，各种理论都有一些实证性研究证据，解释抑郁症产生的原因时，没有一种理论比其他理论更为高级。事实上，抑郁症是一个复杂的现象，可能有很多亚型，每一种抑郁症亚型又有着不同的病因学。也许所有这些理论在一定程度上都是正确的，在抑郁症的发生中，生物的、心理的和社会的原因可能都在起作用。

研究者和理论家已经逐步认识到了这些理论的共同成分，正着手将这些理论整合为心理病理学的生物-心理-社会理论。这种整合模式认为心理障碍有着多种多样的发病原因。几种不同因素的共同作用足够引起心理障碍，但没有一个因素可以单独引起心理障碍。

人类行为和心理过程是生物、心理和社会影响的产物，同时也是这些影响相互作用的产物，这个认识是生物心理社会模式的基础。如果不考虑这三个因素的影响，任何对行为与心理过程的解释则都是相对不完善的。生物-心理-社会的整合模式代表了行为理论和心理病理学发展的趋势。但是，不同理论的整合必须对问题进行最为简约的解释，这些理论越综合，越不能满足一个理论的标准，检验这些理论还有大量的工作要做。

第三章

心理评估概述

面对一个来访者，我们通常需要了解这个人是否有心理问题，如果有，那么问题的性质是什么，可能的原因是什么。而要回答这些问题就需要我们全面而深刻地了解这个人，这就是临床心理学家进行评估的过程。有了这样的了解，我们才能决策这个人是否需要心理治疗，如需要，哪一种特殊的治疗最有帮助。临床心理学家也是遵循一个精心建构和系统化的系列程序来进行心理评估的。所以，本章我们先了解心理评估的意义和方法，接着了解标准化测验的技术指标以及评估的过程。

第一节　心理评估的意义与方法

一、心理评估的相关概念

作为通用的术语，测验、测量和评估等是现代生活中使用频率较高的词，也是使用较为混乱的术语。心理测验（psychology test）是指测量一个行为的程序，它借助数量等级或固定类别来取样，然后对所要测查的对象进行描述。心理测验有两种含义，在英文中分别以 psychology test 和 psychology testing 来表示。前者表示进行心理测验时所用的工具，中文译为心理测验；后者指进行心理测验的活动及过程，中文译为心理测查或测试。心理测量（psychology measurement）是按照一定的心理学理论和操作程序，对人的行为确定出的某种数量化解释，是对心理现象进行定量化测定的一门心理科学。在实际使用中，心理测验与心理测量经常互用。心理评估（psychology assessment）是运用多种手段，系统化地收集评估对象自身及有关环境的信息，并以这些信息对评估对象作出全面、系统和深入的描述以及恰当决定的系统过程。

评估包括描述评估对象的行为变化和与希望的行为有关的价值判断的测量和非测量的技术，它既包括定性描述，又包括定量描述，还包括与行为描述有关的价值判断。测量局限于定量描述，它是评估过程的一个组成部分；评估可以不依赖测量，并远远超出了简单定量描述的层面，是更加综合的概念。评估、测量与测验的关系如图 3－1

和图3-2所示。

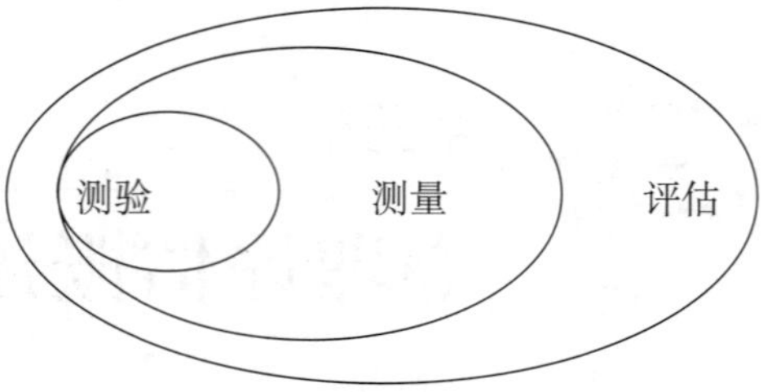

图3-1　评估、测量与测验的关系

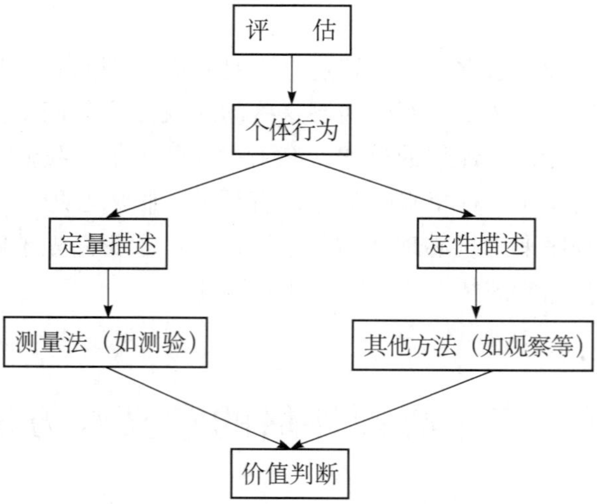

图3-2　评估与测量的关系

在测验、测量、评估三个术语中，虽然测验涉及的范围最窄，但是它的使用频率最高。测量也好，评估也好，都要用到测验，测验是它们的共同工具。评估与测量的密切联系表现为价值判断与事实判断的关系。从性质上看，测量是一种纯客观的过程，客观性是测量质量的首要标准，客观的测量期望测量者尽可能排除各种主观因素的影响。评估是在测量基础上进行的活动，并不是纯客观的，而是具有客观性和主观性两个基本特性，其客观性表现在它是建立在对个体行为的客观测验、客观检验和客观描述的基础上，主观性则表现为它又以个体需要和目标为准绳进行评判。从复杂性上看，测量较单一，只重视在数量上对事物的特性进行测定，评估则复杂得多，不仅重视数量分析，而且注重性质分析。从内容上看，测量着重对个体心理现状的确定，评估侧重对个体心理情况的解释与判断。从分析资料上看，测量主要通过测验所收集的量的资料进行分析，评估不仅包括量的资料，还包括用观察法、晤谈法、逸事记录、录音等技术所获得的非数量的质的资料。

由此可见，测量与评估一方面是不完全相同的两个概念，另一方面又是互为关联的两个过程。两个个体可能获得相同的测量结果，但对这两种测量结果却可能有不同的评估解释。譬如，在五年级结束时两名学生阅读能力的测验成绩都达到了五年级的水平，虽然如此，我们对他们的评估却不一定完全相同。因为在五年级初，一名学生的阅读能力可能只有三年级的水平，另一名学生已达到了四年级四个月的水平。因此，评估者对两个学生的成绩评估不一样，即需要具体说明其中一名学生的进步在平均水平以上，另一名学生的进步处于平均水平以下，即一名学生进步快，另一名学生进步慢。在此基础上，进一步的评估还需借助其他非测量的手段，分析两名学生产生差别的原因及对两名学生今后的发展作出预测等。

二、心理评估的方法

心理评估的方法有许多，临床心理学中常用的方法主要是观察法、晤谈法、个案法和测验法等。

（一）观察法

观察法是在自然状态下，通过观察对象的表情、动作、行为和语言等外部表现来了解人的心理活动特点与规律，如临床心理学家可以通过观察来访者的衣着、表情、手的动作、坐姿、语速、眼动等了解其基本的心理状态。

观察的内容因观察目的不同而有不同，一般观察所应包括的主要有仪表（如穿戴、举止、表情等），身体外观（如胖瘦、高矮、畸形及其他特殊体形），人际沟通风格（如大方还是腼腆、主动还是被动、善言还是词穷、易接触还是不易接触等），言语和动作（如言语方面是表达流畅、简洁、中肯、贴切，还是结巴、啰唆、离题；动作方面是过少还是过多，是适度还是过度，有无怪异动作或刻板动作等），交往中所表现出的兴趣、爱好，对人对事对己的态度，在困难情境中的情绪表现及应对方法等。

观察的效果有赖于观察者良好的观察能力和判断能力，因此对观察者来说，不仅需要系统的观察知识，更需要高超的观察实践能力。对临床观察而言，观察者应具备三方面的知识，即基础知识（如心理学知识、一般医学知识、社会科学知识），专业知识（如心理学、临床心理学、心理咨询与治疗等），以及与不同年龄、性别、职业、文化程度的有各种心理问题的患者沟通的经验与能力。

（二）晤谈法

晤谈又称访谈，是按照一定程序与会晤者所进行的有目的、有计划的会谈，用以收集用其他方法难以获得的资料信息，它在心理评估中是一种既简单又直接且非常重要的资料收集手段。在心理评估中，若没有晤谈的材料，则大多数的心理测验就会变得没有什么意义了。

晤谈的方法主要分为言语沟通法和非言语沟通法。言语沟通是以双方的听与谈来增进彼此间的理解和关系。听时晤谈者既要细心、耐心、抓重点，又要积极引导、注意中心内容和细节问题，进行分析、综合与判断，使来访者自由倾诉，无拘无束。谈话时晤谈者的语量要少于来访者，只在个别时间作相应的提示或鼓励即可。在言语沟通的同时还需运用非言语沟通技术，即观察来访者表情、动作、手势、姿势以及无意的言语形式（如语速的变化、音调的高低）等方面的信息，这些信息可为晤谈者提供有关来访者兴奋或抑制、主动或被动、积极或消极、傲慢或沮丧、紧张或松弛、有好感或无兴趣等的心理特征。

（三）个案法

临床心理评估往往以特定的个体为单位而进行，因此需要深入了解来访者的个人传记性材料。这些资料内容包括个人家族史、健康史、教育史、工作史、婚姻史、交往史及爱好兴趣等。个人史资料的提供者是父母或配偶、子女或兄弟姐妹和同事、朋友、老师、同学。资料采集的对象应视解决问题的重点而异。

（四）测验法

测验法是拟定若干可引起某种心理活动并具有代表性的题目（即测验），让来访者用语言、文字或动作解答的一种方法。虽然心理测验法在评估资料的收集中并非唯一的方法，但它却是非常重要的、最常用的方法。

测验分类标准各不相同。从测验目的或功能上可分为智力测验、人格测验、能力倾向测验和成就测验。智力测验是对个体一般能力水平的测验；人格测验是对非认知性心理特征（如气质、性格、态度、兴趣等）的测验；能力倾向测验是对个体潜在能力或发展倾向的测验；成就测验是对个体经学习或训练后直接表现出的特定内容领域的知识技能的测验。从测验标准化程度上可分为标准化测验、非标准化测验和准标准化测验。标准化测验是指依照心理与教育测量学的理论与方法，由专家按照一定的系统程序和统一标准编制，并对测量误差做了适当控制的测验；非标准化测验是教师自编、适合临时教学目的的测验；准标准化测验是介于非标准化和标准化测验间的测验。从对测验结果的解释上分为常模参照性测验和标准参照性测验。常模参照性测验是以常模进行解释的测验，标准参照性测验是以目标进行解释的测验。另外，从同时施测的人数上可分为团体测验和个别测验，从测验材料的形式上可分为文字测验和操作测验，从测验刺激性质上可分为构造性测验和投射性测验，从测验难度和时限上可分为难度测验和速度测验，从测验要求上可分为最高行为测验（如智力测验和成就测验）和典型行为测验（如人格测验），从测验回答方式上可分为口试式、自陈式和评定式。

第二节　标准化测验的技术指标

一、测验标准化

在经典测验理论中，编制一个标准化的测量工具，需要按照标准化的程序进行。所谓标准化是测验编制与实施过程等要遵循一套标准程序，其目的是确保测量结果的准确性和客观性。

（一）标准化的内容

标准化的内容主要包括测验材料的标准化、测验实施的标准化、测验评分的标准化和测验解释的标准化。

测验是由众多试题构成的，试题质量的优劣制约着整个测验质量的好坏，因此标准化的首要前提是测验材料的标准化。材料标准化的过程是根据测验目的所定义的范围选取具有代表性的行为样本，即具有代表性的试题，这种试题的选取应是丰富多样的、具有普遍性且能鉴别个体的差异的。

测验实施的标准化是指被试需在相同施测条件下接受测验，其中包括测验指导语的一致、测验时间和时限的统一以及施测情境的相同。

测验评分的标准化是要求测验结果的评定具有客观性和可比性。为此，需要拟定评分的标准答案，制定评分的规则，以使不同的评分者的评分结果保持最大限度的一致性。

测验重在结果对被试的意义而非仅仅给出一个分数，测验解释的标准化就是对测验所得结果给予客观的解释。因为测验所获得的分数缺乏绝对零点作为参照标准而无法与他人的分数进行比较，所以需要对测验分数建立相应的参照点如常模来进行解释。常模是指标准化样本在某种测验上的分布和成绩，如以平均分数为参照点来解释时，可以用它来表示个体分数在团体中相对位置的高低。譬如在能力测验中，若某个人的测验分数高于常模，则表明其能力水平高于一般人的平均水平；相反，若某个人的测验分数低于常模，则表明其能力水平低于一般人的平均水平。

（二）测验标准化的相关概念

1. 行为样本

行为样本是反映个体行为特征的一组代表性的行为。反映个体某一心理特质的行为是多方面的，而在一次测量中却无法将其全部测量出来，因此需要选取一些具有代表性的行为来进行测试，从而对人的相应心理特质进行说明或解释。在心理测验中，往往用一些测题来进行测试，这些测题与欲测的行为是有关的。譬如，测量人的内向性格时，反映内向性格的行为有许多，无法全部纳入测量之中，只能选取一些典型的、具有代表性的行为进行测试。行为样本就是指从众多行为中抽取出来的有代表性的部分行为。

2. 测验量表

无论是物理测量，还是社会测量、心理测量，都需要用到一定的工具。在物理测量中，测量工具是度量衡工具，如尺、秤、天平等。在心理测量中，测量的工具是测验量表，它是按照标准化样本中大量测验结果制定的、有一定单位和参照点的、标度由低到高排列的连续体。

一种优良的测量工具必须具备两个基本条件，一是要有良好的测量单位，二是要有一定的参照点。单位是计量事物标准量的名称。没有单位，数量的多少与大小无法表示。好的单位必须满足两个条件：一是具有确定的意义，即单位在所有人的心目中具有同一意义，不允许有不同的解释；二是单位的距离等值。这两点在物理测量中很好解决，譬如 1 米、1 千克，所有人的理解都是一致的。参照点是量的计算起点，有绝对零点与相对零点之分。绝对零点表示事物处于一种“全无”状态，所谓“全无”就是什么也没有或什么也不存在的意思，譬如在物理测量中，重量为 0 表明没有一点重量；相对零点不表示“全无”状态，其零点是人们为了比较事物的方便而参照一定的标准确定的，正如温度零摄氏度并不说明没有一点温度一样。优良的测量工具是以绝对零点作为计算起点的，但在心理测量中没有像物理测量那样的绝对零点，只有相对零点，因此它所得到的分数是相对的，仅具有相对意义。

测验量表有名称量表、等级量表、等距量表和比率量表四类。名称量表是事物属性或类别的一种量表，其特点是对事或人进行分类或描述，如将人分为男女，或职员、农民、教师、公务员等。等级量表是对事物进行排序所形成的量表，特点是既没有相等的测量单位，又没有计算时的绝对零点，如人的能力分为优、良、中、差时，不仅没有 0 等级的说法，而且各等级之间不等距。等距量表顾名思义是一种具有相等测量单位的量表，却没有计算时的绝对零点，只有相对零点，因为等距量表没有绝对零点，其测量结果不能用“几倍”或“几分之几”的方式表示分数间的关系，如在某次智力测验中，甲生得分为 90，乙生得分为 45，我们不能由此认为甲生成绩是乙生成绩的两倍。比率量表是一种既有相等测量单位，又有绝对零点的量表，像测量长度、重量、投资等，都属于这类量表。那么，心理测验属于哪种测量表呢?

心理测验从实质上讲是一种等级量表，其结果虽然以“分”为单位，却没有严格的定义，即“1 分”表示的意义是什么，价值有多大，都没有科学的界定，从而导致“1 分”在人们心目中的价值不同。这种不同不仅表现在相同的测验之中，还表现在不同的测验之间。不过在实际使用中，我们却把心理测验作为等距量表来用，原因有二：一是在统计上可以用一定的方法对测验分数进行处理，如用标准分数法对其进行转换；二是在测验编制上，采用标准化的方法，尽可能地控制各种影响因素，使测量误差减小到最低。

二、测验标准化的技术指标

当人们为了评估某个个体的行为而选择某些心理测验时，常常会思考这样的问题：我们以什么标准来判断测验工具的优劣呢？标准化是对一切测量工具的共同要求，测验标准化主要有两部分：一是对构成测量工具的项目进行的质量分析，如测验难度、鉴别度及猜测度的分析；二是对测量工具本身质量的分析，包括信度分析、效度分析及常模建立等。

（一）信度

信度（reliability）所要回答的是测量工具的稳定性问题。虽然在心理测量中由于各种测量误差的影响，测量工具不像物理的工具那样准确，但是也要求在用同样的测量工具测试时，测试结果基本相同。信度的确定方法是根据不同的测量误差来源划分的，主要有重测信度、复本信度、内部一致性信度和评分者信度。

1. 重测信度

重测信度（retest-test reliability）又称稳定性系数，它的计量方法采用的是重测法，即用同一份测验对同一组对象在不同时间测试两次所得结果的相关系数，两次测验的时间间隔最好为 2～4 周，最长一般不超过 6 个月。

重测信度考察的是在不同的时间进行测验时，一些偶然因素的影响所带来的误差。从物理环境因素看，有天气的变化、测验场所的改变、偶然的噪声及其他干扰等等；从机体影响因素看，有被试自身的身心状态变化，如疲劳、情绪状态、兴趣、焦虑、态度、练习效应等。重测信度越高表明测验受日常环境和机体的随机因素的影响越小。

2. 复本信度

复本信度（paralell reliability）又称等值性系数，它是对同一组被试在最短的时间内测试两个等值测验所得的相关系数。计算复本信度最基本的假设是这些测验是平行的，即它们不仅在测验内容、类型、长度等方面是等值的，而且在难度、变异程度等方面也是相同的，所不同的只是试题取样上的差别。因此影响复本信度的测量误差主要是内容取样或试题取样问题。复本信度不仅避免了重测信度的记忆效应和练习效应，而且一定程度上还可以减少辅导或作弊的可能性。

复本信度也考虑两个复本测试的时间间隔问题。当两个复本几乎在同一时间施测时，其相关系数所反映的才是不同复本之间的关系，这时基本上没有时间的影响。有时我们也利用不同的时间来施测两个复本，这时所得到的信度系数称为重测复本信度。在重测复本信度中，一方面考虑了测验跨时间的一致性，另一方面又考察了跨形式的一致性，因此是一种更为严格的信度考察方法，也是应用较为广泛的一种信度方法。

虽然复本信度考察了测验内容取样的问题，但是它反映的是两个复本之间的内容一致性，并未反映同一个测验内部的一致性问题。加之在测验的编制过程中，编制两个等值的测验实属不易，且时间、财力等方面都不是十分经济，因此，人们又采用了间接评估不同项目样本效果的方法，即内部一致性的检测方法。

3. 内部一致性信度

内部一致性信度（internal consistency reliability）主要反映测验项目之间的关系，表示测验能够测量到相同内容或特质的程度，其测量的误差来源主要是内容取样和所取样的行为变量的异质性（heterogeneity）。内部一致性信度的分析方法主要有分半法、库德-理查德森（Kuder-Richardson，简写为 K-R）法和克隆巴赫（Cronbach）α 系数法。

分半信度（split-half reliability）是按照一般的程序施测一个测验，再把全部项目分成相等的两半（如按项目编号的奇偶性分半），分别计算每一个被试在两半测验上的总分，并求出两半测验得分的相关系数。因为测验分成两半后所计算的信度系数只是一半测验的信度，因此斯皮尔曼-布朗（Spearman-Brown）、弗朗那根（Flanagan）和卢伦（Rulon）针对不同的题型等情形提出了相应的修正公式予以校正，以还原为整套测验的信度。

不同的分半方法有不同的分半信度系数，从而使得用分半法估计的内部一致性系数不太准确，况且又不知道哪一种分半方法是最优的。为此，库德和理查德森提出并发展了一些公式用于 0、1 计分题以反映各个题目之间的一致性，而克隆巴赫提出了用 α 系数来计算信度。α 系数不仅用于多级记分的项目，也用于 0、1 记分的项目。

4. 评分者信度

在心理测验中不仅存在因测验时间、测验内容取样等随机因素影响出现的测量误差，而且更多的是不同的评分者因学识、经验、态度、偏好、情绪等原因对同一个被试给出不同的测验分数。评分者信度（scorer reliability）就是分析评分者评分是否一致的信度估计方法。研究评分者信度的最简单方式就是随机抽取若干份测验试卷，让两个或两个以上的评分者对每份试卷评分，然后求出试卷之间的相关系数，以考察不同评分者间的评分一致性。相关系数越大，表明各个评分者之间的评分结果越一致，反之则越不一致；当相关系数为 1 时，表明各个评分者之间的评分是完全一致的。

5. 测量标准误

进行测量时，测量误差是客观存在的，只有对误差作出说明，才能更好地反映被试分数的真实意义。测量的误差越小，真分数与实测分数的接近机会越大。测量标准误是测量误差分数分布的标准差，其公式如下：

$$S_{err}=S_{obs}\sqrt{1-r_{XX}}$$

式中，S_{err} 表示测量的标准误，S_{obs} 表示实际测验的标准差，r_{XX} 表示信度。

测量标准误的作用是衡量实际测量值（X）与被试真值（T）的偏离程度，可用于估计个体的真分数和比较个体两个测验上的等分差异。

例如，某一测验的标准差为 15，信度为 0.95，则测量的标准误为：

$$S_{err}=15\times\sqrt{1-0.95}\approx3.35$$

若某人在上述测验中实际测得的分数为 70 分，则他的真实分数（T）有 95%以上的可能落在 63.30 和 76.70 之间（$X\pm2S_{err}$），有 99%以上的可能处在 59.95 和 80.05 之间（$X\pm3S_{err}$）。

又如，某个被试在韦克斯勒成人智力测验中，言语分量表的智商为 106，操作分量表的智商为 110。现已知言语与操作的分半信度分别为 0.97 和 0.94，能否认为该被试的操作能力显著优于言语能力？解决此类问题，必须借助测量标准误的公式导出差异分数的标准误（S_{dev}）。其公式如下：

$$S_{dev}=S_{obs}\sqrt{2-r_{XX1}-r_{XX2}}$$

式中，r_{XX1} 表示一个测验的信度，r_{XX2} 表示另一个测验的信度，S_{obs} 表示全量表的标准差。

该例的差异分数的标准误为：

$$S_{dev}=15\times\sqrt{2-0.97-0.94}\approx4.50$$

因为 $110-106=4$，操作与言语测验的智商之差没有达到 1 个标准误，所以不能认为该被试的操作能力明显优于言语能力。一般来说，同一个人在两个不同测验中的分数差异或者是两个人在同一个测验中的分数差异至少要大于 2 个标准误，否则就没有意义。

测量的标准误与测验信度成反比关系，当测量标准误增大时，测验信度随之降低。那么，信度系数究竟需要多高才表明测验可用呢？这个问题不是简单一个数字所能确定的，应视相关系数的意义和测验的性质而定。

从测验的性质上来说，不但不同的心理评估工具所获得的信度是不同的，而且同一评估工具用途不同时其要求的信度也不完全相同。譬如，典型测验的一般标准（即最低标准）是标准化测验应达到 0.90，人格测验应在 0.80 和 0.85 之间，非标准化的测验应在 0.60 和 0.85 之间。若一个测验用来确定两组被试的平均分数有无明显差异，则信度系数达到 0.65 时就有意义了。若是用测验将一个被试与另一个被试进行比较，则测验的信度系数至少要达到 0.85。

（二）效度

心理评估工具不仅讲究信度，而且更需讲求效度。效度（validity）是指一种评估工具测到欲测东西的程度，譬如，研究一个智力评估工具的效度就是研究该评估工具对我们所要测的智力究竟测到了多少。对于物理、化学等自然科学测量的工具来说，效度问题并不十分突出，因为科学家对所研制的每一种测量工具是测什么的是十分清楚的，就像秤肯定是称重量，尺肯定是量长度，绝不会出现秤在称重量时却包含着测长度问题。然而，心理评估对象的复杂性、不确定性及评估过程的间接性，使得心理工作者所研制的心理评估工具不像物理测量工具那样确定。例如，研究者想编制一个测量数学推理能力的工具，但是在实际编制中有可能有些题目测的是运算能力，甚至由于试题是用文字表达的，又测了语文能力。

估计测验效度的方法很多，但 1985 年和 1999 年版的美国《教育和心理测验标准》中只提出了三种主要的效度指标，即内容效度、结构效度和效标效度。

1. 内容效度

内容效度（content validity）是指一个测验对欲测内容的覆盖程度，其目的主要是探讨测验题目取样的恰当性问题。因为测验是通过被试回答一些代表性试题来估计其心理特质的，因此测验的价值取决于测验的测值在多大程度上代表了我们想要测量的那些已规定好了的整个内容。

内容效度是编制任何测验都必须考虑的基本内容，对于成就测验的编制人们首先总是考虑它的内容效度如何。在成就测验中，内容效度是用测验所代表的教学目标完成程度来评估的，如果符合度高，则说明测验测量了所要评估的知识和技能。具体操作上，通常将内容划分为课程内容和教学目标，并以命题双向细目表来表达。命题双向细目表是由课程内容、教学目标及相应比例构成的表式。在考虑职业测验的内容效度时，测验编制者需要观察在此工作中具有丰富经验的老手，找出顺利、成功工作的必需行为，并设计这些行为的有代表性的样本。

确定内容效度的过程主要是一种逻辑分析过程，通常采用专家判断法来评定假设的测验内容与代表性样本（测题）的符合程度，并计算其符合率。可以让每位专家对几个测验项目进行评定，如评定每一项目所测量的技术或知识技能对该工作或学习而言是基本的、有用但非基本的或不需要几个选项，然后统计回答为“基本的”的专家人数。Lawshe 认为：如果一个项目有 50%以上的专家认为是“基本的”，那么，该项目所测量的该工作技术或知识技能就是基本的。评定项目为“基本的”的人数越多，则其内容效度越高。

内容效度常与表面效度混为一谈。表面效度是指测验的使用者表面上觉得测验有效的程度，譬如测题印制精美与否、测验组织严密与否等影响着被试对测验的认识与重视程度。事实上，表面效度并不是效度的一种，但是为了取得被试的配合和信任，注意测验的表面效度对提高测验的信度有一定的帮助。

2. 结构效度

结构效度（construct validity）是指心理学理论对所测行为的解释程度。在证明一个新编制测验的结构效度时，可以先确定哪些在该量表上的分数高，哪些人的低，然后看高分人群是否表现得像理论上设想的一样。证明一个测验的结构效度过程有三：首先是建立理论框架，以便解释被试在测验上的表现；其次是根据理论框架，提出各种有关测验成绩的假设；最后用逻辑和实证的方法来验证所提出的假设。若假设逐一被证实，则结构效度良好。

证明测验结构效度资料的常用方法大致分为两类：一是测验内方法，即研究测验的内部构造来证明测验的结构效度。譬如，可采用内容效度法，先确定取样内容的范围，然后再利用这些资料来定义测验欲测的结构性质，若内容相符则说明有一定的结构效度。还可以运用相关分析每一项目与总分的相关或分测验与总分的相关。二是测验间方法，即同时考虑几个测验之间的关系，以此来考察几个测验是否测量了同一结构。具体方法可用相容效度法、因素分析法和概化能力的研究。相容效度（concurrent validity）是求一个新编测验与另一已知结构测验间的相关，如果两个测验测量的是相同的结构，那么，二者之间应有较高的相关。因素分析法是找出变量之间内在本质联系的一种多元统计方法，它主要通过缩减变量的方法，抽取几个反映变量本质联系的少数因素来说明先前需要用较多变量才能说明的事物原因或特性。概化能力的研究是从各种情况和各个方面对测验进行研究的方法，如Campbell和Fiske提出的多特质-多方法矩阵法采用系统的实验设计来考验测验的会聚效度和区分效度。所谓会聚效度（convergent validity）是指某一特定测验的分数与测量同一结构的其他测验的分数有关，而区分效度（divergent validity）则指某一特定测验的分数与已知测量不同结构的测验分数是无关的。

3. 效标效度

效标效度（criterion-related validity）或效标关联效度又称统计效度或实证效度，主要研究某个测验与某些效标变量之间的相关程度，以检验测验的有效性。

效标是衡量测验有效性的外在标准，亦即检验测验效度的参照标准。不同测验的效标选择不大一样。如成就测验常见效标有年级平均分、教师的评定等级等；智力测验的效标有学科成绩、教师的评定等级或学生的总成绩等；能力倾向测验的效标有特殊课程或特殊训练的成绩、工作业绩或学习成绩；人格测验往往以被试今后的行为或临床资料作效标。另外在临床诊断测验中，效标测量可能是训练成绩、治疗效果或行为矫正效果等。选择一个好的效标对效标效度的分析尤为重要，因为效标不仅会随着测验类型、目的、方法的不同而有所不同，而且会随时间的变化而发生改变。良好效标的条件有四：一要符合测量目的；二要有较高的信度；三要能客观测量；四要方法简单方便，经济适用。

效标效度又分同时效度和预测效度。若效标分数与新编测验的分数能同时获得就称同时效度（concurrent validity），实际操作上则是求同一组被试新编测验得分与现有测验得分（效标得分）之间的相关系数，这种相关系数即为同时效度系数。如果新编测验分数与效标分数不能同时得到，而效标分数需在一段时间以后获得则称为预测效度（predictive validity），其作用在于说明一个测验对被试心理特质或未来绩效所作预测的准确程度。

估计效标效度的方法很多，效度系数、组的分类、预期表、命中率及功利率等都可以为测验的效标效度提供数量化的指标，其中最常用的方法是效度系数。效度系数是指测验分数与效标分数之间的相关系数，实际应用中主要是以测验分数来预测效标成绩的。假设某一被试在一个标准化成就测验上的得分是90分，已知相应团体在该测验的平均分为95分，标准差10分；在效标（学习能力倾向测验）上的平均分58分，标准差11分，测验的效标效度为0.65。将效度系数（r_{XY}）、效标分数的标准差（S_Y）、预测源分数（即测验分数）的标准差（S_X）、预测分数（X）、预测分数的平均分数（$\overline{X}$）和效标分数的平均分（$\overline{Y}$）代入下列公式：

$$\hat{Y}=r_{XY}\left(\frac{S_Y}{S_X}\right)(X-\overline{X})+\overline{Y}$$

可得到该生的效标分数为：

$$\hat{Y}=0.65\times\left(\frac{11}{10}\right)(90-95)+58\approx 54.43$$

因为预测问题存在着误差，因此需要利用预测的标准误对真正的效标分数的范围做出估计，即有：

$$S_{est}=S_Y\sqrt{1-{r_{XY}}^2}=11\times\sqrt{1-0.65^2}\approx 8.36$$

据此可认为，所有测验分数为90分的被试，其效标成绩的平均分为54.43，标准差为8.36；若效标成绩呈正态分布，则可解释为有95%在成就测验上得90分的人，其学习能力倾向分数为38.04～70.82（54.43±1.96×8.36）。

测验效度与信度有着密切的关系。当一个测验的信度高时，其效度不一定会高；反过来，当一个测验的效度高时，其信度必然高。效度系数的最大值是以信度系数的算术平方根为最高限的，即效度系数（r_{XY}）小于或等于测验信度系数（r_{XX}）的平方根，这说明一个测验的效度总是受其信度的制约。

测验信度和效度的分析是针对整套试卷而言的，构成每一测验的基本单位则是试题或项目，一个测验的信度和效度的高低受制于项目，而对测验项目的研究则称为项目分析。项目分析包括定性分析和定量分析两个过程，定性分析主要对内容效度、题目编写的恰当性和有效性等进行逻辑分析，而定量分析则主要是对项目的难度和鉴别度进行研究。

（三）难度

项目难度（difficulty power）有各种表示方法，其中最基本的也是最简单的方法是项目通过率，即以答对或通过某一项目的人数百分比作为指标表示难度。通过率与难度（P）成反比，通过率越高，表示项目越容易；反之则越难。由于通过率指标是一种顺序量表值而非等距量表值，因此它只能表示项目难度的顺序或相对难度的高低，无法比较各项目之间的难度差异。譬如有三个项目的难度 P 分别为 0.20，0.40 和 0.60，我们可以判定第一题最难，第三题最容易，却无法判定一、二题之间的难度差异是否等于二、三题之间的难度差异。这时需要根据正态分布的数学模型进行转换，先利用正态分布曲线表将难度值 P 转换为 Z 标准分，再将其转换为平均难度为 13、标准差为 4 的标准分数量表，并以 Δ 表示，即 $\Delta=4Z+13$，Δ 的取值范围为 1～25。Δ 值越大，项目越难，反之则越容易。

在测验编制中，项目难度水平的选择依赖于测验的目的、性质及项目的形式等。通常，在最高行为水平的测验（如能力测验）中，都能通过的项目（通过率为 1）或都不能通过的项目（通过率为 0）不宜选择，因为这些项目不是太易就是太难。为了使测验具有最大的区分能力，理想的项目难度为 0.50，然而项目难度均为 0.50 时，被试团体的分布会出现两极现象，即该团体中有 50%的被试答对所有的项目而得满分，另 50%的被试则无法答对任何项目而得 0 分。因此，选择项目难度的一般原则是项目的平均难度接近 0.50，各项目的难度分布则视测验性质而定。譬如，在标准化的能力测验中，其项目难度在 0.30～0.70 比较适宜；在选拔性测验中，项目难度应接近录取率；而效标参照性测验中，有的项目可以不考虑难度问题，如在学业成就测验中，重要的原理作为必考内容，即使有百分之百的通过率也是允许的。整个测验难度取决于测验分数的分布形态。因为人的心理特性基本上是呈正态分布的，所以大多数的心理测验结果应当符合正态分布的数学模型，尤其是标准化的心理测验。但是，有些效标参照性测验则允许出现偏态分布。若项目较难，则大多数学生得分集中在低分端而形成正偏态分布（见图 3-3）；若项目较易，则大多数学生的得分集中在高分端而形成负偏态分布（见图 3-4）。

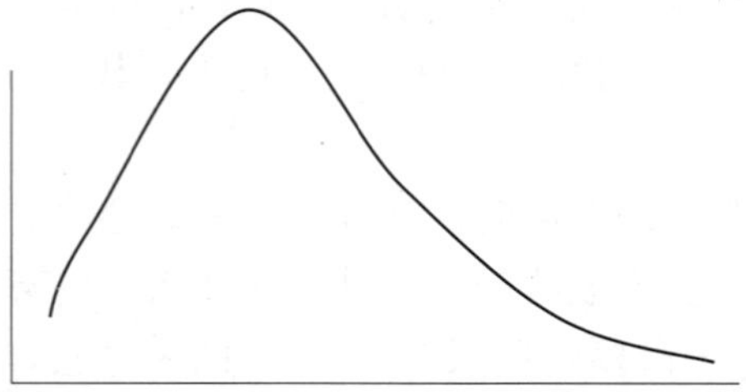

图 3-3　正偏态分布

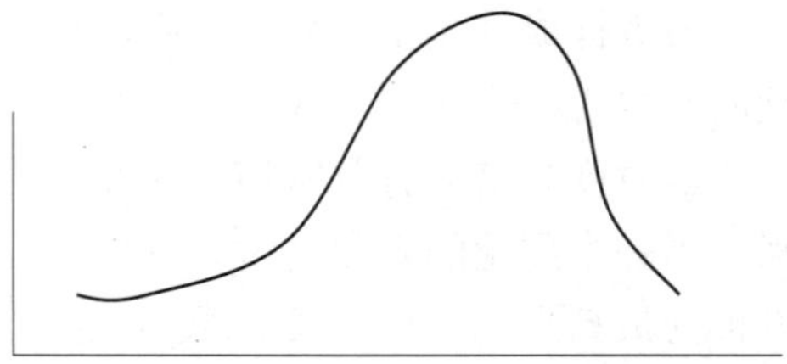

图 3-4　负偏态分布

（四）区分度

项目区分度（discriminating power）用于分析项目对所测心理特质的区分程度或鉴别能力，即区分项目优劣的指标，亦即衡量项目有效性的指标，又称项目鉴别力。项目区分度优良时，学得好的人通过该项目的比率较高，学得差的人通过该项目的比率较低。区分度的估计方法有很多，常用方法有二：一是项目与总分的相关，即求出项目分数与整个测验分数之间的相关系数；二是区分度指数，即采用极端组的方法，通过计算高分组被试与低分组被试通过率的差值来分析项目的区分能力。具体计算过程如下：（1）将全体被试的总分由高到低排列顺序；（2）按照一定的比例划分高分组与低分组，即选出最上位27%的优秀群和最下位27%的劣等群组成高分组和低分组；（3）分别求出高分组和低分组在该项目上的通过率；（4）求出两个组通过率之差（$D=P_H-P_L$）。

第三节　现代测量理论

在比奈量表发表后的五十年间，标准化测验无论在数量上还是在使用频率上都相当惊人。人们用这些测验评估教育的能力、普通智力、特殊性向、兴趣和气质等。到了20世纪中叶，几乎所有客观测验都已出版且广为世人所使用。提供测验信度、效度证据或发展测验常模的基本统计方法大体上已相当完备。纵观1950年到1990年40年间的心理测验发展，约有以下几个特征：测验与认知心理学的关系愈来愈密切，项目反应理论和概化理论建构新模型，电脑对测验编制使用产生影响，贝氏统计在测验结果分析解释上得到应用，整合分析应用累积测验效度考验研究。

一、项目反应理论

项目反应理论（item response theory，IRT）是继经典测验理论（CTT）和概化理论（generalizability theory，GT）之后的又一新测验理论，其产生可追溯到20世纪40年代，最早是由丹麦学者G. Rasch提出的，后经F. Lord等人的发展始具理论轮廓。但直到60—70年代，由于计算机的广泛运用与普及，才相继出现了一些项目反应理论的研究论文。项目反应理论的出现，打破了经典测验理论一统测量领域的格局，带来了心理测量领域的全新变化。Warm称“项目反应理论对经典测验理论好比爱因斯坦相对论对牛顿定律”，可见其影响之深远。

（一）项目反应理论的基本思想与基本假设

IRT的基本思想与心理学中潜在特质的一般理论有关。它是假设被试对测验的反应会受某种心理特质（因其无法直接测量，故称为潜在特质）支配，因此我们可以对这种特质进行界定。然后估计出被试的这种特质分数，并根据高低来预测、解释被试对项目或测验的反应。因此，IRT要建立各种与数据拟合的模型——确定被试的潜在特质值与他们对于项目反应之间的关系。

CTT是建立在弱假设基础上的，IRT则建立在强假设基础上。

IRT有三条基本假设，即单维性假设、局部独立性假设和项目特征曲线假设。单维性假设指组成某个测验的所有项目都是测量同一潜在特质的。局部独立性假设指对某个被试能力而言，项目间无相关存在。项目特征曲线假设则是对被试对某项目的正确反应概率与其能力之间的函数关系所作的模型。

IRT 有各种各样的模型，其中著名的是二级评分模型中的单参数逻辑斯蒂模型（即 Rasch 模型）和三参数逻辑斯蒂模型，后者有项目难度、项目区分度、猜测度三个参数。只要找到适合数据的模型，就可以对项目进行比较精确的分析。

（二）项目特征曲线

IRT 的一个首要概念是项目特征曲线（item characteristic curve，ICC）。ICC 以图的形式表示了被试对测验的某一项目的正确反应概率与作为该项目操作的基础的潜在特质（θ）之间的函数关系。

在大多数 IRT 的应用中，均假定 ICC 是 S 形的，它表明，随着潜在特质分数的增加，正确回答的概率也相应提高。与 CTT 中的项目难度和鉴别力统计量相比，ICC 的重要性在于它让我们看到正确回答的概率如何随潜在特质的变化而变化。

IRT 的特点就是以概率表示被试能力与项目的关系。其中，$P(\theta)$ 是项目反应函数（item response function），表示某种能力 θ 的被试答对某题的概率 P，θ 则介于 -3 和 $+3$ 之间。将项目反应函数用平面坐标图表示出来，就是项目特征曲线。

（三）项目反应理论的参数

在项目反应理论中有与 CTT 的项目分析指标难度、区分度和猜测度对应的统计量难度参数、鉴别力参数和猜测参数，其统计指标均为标准分数。

1. 难度参数

难度参数又称 b 参数，用以决定一个题目在潜在特质连续体上的位置。题目越难，所需的能力越高，ICC 越偏右，一般能力的被试答对该题的概率越低；反之，题目越容易，所需能力越低，ICC 越偏左，一般能力的被试答对该题的概率也会越高。b 参数与 CTT 的难度指数 P 不同，P 是通过率，介于 0 和 1 之间；b 的性质与能力量尺 θ 一样，在无限难到无限易之间，故 b 为 $-\infty \sim +\infty$。它可转换为“$\mu=0$，$\sigma=1$”的量表分，一般介于 -2 和 $+2$ 之间。一来上下两个 σ 可涵盖大部分有效的题目；二来当 $\theta=b=-2$ 时，答对概率 $P(\theta)=0.50$，而答对概率近于 0 时，可能已至 -4θ，造成不便。

项目难度与被试能力的关系可用 $\theta-b$ 来衡量。当 $\theta-b=0$ 或 $\theta=b$ 时，答对概率 $P(\theta)=0.50$，即能力与难度相等时，答对的概率为一半。若 $\theta>b$，答对概率超过一半；若 $\theta<b$，答对概率低于 0.50。

2. 鉴别力参数

鉴别力参数又称 a 参数，是能力 θ 变化时，答对概率变化的程度。在 IRT 曲线中，a 参数表示曲线陡峭的程度。a 参数越高，ICC 越陡；a 参数越低，ICC 越平。理论上，a 参数介于 $-\infty$ 和 $+\infty$ 之间，一般而论以 0～2 为多，但以 0.8～1.25 最为有效。

单参数对数模型及单参数常态肩形模型只处理难度参数。若将鉴别力参数加入，则为双参数对数模型及双参数常态肩形模型。即在 $(\theta-b)$ 下加入 a 参数，成为 $a(\theta-b)$。这在常态肩形模型中不形成问题，答对概率 $P(\theta)$ 还是介于 0 和 1 之间。但因其积分的下限为 $-\infty$，而对数模型的积分下限为 0，加入 a 参数后，答对概率就不再介于 0 和 1 之间。因此，$a(\theta-b)$ 需

要加一常数 $D=1.7$，使概率落于 0 和 1 之间，且与常态分布的差距低于 0.1。

3. 猜测参数

猜测参数又称 c 参数，是涉及项目反应曲线的左下渐近线，为能力极低时仍有答对的概率。c 参数只出现在三参数或四参数对数模型中，单参数和双参数模型将其假定为 0 或接近于 0。c 值越大，则测验的困难越多。当 $c=0.25$ 时，答对概率由 0.00～1.00 变为 0.25～1.00。能力在平均数以下时，两 ICC 下的答对概率相对加大，c 值越大相差越大，测验所能解释的因素相对减少，因此，c 值越小题目越有效，一般均以 0.30 以下为选题重点，c 值超过 0.30 的项目不是理想的项目。

猜测参数 c 值越小题目越理想，但猜测因素很难避免，原因有六：一是使用了利于猜测的命题方式，如选择题；二是测验计分方式有利于猜测，如测验不采取公式计分，或不倒扣分，在时间限制下，有利于猜测；三是测验指导语鼓励猜测，如测验指导语鼓励被试回答所有的题目才能形成难度测验（power test），而非速度测验，但也增加猜测机会；四是题目太难或被试能力偏低，其猜测成分加大；五是题目本身为另一题提供线索，违反局部独立的假定；六是缺乏诱答项的分析，出现无效和低效的诱答项目。

最理想的猜测参数是 $c=0$，但实际上很难做到。利用三参数模型对 c 参数可以进行较为有效的处理。

（四）项目反应理论的模型

IRT 建立了不同参数之间的关系，也因参数数目的不同而分为单参数、双参数、三参数和四参数模型。单参数模型，只有一个难度参数，它以项目区分度相等，并且能力很低的被试没有猜对题目的可能性为前提。其优点是算法简单，应用费用低。双参数模型，有难度和区分度指标，其假设是：被试对题目作出的反应无猜测因素的参与，即能力值为零者，答对概率接近于零。故该模型适用于不存在猜测因素的测验。三参数模型除有难度和区分度外，还增加了猜测概率指标。其特点是：区分度大的题目对能力水平和项目难度较接近的被试能提供较多的信息，对能力水平远离项目难度的被试只能提供较少的信息，但能在较宽广的能力区域中提供信息。

单参数模型有早期单参数模型，有完全量尺、潜在距离及潜在线性模型（双参数），有单参数常态肩形模型、单参数对数模型及 Rasch 模型。其中影响最大的是 Rasch 模型。Rasch 模型为单参数对数模型，是由丹麦数学家 Rasch 在 1960 年出版的《一些智力和成就测验的概率模型》（*Probability Models for Some Intelligence and Attainment Tests*）著作中提出的包含许多项目与被试反应的数学模型。Rasch 模型只涉及难度参数，比较简单，容易使用，所以应用范围广泛，如题目库建立、效标参照测验和常模参照测验编制、评定量表和作文量表构建等。Rasch 模型的鉴别力及最小猜测假定常被批评为不符合实际，如能审慎处理猜测因素，a 参数值为0.80～1.25 的项目，Rasch 模型是最简单的一种。Rasch 模型适用于 0，1 计分题，以 $x=1$ 表示答对，$x=0$ 表示答错，Rasch 模型的公式就是：

$$P(x=1)=\frac{e^{a-d}}{1+e^{a-d}}$$

$$P(x=0)=\frac{1}{1+e^{a-d}}$$

式中，a 表示项目难度，d 表示被试能力。

二、概化理论

经典测验理论（CTT）的信度存在诸多局限性，如估计精度不高，误差指标笼统单一、不精细，各种参数的估计对样本的依赖性太大，题目的难度参数和考生的能力参数定义在不同的量表上，不利于改进测验，也不利于实现测验的预定目标，考试结果极易被人错误地推广到不恰当的范围中去。针对以上缺陷，克隆巴赫等率先提出了概化理论的基本框架，运用方差分析对方差分量分解的方法，将测验情景中的各类误差进行分解和控制，实现了对 CTT 的扩展。

（一）概化理论的基本思想

从技术层面来说，概化理论（GT）至少有两点比 CTT 优良的做法。一是采用随机的复本测验假设，若每次测量所有条件都来自同一观测全域，而且样本量一致，则称这些测验是随机平行的。它比 CTT 的限制的复本测验假设宽松，所以比较符合实际的测验情境。二是采用多种信度系数的概念，能评价测量误差的多种来源，并回答多种待答的信度问题。

在 GT 中，当变异数既是衡量测量误差大小的指标，又是评价是否缺乏信度的指标时，它的值越小，代表测量的结果越精确，信度越高。反之，其值越大，测量的结果越不精确，隐含误差的成分越大。根据 Suen 的分法，变异数可归纳为评分者内变异数、评分者间变异数、试题间变异数和被试间变异数。前三者用作评价缺乏信度的指标，称为“误差变异数”，值越大，代表测量误差越大；后者用作评定被试间差异量，反映各种测量的目标，称为“真实变异数”。GT 的内涵，就是使每种测量情境中，真实变异数的部分越大越好，而误差变异数的部分越小越好，因而采用变异数分析的策略。

GT 可以应用到各种形态的测量情境中。由于不同的测量情境隐含着不同建构的测验分数来源，因而彻底了解每一个别测量情境的资料收集的设计方式，便成为有效运用 GT 方法的重点。

（二）概化理论的相关概念

1. 测量目标

测量目标是指被试的某种潜在心理特质水平。在 GT 中，需要对被试的某种潜在心理特质水平进行数量化的确定。

2. 全域分数

全域分数（universe score）是指被试的某种潜在特质在具体测量条件域上的分数，相当于 CTT 中的真分数。例如，从题库中随机抽取 100 个数学客观题测量某生的数学能力，那么除了这个学生自身的数学知识和能力水平会影响其成绩外，试题的性质（如概念性、计算性、推理性等)、被试与试题的关系（如全做还是选做等)、试题数量、行为样本及其代表性、结果解释等都会影响成绩。因此，GT 不用真分数概念，而用全域分数概念。用全域分数来表示被试的特质水平时，不仅要指出这种水平是在什么样的测量条件下获得的，而且在以被试在行为样本中的表现（成绩）估计行为总体水平时，必须指出测量条件样本是否也推论到了各自所对应的条件总体（即全域)。

3. 测量情境

全域分数是建立在测验情境因素上的，测量侧面指除测量目标外，所有影响测验得分的条件因素。描述测量情境时，最重要的是要明确哪些因素（条件）会影响被试的成绩。就好像实验设计，当进行实验设计时，我们首先要考虑的是哪些因素会影响实验结果，需要确定自变量、因变量及无关因素，在此，测量目标相当于自变量，测量侧面则相当于无关因素。在实验设计中，对无关因素所采取的方法，一是控制它们，二是纳入处理，如作为协变量进行处理。譬如，在一次语文能力的测试中，测量目标是被试的语文特质水平，而其测量侧面则有试题面、评分者面等。

4. 观测全域与概化研究

在 CTT 中，我们是用被试在某一特定条件下的行为表现（答题，亦即行为样本）去推测其真分数（行为总体)。在 GT 中，因要具体讨论测量面的条件样本与条件总体间的一致性程度，而把测量面条件样本所对应的条件总体称为条件全域。观测全域是在实际测量中所有测量侧面条件全域的集合，即全部面的全域集合，譬如，面试的观测全域是由试题面条件全域与评分者面条件全域构成的。

概化研究是对实际测量中所有侧面、测量目标以及侧面与测量目标的交互进行的变异分量的估计，又称 G 研究。

5. 概化全域与决策研究

由条件样本推论条件总体时，根据不同的需要，会涉及不同的测量面全域，GT 把概括推论测验结果时所涉及的测量面条件全域称为概化全域，它是观测全域的一个子集，即被试面全域。

决策研究是在概化全域上，对测量面或测量对象或其交互作用的研究。不同的研究者对同一个测量目标可以设计不同的观测全域概化，同样的观测全域也可以有不同的概化全域决策。譬如，实际测量时某分测验有 15 题，我们可根据 G 研究结果，推测出 10 题、20 题等情况下的可靠性，为确定最佳的试题量提供依据。因此，相同的测量条件，相同观测全域，可以有不同的概化全域和 D 研究。

（三）测量模型与测量设计

1. 测量模型

在 GT 中，测量模型有随机测量模型和固定测量模型两种。

随机测量模型是从随机全域中随机抽取测量面的条件样本，这时的测量面为随机面，故称随机测量模型。随机水平的选取，遵循随机原则或选取全部水平。随机测量面的情形有二：一是相对于侧面全域容量，侧面的样本容量非常小；二是侧面的样本是从侧面全域中随机抽取的，或者侧面全域中存在与该侧面样本长度相等的其他可替代的侧面样本。

在固定测量模型中，测量的所有面的条件样本均为固定不变的，它等同于 CTT 中的标准化测量模型，其中的测量面称固定测量面。

若一次测量中，一部分面为随机面，另一部分面为固定面，则称混合测量模型。

2. 测量设计

测量设计在 CTT 中不考虑测量目标（被试）与测量条件（试题）之间的结构关系，因此没有模型上的区别。但 GT 认为，不同的设计结构会影响测量的“信度”，因此测量目标与测量条件的关系会影响测量的数学模型，从而提出了交叉设计、嵌套设计和混合设计三种设计类型。

交叉设计是指所有被试（p）做所有的试题（i）的设计，记为 $p\times i$。如一小学成就测验有 4 道题（分别为加、减、乘、除），现有 2 个学生参加测试，2 个学生做所有的 4 道题，见图 3-5。嵌套设计是指被试分别做不同的试题的设计，记为 $p:i$。例如，一个被试做加减题，另一个被试做乘除题，称试题面嵌套于被试，见图 3-6。混合设计则是一部分为交叉设计，另一部分为嵌套设计，记为 $i\times(p:r)$。例如，一小学成就测验有 4 道题（分别为加、减、乘、除），有 2 个学生参加测试，并由 2 名老师（A，B）评不同的题目，其中 A 评加、减题，B 评乘、除题，见图 3-7。

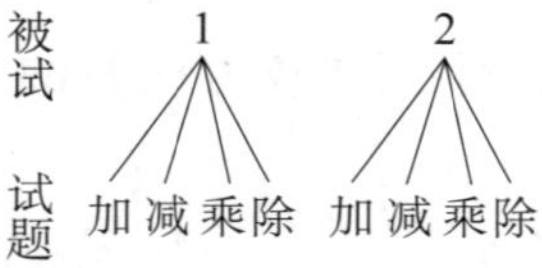

图 3-5　$p\times i$ 设计示例

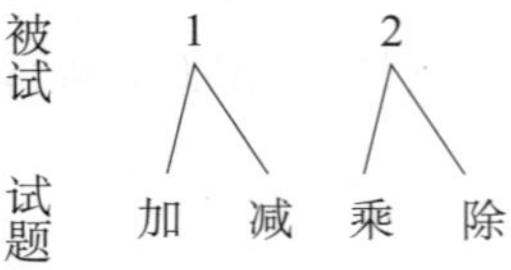

图 3-6　$p:i$ 设计示例

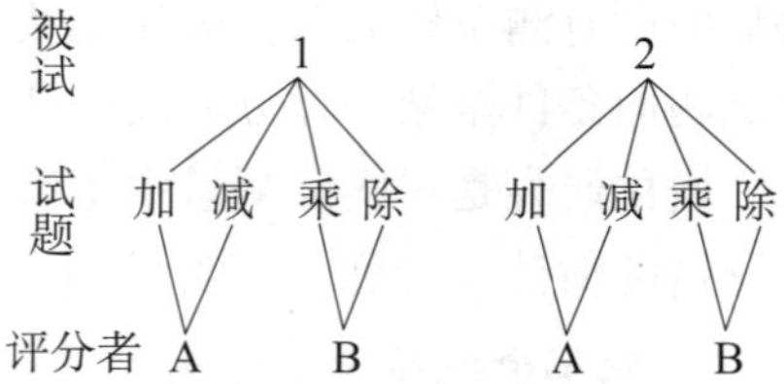

图 3-7　$i\times(p:r)$ 设计示例

三、计算机自适应测验

从古至今在教学领域我们都强调因材施教，而当代计算机的迅速发展和广泛使用配合项目反应理论带来的发展则为因材施测提供条件。计算机自适应测验（computerized adaptive testing，CAT）的发展归功于两大因素：一是项目反应理论的发展和成熟，它为 CAT 提供了新的理论基础；二是计算机技术的快速发展和广泛使用，它为 CAT 的理论研究和实践应用提供了物质基础——高效设备。

（一）计算机自适应测验需要考虑的主要问题

1. 模型选择

目前，研究者建立了许多项目反应理论的模型，但是在计算机自适应测验中，最常用的是逻辑斯蒂模型，该模型又有单参数、双参数和三参数之分，三者各有特点和优势，其中三参数模型是最常用的。

2. 题库建设

良好的计算机自适应测验必须具有相当容量和质量的题库。因为只有相当大的题库才能保证测验的保密性，才能为较大能力范围的被试提供最适当的题目。题库题目的要求有三：一是所要测量的潜质应具有单维性；二是题目的内容和难度要涵盖该潜质的全域；三是题目事先均应在足够大样本的基础上估计出项目参数，尤其是要使低能力者和位于题目特征曲线拐点处的被试有足够的数量。

3. 起点选择

计算机自适应测验中起点的选择关系到测验的效率和精度，一个好的起点应使实施的题目尽可能与被试的能力水平相适应。选择方法有二：一是在不知被试任何信息的情况下，选中等难度的题目为起点；二是按被试年龄、性别、职业、教育程度及自我报告等信息对被试水平事先作一粗略估计，以此作为选择初始题目的依据。

4. 能力估计

在计算机自适应测验中，个体每一次对题目作出反应，立即按其反应对被试特质水平进行估计，并以此估计值作为测验继续进行的依据。如果估计值已达到预计要求，符合终止法则，则终止测验，否则进一步选择新的适应项目。这一估计过程由计算机完成。主要估计方法有极大似然估计和贝叶斯估计，二者各有优缺点。极大似然估计，优点是，简单明了，估计量具有一致性，渐近正态性和有效性；缺点是，对答对或答错全部测验项目的被试能力水平无法作出正确估计，且无法利用有关被试能力水平的先验信息。贝叶斯估计，则能利用被试能力水平等先验信息，因而对被试能力的估计精度更高。在相同的估计精度要求下，采用贝叶斯估计所使用的项目数一般比极大似然估计要少。但贝叶斯估计依赖于对被试能力的先验估计，当被试能力先验分布估计不当时，会发生较大的偏差。

5. 项目选择

如何使选择出的项目与被试能力水平相适应在计算机自适应测验中是至关重要的。选择方法众多，能力估计时采用的方法不同，项目选择方法也会不同。

极大似然估计法的项目选择方法有三。一是项目难度与能力匹配法，其基本规则是在所有未使用过的项目中选择一个难度与被试当前能力估计值最接近的题目。这种方法，多用于无猜测的测验，否则，用此法选择项目往往偏难。该方法的优点是计算简单，费用低；缺点是没有利用有关项目的其他信息，如区分度和项目信息函数。二是项目信息与能力匹配法，其基本原则是按被试能力的当前估计值 θ 选择一个该被试尚未使用过的项目 i ，使得其对应的 M_i（项目 i 的信息函数极大值对应的能力水平）与 θ（被试能力）值最接近，该项目即为下一个将施测的项目。该方法的优点是运算简单，速度快，能较大范围地使用题库中的项目，避免经常重复使用少数项目，增强测验的保密性；缺点是选出的项目未必是项目信息函数最大项目，损失了很多信息。但和常规测验相比，其所提供的信息仍要多得多。当测验保密性很重要时，为避免频繁使用某些项目，用此法较好。三是信息函数极大法，其基本规则是按被试当前的能力估计值 θ，对所有尚未使用的项目计算出相应的信息量，再选择其中最大者所对应的项目作为下一个要使用的项目。用此法选择项目组成的测验能为被试能力估计提供最多信息，测量精度也最高，但运算量大，且会使某些项目不断地被重复选择。因为每次选择的总是能对被试能力的当前估计值提供最多信息的项目，某些辨别力高的项目每次测验都有可能被选中，而其他某些项目可能一次也选不中，在一定程度上会影响测验的保密性，甚至影响测验效度。

6. 终止规则的选择

设计良好的计算机自适应测验能恰到好处地终止测验，其中合适的测验终止规则相当重要。目前采用的规则主要有三：一是固定测验长度，适应性测验达到一定项目数便终止。其优点是简单易行。缺点是对不同能力水平的被试会有不同的估计精度，无法对它们进行比较。对所有被试实施相同数量的项目还会产生许多其他问题。如某些被试只需用较少的项目就可得到测量，要这些被试回答额外的项目不仅浪费时间，还可能导致被试疲劳和漫不经心，从而降低测量的质量。相反，某些被试可能所有项目施测后仍不足以对其能力作出较满意的评定。二是固定能力精度，当能力估计值的标准误小于某一预先确定的值时，即能力估计达到某一精度时，测验便告结束。此法能较好地克服上法的缺点，但如果终止规则定得过严，则往往会使测验过长，尤其是对能力水平处于两端的被试更是如此。三是能力参数值差异比较，即比较被试能力参数的连续估计值，当两个值之差小于某一预先指定数值时，终止测验。此法所得到的被试能力估计结果与第二种方法很接近，但所用的测验项目通常比用第二种方法少。

此外，在分级测验中，常采用的终止规则是当被试能力估计值的某一预定置信区间在筛选分之上或之下时，即没有覆盖住筛选分时，测验终止。

（二）计算机自适应测验的实验过程

（1）按某起点选择法，从题库选取一个合适的项目为初始项目。

（2）若被试答对初始项目，则呈现一个难度稍大的项目；若答错初始项目，则呈现一难度稍小的项目。在被试回答 2～3 个（或更多）项目后，对其能力进行估计。

（3）根据当前对被试的能力估计情况，按其项目选择规则从题库中选取一个合适的项目进行测验。

（4）按被试上一测验项目的反应对其能力水平再作估计，按该估计结果及一定的终止规则确定测验是否要继续进行。若需要，重新回到第三步；否则，测验结束。

可见，计算机自适应测验在实验中项目选择很灵活，选出的项目和被试能力水平始终具有最佳适应性，极大地克服了传统适应测验的不足。

第四节　评估的过程

一、评估问题的确定

心理评估的第一步要弄清楚所需评估的是什么心理问题，问题的性质如何，属于情感性的、能力性的还是行为性的。同时需要了解问题产生的可能原因是什么，治疗与不治疗，其发展程序会怎样，哪种治疗方法可能会对治疗效果产生最佳作用。除了确定这些问题外，还需要了解来访者有着怎样的独特优势及能力，这些优势与能力在治疗中有什么帮助。

确定上述问题的方法有两种：首先是来访者表述的问题。譬如，一位家长带着个六七岁的男孩来咨询门诊求助，治疗孩子不停地拔眉毛的行为，同时反映这个孩子很少与小伙伴在一起玩耍，经常独自一人待着，只是拔眉毛，我们可以观察到这个孩子的两条眉毛已基本上被拔光了。其次是临床心理学家询问家长及孩子有关的问题，譬如成长经历、发育状况、事件发生的缘由等。通过主诉与询问，临床心理学家可以大致确定孩子目前可能存在的问题，如孤独、自我隔离、行为难以控制等。

在此基础上，临床心理学家还需要对来访者自身及其环境等因素分别进行评估。(1) 就来访者自身方面来说，其可能成为评估目标的内容有生活过程、认知过程、情绪状态和外显行为。生理和身心的评估包括心率、血压、皮电反应、肌肉紧张度、性激活水平、警觉反应和眼动轨迹；认知过程的评估包括智力能力、自我知觉、对他人的知觉、关于事件原因的看法及意外事件和控制的知觉；情绪状态的评估，包括心境状态、情绪水平特征和情绪反应等；外显行为的评估，包括标准化任务的成就测验、刺激情境中的行为观察和对来访者在自然环境中行为表现的观察。(2) 环境因素的评估主要包括近端、中端、远端的环境影响。近端的或直接的环境包括来访者的家庭环境、学校环境或工作环境；中端的环境包括个人生活的地理区域（如城市、郊区与农村，经济发达地区与不发达地区）；远端的或广泛的环境包括来访者所处的一般地理上的和社会文化的环境。另外，客观环境与主观环境或感受到的环境特征也是非常重要的评估目标。譬如，家庭成员中可能存在严重的冲突和不和谐，特别是父母关系紧张、经常吵架打架闹离婚或经常外出打牌赌博而不顾及家庭和孩子，母亲抑或是父亲患有严重的精神疾病等。对此家庭成员的报告与外部观察者所作出的关于家庭互动的观察可能是不一致的。

虽然理论上对个人和环境的评估越全面越好，但是在实际操作上由于时间、精力以及费用的限制，临床心理学家不可能对一个来访者的所有方面进行全面的评估。在这种情况下，抓住来访者的一些重要的、典型的评估信息是临床心理学家的重点工作内容，而心理学家的理论取向则在引导获取什么样的信息中起着关键性的作用。

二、评估目标的明确

根据确定评估的问题以及心理问题的性质，临床心理学家应该对来访的个案形成明确的评估目标。评估的目标具体包括诊断的分类、问题严重程度的确定、对将来问题发展趋势及危险性的估计、对可能的治疗效果的评价以及对未来行为发展的某种可能性的预测等。

1. 诊断分类

心理诊断是全面评估进程的一个组成部分，其任务主要包括实施某些检查程序和测验，通过检验和测验对来访者的问题进行大致分类，同时尽可能地确定此种问题的原因并制定相应的治疗方案。诊断依据不同国家的精神障碍分类与诊断标准进行，如CCMD-3、ICD-10或DSM-V。通过这些诊断标准，临床心理学家可以初步确定来访者是否符合某一种特殊的心理问题或障碍的标准。

2. 问题的严重程度

作为临床心理学家，不仅需要对来访者的问题做出诊断，而且需要进一步确定其问题的严重程度。因为虽然不同的人可能存在相似的心理问题，但是其问题的轻重之间却存在着较大的不同。评价心理问题或心理障碍的严重性，要求评估工具和方法对特异性症状的频率、强度和持续时间等方面的变化具有相当的敏感性。

在确定心理障碍的严重程度时，需要了解其障碍情况对来访者的日常生活、学习和工作的损害程度。譬如，一个轻度厌食症患者，得此症已许多年，但仍然能较好地继续其正常的学习与生活，并且维持良好的人际关系；而另一个同样患厌食症的患者，却将禁食作为其生活中的重要事件，一天到晚所思所行都是如何减少进食，并且因严重禁食而经常出现休克状态，已严重危害到身体健康。对这两种情况，临床心理学家必须区别对待。

值得注意的是，在诊断来访者某一特定的心理障碍时，同时要兼顾他或她是否还存在其他的心理障碍问题。因为，在现实生活中，患者表现出一种心理障碍的同时，很可能还表现出另外的心理问题，如易怒、抑郁、暴力或偷窃等行为，也就是说，患者很可能同时患有两种或更多的共病障碍。

3. 筛查

筛查是对一个群体所进行的心理调查，目的在于从中初步确定存在的问题以及筛选出哪些人将来可能会出现心理问题。譬如，对大学一年级学生做心理健康调查，一方面了解大一学生中主要存在哪些心理问题，另一方面则掌握哪些是出现心理问题可能性较大的学生，以便进行疏导和预防。

4. 预测

临床心理学家通过心理评估不仅需要对来访者目前的心理状况及功能进行详细的描述，而且需要对其在未来的某个时期的心理与行为的变化情况作出预测性的描述，以预防不良后果的发生或为心理辅导和治疗提供相关的信息。譬如，评估某一来访者具有抑郁倾向问题时，应预测其今后可能有自杀意念或自杀行为。

对未来心理状况的预测，从时间上看，既可以是短期的，也可以是长期的。短期预测是对几周或几个月之内可以发生问题的预测，如初中升入高中，学生可能会面临一些什么问题，这些问题会对不同人格类型的学生产生什么样的影响。长期预测是对几年甚至几十年个体行为发展可能状况的预测，譬如，预测少年期存在攻击性行为的学生，成年后是否会演变为反社会的人，或预测其可能性有多大。然而，在预测中，被预测可能发生的行为未发生，而未被预测发生的行为却发生了的现象是经常存在的，不能因此而否定预测的功能，因为预测只具有相对的准确性，不可能百分之百正确。

5. 干预评估

心理评估工作的第一步是对来访者存在的问题形成初步认识，作出诊断，并在此基础上制订相应的治疗或干预方案。但这却不是其终极目的，心理评估的最终目的是通过治疗或干预而使来访者完善自我、回归社会，因此还需要对治疗或干预的过程及其效果进行追踪性的评估，以了解和掌握治疗或干预措施对来访者带来的行为变化情况。

三、选择作决策的标准

确定了测量什么，接着需要明确运用这些测量信息来做什么。测量信息主要用于作判断和决策，而进行这项工作必须具备一定的参照物或标准。在心理评估中，常用的参照物有常模参照标准和自身参照标准。

1. 常模参照标准

所谓常模参照标准是指某一个体的状况与相应团体（即以他人为标准）进行比较，以确定其在该团体中相对位置的状况。譬如，对一个 6 岁的儿童进行韦克斯勒儿童智力测验，其测验结果只与相当年龄的儿童的测验成绩进行比较，而不能与 8 岁的儿童比较，更不能与 14 岁的儿童作比较。因为常模是解释测验结果的参照依据或标准，它是测验所适用总体的一个有代表性的样本（这一样本被称为常模样本），而该总体是由具有共同特征的人组成的，因此常模是对应于个体所组成的特定群体的。常模的类型有很多，如年龄常模、年级常模、发展顺序常模、百分等级常模及标准分数常模等。

2. 自身参照标准

自身参照标准则是以自我为参照点或标准进行的比较。在临床评估中，不仅关注团体信息，更注重个体信息。对有些内容的评估不涉及与他人作比较，而主要是考虑个体经过一定时间或跨越不同情境的改变，这时心理学家需要的比较标准是来访者自身。

自身参照标准来自两个方面：一是与最近或以前比较，其严重程度及频率如何，譬如，一来访者主诉其孩子最近注意力不集中，学习成绩下降了，心理学家就需要了解孩子最近学习、生活等方面的变化情况，注意力不集中发生的频率及严重程度，如果进行注意力训练，其注意力变得集中是否与训练有关等；二是最初感受与治疗或训练后的满意度的比较，譬如，一名经常感觉考试焦虑的学生，通过几次训练后，觉得现在不像以前那样容易焦虑了。

四、收集评估资料

在心理评估中，临床心理学家需要采用多种评估方法来系统收集来访者个人各方面的信息。这些方法包括结构性或非结构性的临床访谈，学校、单位或医疗记录中有关个人记录的回顾，生理功能的检查结果，各种心理测验，个人的自评报告，对个人生活、学习和工作影响重大的应激事件以及在实验室或自然情境下的行为观察结果等。

在心理评估中，临床心理学家根据自己的偏好和个人风格，经常综合采用多种方法来了解来访者的资料。在收集资料时，首先是对来访者一般情况的询问，如姓名、年龄、出生时间、职业、教育程度、民族、通信方式等。其次是安排可能的心理测验、行为观察，如对学习困难的儿童，既可以安排标准化成绩测验、智力测验、注意力测验、神经心理功能测验以及学习动机和个性测验等，又要与其父母、教师及儿童本人进行交谈。

五、评估决策

获得准确的评估信息是临床心理学家作出正确决策的关键步骤。决策内容包括为学习困难学生或智力测验成绩较差的儿童提供特殊的教育辅导，为注意力缺陷儿童或孤独症儿童进行药物治疗和行为训练，对焦虑、抑郁、躁狂、恐惧等障碍者实施治疗，对自杀高危者是否需要住院治疗进行判断，对脑外伤后神经损伤程度进行鉴定等。

六、交流信息

收集了来访者的各种信息后，临床心理学家需要与相关人员或部门进行信息交流及解释这些信息。交流的对象主要是来访者、来访者家属、单位知情者、其他专家（如医生、教师、心理咨询人员、学校辅导员等）以及法庭等。

信息交流的手段主要是心理报告。心理报告由四个方面的内容构成：一是案例的介绍，主要论述求助者的问题以及临床心理学家的假设或诊断；二是评估程序和方法的说明，临床心理学家需要详细说明是如何进行评估的，采用了哪些程序和方法，目的是使读者能够理解和评价该报告的合适性；三是评估结果的报告，要求数据清楚、概括简洁；四是结果的讨论和解释，包括对将来评估或干预的建议。

第四章

智力评估

一位年近而立的孤独症患者王某，可随口说出过去、现在或未来某一天是星期几，例如，“2000 年春节是 2 月 5 日星期六”，“1998 年 6 月 1 日是星期一，跟 1970 年一样”。他也可以即刻进行复杂的心算，如立即得到 1997×1978 的结果。他对北京市的马路、胡同如数家珍，当记者说出《北京晚报》在西裱褙胡同后，他立即告诉记者，其南边是麻线胡同，再往南是苏州胡同。尽管王某具有如此才能，但如果没有家人照料，他连马路都过不了。

舟舟患有先天愚型病症，即唐氏综合征，与正常人相比，他的第 21 对染色体上多了一条。他温厚、善良，但智商仅为 30，不识字，不会计算 10 以内的加减法，分不清钱币的面值。由于没有幼儿园愿意接收他，在乐团担任低音提琴手的父亲胡厚培只能把儿子带在身边，让他跟自己在乐队一起排练。经过多年的熏陶，父亲惊喜地发现，舟舟居然一听到音乐就兴奋得手舞足蹈，并且对一些指挥动作模仿得惟妙惟肖！1999 年 1 月 22 日，舟舟在北京保利剧院首次登台指挥中国歌剧院芭蕾舞剧院交响乐团演奏《瑶族舞曲》和《拉德斯基进行曲》，一举成名。随后，他与我国顶级的乐团和国外著名乐团先后合作，随中国残联艺术团赴美国等地巡演，均获得极大的成功，被誉为智障指挥家。①

王某、舟舟是天才吗？专业人士认为他们的确具有良好的机械记忆和某些特殊能力，但不能单纯地被理解成天才。他们的奇特能力在我国被称为自闭专才和智障专才，在国外被称为弱智天才综合征（savant syndrome）。弱智天才综合征指一个智力低于常态的人在某一非常有限的领域内表现出异常的心智才能，如心算、日历计算、艺术或音乐方面的特异才能。这说明智力落后者身上也有智慧的闪光点。

在日常生活当中，人们触摸不到智力，也不能直接观察到智力，它没有物质的质量、形状和大小，也不占用任何空间，但人们可以肯定地感觉到它的存在，可以通过个体的行为表现、学业成绩或工作成就来观察到智力。例如，王虹 14 个月就能写自己的名字，2 岁时会自己阅读，5 岁时就能在幼儿园的教室里津津有味地阅读百科全书，10 岁时就能在 12 小时内轻易学完整个高中的代数课程；而张明 10 岁时才能写自己的名字和数数，做加减法运算还存在困难，不会做乘法，尽管他两次留级，仍不能完成那些 8 岁的同班

---

① http：www. people. com. cn，2001－07－19.

同学认为容易的作业。显而易见，王虹和张明的智力肯定存在差异。因此，人们对那些智力极端优秀或低下的人是很容易分辨出来的，但对普通人的智力品质进行定义却极为困难。

第一节　什么是智力

一、智力的具体定义

智力问题一直以来就是心理学家们特别感兴趣的问题，对智力的研究也有着悠久的历史，但要给智力下一个确切的、大家都能接受的定义却不是一件容易的事。斯腾伯格曾在《超越IQ》中指出，几乎没有一个心理学概念像智力这一概念那样如此广泛地被人运用和接受，同时又是如此难以捉摸、令人困惑。因为智力是一个假设的心理结构，是出于定义的需要而存在的一个概念。智力这个概念涉及的问题太多，因智力属性不同而定义有异；涉及的智力取向（approach）太多，因研究角度不同而定义有异；衡量不同个体和不同群体的指标太多，因智力发展不同而定义有异；涉及的智力心理学家太多，因人不同而定义有异，一人一言，观点自然难以统一。下面是20世纪以来一些有代表性的观点：

比奈和西蒙认为智力是正确判断、理解、推理的能力。1916年他们重新将智力定义为判断力，或者说是良好的感知、实践感、创造性以及适应环境的能力。判断力好、理解力强、推理能力强，这些都是智力的基本成分。

推孟认为智力指的是形成概念、领会概念意义的能力。

桑代克认为智力指的是应对真理或事实的良好能力。

平特纳（R. Pintner）认为智力指的是个体完全地适应生活中相关的新环境的能力。

斯皮尔曼认为智力是能摒除特殊现象，演绎出事物内在的关系和相关特征，包括关系推理和相关推理的能力。

韦克斯勒认为智力指的是个体有目的地行动、理性地思考、有效地应对环境的综合能力。

弗里曼（F. W. Freeman）认为智力包括适应和调整周围环境的能力、学习能力和抽象思维能力三个方面。

皮亚杰认为智力是用来表示适应身体、社会环境的认知结构的组织或平衡的高级形式的一般术语。

汉姆弗雷斯（L. G. Humphreys）认为智力是将活动过程中获得的结果储存于记忆中，提取并与新的信息和概念进行比较、结合的应用能力，它是一种抽象的东西。

戴斯（J. P. Das）认为智力是各种认知能力的总和。

艾森克认为智力指的是大脑表层对任意信息的无误传递特质。

斯腾伯格认为智力是涉及有目的地适应环境、塑造环境和选择外界生活环境的心智活动。

加德纳认为智力是在某一特定文化情境或社群中，所展现出的解决问题或制作生产的能力。

塞西（Ceci）认为智力指的是在一个可能的范围内的多个先天固有的能力，这些能力的发展（或未能发展或发展以后的退化）都依赖于相关的教育经历的目的和方向。

塞特勒（Sattler）认为智力的外在表现反映了人类的生存技能，并不仅仅与基本的生理进化有关。

以上关于智力的观点，可以说是仁者见仁，智者见智。但是有几点反复出现在心理学家的智力定义中，表明专家们都趋向于赞同这样的智力概念：(1) 智力是在实践中学习的能力和实际解决问题的能力；(2) 智力是适应环境的能力；(3) 智力包含抽象思维、逻辑推理和记忆力等几个基本成分。可以说，抽象思维、逻辑推理、记忆力是智力的核心成分，而学习的能力、实际解决问题的能力和适应能力是智力的基本机能。美国心理学家韦克斯勒曾指出，智力是一种假设结构，它是一个人有目的地行动、合理地思维，并有效地处理周围事物的综合能力。此观点颇具代表性，它和我国心理学界对智力的看法比较吻合。

二、智力的本质属性

在西方心理学史上，心理学家曾经两次对“智力”的定义进行了大规模专门的讨论。第一次是在 1921 年，美国《教育心理学》杂志的编辑邀请当时知名的心理学家以“智力及其测定”为题对智力进行定义，10 多位专家给出了他们对智力本质的看法。第二次是在 1986 年，斯腾伯格及其同事主编了一本题为《什么是智力？关于智力概念、性质的当前观点》（*What is Intelligence? Contemporary Viewpoint on Its Nature and Definition*）的书。在这本书中，收集了当代比较权威的心理学家对智力本质的认识。这两次智力问题的大讨论所涉及的智力的含义有 27 种之多，比较一致的看法集中在基本功能（如知觉、感觉、注意）和心理加工速度两个方面。

最新的一项研究调查了 1 020 名各行各业的专家学者对智力的看法，结果发现专家认为对智力而言最重要的五个要素是：抽象逻辑思维/推理（99.3%的专家同意）、问题解决能力（97.7%的专家同意）、获得知识的能力（96.0%的专家同意）、记忆力（80.5%的专家同意）和适应环境的能力（77.2%的专家同意）。由此可见，当前智力问题专家对智力的理解和认识既重视智力内容的传统方面，即逻辑思维能力、推理能力、问题解决能力及记忆能力等，又重视皮亚杰等人所强调的适应环境能力和认知心理学家所强调的获得知识的能力。强调这五个智力要素也反映了当今智力研究内容的新趋向。

三、智力的相关问题

由于历来心理学家对智力有着不同的理解，目前心理学界关于智力的定义尚无统一的意见，但专家们通过对智力的多年研究已达成了以下共识：

第一，人的智力并不是一成不变的，它随着年龄的成熟而发展，因教育和训练而改变。智力在童年期迅速增长，在青春期增长缓慢，约在25岁达到顶峰，以后保持稳定到中年后期，在老年期逐渐下降。

第二，在全部人口中，智力极高（IQ在130以上）与极低（IQ在70以下）者均占少数，智力属于中常或接近中常（IQ在80～120）者约占全体人群的80%。

第三，智力存在性别差别。女性在语词灵活性、阅读理解、手指敏捷性、文书技巧方面优于男性；男性则在数学推理、视觉空间能力、躯体运动速度和协调方面优于女性。男性智力的变异大于女性，即在特别聪明与特别愚笨的人中男性均多于女性。

第四，在开放、竞争的现代社会中，高智力的人更适合从事需要较高心理能力的职业。一项研究显示，会计师、律师、工程师需要较高的心理能力，而司机、矿工、农民只需要较低的心理能力，其他职业需要的心理能力居中。

第五，从智力测验所得分数看，不同民族间确有差异，很多研究显示白种人的平均智商较有色人种高。但从方法论的角度来看，这种推论并没有科学根据。

第六，智力是一种综合能力，智力差异是遗传和环境两因素共同作用的结果。遗传的上限决定了后天环境对智力发展的作用。

关于智力究竟与遗传有关还是与环境有关是一个众所周知的争议话题。有些人认为智力在一定程度上是基因遗传的结果，个体间的差异是天生的，是无法改变的；有些人认为个体间的智力差异在很大程度上是环境的变化和个体的经历交互作用的结果。基因遗传在个体差异形成过程中的重要作用是一个研究热点问题，也是心理学中最具政治敏感性的话题之一。

第二节　有关智力的理论

心理学家通过对智力问题的不断探索，提出了各种各样的理论观点。这些理论观点往往反映了心理学家研究智力问题的取向、角度以及侧重点的不同。从智力研究内容和方法的角度来看，智力本质的研究经历了三个阶段的变化：20世纪60年代前是因素（也叫因子）分析理论占优势，20世纪60—70年代是信息加工理论占优势，20世纪80年代后通过对前两者的整合，提出了智力的层面理论。20世纪60年代是系统论兴起的时代，因此，从系统论的观点来看，信息加工和层面理论其实也可以说是系统理论，即智力研究者对智力本质的认识经历了从因素理论到系统理论的发展过程。

一、因素分析理论

20世纪的智力研究者通过对智力测验结果的因素分析来推论智力的结构，提出了多个智力因素理论。即智力由哪些因素构成？是一个还是多个因素？这些因素又是如何组合成智力结构的？

1. 斯皮尔曼的两因素理论

因素分析理论是基于用数理统计方法对智力的结构进行研究而发展起来的。斯皮尔曼是最早用因素分析方法来研究智力的心理学家，他从各种智力测验之间存在相关关系这一观察中提出智力由一个一般因素（g）和多个特殊因素（s）构成的观点，并且用未旋转的因素分析方法证明 g 因素的存在。由于特殊因素 s 在每个测验中是不同的，通常没有决定行为水平的共同因素 g 那样大的影响，斯皮尔曼对 s 因素没有表现出更大的兴趣，他认为 g 因素是总智力或心理活动的指征，在认知活动中与其有关的是关系推理（确定两个或多个概念之间的关系）和相关推理（从已存在的一个概念找出与其相关联的第二个概念）。后来的研究说明 g 因素在人类能力中是重要的，但这并不意味它是一种单独的成分。

2. 瑟斯顿的群因素理论

瑟斯顿（Thurstone）采用旋转的方法对多个智力测验的初始因素矩阵进行转轴处理，结果得到多个公共因素，然后再去定义每个公共因素。与斯皮尔曼的观点相反，瑟斯顿总结出了几个群因素，而不是单一的因素。他认为智力是由七种相互独立的基本能力所构成的，它们是言语理解、知觉速度、一般推理、数字运算、空间关系、语词流畅性和联想记忆。瑟斯顿编制出基本能力测验来测量这七种因素，但其他研究者和他本人都发现这些测验得分之间均存在低至中等程度的相关。后来瑟斯顿也承认在这七种基本因素之外，还存在类似于 g 因素的更高层次的次级因素。与此同时，斯皮尔曼也承认代表特殊因素的群因素是存在的。很显然，斯皮尔曼和瑟斯顿之间的理论差异性变得越来越受对方重视。最终，斯皮尔曼仍然相信 g 因素对于测验分数的相关性起到了主要的决定作用，而群因素理论却只扮演了一个很小的角色。

3. 弗农的智力层次结构理论

弗农（Vernon）将斯皮尔曼和瑟斯顿的理论结合在一起，提供了一个折中的办法。他认为智力呈一个层次模型，其最高水平是 g 因素，次级包括两个重要的因素，即言语-教育和空间-机械方面的因素，这两个主要因素的下面又包含了若干个次要因素，最低层为一些特殊因素（s），如图 4－1 所示。

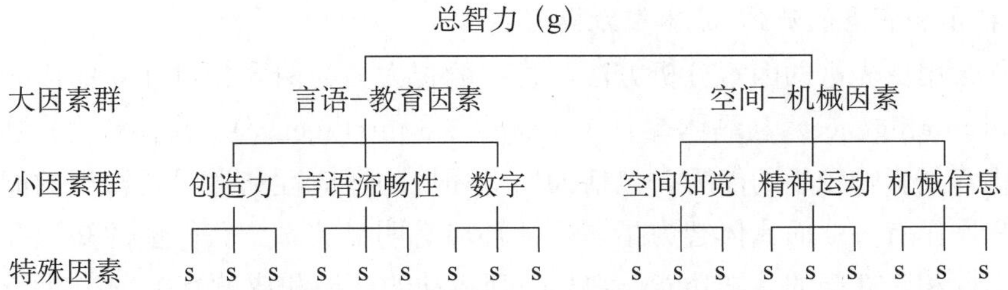

图 4－1　弗农的智力层次结构模型

4. 吉尔福德三维智力结构模型

吉尔福德（J. P. Guiford）采用因素分析方法检验了许多与智力相关的任务。他认为智力任务具有三个特性：内容（信息类型）、产品（信息表征的形式）和操作（心理活动表现的类型)。每个智力任务都有内容、产品和操作三个维度，而每个内容-产品-操作的结合（模型中的每个小立方体）代表一个独立的心理能力。他将智力活动理解成一个动态的过程，不同类型的心理活动（操作）对各种对象（内容）进行加工处理，并产生了不同的结果（产品）。例如，语词测验可以测定语义内容的认知单元，学习一个舞蹈动作需要行为系统的记忆。在吉尔福德的模型中，有5个内容即视觉、听觉、符号、语义和行为，5种操作即认知、记忆、发散、聚合和评价，6种产品即单元（如一个词、一句话）、分类（对事物的归类）、关系（认知两个事物间的关系）、系统（认知多个事物间的关系）、转换（从一种关系、一种概念转换到另一种）和提示（了解事物更深层所隐含的方面，如隐喻）。这样，吉尔福德的智力模型就包括5（内容）×5（操作）×6（产品）共150个因素，如图4-2所示。

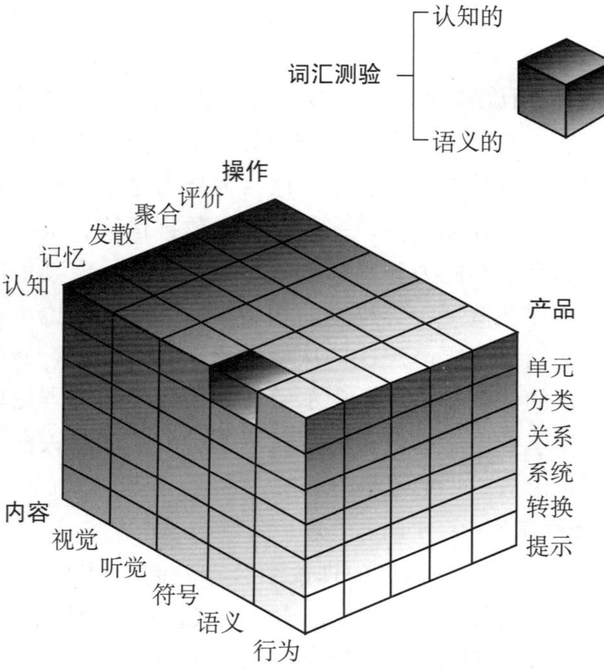

图4-2 吉尔福德的三维智力结构模型

5. 卡特尔和霍恩的流体-晶体智力模型

卡特尔采用更先进的因素分析方法，将一般智力分为两个相对独立的成分，即流体智力（fluid intelligence）和晶体智力（crystallized intelligence）。流体智力指那些非言语的、受文化背景影响较小的能力，包括人们对环境的适应性和学习新知识的能力，它与心理过程和操作有关；而晶体智力指与生活环境有明显关系、获得性的知识和技能，包括人们已掌握和建立起的认知功能，它与心理活动的结果和成就有关。20世纪80年代，霍恩（Horn）在此基础上提出了Gf-Gc理论，这是一个包括4个水平的流体-晶体智力结构模型，认为智力的发展与人的发育过程有关。他认为从婴儿到成人，首先发育的是感觉功能，然后是联想过程，以后知觉组织功能逐步发育完善，最后到青少年和成人期的关系推理，这是理解事物间的关系和描述这种联系的能力，是智力中的主要成分，如

图 4-3 所示。

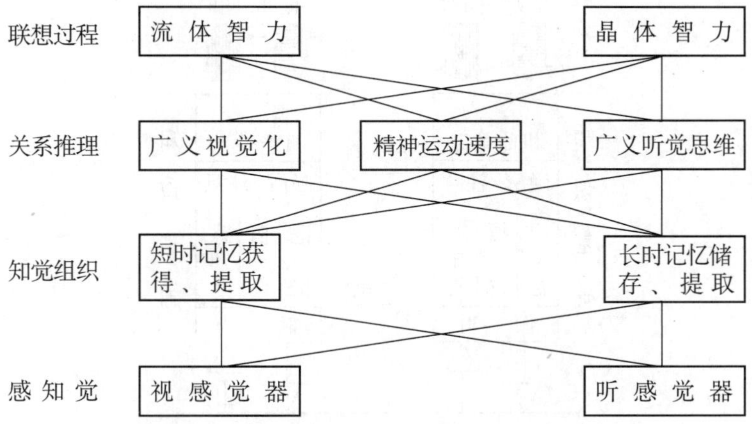

图 4-3 卡特尔和霍恩的流体-晶体智力模型

二、信息加工理论

信息加工理论的最大特点是运用信息加工理论及神经生理学的影响，对智力不再斤斤计较其组成成分（因素），而是注意它在处理现实生活中的功能。认知心理学家试图了解智力的性质以及思维如何进行，强调认知的功能（适应）、过程和结构。

1. PASS 理论模型

加拿大心理学家戴斯和美国心理学家纳格利尔里（Naglieri）把从鲁利亚（Luriya）的高级神经机能学说基础上发展起来的一种认知理论，称为 PASS 智力理论模型，其中“P”代表计划（planing），“A”代表注意（attention），两个“S”分别代表同时性加工（simultaneous）和继时性加工（successive）过程。鲁利亚认为人类的认知加工包括三个相互协调的机能系统或单元：第一个机能单元负责调整皮层的觉醒状态和维持注意，这是人类心理过程的基础；第二个机能单元负责对同时性和继时性的信息进行编码、加工和储存；第三个机能单元负责制订、调节和控制心理活动，要求个体形成行动的计划、执行并证明计划的有效性。戴斯和纳格利尔里的智力 PASS 模型从信息的接受、存贮、处理和传递的角度，来确定构成智力活动基础的记忆、注意、表征、思维、想象等心理过程。戴斯等认为上述三个机能单元彼此之间有一种动态联系，在这种动态联系中它们对个体的经验作出反应，服从于发展的变化，并形成相互联系的系统。图 4-4 显示了注意、信息编码和计划之间的相互作用和影响的特点。

2. 斯腾伯格的智力三元理论

美国心理学家斯腾伯格提出的智力三元理论是近些年来智力研究领域中一个最重要的理论。它强调问题解决中认知过程的重要性，将智力分为成分智力、经验智力和情景智力三个方面，每个方面都有两个或更多的亚成分。成分智力指思维和问题解决等所依赖的心理过程，其功能是将智力与个体内部环境相联系，该部分包括了通常智力测验所评估的那些特质，为个体应对外部世界提供了心理基础。对信息加工至关重要的亚成分

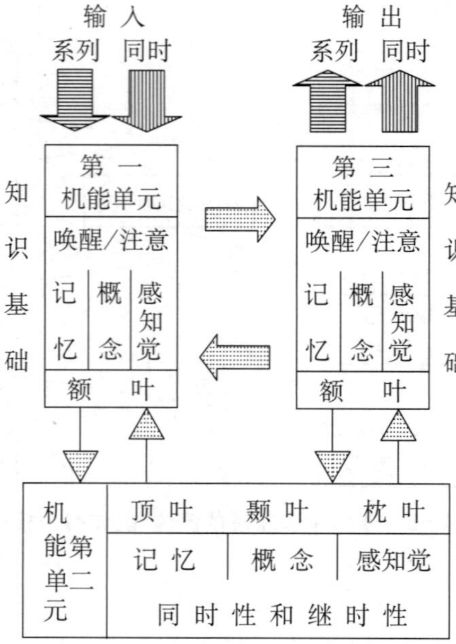

图 4-4　智力的 PASS 模型

有三种：知识获得成分（用于学习新的事实或知识）、操作成分（作为问题解决的策略和技巧）和元认知成分（用于选择策略、监控认知过程以达到成功）。经验智力指人们在面对新异或常规问题情况下处理问题的能力，它同时应用于内、外部环境，使得个体的智力活动更加富有成效；具有良好经验智力的人是能够有效地处理新鲜事物的。情景智力是有目的地适应、选择、塑造与个人生活相关的真实世界环境的心理活动，其功能是将智力与个体的外部环境相联系。斯腾伯格认为一个人应当放在特定的环境中才能判断其是否聪慧，如图 4-5 所示。

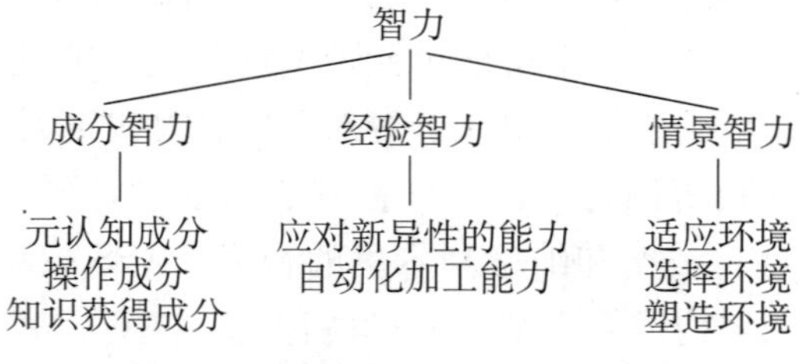

图 4-5　斯腾伯格的智力三元结构

三、其他系统智力理论

近 20 年来，随着人们对人类高级智能问题的探索更加注重，出现了许多综合性的系统智力理论。这里简要介绍五种理论。

1. 加德纳的多元智力理论

传统智力观过分强调逻辑推理或语文能力，如此虽然可以准确地说明学生在学习上的成绩的高低，但却难以解释大部分学生毕业后的专业成就与杰出表现。美国哈佛大学心理学家和神经学家加德纳认为，传统的智力测验只不过是生活的一个很小的缩影，智力不能依靠简单的纸笔测验来测量，必须与实际生活相关联，应该对个体在许多生活情境下的行为进行观察和评价，而非通过让一个人在一种非自然的学习环境中做他从未做过，而且将来可能不会再做的事情这种方式来决定其智力水平。加德纳认为智力的主要内涵应当是在现实环境中解决问题的能力。他进一步指出人类智力至少有八种：（1）语文智能：口语及书写文字的运用能力；（2）音乐智能：察觉、辨别、改变和表达音乐的能力；（3）逻辑-数学智能：运用数字和推理的能力；（4）空间智能：对视觉性或空间性的信息之知觉能力，以及把所知觉到的加以表现出来的能力；（5）肢体-运作智能：运用身体来表达想法与感觉，以及运用双手生产或改造事物的能力；（6）人际智能：辨识与了解他人的感觉、信念与意向的能力；（7）内省智能：能对自我进行省察、区辨自我的感觉，并产生适当行动的能力；（8）自然观察智能：对周围环境的动物、植物、人工制品，及其他事物进行有效辨识及分类的能力。加德纳认为每种能力依据某一社会对它的需要、奖赏以及它对社会的作用，在不同的人类社会中的价值也是不同的，并进一步将八种智能归成三类：第一类与空间对象有关，包括逻辑-数学智能、空间智能、肢体-运作智能、自然观察智能，这些能力受个体所处环境对象的影响；第二类与语言符号有关，包括语文智能与音乐智能，受语言与音乐系统的规则影响；第三类是与人有关，如人际智能与内省智能。

2. 帕金斯的真智力理论

美国心理学家帕金斯（D. Perkins）核查了大量关于智商测验和促进智商的研究，于1996年提出真智力（true intelligence）理论，认为智商包括三种主要的成分或者维度：一是神经智力（neural intelligence），即神经系统的有效性和准确度，类似于卡特尔所说的流体智力；二是经验智力（experiential intelligence），即个人积累的不同领域的知识和经验，类似于卡特尔所说的晶体智力；三是反省智力（reflective intelligence），即解决问题、学习和完成挑战智力任务的广泛的策略，包括各种支持坚持性、系统性和想象力的态度以及自我监视和自我管理，类似于元认知和认知监视等概念。

3. 塞西等的智力生物生态学模型

美国心理学家塞西等人认为智力是天生潜力、环境（背景）和内部动机相互作用的函数，人具有多种由特殊的情景所培养的生物潜能，只是后天的表现不同罢了，因此他提出了智力生物生态学（bio-ecology model of intelligence）模型。该模型包含四个观点：（1）智力是一个多资源的系统，个体身上存在多种认知潜能，控制着个体的信息加工能力；（2）生物潜能与环境力量的相互作用决定了先天潜能的发展是否成功；（3）适宜的“最近过程”是智力发展的“引擎”；（4）“动机”整合到智力发展中。这个理论强调智力行为的广泛性、适应性和复杂性，它超越了狭窄的、静态的智力概念，重视文化背景对智力显现所起的作用，尤其是有助于解释心理能力是如何跨越时间和背景而发生变化的。

4. 戈尔曼等的情绪智力理论

美国心理学家萨洛维（Salovey）和梅耶（Mayer）及戈尔曼（D. Goleman）分别提出了各自的情绪智力（emotional intelligence）理论，都认为情绪智力包含多个因素，虽然数量有所不同，但戈尔曼把它定义为能力与性格或人格倾向的混合物，比如，在能力之外加入热情、坚持性等性格特点，而萨洛维和梅耶则坚持把它定义为传统智力中的一种。情绪智力作为人类社会智力的一个组成部分，是人们对情绪进行信息加工的一种重要能力，其实质是将情绪过程与认知过程的相互影响、相互渗透、相互促进的结构特点高度概括为一种能力，它对个体的成功有着重要影响，有时甚至起决定性作用。

5. 加里克的智力神经可塑性模型

澳大利亚心理学家加里克（Garlick）基于认知神经科学的蓬勃发展，通过对人工神经系统的研究提出了智力的神经可塑性模型。该模型提出，个体的智力随着大脑神经系统的可塑性发展，而可塑性简单地说是神经系统使其联系适应于环境的一种能力。神经可塑性的高低，反映了个体神经联系对环境的适应性，也标志着个体的智力发展水平。个体的神经可塑性不是一成不变的。一方面，环境刺激可以激发神经系统对任务的调节而发展神经可塑性；另一方面，神经系统的调节和适应能力随时间、区域而不同，表明了智力发展关键期的存在。因此，要发展某一特定智能适当的神经联系，就要在关键期呈现适当的刺激。加里克等人认为，神经可塑性模型可以很好地把传统智力理论的g因素与后来神经科学、认知科学发现的能力的模块论、特异性等发现整合起来，并能解释智力研究中许多未能解释的其他发现，如简单任务反应时的差异、弗林效应、干预研究效应、发展的阶段性、大脑大小和智力关系、g因素与遗传的关系、个体智力表现差异的稳定性、不同环境条件下智能表现总体水平的不同、智力发展关键期的存在、天才的能力发展等。

四、智力理论研究的新趋势

一个世纪以来，国内外学者围绕智力问题不断探索，但迄今为止并未对智力理论作出统一的权威界定，甚至人们对智力理论的分类也有不同的观点。除了上述因素分析理论和系统理论之外，还有些理论将以法国心理学家比奈和西蒙的智力测验为基础的智力理论归为传统智力观，把20世纪80年代以后的智力理论纳入现代智力观的范畴，如三元智力、多元智能等；还有些从智力理论的过程来考量，分为因素理论、结构理论和认知理论。智力的因素理论除了探讨智力定义、智力功能外，更关注个体差异，试图搞清智力是由哪些要素构成的、它们之间的关系如何等问题。瑟斯顿的群因素论在智力的因素理论发展过程中起到了一个承前启后的重要作用。此后的有些研究人员便不再特别关注是否有一个具有支配性的普遍智力因素存在，而是把注意力转向讨论智力结构中各能力要素之间的结构关系。主要代表是吉尔福特的三维智力结构模型和弗农的智力层次结构理论。到20世纪60年代后，随着认知心理学的发展及其对信息加工模式的研究，学术界越来越重视对个体智力活动内部过程的技术观察和理论分析。于是，一批心理学家试图借助认知心理学研究成果对个体认知操作背后的心理过程进行分析，试图从认知角度揭示人类智力的奥秘，构建起现代智力的认知理论。

纵观智力理论的发展过程，智力研究呈现出以下新趋势：

第一，从单维度分析向多维度扩展。早期的智力理论大都用因素分析的方法探讨智力，从斯皮尔曼的二因素到桑代克的三因素，再到瑟斯顿的群因素，都是采用简单的因素分析对个体智力进行描述，把智力局限于个体的基本认知能力，关注因素的构成数量和维度结构。加德纳的多元智力理论虽在本质上仍把智力看作是由特质组成的，但其智力概念已不再囿于狭窄的层面上，而是开始揭示出宽泛的智力体系，认为智力是多种智能的组合。这反映出智力已被看作一种多因素、多维度的心理现象。

第二，从特质分析到内部过程探讨。传统的智力理论都是从特质角度阐述智力，把智力看作静态的对象，用因素分析的方法从中寻找元素和特质，甚至包括新近的多元智力理论仍然延续了特质论的观点，只不过把智力的特质扩展到个体的众多方面而已。特质分析研究没有涉及智力活动内部心理过程，对真实的智力活动过程显得无能为力或加以回避。随着认知心理学的兴起，到了 20 世纪 80 年代中后期，智力研究开始从个体内部的信息加工过程研究智力。斯腾伯格的三元智力理论、戴斯等人的 PASS 理论都尝试从内部“过程”探讨智力。这些新的智力理论把智力看成动态的、发展的，把智力理解为一个活动系统。

第三，从单纯强调认知因素到认知因素与非认知因素并重。无论是传统的特质理论，还是新近的过程理论，都强调智力活动的内涵是认知性的，应该从认知的角度探讨智力，认为智力属于认知范畴而与其他心理因素无关，或者回避对该问题的探讨。然而，塞西的智力生物生态模型中，把“动机”整合到智力发展中，认为个体动机存在与否以及动机强度如何，对个体智力的发展和表现都有重要的影响；萨洛维、梅耶和戈尔曼的情绪智力理论则强调情绪如何控制人的认知过程与思维活动。在智力中出现了动机、情绪等非认知因素的智力理论并不是否认认知因素在智力活动中的作用，而是强调认知因素与非认知因素的统一，是从更高的层次上建构智力理论。

第四，从强调智力的内部结构到关注智力的社会文化背景。早期的因素说以及后来的 PASS 过程理论大都探讨智力的内部结构，即纯智力观点，着眼于智力是人的内部特质或加工信息的过程，忽视智力的文化因素，因而难以解释由文化背景造成的个体差异。随着人类学及跨文化研究的深入，智力研究者越来越深刻地意识到社会文化对智力、智力发展的影响。现代智力理论都包含了智力的文化成分，如加德纳的人际智力、斯腾伯格的经验性智力，都是将智力放在社会文化环境中进行考察和评价。

第五，从关注分析性智力向重视实践性智力发展。早期的智力因素理论、结构理论主要关注分析性（学习性）智力，包括观察力、记忆力和注意力等与思维有密切关系的成分，注重逻辑思维能力在智力中所起的作用，难免脱离人们的社会实践活动，对人们的社会实践活动也难有预测和指导作用。随着智力研究的深入，一些智力研究者逐渐认识到传统智力理论的不足，开始将研究视角转向生活实际，尤其是要解决智力与个体的实际活动能力的关系。如加德纳的多元智力，斯腾伯格的三元智力、成功智力以及社会智力和戈尔曼的情绪智力等都尝试从实践的角度探讨智力，而且实践性智力的研究也得到了许多人的认可。

第六，从测量技术、因素分析技术向实验室技术、系统论技术的转变。20 世纪 70 年代以前，智力研究基本上以因素分析技术和测验式测量技术相结合为基本的研究方法。它对于智力理论的发展起了重大的作用，但这种方法有较多的人为性和任意性，只能分析智力的外部行为表现，得出外部智力行为的因素结构而忽视了支配外部行为的内部结构。20 世纪 70 年代后，随着认知科学的兴起，智力研究者采用实验室技术研究智力。20 世纪 80 年代起，智力研究注重采用系统论的方法。目前最可行的研究方法是在系统论的基础上，将实验室测量技术和心理测量技术相结合。譬如，心理测量技术与 PET（计算机辅助正电子扫描）、EEG（脑电图）、ERPs（事件相关电位）和 fMRI（功能性磁共振脑成像技术）相结合，探讨大脑活动规律，了解大脑的奥秘，了解认知功能的行为成分和生物成分，为深入认识智力功能提供了最前沿的研究方法。

第三节　智力的测量

当人们对智力的理解还无法获得一致的看法时，智力的测量也就存在诸多困难。但随着人们对智力的深入研究，目前认为智力主要在两个方面有所变化：一是个体所获取、储存和利用的知识总量是年龄的函数；二是信息是以信息处理的方式进行的。尽管瑞士著名的儿童发展心理学家皮亚杰提出认知发生论对孩子和成人如何处理他们周围世界有关信息的方式的发展变化方面有最全面的论述，但是在用标准化智力测验甄别个体智力高低时，一般都忽视了信息处理方式的变化。智力测验基本上是通过对不同年龄段的个体在相同任务上的表现进行比较，因此智力测验所比较的主要是个体保留的信息内容和信息总量。

一、智力测量模型

理解智力的一种方法就是通过应用理论模型，用比喻的方式解释现有的研究并阐明将来的问题。这里简单介绍两种智力测量模型。

（一）神经功能模型

智力的核心是大脑，要正确理解和测量智力行为，有必要开发智力的神经生理学基础。神经功能模型的潜在假设是高智能的人能够比低智能的人更加准确和快捷地使用他们的大脑。随着技术的进步，现在已有许多技术能够直接测量大脑的效率，主要包括潜能唤起法（evoked potentials）、大脑皮层葡萄糖代谢率法（cerebral glucose metabolic rates，简称 CGMRs）以及神经传导速度法（nerve conduction velocity，简称 NCV）。

1. 潜能唤起法

这种智力测量的前提不需要被试有明显反应或先验知识。被试只需坐在一张舒适的椅子上，听随机间断播放的音律。主试者将电极附在每个被试的头皮上，测量他们大脑随音律产生的电活动的唤起潜能。Hendrickson 经过研究提出，低智商的个体大脑电活动变化较大，因为其大脑在通过大脑皮层进行信息传输时产生了误差，而高智商个体进行信息传输时相对无误差，因此高智商个体大脑电活动唤起的潜能变化较小。

2. 大脑皮层葡萄糖代谢率法

运用PET计算机辅助正电子扫描测量个体执行任务时大脑皮层的葡萄糖代谢率，对神经功能模型提供了进一步的支持。当大脑进行智力活动时，要消耗一定的葡萄糖能量，并且大脑在任何指定任务上消耗能量的多少存在着个体差异。更具体地说，智商高的个体的大脑与智商较低的个体的大脑相比，消耗的能量更少，从而消耗的葡萄糖更少。

3. 神经传导速度法

神经传导速度测量的是电脉冲从身体的一个部位传到另一个部位时的速度。手和手臂的正中神经电脉冲的传导速度快慢，与智商得分的高低有很大的相关。然而，神经传导速度法和智力关系的研究仍处于初级阶段，甚至有的结果还没有得到重复验证。

神经功能模型目前非常有吸引力，其原因在于：一是从科学的观点看，它将智力看成一种简单的生物现象，这就使得人们可以直接研究与智力相联系的器官，而不必借助行为测量去推论大脑；二是从实践的观点看，神经生理学测量提高了进行“文化公平”的智力测量的可能性，它将避免某人因缺乏先验知识或应考技巧而处于不利地位。但是，该模型也存在一定的问题：首先，实验证据不一致，有的研究表明生理测验与智商有高相关，而有的研究则没有；其次，其实验证据是假设各种智力测验的结果都是有效和稳定的，它足可以用来作为比较生理测验的标准，但是，智商并不是对智力的完全测量，所以还不清楚各种潜能唤起、大脑皮层葡萄糖代谢率以及神经传导速度是否和广义的智力测验相关，同时，还需要确定在不同文化背景下神经生理测验和智力之间是否都存在相关；最后，该模型解释不充分，由于相关不能解释因果关系，因此需要进行不同的实验去阐明大脑功效和个体智力行为之间的关系，在因果关系的方向还不清楚的情况下，就得出大脑功效是高智力的潜在原因，这是一种冒险的做法。

（二）层面模型

心理测量层面模型的基本假设是通过对智力测验分数的分析来揭示智力的结构，辨别导致智力的个体差异的“因素”或潜在来源。

斯皮尔曼的二因素论和瑟斯顿的群因素论可以看作是层面模型的两个早期重要代表。当代较为著名的层面理论则包括霍恩的Gf－Gc理论和卡洛尔（Carroll）的三层面理论。霍恩的Gf－Gc理论的名称来源于卡特尔早期提出的一般智力由流体智力（Gf）和晶体智力（Gc）两个主要部分构成的理论。该理论可以认为是一个两层面模型，最底层由40多个一阶因素构成，以一阶因素为基础的二阶因素构成第二层。第二层能力则根据功能划分为4种信息加工水平。首先，Gf和Gc代表着认知功能的最高水平，即属于第一信息加工水平。其中Gf因素包括知觉关系的能力、领会含义以及从关系中做出推论的能力。这些能力主要是依靠中枢神经系统的功能，而不依赖于先前的经验和文化背景，可以借助类比、系列填空和包括抽象推理等在内的任务来测查这种类型的智力。Gc依赖于经验和教育，由个体在后天获得的一系列技能和知识组成，包括言语理解、言语关系评价及语义关系认知等能力，可以借助词汇、一般知识和言语理解问题等来对其进行测查。其次，信息加工的第二水平是知觉组织（perceptual organization），它包括加工速度、加工视觉信息的能力以及加工听觉信息的能力。再次，第三水平是联合加工（association processing），包括从短时记忆中获得和提取信息的能力以及从长时记忆中提取信息的流畅性。最后，第四水平是感觉接受（sensory reception），包括觉察大量视觉信息并保存在视觉形象记忆中的能力，以及觉察听觉信息并保存在声像记忆中的能力。

卡洛尔的三层面（the three-stratum theory of intelligence）理论把智力模型描绘为金字塔形，认为智力由三个层次水平的因素组成，是通过对心理测量文献记载的460多个资料表全面地再分析获得的。塔顶最高水平层由一种因素构成，等同于斯皮尔曼的一般因素g。金字塔中间水平层，由受g不同程度影响的八个因素构成，与Gf－Gc理论中的二阶因素相似，体现出个体在一定领域中表现的持久特点。这八种能力分别是流体智力、晶体智力、一般记忆容量、一般视知觉、一般听知觉、一般流畅性、一般认知速度和一般加工速度。金字塔底部最低水平层（第一层）由许多特殊的因素所组成，如定量推理、词汇知识、阅读速度等。卡洛尔强调，第一层代表最专业的能力，反映了特殊策略和特殊类型知识的习得；第二层包含出现在广泛的智力行为领域中略显专业的能力；第三层只有一种能力即一般因素，它是智力活动各个方面的基础。卡洛尔也承认这三层之间可能还存在着中间层。

三层面理论模型基本符合我们对智力模型所持的许多标准，对一般能力和特殊能力以及它们作为智力测验基础的相互关系进行了全面的描述，有助于协调许多早期的心理测量结果，引发人们对人类智力的大量的研究。然而，模型的建构建立在资料分析的基础上，而不是基于理论分析，采用不同的测验、不同的因素旋转方式会导致不同的层面模型。

二、传统智力测验的地位

传统的以心理测量学为基础的智力测验（笔纸测验）在教育、科研、临床和职业测评等领域有着广泛的应用，是最重要的智力评估工具。然而，这类智力测验仍然常常遭到批评：一是测验评估的智力范围太狭窄，二是同义语反复［如爱德温·波林（Edwin Boring）所定义的智力是智力测验所测到的东西］，三是缺乏解释个体智力差异的理论基础，四是缺乏对认知过程的了解，五是对智力的生物学特性缺乏了解，六是对智力结构静态分割。因此，以神经心理为基础的信息加工测验、以神经生理为基础的生理测验［如心理生理测验、事件相关电位（ERPs）测验、脑功能扫描（fMRI）测验以及其他新形式的心理测验等］以及动态评估测验（又称学习潜能评估，即对个体现有的能力水平进行评估，然后给予个体同等的学习机会，由施测者提供标准的干预，即采用标准次数或标准形式的提示，再进行复测，考察被试经过提示、训练之后的成绩进步情况），就对传统智力测验起到有益补充与拓展的作用。这些新类型的智力测验遵循一定的智力理论基础，不去探求智力的心理测量学结构，而寻求智力的稳定、客观的神经心理或神经生物学证据，避免以常模样本人群作为划分智力分数的基础，从而更深刻地理解智力的生物学机制以及人类智力差异的最终原因。

那么传统的智力测验会不会被这些新的智力测验形式所取代呢？Matarazzo预测心理

学在21世纪的发展时认为，尽管新的智力测验形式将能有效地评估智力，但是传统的笔纸智力测验在智力测量中的地位几乎不会有根本性的改变。其理由在于：

第一，传统的智力测验最大的成功之处就在于其预测效度及其测量技术的简单易行性高，目前还没有明显的证据表明新测验形式比传统智力测验更能预测现实生活。

第二，传统的智力测验建立在多年的经验性研究结果的基础之上，并成为因素理论模型的坚实基础。目前传统的智力测验倾向于多因素模型却不排斥单因素模型的观点有力地回应了智力测验评估范围过于狭窄的批评。

第三，从测量技术的角度看，自高尔顿和斯皮尔曼之后的心理学家一直在寻求导致个体智力差异的大脑功能在心理、认知或生理学上的解释，但与物理测量技术相比，目前对智力差异的解释仍处于心理测量水平。

第四，从历史的观点来看，评估智力的新测验形式并不比传统的智力测验更好地评估智力，或者引起更少的争议。人们对“基本信息加工是什么”以及“信息加工处于什么水平”等诸多概念还没有取得一致的意见。况且新形式的测验其实更复杂更昂贵，通常需要高级的特殊设备，只能在少数实验室中进行，且需要专家来进行操作。

此外，如果信息加工测验、生理测验和动态评估测验想要取代传统的智力测验，就需要更多的研究来阐述新测验形式的优势和传统智力测验的不足，然而目前仍然缺少这样的研究证据。

第四节 常用智力评估量表

一、韦氏智力量表

韦氏智力量表是指美国心理学家大卫·韦克斯勒编制的用于学龄前儿童、学龄期儿童和成年人的一系列智力量表。韦克斯勒在临床中深感斯坦福-比奈量表无论从材料还是智龄概念上都不适合成年人。于是从1934年开始自编量表，经过几年努力，于1939年发表了第一个韦克斯勒量表（Wechsler-Bellevue，简称W-B），后被称为W-BⅠ；1946年发表了第二个韦克斯勒量表（W-BⅡ），也称韦氏军队量表。这两个量表都适用于成年人。在W-BⅡ的基础上，韦克斯勒于1949年出版了第一个韦氏儿童智力量表（WISC）；1974年对WISC作了修订，称为韦氏儿童智力量表修订本（WISC-R）；1991年桑代克等人在韦克斯勒逝世后，又对WISC作了修订，该版本简写成WISC-Ⅲ；2003年出版了WISC-Ⅳ；2014年出版了WISC-Ⅴ。在W-BⅠ的基础上，1955年发表了第一个韦氏成人智力量表（WAIS），1981年出版了该量表的美国修订本（WAIS-R），1997年在WAIS-R的基础上出版了WAIS-Ⅲ，2008年出版了WAIS-Ⅳ。适用于学前和小学低年级（4～6年级）儿童的韦氏幼儿智力量表（WPPSI）则于1967年在WISC的基础上出版，而后于1989年有了美国修订本WPPSI-R，2002年出版了WPPSI-Ⅲ，2012年出版了

WPPSI-Ⅳ。

我国对上述三套韦氏智力量表先后均进行了修订。1981年韦氏成人智力量表中国修订本（WAIS-RC）在龚耀先的主持下对WAIS进行修订而成（修订完成后才收到美国WAIS-R）；我国对韦氏儿童智力量表修订本（WISC-R）先后有两个修订本，一个简称WISC-CR，另一个简称C-WISC；中国修订韦氏幼儿智力量表（C-WYISC）也由龚耀先等人主持对WPPSI进行修订，于1986年完成（见图4-6）。

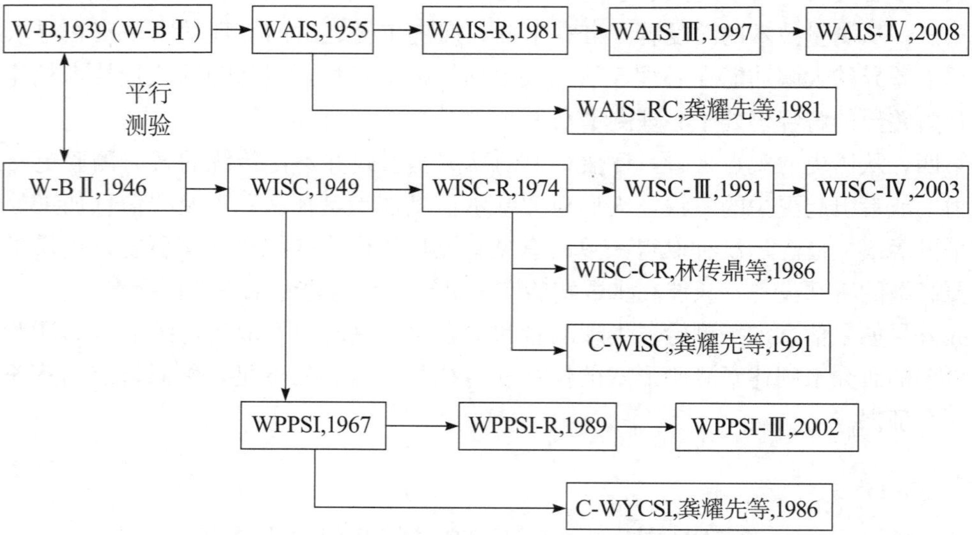

图4-6 韦氏系列智力量表及中国修订本的发展

除了上述全国范围的修订外，20世纪80年代李丹和朱月妹也分别对WISC-R和WPPSI进行过修订，并建立了上海市常模。由于我国2001年加入了世界贸易组织（WTO），在此前后引进和修订国外的心理测验可能涉及知识产权方面的问题，因此对于韦氏智力量表的最新版本的继续引进和修订工作一直到21世纪初才开始。张厚粲教授主持修订的WISC-Ⅳ中文版已于2008年3月通过鉴定，北京回龙观医院承担WAIS-Ⅳ中文版的修订工作。随着美国心理公司陆续出版发行韦氏智力量表第四版，国内修订工作几乎同步进行，现已有韦氏智力量表第四版的中国版本。

（一）测验内容及实施

韦氏智力量表分言语和操作两个分量表，分别评价与言语发展和与空间知觉有关的智力功能，它们也被认为反映了大脑优势半球和非优势半球的功能。韦克斯勒用言语智商（VIQ）、操作智商（PIQ）和全量表智商（FIQ）来表示智力发展水平，这些智商的平均值均为100，标准差为15。言语和操作分量表又各自含有5～7个分测验，每个分测验的水平用平均值为10、标准差为3的量表分来衡量，每个分测验均测量了智力的不同侧面（见表4-1、表4-2）。韦氏智力量表的这种结构主要为了临床应用，当然，韦克斯勒并不认为智力就是由这些能力所组成的。

表 4－1　　　　韦氏智力量表的结构

	韦氏成人智力量表			韦氏儿童智力量表			韦氏幼儿智力量表	
	WAIS	WAIS-R	WAIS-Ⅲ	WISC	WISC-R	WISC-Ⅲ	WPPSI	WPPSI-R
言语分量表								
知识(I)	√	√	√	√	√	√	√	√
背数(D)	√	√	√	√*	√*	√*	—	—
词汇(V)	√	√	√	√	√	√	√	√
算术(A)	√	√	√	√	√	√	√	√
领悟(C)	√	√	√*	√	√	√	√	√
相似性(S)	√	√	√	√	√	√	√	√
字母-数字排序(LN)	—	—	√*	—	—	—	—	—
语句(Se)	—	—	—	—	—	—	√*	√*
操作分量表								
填图(PC)	√	√	√	√	√	√	√	√
图片排列(PA)	√	√	√	√	√	√	—	—
积木图案(BD)	√	√	√	√	√	√	√	√
物体拼凑(OA)	√	√	√*	√	√	√	—	√
数字符号(DS)	√	√	√	√	√	√	—	—
符号检索(SS)	—	—	√*	—	—	√*	—	—
矩阵推理(MR)	—	—	√	—	—	—	—	—
迷津(Ma)	—	—	—	√*	√*	√*	√	√
动物房子(AH)	—	—	—	—	—	—	√	√*
几何图形(GD)	—	—	—	—	—	—	√	√

注：标有“*”者为补充或备用测验。

表 4－2　　　　中国修订韦氏智力量表的结构

	WAIS-RC	WISC-CR	C-WISC	C-WYCSI	WPPSI-C
言语分量表					
知识(I)	√	√	√	√	√
领悟(C)	√	√	√	√	√
背数(D)	√	√*	√*	—	
相似性(S)	√	√	—	—	√
算术(A)	√	√	√	√	√
词汇(V)	√	√	√	—	√
分类(Co)	—	—	√	—	—
图片词汇(PV)	—	—	—	√	—
图片概括(PG)	—	—	—	√	—
语句(Se)	—	—	—	—	√*
操作分量表					
填图(PC)	√	√	√	√	√

续前表

	WAIS-RC	WISC-CR	C-WISC	C-WYCSI	WPPSI-C
木块图案(BD)	√	√	√	√	√
物体拼凑(OA)	√	√	√	—	—
图片排列(PA)	√	√	√	—	—
数字符号(DS)	√	√	√	—	—
迷津(Ma)	—	√*	—	√	√
动物下蛋(AE)	—	—	—	√	√
几何图形(GD)	—	—	—	√+	√
视觉分析(VA)	—	—	—	√+	—

注：标有"*"者为备用测验。标有"+"者在计算智商时只选其中一个计分。李丹修订的韦氏儿童智力量表结构同 WISC-CR。

（二）分测验的内容、实施方法及测验的功能

1. 言语分量表

(1) 知识（常识）测验：由一些常识问题组成，包括历史、天文、地理、文学、自然现象和日常生活，主要测量人们的知识、兴趣范围以及长时记忆等能力。例如：

泰国的首都是什么城市？
请说出两个与我国西南边界相连的国家名称。

(2) 背数（数字广度）测验：要求被试复述主试念出的一系列数字，包括顺背和倒背两种。主要测量瞬间听觉记忆、注意力，倒背部分还测量工作记忆。例如：

1，6，9
5，6，1，9

(3) 词汇测验：由一系列词组成，要求被试解释每个词的含义。WPPSI-R 前面的题目采用图片的方式，主试呈现一张画有物体的卡片，要求儿童命名。该测验主要测量被试言语发展的情况、词汇量和对词义的理解能力，词汇测验还能测量言语表达能力，同时了解被试的知识范围和文化背景。例如：

主试呈现一张画有动物狗的卡片，问儿童："这是什么？""请解释堡垒。"

(4) 算术测验：由一些心算题组成，算法只涉及加减乘除，主要测量心算能力、选择性注意和短时记忆，学前儿童版本中有些项目测量儿童的数概念。该测验是言语分量表中唯一有时限的分测验，心算速度快者可得到奖励分。例如：

将一张画有大小不同方块的卡呈现给儿童，说："这里有一些方块，指给我看它们中的哪一个最大。""买一支圆珠笔1元2角钱，买4支圆珠笔需要多少钱呢？"

(5) 领悟（理解）测验：由一些有关社会价值观念、社会公共道德和习俗、法律的问题所组成，大年龄组的条目中还包含一些成语条目，主要测量人们运用实际知识解决

新问题的能力，也测量被试的一般知识、行为准则、社会成熟性和判断能力。例如：

如果你见到某个人的钱包掉了，你会怎么办？

人为什么要睡觉？请说出两个理由。

(6) 相似性（类同）测验：相似性要求被试找出两个词的共性并解释理由。在WPPSI和WPPSI-R中该测验前面的题目与后面的有所不同。相似性主要测量与言语有关的抽象概括和逻辑推理能力。例如：

望远镜和放大镜有什么相似？

你读书，还读什么？

主试向儿童呈现一张卡片，上面画有几种属于同一类的东西，对儿童说："你看这些图画，它们都相似，是属于同一类的。"然后拿出另一张卡（画有不同类的东西）对儿童说："现在再看这些，哪一张跟它们相似？"

(7) 字母-数字排序测验：主试说出一个混合有字母和数字的系列（如6，F，D，2)，要求被试分别按数字和字母出现的顺序背出来，先背数字，后背字母。如在上例中，正确回答应按"6，2，F，D"的顺序背出。

(8) 语句测验：主试说出一个句子，要求被试复诵出来。该测验测量短时听觉记忆和集中注意能力，也测量儿童的听觉理解能力。例如：

泰勒在早上吃苹果。

夏天的每周六，孩子们喜欢去这个城市。

2. 操作分量表

(1) 填图测验：由一系列图卡组成，每张图卡上的画都缺少一个重要的部分，要求被试找出所缺的部分。该测验主要测量被试视觉分析和转换能力、视觉再认能力（即长时视觉记忆)。例如：一辆自行车缺少一个脚踏板；道路的三岔路口缺少指示路标。

(2) 图片排列测验：每一条目是由3～6张图卡构成一个完整的小故事，主试按特定顺序（固定的错误顺序）呈现给被试，要求被试根据故事情节调整卡片顺序。该测验主要测量被试的综合分析能力、观察因果关系的能力、预期力、计划行动的能力，以及时间和空间概念，也测量逻辑联想能力。这是一个有时限测验，被试完成的速度快则可得到奖励分。例如：描述一个小女孩从早上到晚上所做的事情。

(3) 积木图案（积木、木块图）测验：测验材料包括9个红白相间塑料立方块或若干塑料片（WPPSI)，要求被试按照主试所摆放的模块或图卡上所示图案摆出相同的图形。若在规定的时间内正确完成，依据速度的快慢还可获得奖励分。该测验主要测量辨认空间关系的能力、视觉结构的分析和综合能力、视觉-运动协调能力以及非言语的概念形成和逻辑推理能力。

(4) 物体拼凑测验：将一物分割成碎片并呈现给被试，要求他们在规定的时间内将碎片复原成该物。正确完成的速度快，便可能得到较多的奖励分。该测验测量被试的想象力、辨别能力、概括思维能力、预计各部分关系的能力，以及根据感觉-运动的反馈信息调整自己行为的能力。例如：一只长颈鹿的图形被分成5块碎片。

（5）数字符号（译码）测验：用一系列无意义符号来标记一系列数字（一位数）或几何图形，要求被试按照这个规则对实验材料的数字或几何图形尽快地进行标记。这是一个速度测验，在规定时间内被试完成得越多，得分便越高。该测验测量被试的视觉-运动速度和协调性、短时记忆和注意力。例如：1，2，3 等数字分别要求用△，↓，♂等符号快速表示出来。

（6）符号检索测验：有一系列配对的符号，每对均包括刺激和备选两个组，刺激组有 2 个符号，备选组有 5 个符号，要求被试从备选组找出与刺激组符号相匹配的符号。

（7）矩阵推理测验：每页上部印有一个大图形（非文字），其中缺少了一个部分，也有的下部印有 5 个小备选图，要求被试挑选一幅嵌进大图的缺失位置中。这是一个测量空间知觉和空间逻辑推理的测验。

（8）迷津测验：由一系列迷津图组成，要求被试在规定时间和允许的错误内完成，错误数目少将得到高分。该测验测量儿童行动的计划性和知觉组织能力，以及视觉-运动的协调能力。

（9）几何图形测验：要求儿童准确地临摹一系列几何图形。该测验测量儿童的感知觉、视觉-运动组织能力，也测量儿童的心理和运动功能的发展水平。

3. 中国修订韦氏智力量表改编或新加的几个分测验

（1）图片词汇测验：由一系列图卡组成，每张卡印有 4 幅图。主试念一个词，要求儿童在 4 幅图中找出代表这个词的那幅图。本测验测量被试词概念形成以及词汇量的丰富与否，也测量词的理解能力。例如：一张卡上画有人、鞋、熊猫、汽车 4 幅图，主试念“动物”，要求被试指出哪幅最能代表“动物”这个词。

（2）图片概括测验：每页上部有一个刺激图，下部有 3 个备选图，要求被试从下部的选择图中挑出 1 个与刺激图相似、属于同一类的图，然后要求被试说出理由。本测验主要测量与言语有关的抽象概括和逻辑推理能力。例如：刺激图为老虎，3 张备选图分别为花、鞋、鸟，要求被试选出与“老虎”同类的图，并且解释理由。

（3）分类测验：要求被试将四张（或三张）图片分为两类并解释分类理由。该测验主要测量与言语有关的抽象概括和逻辑推理能力。例如：4 张图分别为燕子、鹅、麻雀和乌鸦，要求被试将其中的 3 张图分成一类，第 4 张图自成一类，并解释分类的理由。

（4）视觉分析测验：要求儿童在 6 张备选图片中找出一张与刺激图完全一样的图。该测验主要测量儿童的视觉感知、辨别能力。

（5）动物下蛋测验：用不同颜色的弹子代表不同的动物，要求儿童按照规则在每一个动物下面的洞内放入相应颜色的“蛋”（弹子），儿童完成速度越快，并且错误和遗漏越少，得到的分数就越高。该测验主要测量儿童视觉-运动速度和协调能力、短时记忆和注意力。动物下蛋重测还测量儿童的学习能力。

（三）量表的标准化

1. WAIS-RC

韦氏成人智力量表中国修订本（WAIS-RC）于 1981 年完成修订工作，该表适用于

16 岁以上被试，为长沙版本。该修订本以 WAIS 为蓝本，考虑到当时我国城乡之间的差异比较大，修订本分为城市和农村两个版本、两套常模，这是修订中的一个创举。

常模取样：常模样本以湖南省 1980 年人口普查资料（因为当时无全国人口普查资料）为参照，以文化程度、职业、年龄和性别等变量分层按比例取样。城市常模 2 029 名，农村常模 992 名样本。常模对象大多数为汉族人，还有少数对汉族文化背景很熟悉的少数民族被试。

信度和效度：量表各分测验平均分半信度城市为 0.60～0.91，农村为0.58～0.92；分量表和全量表信度城市为 0.90（PIQ）～0.95（FIQ），农村为 0.91（PIQ）～0.96（FIQ）；重测信度 VIQ，PIQ 和 FIQ 分别为 0.82，0.83 和 0.89。许多研究者对其效标关联效度、实证效度和交叉效度做了大量的研究，证明 WAIS-RC 具有良好的效度，因素分析结果支持三因素模型。

2. WISC-CR

韦氏儿童智力量表中国修订本（WISC-CR）于 1986 年完成，它以 WISC 为蓝本，分测验和条目基本沿用原本，部分条目作了修改，适用于 6～16 岁儿童，城市和农村儿童共用一个版本。

常模取样：常模样本包括全国 11 个省、市、自治区的儿童共计 2 337 名。

信度和效度：因素分析结果证明 WISC-CR 与 WISC-R 有着相同的因素结构。

3. C-WISC

中国修订韦氏儿童智力量表（C-WISC）于 1991 年完成城市版本，1992 年年底完成农村版本，适用于 6～16 岁 11 个月的青少年儿童，为长沙版本，以 WISC-R 为蓝本，但在分测验和项目方面作了很大的更换。

常模取样：分为城市和农村两个版本，按照 1982 年全国人口普查资料采样，对性别、儿童父亲的受教育程度和职业分布等变量分层按比例取样，城市样本包括 3 300 名，农村样本 1 650 名。该量表也只适用于汉族和熟悉汉文化的少数民族儿童。

信度和效度：该量表各年龄组言语、操作和全量表分半信度在 0.88～0.94 之间；分测验平均分半信度大多在 0.66（图片排列）～0.88（词汇）之间，但城乡两常模的背数测验信度偏低，分别为 0.49 和 0.38；各分测验重测信度处于 0.58（图片排列）～0.80（木块图）之间，言语、操作和全量表智商的重测信度为 0.84，0.79 和 0.86。效度研究结果表明，智商与学生学业成绩的相关为 0.29～0.42；成绩优秀组的测验成绩明显高于较差组；该量表与原量表（WISC-R）智商的相关为 0.62～0.82，与 WISC-CR 的相关为 0.60～0.82，与 WAIS-RC 的相关为 0.66～0.78，而与 C-WYCSI 的相关为 0.68～0.83。因素分析结果表明三因素模型能较好地解释 11 个变量的方差。

4. C-WYCSI

中国修订韦氏幼儿智力量表（C-WYCSI）于 1986 年完成，适用于 4～6.5 岁的汉族或对汉文化较熟悉的少数民族儿童，为长沙版本。它以 WPPSI 为蓝本，但做了很大的改进，分城市和农村两个版本、两套常模。两套测验的分测验虽然相同，但其中有些条目不同，相同分测验的条目顺序也不完全一样。

常模取样：该量表标准化样本是按照 1982 年全国人口普查资料对性别、儿童父亲受教育程度和职业分布情况分层按比例采样，分别建立城市和农村的年龄常模，城市样本 2 200 名，农村样本 1 120 名。

信度和效度：该量表各年龄组平均智商的分半信度达 0.91（PIQ）～0.96（FIQ），各分测验的平均分半信度为 0.69（领悟）～0.89（算术）；智商的重测信度为 0.82（PIQ）～0.89（FIQ），分测验重测信度为 0.57（迷津）～0.81（知识）。效度研究结果表明，智商与幼儿园老师的评价相关为 0.56（VIQ）～0.67（FIQ）；与原量表（WPPSI）翻译本智商的相关为 0.79（OIQ）～0.88（FIQ），因素分析研究也证明 C-WYCSI 的因素模型与 WPPSI 相似。

（四）韦氏儿童智力量表第三版（WISC-Ⅲ）简介

WISC-Ⅲ是在 WISC-R 的基础上修订的（1991）。全量表分言语和操作两个分量表，各含 5 个分测验。言语量表含常识、类同、算术、词汇、理解和一个补充测验即数字广度；操作量表含填图、译码、图片排列、积木、物体拼凑和两个补充测验即符号检索和迷津。

常模取样：标准化样本为 2 200 名，严格按性别、年龄、父母教育水平、地域以及民族或种族文化等变量选择。在 WISC-R 中的常模样本只分白人和非白人两种，而 WISC-Ⅲ中则分为白人、黑人、西班牙裔和其他共四种。此外，样本中还包括了在学校接受特别教育的学生，如学习困难儿童和天才儿童。常模形式仍用三种离差智商，增加了四个因素指数分，即言语理解（VCI，含常识、类同、词汇、理解分测验）、知觉组织（POI，含填图、图片排列、积木、物体拼凑分测验）、不分心（FDI，含算术、数字广度分测验）和加工速度（PSI，含译码、符号检索分测验）。

信度和效度：WISC-Ⅲ各分测验的分半相关在 0.8～0.95 之间。WISC-Ⅲ的效度材料非常丰富，与许多其他有关测验作交叉相关研究，包括个别测验和团体测验以及学校年级测验。研究者还用 WISC-Ⅲ对一些特别人群，如天才儿童，智力发展迟滞儿童、学习困难等群体的儿童作了比较研究。

（五）韦氏成人智力量表第三版（WAIS-Ⅲ）简介

WAIS-Ⅲ是在 WAIS-R 基础上修订的，于 1997 年出版。

新增分测验：与 WAIS-R（1981）比，WAIS-Ⅲ新增三个分测验：字母-数字排序分测验，由主试报告一系列字母和数字组合群，字母、数字的顺序混乱，要求被试按数字顺序（如 1，2，3…）和字母顺序（A，B，C…）背诵出来，先背数字后背字母，如主试说“9，C，3”，被试说“3，9，C”；矩阵推理分测验是非言语测验，要求被试在备选的 5 个小图案中选择一个合适的去填补大图案中的空缺部分；符号检索分测验，有一系列配对的符号，每一对含有一个靶组和搜索组，靶组有两个符号，搜索组有五个符号，要求被试报告靶组的符号是否出现在搜索组中。

量表结构：该量表分为言语量表和操作量表两部分。言语量表有 6 个标准分测验即词汇、类同、算术、数字广度、常识和领悟（理解），1 个补充测验即字母-数字排序；操作量表有 5 个标准分测验即填图、数字符号、积木、矩阵推理和图片排列，1 个补充测验即符号检索和 1 个备用测验即物体拼凑。WAIS-Ⅲ为四因素模型：言语理解因素（词汇、类同、常识、领悟）、工作记忆因素（算术、数字广度）、知觉组织因素（积木、矩阵推理、填图、图片排列）和加工速度因素（数字符号）。

字母-数字排序和符号检索两个补充测验分数不用于计算智商分数，有时仅仅用前者代替数字广度分测验，后者代替数字符号分测验，但是在计算因素指数分时需要二者的分数；备用测验物体拼凑也不用于智商分数的计算，可用来代替任一操作分测验。

WAIS-Ⅲ的评价：该量表是一个标准化良好的量表，有着优秀的信度和良好的同时效度和结构效度，在临床诊断、心理教育工作中以及评估脑-行为之间的关系上十分有用，对于那些感觉受损的被试可以实施该量表的部分分测验，如言语量表可以用于盲人或运动障碍的被试，操作量表可以用于听力困难的被试。其存在的一些问题是：（1）量表仍不能应用于智力极端迟滞和非常优秀的被试；（2）对大多数年龄组，图片排列、符号检索和物体拼凑分测验的信度系数低于 0.80；（3）当补充测验代替正式测验时，难以用常模解释测验分数。

（六）韦氏智力量表第四版简介

当代认知心理学和神经心理学理论和实践的进一步发展，对韦氏智力量表第四版的诞生产生了巨大的推动作用。韦氏智力量表第四版在第三版的基础上修订，依然注重强调临床效用和生态效度，且更多结合了当代多个智力理论。这次修订改变了以往版本只有言语量表、操作量表和全量表的结构，将言语量表、操作量表扩大到言语理解、知觉推理、工作记忆、加工速度等四个分量表，并增加一般能力指数和认知效率指数。

韦氏成人智力量表第四版（WAIS-Ⅳ）于 2008 年在北美公开发行，国内由北京回龙观医院的王健、邹义壮等主持修订，于 2012 年本土化修订完成。韦氏儿童智力量表第四版（WISC-Ⅳ）于 2003 年在北美公开发行，国内由北京师范大学张厚粲教授于 2006 年主持修订，2008 年公开出版发行。韦氏幼儿智力量表第四版（WPPSI-Ⅳ）于 2012 年 10 月才在北美发行，国内由北京师范大学珠海分校李毓秋教授主持修订，目前在中国已正式发行。

WAIS-Ⅳ中文版包括原版 WAIS-Ⅳ中的 10 个主要分测验（词汇、相似性、常识、积木、矩阵推理、拼图、算术、背数、译码、符号检索）。量表提供了 6 个指数分数：言语理解指数、知觉推理指数、工作记忆指数、加工速度指数、一般能力指数和认知效率指数；1 个全量表智商，具体见图 4－7。WAIS-Ⅳ中文版还提供了 4 个过程分数（用于为评估被试完成测验所需的认知能力提供更详细的信息），包括积木无加分、顺序背数、倒序背数和数字序列。这些分数可以对测验结果进行更全面详细的解释。

WISC-Ⅳ中文版包括 10 个核心分测验和 4 个补充分测验。整个测验共涵盖了认知领域的四个方面，分别为言语理解、知觉推理、工作记忆和加工速度，这四个方面的量表分数合成了相对应的四个指数分数，并由所有的指数分数合成全量表智商，具体见图 4－8。此外，该量表提供了积木无加分、顺序背数、倒序背数、随机划消以及有序划消五个过程指数分数。

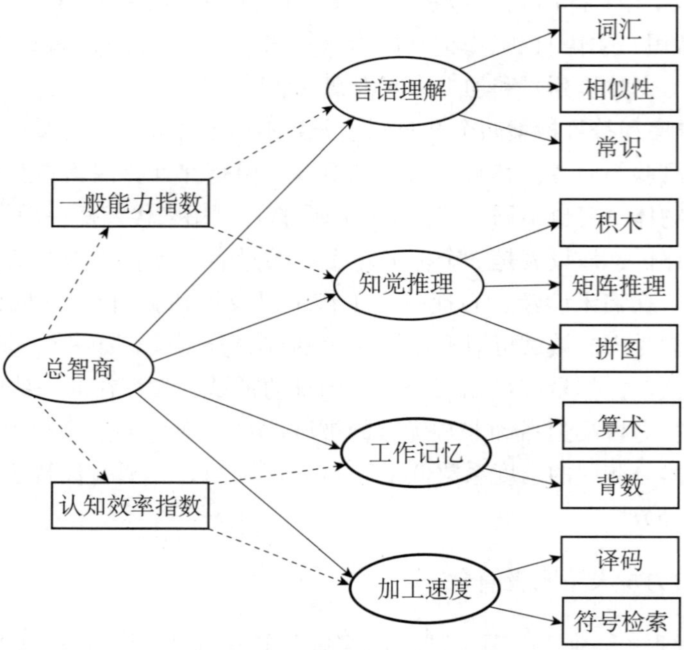

图 4-7　WAIS-Ⅳ中文版的结构框架图

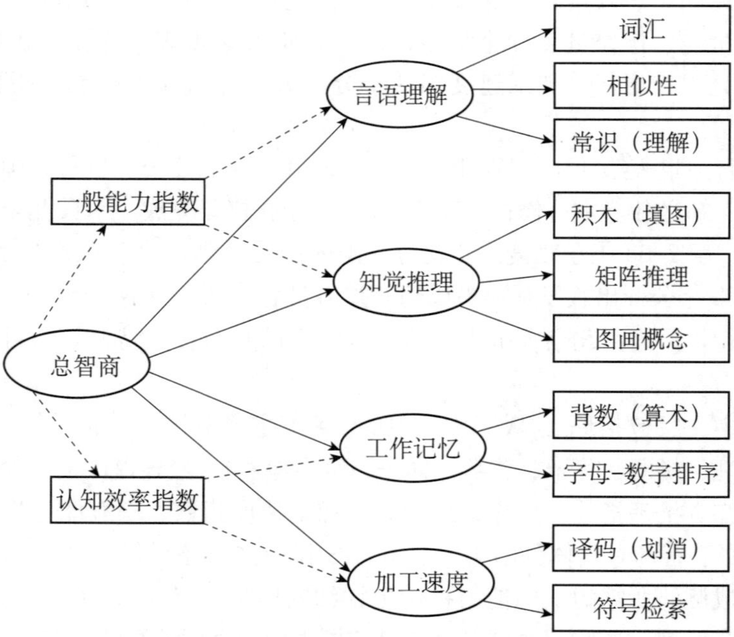

图 4-8　WISC-Ⅳ中文版的测验结构框架图（括号内为补充分测验）

WPPSI-Ⅳ中文版测试领域与 WAIS-Ⅳ和 WISC-Ⅳ基本一致，但对一些分测验做了较大幅度的调整，使全部测验内容从言语理解、视觉空间、流体推理、工作记忆及加工速度 5 个领域评估幼儿的认知能力。4 岁以前的幼儿测试内容有 9 个分测验，有言语理解指数、视觉空间指数和工作记忆指数 3 个主要指数，有语言接收指数、非言语指数和一般能力指数 3 个辅助指数，总智商由 5 个核心分测验的分数合成。4～6 岁幼儿的测试内容有 14 个分测验，有言语理解指数、视觉空间指数、流体推理指数、工作记忆指数及加工速度指数 5 个主要指数，有语言接收指数、非言语指数、一般能力指数和认知效率指数 4 个辅助指数，总智商由 6 个核心分测验的分数合成。

（七）韦氏智力量表第五版简介——以 WISC-Ⅴ为例

韦氏儿童智力量表第五版（WISC-Ⅴ）美国版于 2014 年秋在北美公开发行。多年来，有些心理学家批评韦氏智力量表的理论基础不够扎实，早期版本的韦氏智力量表始终没有明确申明其设计是否来源于一个单纯的智力理论，但本次修订在理论框架上，大大加强了与当代卡特尔-霍恩-卡罗尔（Cattell-Horn-Carroll，以下简称 CHC）智力理论的内在统一，在智力理论应用上有较大的改进。具体见图 4－9。

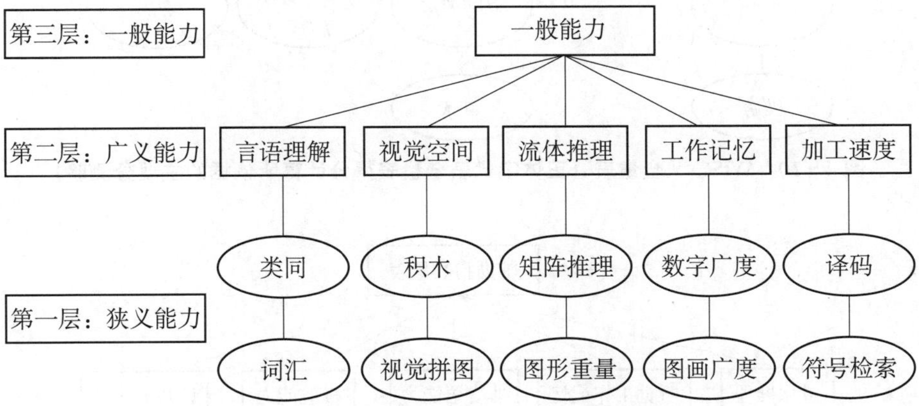

图 4－9 CHC 理论框架在 WISC-Ⅴ结构中的应用

WISC-Ⅴ有 21 个分测验，13 个分测验延续了第四版的设计，新增了 8 个分测验（视觉拼图、图形重量、图画广度、文字命名速度、数字命名速度、即时符号翻译、延迟符号翻译、识别符号翻译）。与第四版相比，WISC-Ⅴ的知觉推理量表被进一步分类为视觉空间量表和流体推理量表，因此第五版提供了言语理解、视觉空间、流体推理、工作记忆和加工速度五大分量表的指数和全量表得分（具体见图 4－10）。第五版包含 10 个主要分测验，但有三个主要分测验与第四版不同（视觉拼图、图画广度、图形重量），全量表得分降低了对于工作记忆和加工速度的依赖，只从工作记忆量表和加工速度量表各提取一个分测验，分别为数字广度和译码，加入最后的全量表得分计算。该版本还提供了辅助指数量表（具体见图 4－11），可以提供关于儿童认知能力的更为细化的信息，有些分量表得分可更有效、准确地用于学习障碍儿童的测量和评估。补充指数量表（具体见图 4－12）对于解释儿童的学习障碍（比如阅读障碍、数学学习障碍）、认知处理障碍可以提供补充性的信息。该版本提高了临床使用和智力得分解释过程中对于不同指数使用的灵活性。

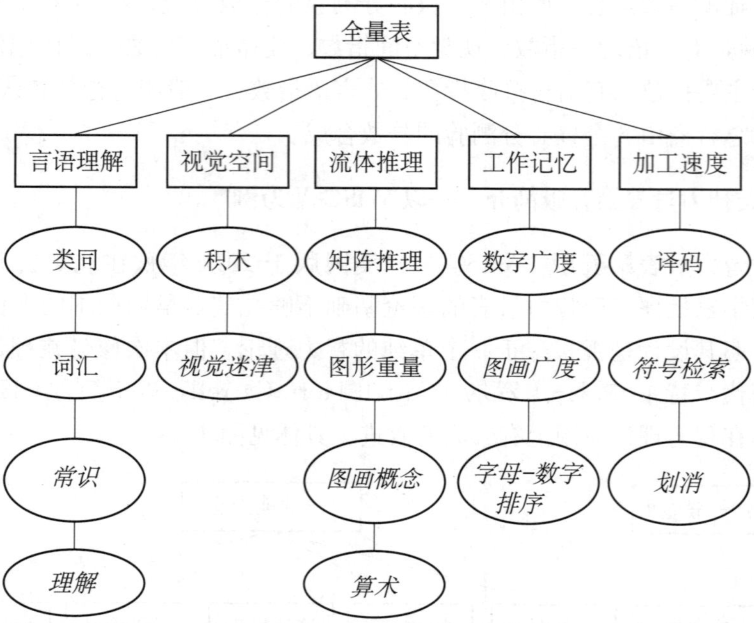

图 4－10　WISC-Ⅴ全量表（正体字代表全量表得分计算所依据的主要分测验）

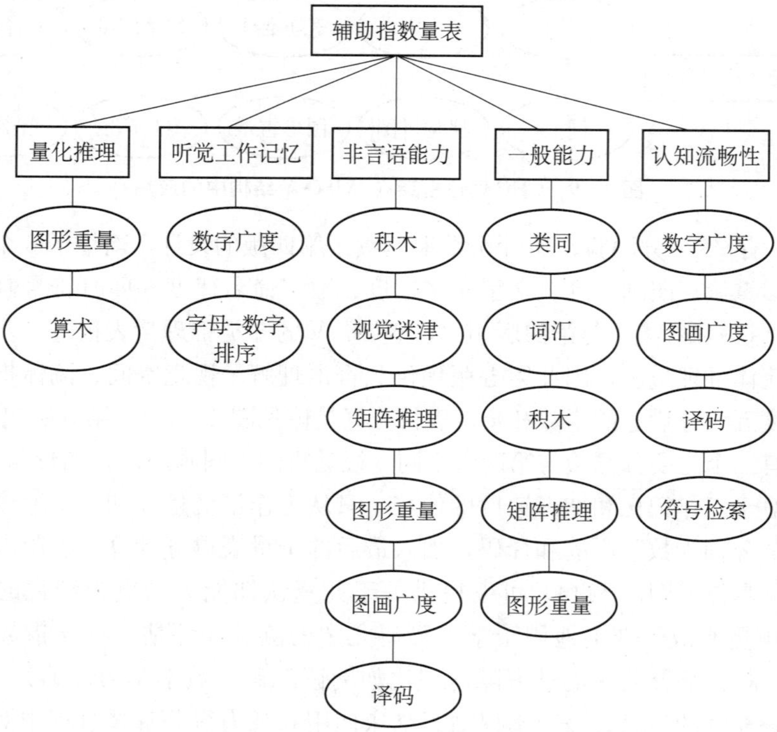

图 4－11　WISC-Ⅴ的辅助指数量表

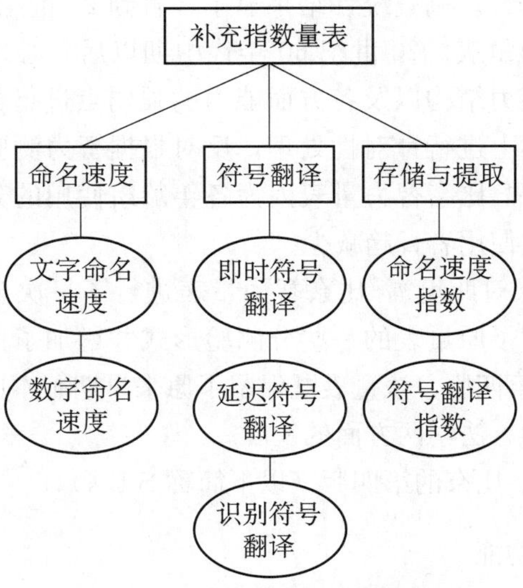

图 4-12 WISC-Ⅴ的补充指数量表

二、比奈量表

比奈智力量表被认为是现代心理测验中的第一个智力测验。它包括比奈-西蒙量表和斯坦福-比奈量表（Stanford-Binet scale，简称 S-B）及其修订本。

比奈-西蒙量表 1905 年于法国问世，经 1908 年及 1911 年两次修订。美国学者推孟（1916）将此量表修订成斯坦福-比奈量表（S-B），以后多次对该量表进行修订（1937，1960，1972，1986）。在我国，华超于 1922 年将 S-B 译成中文版本，陆志韦于 1936 年将 1916 年版本修订成中文版本，并建立了江浙地区常模。1936 年他与吴天敏对该量表进行了修改，并使之可用于京津地区。1982 年吴天敏将该量表再次进行了修订，此次修订将适用对象的年龄范围扩大为 2～18 岁，并采用离差智商来表示被试的智力水平。

受法国公共教育部委托，比奈及其助手西蒙于 1905 年编制了比奈-西蒙智力量表，它包括 30 个由易到难排列的题目。1908 年比奈和西蒙对其量表进行了第一次修订，增加了题目的数量，并在 300 名正常儿童中进行实测。作者根据不同年龄儿童在测验题目上的通过率对题目进行分类，例如 80%～90%的 3 岁正常儿童能通过的题目放入 3 岁水平组，而 80%～90%的 4 岁正常儿童能通过的题目则放入 4 岁水平组，并用“智力年龄”（mental age）来表示儿童的智力水平。1911 年再次进行修订，主要变化是补充了一些题目，并将适用年龄范围扩展到成人。

比奈-西蒙智力量表一经问世就引起了全世界心理学家的广泛注意，1916 年斯坦福大学心理学教授推孟及其同事对原有题目进行了修改，并增加了三分之一的新题目。他们根据 1 000 名儿童和 400 名成人样本的实测结果对题目的年龄阶段进行重新划分，编写了详细的实测指导语和评分标准，并引入比率智商（IQ）的概念，使得量表具备了标准化测验的特征，这个量表被称为斯坦福-比奈智力量表。

斯坦福-比奈智力量表发表后，在美国乃至世界各国得到了广泛的应用，该量表及系列修订本被许多国家所修订。调查统计结果显示，直到 20 世纪 60 年代初，它的使用频率都遥遥领先于其他智力量表。20 世纪 60 年代中期以后，心理学家在使用智力测验时越来越重视对受测者的能力结构以及各方面能力的强弱点进行分析和评估，以便从教育上进行因材施教或从医学上进行针对性处理，反对根据智力测验结果给受测者贴上一个“标签”的做法。而斯坦福-比奈智力量表因为各年龄组使用的分测验不同，不能很好地进行这方面的分析，因此使用者日趋减少。

1986 年，桑代克等人对斯坦福-比奈智力量表进行了一次全面修订，将同类条目归在一起构成分测验，保留了原量表的一些分测验形式并增加了一些新测验，形成了全新的斯坦福-比奈智力量表第四版，该量表既保留了原来早期版本的优点，又反映了智力功能理论概念和测验编制的方法学两方面的发展。

这里主要介绍斯坦福-比奈的第四版（以下简称 S-B 4）。

（一）量表的结构与功能

S-B 4 共包括 15 个分测验，量表结构包括三个层次水平：第一水平为 g 因子，以标准成分分来表示；第二水平包括流体分析能力、晶体能力和短时记忆；第三水平为较特殊的因子，如言语推理、数量推理和抽象/视觉推理。在各级推理及短时记忆下分别有 3～4 个分测验（见图 4－13）。

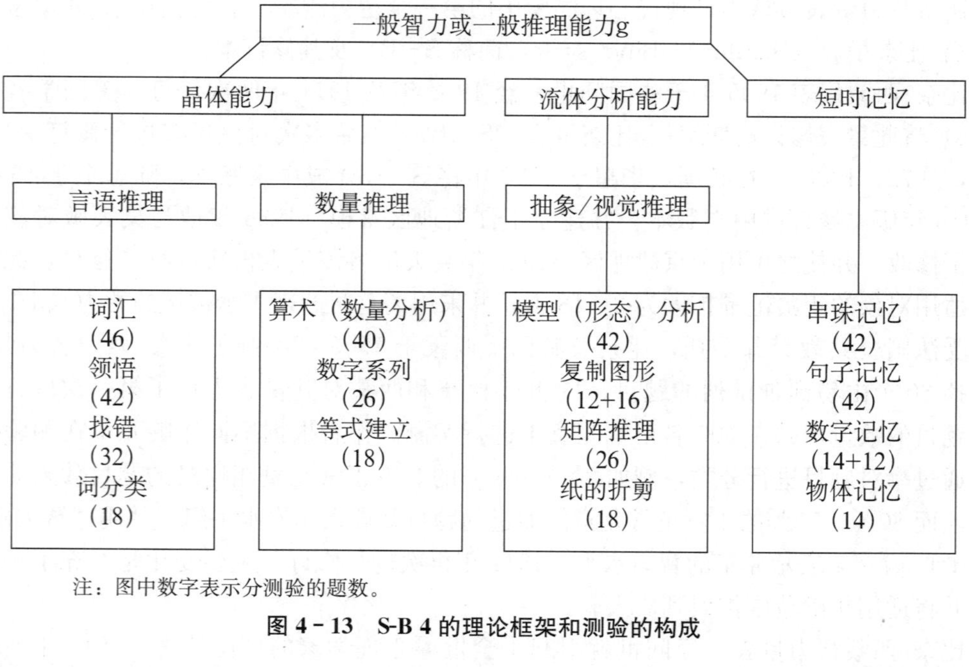

注：图中数字表示分测验的题数。

图 4－13　S-B 4 的理论框架和测验的构成

编制者将第二水平的短时记忆与第三水平的三个因子视为量表的四个能力区域（简称能区），分别以能区标准分来表示。在实际应用时，作者主张使用三因子模式，即言语理解因子、非言语推理/视觉化因子和记忆因子，用标准成分分来表示（见表 4－3）。由于斯坦福-比奈量表（第四版）的年龄跨度从两岁儿童至成人，因此许多分测验只适合某一特定年龄段，只有 6 个分测验可适应于全部年龄段（见表 4－4）。

表 4-3　　S-B 4 各分测验的功能与适应年龄段

能区与分测验	适用年龄	主要功能
言语推理能区		
词汇测验	2～23 岁	测量词汇量，言语发展水平
领悟测验	2～23 岁	测量所掌握的实用知识，评价和应用既往经验能力，社会成熟性
找错测验	2～14 岁	测量视觉观察、注意和社会理解能力
词分类测验	12～23 岁	言语抽象概括能力
抽象/视觉推理能区		
模型分析	2～23 岁	测量空间逻辑推理和抽象概括能力
复制图形	2～13 岁	测量视觉运动能力和眼-手协调性
矩阵推理	7～23 岁	测量感知觉推理能力
纸的折剪	12～23 岁	测量视觉空间感知、综合能力
数量推理能区		
数量分析	2～23 岁	测量数概念和心算能力
数字系列	7～23 岁	测量数理推理和注意力
等式建立	12～23 岁	测量数理推理、数字操作和计算能力
短时记忆能区		
串珠记忆	2～23 岁	测量短时视觉记忆
句子记忆	2～23 岁	测量短时听觉记忆、回忆和注意力
数字记忆	7～23 岁	测量短时听觉记忆和心理转换能力
物体记忆	7～23 岁	测量短时视觉记忆、回忆和注意力

表 4-4　　S-B 4 各年龄段构成因子量表的分测验

因子量表	年龄段	分测验
言语理解因子 (verbal comprehension)	2～7 岁	词汇测验 领悟测验 找错测验 句子记忆
	8～14 岁	词汇测验 领悟测验 找错测验
	15～23 岁	词汇测验 领悟测验 词分类测验
非言语推理/视觉化因子 (nonverbal reasoning/visualization)	2～11 岁	模型分析 复制图形 数量分析 串珠记忆
	12～23 岁	模型分析 矩阵推理

续前表

因子量表	年龄段	分测验
		数量分析 串珠记忆
记忆因子（memory）	2～6岁	（无测验）
	7岁	数字记忆 物体记忆
	8～23岁	句子记忆 数字记忆 物体记忆

（二）测验的实施方法

第一步：确定所有分测验的起步水平，即从哪一项目开始。与韦氏量表不同的是，韦氏量表按年龄规定了每个分测验的起点，而S-B 4则让每个被试一开始便接受词汇测验，主试者根据此分测验的成绩和被试的实际年龄去查阅一个“起点表”，找到所有分测验的起点。起点之前的项目则免做。

第二步：确定每一分测验的基本水平和上限水平。所谓基本水平是指被试对这个水平下的所有项目都能作出正确回答，能无误地连续通过4个项目时，便不必再检查更容易的项目了，因为基本水平已经找到了。有时为了寻找基本水平可能要越过“起点”往下寻找。上限水平即是停止继续测验点，指在这个水平以上的所有项目，被试无一能通过，在4个项目中失败3个或4个连续错误便停止进行测验。

IQ计算方法：15个分测验得分为原始分。按均数为50、标准差为8来将原始分换成标准分。把4个能区（即言语推理、抽象/视觉推理、数量推理、短时记忆）中的分测验标准分相加，再按均数100、标准差16来换算成四个能区的标准能区。然后计算量表的标准成分分，也以均数为100、标准差为16来换算，成为离差智商，代表一般心理能力。

（三）量表的标准化

常模样本：5 013名被试，按1980年人口普查资料的地域、社区大小、种族、年龄、性别等分层取样，取自47个州和哥伦比亚特区，年龄覆盖范围从2岁至23岁11个月，共分成17个年龄段，各年龄段样本例数不完全相等，例如18～23岁年龄段包括194例样本，而5岁年龄段有460例样本。在转换年龄量表分时划分更细，2～6岁每4个月为一组，6～12岁每半岁为一组，12～18岁每1岁为一组，18岁以上为一组。

信度：内部稳定性和重测信度，总的说来很好。各分测验的内部稳定性为0.73～0.98。重测信度材料取自57名5岁儿童和55名8岁儿童平均相隔16周的两次结果，重测信度分别是0.91和0.99。

效度：15个分测验之间的相关和因子分析结果，支持S-B 4的结构效度；S-B 4与S-B L-M本、韦氏三套量表（WAIS-R、WISC-R、WPPSI）以及考夫曼认知能力成套测验

（K-ABC）的相关值在 0.71～0.91 之间。

S-B 4 既保留了早期版本的主要优点，又反映了智力功能理论概念和测验编制方法学两方面的发展。它保留了原适应性测验的特点，被试只需做难度适合他的操作水平的项目，但由于采用分测验形式，主试者又可以跨年龄组对被试进行智力结构特征分析（anastasi）。其不足之处在于：首先，标准成分分不统一，不同年龄之间波动很大，如 2～12岁组最高复合分可达 164，而此年龄组以上下降到 149；其次，缺乏一套覆盖各年龄段的测验，年幼组与年长组用的测验的功能不同，因子结构有些紊乱，缺乏 24 岁以上的年龄常模。

三、考夫曼儿童成套评定测验

考夫曼儿童成套评定测验（K-ABC）是由美国心理学家 A. S. 考夫曼（A. S. Kaufman）和 N. L. 考夫曼（N. L. Kaufman）（1983）为教育和临床应用而编制的。他们认为 S-B 和 WISC-R 的测验结果把太多的美国少数族群儿童编入特别班，这样对少数族群不公平，为了将智力和成就分开测量，他们编制了一套教育和临床可分别采用的测验。这套测验以鲁利亚的高级神经机能学说为理论指导，将评价的重点放在信息加工方式上，因此该测验在 20 世纪 80 年代出版时具有一定的新意。

（一）测验的内容与实施

1. 测验内容

K-ABC 主要包括两大部分：一部分为心理加工部分，用于评价儿童信息加工方面的能力，它又包括同时性加工（simultaneous processing）和继时性加工（sequential processing）两个方面，前者由 7 个分测验组成，后者包含 3 个分测验；另一部分为成就量表，包括 6 个分测验，但从实际内容来看该部分显然不是测量学校中所教授的实际知识，更像是传统智力测验所测量的能力。此外还有一个附加非言语量表，但它并没有自己的分测验，实际上是由同时性加工和继时性加工分量表中的 6 个不需言语操作的分测验再组合而成的。

2. 实施方法

该量表属于个体测验，实施时间因年龄和采用多少分测验而异，不同年龄段的儿童只做其中一部分（7～13 个）分测验（见表 4-5），因此所需时间也长短不一，学前儿童平均 45 分钟，学龄儿童平均 70～75 分钟。

表 4-5　K-ABC 的结构及功能

量表	分测验	主要功能	适用年龄
心理加工量表			
同时性加工	1. 魔窗测验	测量注意、短时视觉记忆和大脑整合能力	2.5～4 岁
	2. 面孔再认	测量注意、短时视觉记忆	2.5～4 岁

续前表

量表	分测验	主要功能	适用年龄
	3. 完形测验	测量对视觉信息的关注，将零散信息转换为整体事物的能力	2.5～12.5岁
	4. 三角拼图	测量非言语概念形成，知觉的组织、分析与综合	4.0～12.5岁
	5. 矩阵分析	测量空间知觉、逻辑推理能力	5.0～12.5岁
	6. 空间记忆	测量视觉空间的瞬间记忆	5.0～12.5岁
	7. 照片排列	测量非言语推理能力，行动的计划性	6.0～12.5岁
继时性加工	1. 手动作模仿	测量短时视觉记忆，知觉组织、视觉-运动协调能力	2.5～12.5岁
	2. 背数测验	测量短时听觉记忆	2.5～12.5岁
	3. 系列记忆	测量短时记忆	4.0～12.5岁
成就量表			
	1. 词汇表达	测量儿童的词汇、语言表达能力	2.5～4岁
	2. 人地辨认	测量一般知识的广泛性	2.5～12.5岁
	3. 算术测验	测量心算、数字推理能力	3.0～12.5岁
	4. 物件猜谜	测量言语推理能力	3.0～12.5岁
	5. 阅读测验	测量儿童的阅读技能，长时记忆	5.0～12.5岁
	6. 阅读理解	测量阅读理解能力，用动作来表达的能力	7.0～12.5岁
非言语量表（附加）			
	1. 面孔再认		
	2. 手动作模仿		
	3. 三角拼图		
	4. 矩阵分析	（功能同上）	
	5. 空间记忆		
	6. 照片排列		

（二）测验的标准化

1. 常模

常模样本以1980年美国人口资料为参照，根据年龄、性别、地域、社会经济状况（父母受教育程度）、人种和社区大小这些变量分层按比例采样。年龄从2岁半至12岁半，共分成9个年龄组，每组200～300人，总样本2 000人。

2. 计分

每个心理加工分测验的原始分要换算成标准分或量表分（均数为10，标准差为3）；每个成就分测验原始分则换算成均数为100、标准差为15的标准分，并换算成百分位分数；心理加工量表，加上成就量表和非言语量表，共3个总量表，总量表分都被换算成均数为100、标准差为15的标准分和百分位分。

3. 解释

K-ABC分数的解释包括比较总量表分的标准分和心理加工分以及成就分测验中的强

点和弱点。总量表两两之间的差异必须达到0.05或0.01的水平才有意义；分测验与该分测验所属量表中各分测验均数相差到0.05或0.01水平时才可确定为强点或弱点。继时性加工、同时性加工、成就和总量表4个分数剖面图，前两者按所属分测验的量表分（均数10，标准差3）绘制，后两者按标准分（均数100，标准差15）绘制。

4. 信度

学龄前儿童心理加工量表和成就量表的信度分别为0.91和0.93，学龄期儿童则分别为0.94和0.97。平均同时性加工、继时性加工和非言语分量表的信度也比较令人满意，从0.86至0.93。3个样本间隔4周的重测信度系数为0.70～0.92，心理加工量表和成就量表分别为0.88和0.95（中数）。

5. 效度

因子分析结果支持K-ABC分成3个量表（同时性加工、继时性加工和成就量表）这样的假设。内容效度研究表明，K-ABC的心理加工量表与WISC-R或WPPSI言语分量表的相关为0.50（中数），与操作分量表相关为0.65（中数），而与全量表的相关为0.70（中数）。与斯坦福-比奈智力量表的相关为0.63（6个样本中数）。心理加工量表与成就测验的相关为0.56（12个样本中数），而成就量表与成就测验的相关为0.68（13个样本中数）。

K-ABC的效度研究表明符合/鉴别效度、效标效度好，但因子分析得出的结构效度结果自相矛盾，甚至令人怀疑是否分别存在继时和同时加工之说。安纳斯塔西（Anastasi）认为只有紧密结合授课内容的测验才称为成就测验，而K-ABC则刻意不将成就测验与特别的内容相联系，这样的分测验很接近传统的智力测验而不是学习成就测验。所以很多人认为K-ABC的成就测验提供了一个很好的一般智力量表，而不是心理加工分量表。另外，也有人认为K-ABC对言语技能注意得不够。当然，K-ABC在编制方法上很严谨，提出了一种新的测验编制思路，对心理教育评估提供了一种新的有价值的方法。

四、瑞文推理测验

1938年，英国心理学家J.C.瑞文（J.C. Raven）基于斯皮尔曼关于智力的两因素理论编制了瑞文渐进矩阵测验（Raven's progressive matrices，RPM），因为它主要测量空间分析和逻辑推理能力，因此在我国人们常将其翻译成瑞文推理测验或瑞文测验。由于该测验采取非文字的几何图形的测验形式，主要目的是测量一般智力（g因子），因此被认为是一个较少受到文化背景影响的“文化公平”测验。

该测验在20世纪40年代和50年代进行了修订。我国于20世纪80年代引进瑞文测验，张厚粲为标准型制定了国内常模，李丹等将彩色型和标准型改编为联合型，并建立了城市和农村常模。

（一）测验的内容与实施

瑞文推理测验由三套难度不同的测验组成，适用于不同的测试对象。最先编出的一套被称为标准型，由A，B，C，D和E五个单元组成，每个单元有12个项目，共计60个项目，适用于6岁以上直至成人。1947年又编制了一套彩色型和一套高级型：彩色型是将标准型的A，B两个单元着色，并增加一个彩色的AB单元，共36个项目，适用于5～7岁的儿童和智力发育迟滞的成人，把彩色加进测验中是想让年幼的儿童能集中注意力；高级型第一部分有12项，第二部分有48项，内容难度加大，适用于智力水平较高者。

标准型引进我国时未做改变。1989年李丹和陈国鹏等人将彩色型与标准型的C，D和E三个单元合并构成联合型（CRT），共包括6个单元、72项，使得这套测验可以从5岁儿童一直用到70岁成人。

瑞文推理测验的条目是由一个抽象的图案或一系列无意义图形组成一个方阵，方阵内的右下位置缺失一块，要求被试从方阵下面的另外6或8小块备选图片中挑选正确的一块补进缺失部位，使得方阵成为一个完整的图形（见图4-14）。项目按从易到难排列，前面的内容主要测量被试的空间感知觉和分析能力，后面的内容则涉及抽象思维和逻辑推理能力。

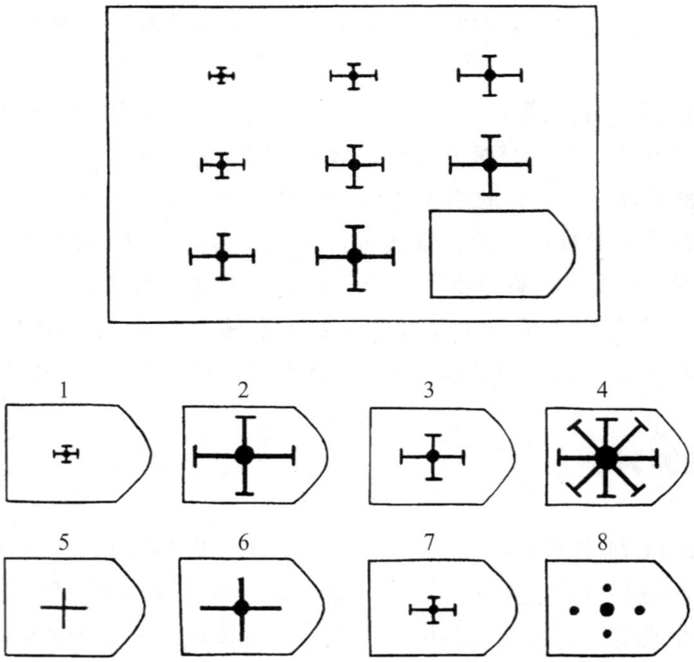

图4-14　瑞文推理测验举例

瑞文推理测验可以作为个别测验，也可用于团体测验，测验原则上没有时间限制，一般能在30～40分钟内完成。每个项目答对者计1分，答错者计0分。

（二）测验的标准化

1. 常模

1989年张厚粲为瑞文标准型建立中国常模。李丹、陈国鹏等1987年为瑞文联合型建立中国城市儿童常模，年龄从 5 岁至 16 岁共 12 个年龄组，每组采样 240 人（男、女各半），共计 2 880 人。王栋、李丹等于 1988 年建立农村儿童联合型常模，取样年龄从 5 岁至 14 岁每半岁一个年龄组，20 个年龄组共采样4 212名，男、女大致相等。陈国鹏、李丹等 1989 年建立联合型成人常模，样本为上海地区 17～75 岁成人，每 5 岁一个年龄组（除 17～19 岁组外），共 12 组，总样本 886 人。

2. 计分

瑞文测验采用百分位方式来表示测验的成绩，由原始分通过分年龄组的转换表直接查出被试测验成绩所对应的百分位。李丹等修订的瑞文测验联合型手册中除了附有原始分对应百分位转换表外，还附有百分位对应 Z 分和离差智商转换表（平均值＝100，标准差＝15）。

3. 信度

瑞文等 1983 年报告瑞文标准型第三版的分半信度为 0.86，1986 年他们发表的包含了美国常模的彩色型第二版手册显示，分半信度范围从 0.65 至 0.92；不同类型瑞文测验的重测信度为 0.71～0.93，年龄越小的组信度越低。

李丹等报告瑞文联合型中国城市儿童常模间隔 10 天的重测信度为 0.93；农村常模分半信度为 0.97，间隔 30 天的重测信度为 0.93；上海成人常模分半信度为 0.95。

4. 效度

关于瑞文测验三种类型的效度研究较多，与其他智力测验的相关在 0.5～0.8，而与成就测验的相关在 0.3～0.6。

瑞文联合型中国修订版（CRT）的效度研究表明，测验成绩与小学生统考综合成绩的相关达 0.73，与数学和语文的相关分别为 0.67 和 0.54；与浙江儿童智力量表的相关为 0.60；农村样本与中国-比奈智力量表的相关为 0.40～0.55。

第五章

神经心理测验

神经心理测验是神经心理学研究的重要方法之一，用于评估大脑功能的特征，包括感知觉、运动、言语、注意、记忆、思维等方面，既用于正常人脑功能的评价，更常用于脑损伤病人的保留或缺损的脑功能评估，在临床诊断、治疗康复、预后评价及能力鉴定方面有广泛的用途。

第一节　概述[①]

一、概念

神经心理测验（neuropsychological test）是在现代心理测验基础上发展起来的、用于脑功能评估的一类心理测验方法，是神经心理学研究与临床实践的重要手段。神经心理测验评估的心理或行为的范围很广，包括感觉、知觉、运动、言语、注意、记忆、思维、情绪和人格等，涉及脑功能的各个方面，既用于研究正常人脑与行为之间的关系，也用于研究各种脑损伤后对心理或行为的影响。过去，神经心理测验主要用于脑损伤定位诊断，但现在多用于了解在不同类型的脑损伤中，哪些功能保留完好，哪些功能存在障碍和行为改变，从而在了解脑功能与行为和行为与脑之间关系，以及临床诊断、制订治疗和康复计划、评估疗效、评估脑功能状况和能力鉴定等方面有广泛的用途。

尽管智力测验能够提供认知功能方面的重要信息，也能反映部分大脑功能，但是它们在反映大脑功能的作用上似乎十分有限。因此，许多临床心理学家编制了许多测验方法从更广泛的意义上对神经心理功能进行评估。Benton 对神经心理评估进行了这样的定义："神经心理评估的基本目的是通过对个体在确定的刺激-反应情景中的行为进行评估，推测个体的大脑结构和功能特征。"

"神经心理测验"这个术语经常被误认为是对大脑的基本功能进行直接测量的技术，

---

① Benton A L. Revised Visual Retention Test，4th Edition. New York：Psychological Corporation，1974.

然而事实并非如此。实际上，神经心理测验是测量可观察行为的一种方法，这些可观察的行为反映了大脑和中枢神经系统的基本结构和功能，或者是受大脑和中枢神经系统的基本结构和功能的影响。比如智商是表示智力活动（不可观察的）的指标，神经心理测验结果也是大脑和中枢神经系统的基本活动过程的结果。神经心理测验的实施主要是为了评估个体在完成言语任务和非言语任务上的能力及其缺陷，揭示出神经和脑损伤或功能失调的具体表现形式，进一步为研究感觉性与表达性言语、短时和长时记忆、视觉和空间信息加工、触觉功能、肌肉运动功能和高级认知功能提供证据。

临床神经心理测验可以评估脑外伤（各种突发事故中的头部损伤）、中风、脑瘤、退行性疾病（如阿尔茨海默病、帕金森病）、营养失调和慢性酒精中毒或药物滥用等患者的脑功能状况，评估大脑特定区域的功能和行为之间的关系，如大多数人的大脑左半球负责言语功能，右半球负责视觉-空间位置功能。因此，如果被试在事故或中风后丧失了言语能力，那么就可以推测主要是大脑的左半球受到了损伤。临床神经心理测验可用“3L”来描述：损伤探测（lesion detection），确定大脑所受的损伤或损害程度；损伤定位（localization），确定大脑损伤的具体位置；损伤偏侧化（lateralization），损伤是在左脑还是在右脑。

目前，人们已经编制了许多神经心理测验来评估各种神经心理功能。这些测验包括智力测验、言语测验、注意力测验、抽象推理测验、短时和长时记忆测验以及视觉-空间位置加工测验。除了使用适合各年龄的韦克斯勒量表进行智力测验外，典型的神经心理测验还包括神经心理成套测验（或成套测验的一部分），如霍尔斯特德-里坦成套测验（Halstead-Reitan battery，简称 HBR）或鲁利亚-内布拉斯加神经心理成套测验（Luria-Nebraska neuropsychological battery，简称 LNB）。被试在测验中的得分既可与标准化常模进行比较，也可与脑损伤病人样本的结果相比较。临床神经心理学家的工作就是判断患者在测验中的表现是否与某种损伤或障碍的病人的表现相类似。

神经心理评估还采用言语技能测验，其作用是测量大脑功能的失调究竟是广泛性的还是特定性的，借此来评估大脑左半球或语言区的功能，如标记测验（token test）旨在评估个体的言语理解能力，即使是言语能力非常有限的被试也可以予以评估，该测验只要求被试知道刺激物的颜色命名、刺激物的常见形状以及一些单词（如触摸、大、小等）的意思就可以了，主试者准确记录被试对变化多样的指导语（如“触摸一下黄色的圆圈和红色的正方形”之类）的执行情况。对脑部单侧受损病人的研究表明，左脑损伤和右脑损伤的病人在测验中的表现都很差，但左脑受损经常比右脑受损的病人的表现更差。

随着认知神经科学的重大进展，人们已越来越多地了解了脑的奥秘。心理测量技术与计算机正电子扫描（PET）和功能性磁共振脑成像技术（fMRI）相结合，探讨大脑活动规律，为深入认识智力功能提供了最前沿的研究方法。这些新方法不是要取代目前的神经心理测验，而是对目前的心理测量技术的完善和深化。PET 利用正电子被物质吸收时产生湮灭性射线的特性，生成选定组织的图像，已经应用于测量大脑中的血液流向、流量以及葡萄糖和氧气的新陈代谢情况。其典型的方法是让被试完成一系列任务，并假设这些任务涉及了大脑许多不同的功能区域，在被试执行任务的过程中使用 PET 来持续观察大脑的活动，了解大脑某些区域因对外界任务作出反应或对外界刺激物作出反应而被激活的情况。fMRI 可以测量到大脑各区域供氧血液的相对流量，这是由于大脑中被激活区域比那些没有被激活的区域的氧气供应要相对丰富一些。随着 PET 和 fMRI 技术水平的提高，它们与目前的认知测量方法日渐紧密结合起来，以便全面了解认知功能的行为成分和生物成分。

人们在大脑结构和功能的测量方面取得重大进展的同时，心理测验领域也正在向评估心理行为的文化和环境意义方面发展。智力测验和神经心理评估的未来发展将不断反映出人们对一定情境下的认知功能进行评估的要求，还将不断反映出人们对文化的依赖性和文化的永恒性。

神经心理评估与智力测验有关，它测量到的是与大脑的基本功能相关的行为。神经心理测验包括言语测验、抽象推理测验、短时和长时记忆测验以及视觉-空间位置加工测验。这些神经心理测验用于评估脑损伤性质、程度、范围和功能定位，以及长期酗酒和其他脑损伤的后果。目前，方兴未艾的脑功能检测技术（如 PET 和 fMRI）与传统的心理测量技术的紧密结合，正日益成为神经心理评估的未来发展方向，这是一个鼓舞人心的发展时机。

二、神经心理测验的主要类别

神经心理测验可按不同标准进行分类。按测验形式分类，神经心理测验有单项测验和成套测验两种。单项测验是一种项目形式，测量一种主要神经心理功能，如本德（Bender）格式塔测验仅测验个体的空间能力。成套测验项目形式多样，由多个独立测验组合而成，每个独立测验都测量一种主要神经心理功能，集合多种功能，能比较全面地测量神经心理功能，如 H-R 成套神经心理和鲁利亚-内布拉斯加成套神经心理测验等。临床功能上，常把神经心理测验分为神经心理筛选测验和成套神经心理测验。

三、神经心理测验的目的

大脑是人类高级心理活动的中枢，各种原因都会导致脑功能的损伤。当大脑受到损伤后，就会表现出一系列的异常心理行为。神经心理学的研究就是通过对大脑损伤病人的异常心理行为进行观察和评估，来分析它们与大脑系统结构和功能的相互关系。应用心理测验的方法来测定脑损伤病人的知觉、感觉-运动技能、思维、记忆、注意、情绪、个性等各方面的心理能力，是了解脑功能的重要手段。目前，临床心理学家已经编制了许多有效的、针对性比较强的神经心理学测验，这不仅为脑与行为相互关系的神经心理学理论研究提供了必不可少的手段，也给临床神经病学提供了客观的评价方法，使脑功能障碍的诊断、治疗、康复更具有科学依据。

1. 作出诊断

神经心理评估用于鉴别精神症状与神经症状，区分非精神病患者的神经障碍，帮助鉴别不同的神经条件反射，提供脑区定位、半球侧性化、大脑全面损伤的行为数据。因此，准确的诊断包括脑损伤的定位，常常借助于神经病学家的神经检查和相关的实验室辅助工具。在早期，神经心理诊断起主导作用，用于病人的康复与治疗，以及弄清病人的外显行为表现和脑功能的康复进展情况。

由于 CT、MRI 等大脑结构诊断技术的飞速发展，神经心理评估的诊断作用逐渐减弱，尤其在鉴别诊断方面。但是这些敏感的实验室手段无法诊断某些脑部疾病，比如中毒性脑病、老年痴呆症及其相关的精神错乱、轻度脑震荡。对这些疾病的诊断而言，神经心理评估的结果起关键作用。因此，神经心理评估将继续是神经疾病诊断工具中的基本部分。

尽管神经心理评估不足以作为初步诊断的工具，但可预测作出疾病诊断后的结局和神经病理过程。比如脑外伤后昏迷，在早期阶段知觉意识的神经心理检查结果能够预测将来的结局。在早期阶段，如果间隔一段时间后病人的神经心理表现迅速恶化，提示脑损伤非常严重。又比如慢性遗传舞蹈病的危险程度，在早期，实验室检查可能没有阳性结果，但可以观察到疾病的神经心理细微的亚临床改变。

筛查是诊断的另一个方面。近年来，对筛查的作用取得一定的共识，特别是在一些精神病长期康复机构中能够对一些混合性诊断的病例人群筛查出有“脑损伤”。精神疾病与器质性疾病常常混合或交互在一起，但很少有人注意到这种基本比率或倾向性有多大。另外，筛查在神经心理评估中还有一个作用，就是用于鉴别病人在特殊情况下的危险程度，或是否需要作进一步诊断研究，比如，有记忆障碍的老年病人需要做全面的痴呆鉴别筛查，正在上学的青少年很可能存在阅读问题需要鉴别。

2. 帮助制订病人康复计划

尽管诊断是一个重要的方面，但病人通常需要咨询关于他们的认知状态和人格特征的一些具体信息，提出的问题也是他们如何调整和改进不足。因此，他们必须知道神经疾病如何影响他们的行为，如何才能保持健康状况。神经心理学家的责任就是尽可能全面地描述病人的状况，并且弄懂与注意这些认知状况。

脑损伤病人的治疗与康复可采取多种方式进行评估。认知和情绪状态的准确信息是神经疾病康复计划的基本部分。合理的康复计划需要了解病人的能力与限制，经受的心理变化，以及这些变化对自身的体验与行为的影响。

神经心理评估资料可以提供许多敏感的指标，用于评价治疗的效果或比较病人精神方面的变化。神经心理测查能够回答有关病人的自身能力、对下一步治疗的信心、不仅能驾车而且能够处理交通紧急情况的能力以及理清自己钱财的能力的问题。综合的神经心理检查，还应包括收集病人的既往史、文化背景、当前状况、定性观察和定量计分，将这些资料结合起来，检查者就有一个总体印象，包括病人对损伤如何反应并如何代偿它们，怎样的再训练才是有利的。

由于神经心理测验方法有相当的敏感性和精确性，因此适合用于许多神经疾病的常规检查。间隔一段时间后重复进行神经心理测查，这些指标能提供有效的证据，提示神经疾病进程是否有变化，假如这样的话，神经心理测验就是一项快速有效的测查方法。Parenté 和 Anderson 认为反复测试能够确定脑损伤的康复情况以及有足够的理由进行认知康复训练。Freides 建议进行重复的测试，以便评估注意缺陷病人操作训练不一致的地方。另外，重复神经心理测量结果提示变差，说明在早期就有病情的恶化。所以，重复测查常用于评价外科手术、内科治疗和神经认知康复训练的效果。

3. 康复与治疗效果的评估手段

目前，神经心理学家的主要工作涉及治疗或治疗研究，并且扩展到重新认识病人及其家庭的需要，以及神经心理干预的有效性。这里提请注意的是，评估需要细致性、敏感性、精确性和公平性俱佳的神经心理评估工具，它们是器质性脑损伤合理治疗的前提与基础。

在康复与训练计划中，治疗与护理责任常常需要由精神病学家、语言病理学家、康复顾问、职业物理治疗师和护理人员等多学科专家组成的治疗小组来执行。这个治疗小组需要患者神经心理状态的最新建议，以便根据患者的改变和能力情况调整治疗的计划和目标。患者外显行为的神经心理评估能够为康复治疗师提供有关精神状况的资料。另外，神经心理评估能够对病人训练失败做出重要分析，告诉治疗师如何改善病人有问题的方面。详细的行为缺陷神经心理分析报告对于康复治疗是非常有效的方式。这些分析能够提示病人是否从心理治疗中获益，尤其是行为训练技术，以及普遍接受的咨询方法。

随着康复与训练业务的开展，也需要对其实际价值进行思考。因为这些服务花费巨大，所以消费者及临床治疗家必须考虑是否需要进行康复训练，或者训练后对病人的行为改变是否具有心理社会价值，是否能保持下去，以及是否能承担这些费用。而神经心理评估能够回答这些问题。

另外，测查方法本身也是一种康复训练作业，有时可以在某些心理测验的基础上，延伸内容，加以变式，使其成为康复治疗的作业训练。

4. 研究

神经心理评估用于研究脑活动及行为表现，研究特殊的脑功能障碍和行为残疾。神经心理评估技术包括测验的编制、标准化和结果解释。特异性与敏感性是神经心理测量技术有研究价值的指标之一，能够提示大脑行为功能的细微改变，比如神经外科手术的过程，或脑组织新陈代谢的改变。

神经心理研究在临床神经心理学实践中具有重要影响。神经心理解释的许多测验，比如算术测验、视觉记忆学习测验，最初用于正常认知功能的检查，后来用于脑功能紊乱的常规研究。另外一些心理评估，比如触觉辨认、概念构成，也是脑损伤研究的方法之一。研究与临床应用的快速结合，被证明是在研究与临床之间架起了一座非常有效的桥梁。这种交流对于神经心理学的发展非常有益，因为临床治疗家与研究者的目标是一致的。

神经心理学的研究目的不止一个。尽管检查常常只回答一个问题，比如诊断方面，但神经心理学家还要揭示职业或家庭问题，回答病人康复中容易忽略的问题，或寻找适合的研究病例。完整的心理评估方法还需包括对病人的需求和经济状况的评估。因此，在治疗安排时，神经心理学家需要扩大调查的范围。

单独的神经心理检查不外乎诊断、病人治疗和研究等目的，收集病人的许多数据用于研究病例选择。比如，病人抱怨短时记忆问题，神经心理检查就能回答各种问题。只需要病人记忆一组单词或一串数字，如果病人比正常成年人明显减少或缓慢时，就能作出短时记忆是否受损伤的诊断。这样就能了解记忆紊乱如何影响病人的生活，他们在疾病状态下单词的记忆数量、敏感性与执行反应，以及在日常生活中的困难情况。研究还涉及短时记忆与血糖水平、脑电波的联系，以及比较同类记忆障碍病例的操作执行情况。

神经心理评估用于司法解释，也是一个重要的研究目的。在个人伤害案件中，受害者声称身体受到伤害并且有功能障碍时会涉及经济赔偿，律师常常替受害者提出神经心理检查要求。在许多案例中，神经心理学家常常检查受害者的神经心理状况，以评估行为损伤的类型与程度，估计受害者康复的可能性，以及将来治疗的需要。有时，神经心理学家的评估报告对经济赔偿要求起着关键作用。

在谋杀案件中，神经心理学家也常常对犯罪嫌疑人进行评估，以推测脑功能紊乱是否为异常行为的原因，或者从精神问题角度提供破案线索。肯尼迪总统谋杀案就是一个著名的案例，在该案例中心理学家认定攻击者杰克·卢比（Jack Ruby）存在脑功能紊乱，以至于个人自我判断和控制能力受到损伤，最后产生攻击行为。非常有意义的是，神经心理学家罗伊·谢弗（Roy Schafer）通过分析心理测验的结果，首次提出被告患有精神运动性癫痫，随后得到脑电图检查的证实。在审判过程中，神经心理学家对犯罪嫌疑人是否进行治疗以及治疗后康复的可能性方面提出了有益的建议。

因此，神经心理评估未来的发展将成为研究者共同关心的问题，人们不仅能够从神经心理学发展的历史中找到精髓与脉络，也可预见神经心理测验将向多元化方向扩展的趋势，比如单项测验、成套测验、非测验形式的评估方法以及这些测验工具的最新编制技术等。同时，人们不仅可以从现在的发展趋势来预测未来，而且期望神经心理评估广泛应用于医学临床和理论研究、神经科学、教育以及社会科学等。

另外，神经心理评估计算机化的快速发展，也已经产生了很重要的影响力。测验的计算机化能够做到精确，解释也非常详细，包括测验的实施、测验分数和计算、测验的解释、诊断的分类与定位的可能性。

目前人们关注的是测验解释与预测的有效性问题，对这个问题有许多最新的阐释。为了提高对脑损伤与脑疾病患者真实情况的预测准确性，许多研究者发展了功能评估解释技术，取代测验的实际操作标准。同时，有关行为学、神经放射学、神经生理学、神经化学等检测技术的系列研究结果，将提高我们对脑部疾病与脑功能紊乱的行为结果预测的能力。

Heinrich 指出神经心理学中有关测验与评估计划的有效性与可用性因不同的评估目的而不同。他提出了三个参考框架：一是医学中的诊断目的；二是经济能力，涉及咨询、计划、地点（有关工作、生活情况）等；三是康复目的，包括指导、评价康复计划。

为了解决效度问题，一些神经心理学家建立了常用测验的计算机数据库，以便与正常人群标准化数据进行比较。但需要注意的是，必须发展适合老年人群的评估技术和测验常模，而这个效度问题常常被测验编制者忽视。另外，测验计算机化的趋势并不意味着对传统的神经心理评估做根本的改变，但在一些正常人评估和大规模测试中可以采用。

四、神经心理测验的选择

神经心理学是研究脑和行为的关系的学科，神经心理测验是测量病人在脑病损时所引起心理变化的特点。因此，了解不同性质、不同部位的病损与不同病程时的心理变化以及仍保留的心理功能的情况是非常重要的。这些信息可为临床神经病学家在临床诊断、制订干预和康复计划时提供参考依据。

所以，神经心理测验的选用原则是能最大限度地揭示大脑损伤后病人的脑功能缺陷，能全面提供有助于探讨大脑认知功能研究和疾病诊断的准确信息。神经心理学家可以根据病史、神经病学检查和神经心理学知识来选择恰当的测验方法。

神经心理测验从现代心理测验开始后就已经出现。有一些心理测验当时并非为此目的而编，但后来发现它们可作神经心理测验用。近二三十年来神经心理测验发展较快，已成为心理测验中的一个重要分支。神经心理测验大致可分为单项测验和成套测验两类。所谓单项测验是指测验形式单一，测量目标比较局限；而成套测验则由许多单项测验组成，不局限于研究哪一种性质的神经心理变化，而是作综合整体研究，对临床诊断特别有帮助。研究中多选用单项神经心理测验，如柯斯（Kohs）的积木图案测验、塞甘（Seguin）的形板测验、本顿的视觉保持测验（BVRT）、格雷厄姆（Graham）的图案记忆测验（MFD）、斯托特（Stott）等的运动损害测验（TMI）等。成套神经心理测验常用的有霍尔斯特德-里坦成套测验（HRB）、鲁利亚-内布拉斯加成套测验（LNB）。韦氏记忆量表（WMS）和韦氏智力量表（WAIS）及其修订本等也是成套测验，虽然未被命名为神经心理测验，但实际上是与HRB联用的两项重要的测验。

（一）根据大脑不同的区域选用不同的神经心理测验工具

1. 额叶功能

（1）测量抽象能力及概念转换能力的测验有如下几种：颜色形状分类测验、霍尔斯特范畴测验、威斯康星卡片分类测验。

（2）测量行为计划性及执行能力的测验有如下几种：有关测验中的算术运算、连线测验、贝克工作记忆测验、斯特罗普（Stroop）词色测验。

（3）测量言语行为和行为的言语控制能力的测验有如下几种：瑟斯顿言语流畅性测验、有关测验中的言语表达能力测验如标记测验和手指敲击测验。

此外，塞姆斯（Semmes）自身部位测验、鲍德斯（Porteus）迷津测验、雷（Rey）的复杂图形测验也可用于评估额叶功能。

2. 颞叶功能

（1）与记忆有关的测验有如下几种：本顿视觉保持测验、人面再认测验、视觉记忆测验、非言语和言语的记忆测验。

（2）与听知觉有关的测验有如下几种：H-R神经心理测验中的音乐节律测验、H-R神经心理测验中的语音知觉测验。

3. 枕叶功能

（1）与结构性失用有关的测验有如下几种：本顿视觉保持测验、WAIS-RC 中的木块图案分测验、H-R 神经心理测验中的触觉操作测验。

（2）与空间及准空间结构有关的测验有如下几种：小木棒测验、H-R 神经心理测验中的触觉操作测验、识别地图、逻辑-语法准空间测验、算术测验。

4. 顶叶功能

测查顶叶功能的测验有如下几种：言语测验中的颜色命名测验、人面认知测验、重叠图片认知测验、视觉记忆。

5. 右半球功能

检测右半球功能的测验可选用那些与空间知觉和定位、具体思维有关的一些测验作业，有如下几种：WAIS-RC 中的操作测验（其中较显著的有木块图案分测验和图片排列分测验）、本顿视觉保持测验、人面认知测验、WMS 中触觉记忆，H-R 神经心理测验中的失语甄别测验发现结构失用、触觉操作测验的记位、触觉操作测验的记形、速度左侧差于右侧、握力检查左侧小于右侧、手指敲击速度左侧慢于右侧、感知觉检查发现左侧存在更明显的障碍，以及本顿视觉保持测验、人面认知测验。

6. 左半球功能

检测左侧半球功能的测验有如下几种：WAIS-RC 中的言语测验（其中较显著的有相似性分测验和算术分测验）、WMS 中有关言语记忆的分测验、H-R 神经心理测验中的失语甄别中发现失语及不能计算、触觉操作测验的记形、速度右侧差于左侧、握力检查右侧小于左侧、手指敲击速度右侧慢于左侧、感知觉检查发现右侧存在更明显的障碍。

7. 全脑功能

检测病人大脑的一般功能状态，可供选择的测验有：（1）智力测验：中国修订韦氏成人智力量表（WAIS-RC）、中国修订韦氏儿童智力量表（C-WISC）、中国韦氏幼儿智力量表（C-WYCSI）、龚氏非文字智力量表等；WISC-Ⅲ和 WAIS-Ⅲ是韦氏智力量表的较新版本，这些测验不仅能获得言语智商、操作智商和总智商，还能获得言语理解因素、知觉组织因素、加工速度因素以及儿童的注意集中因素的量化指标。这些测验的信度较高，在学业成就和工作成就方面有良好的预测效度，它们的分数是通过与大样本的比较得来的。（2）记忆测验：中国修订韦氏记忆量表（WMS-RC）、临床记忆量表；（3）人格测验：明尼苏达多相人格调查表（MMPI）。

判别有无大脑损伤，可选择的测验有 WAIS-RC 中的数字符号分测验、符号-数字模式测验、连线测验等。

以上所述各相应的测验，均是常用的或有突出意义的测验。只要是了解了所要用的测验的确切性能，就可根据具体情况选择必要的其他测验。只要有助于发现病人的大脑功能障碍、确定脑损伤所在部位，不在乎用何种测验，只要达到目的即可。神经心理学的研究中，选择测验的一般原则是，能最大限度地发现不同脑区受损病人的行为或心理方面的缺陷，为认识大脑不同区域的功能和行为或心理的相关性提供可靠的信息。在具体选择测验时，应该根据病史、神经病学检查和神经心理学知识，选择适当的测验。

（二）根据不同年龄阶段进行选择

1. 婴幼儿时期（0～3岁）

婴幼儿早期发展量表主要包括身体生长和心理发展两大内容，其中心理发展又以适应行为为主。婴幼儿时期所观察到的主要是一些本能和动作以及一些初级的智力活动，虽与以后的智力水平相关程度不高，但临床需要了解这一时期的智力发展水平，因此，发展量表具有一定的应用价值。发展量表很多，常用的有贝利（Bayley）婴幼儿发展量表、丹佛（Denver）发展筛查测验、格塞尔（Gessell）发展诊断量表。国内各有相应的修订本可供选择。

鲍秀兰编制的新生儿20项行为神经评定能较好地反映新生儿神经行为特征，是一项综合性行为和神经检查法，能够判断新生儿的中枢神经功能完整性。另外，沃伊特（Vojta）姿势反射是利用7种姿势反射衡量婴幼儿神经发育水平的方法之一，也日益成为婴幼儿脑损伤性疾病的常规检查方法，能够早期发现婴幼儿大脑发育异常，便于早期诊断脑瘫。

2. 学前和学龄初期（4～6岁）

从某种意义上讲，4～6岁的年幼儿童（学前和学龄初期）处于智力生长的转折期，具有一定的语言能力、思考能力，也有了一定的推理能力，他们的智力已经不仅是感觉-运动或认知具体事物。因此，必须选用与之匹配的相关神经心理测验，一般选用的是中国韦氏幼儿智力量表（C-WYCSI）、H-R成套神经心理测验（幼儿版）、联合型瑞文测验（CRT）（5岁起点）。

当然也需结合适应行为的评定，适应行为量表主要用于评估个体适应行为发展水平和特征，可供选择的有美国智力低下协会（AAMD）的适应行为量表（我国有相应的修订本），以及我国由姚树桥等编制的儿童适应行为评定量表、儿童适应技能评定量表等。适应行为量表广泛应用于智力低下（mental retardation，MR）的诊断、分类、训练及特殊教育等领域。例如MR的诊断标准为智商低于平均两个标准差，适应行为受损，二者在未成年前出现。适应行为评定在MR诊断上与智力测验具有同样的重要性。

3. 儿童青少年时期（7～15岁）

儿童青少年时期的大脑尚在发育阶段，因此，应根据其认知发育的特点选择相应的心理测验工具。斯坦福-比奈量表常用于学校认知神经心理学研究和应用，考夫曼儿童能力成套测验是目前国外比较新颖的儿童智力量表，在临床、教育评估及心理学基础研究领域有一定应用价值。目前我国应用最多的儿童智力测验为中国修订韦氏儿童智力量表（C-WISC），有时也选用联合型瑞文测验（CRT）（儿童起点）。同时马蒂（M. Mutti）等所编的快速神经学甄别测验（quick neurological screening test，QNST）主要用于测量与学习有关的神经学综合功能。连续作业测验（continue performance test，CPT）检测注意力的分配和激活能力，用于评估多动症儿童的注意力状况。也可选用H-R成套神经心理测验（少年版）进行神经心理的评估，中国修订韦氏记忆量表（WMS-RC）有7～15岁常模。

当然在实际应用时，需要联用儿童的行为、人格的评定量表，比如可选用阿肯巴克（Achenbach）儿童行为量表（children behavior check-list，CBCL）评估儿童的行为特征，选用艾森克人格问卷7～15岁儿童本了解儿童的人格特征，明尼苏达多相人格调查表第二版（MMPI-Ⅱ）提供了青少年常模，可用于13～16岁青少年人格评估。

4. 成年人时期（16～65岁）

大部分神经心理测验工具都是根据成年人的特点进行编制与设计，成熟以后再延伸到儿童或老年人。因此，本章的相关内容多是探讨成年人的神经心理评估方法，根据实际情况选用相应的工具。

5. 老年人时期（65岁以上）

心理发展并非等速，而是有阶段性的，具有早期阶段发展快，后期缓慢的特点，到了老年，各种认知功能普遍下降，比如流体智力由于与先天神经结构和生理功能有关，所以下降明显，但晶体智力是后天获得的，所以下降不显著。

因此，选用神经心理测验时，必须注意该测验是否具有老年人常模，比如中国修订的韦氏智力量表只有65岁以上常模（一组），美国韦氏智力量表（第三版）已经发展了多组老年人常模，分为65～69岁、70～74岁、75～79岁、80～84岁、85～89岁五组，中国台湾修订版分为65～69岁、70～74岁、75～84岁三组。联合型瑞文测验（CRT）、龚氏非文字智力量表也适用于评估老年人的智力水平。

此外，还有专门用于老年人的一种快速简捷的智力状态或认知功能的筛查工具，比如洪炜、龚耀先编制的老年认知功能评定量表、张明圆等编制的痴呆简易筛查量表（brief screening scale for dementia，BSSD）、简易智力状态筛查表（mini-mental state examination，MMSE）、长谷川痴呆量表（Hasegawa's dementia scale，HDS）等，近年来，蒙特利尔认知评估量表（Montreal cognitive assessment，MoCA）使用频率较高。通过筛查量表，先得到大致印象，再决定是否需要进一步检查和诊断。有的则采用单项认知功能评定，如画钟测验（clock drawing test，CDT）；有的选用成套神经心理测验加以评估，如重复性成套神经心理状态测验（repeatable battery for the assessment of neuropsychological status，RBANS）也可用于老年认知功能评估和研究。当然对老年人的生活/社会适应功能的评定也是至关重要的，可选用的工具有龚耀先编制的成人智力残疾评定量表、日常生活活动能力量表（activity of daily living，ADL）等。

（三）根据认知过程选用不同的神经心理测验工具

在实际神经心理研究及应用当中，也可根据不同的认知过程，包括言语、执行功能、智力、记忆、注意、逻辑推理思维、运动、想象、感知觉（空间、视觉、听觉）、情绪、人格、决策、创造性等方面，选择相应的神经心理测验工具，以提高效用。

五、测验结果的初步分析

神经心理测验结果常用反应正确数或错误数及完成测验的时间长短表示，因此，分析指标主要是被试在测验中出现的错误数或正确数多少以及操作时间长短。此外，还应结合病史、临床表现和测验中表现出来的行为特征综合分析。

（一）操作水平分析

操作水平分析是将每个被试在各测验项目的评分（错误数、正确数和时间）与常模结果比较，主要反映被试在各测验项目的成绩高低或相应能力水平的状况。操作水平可以利用划界分进行判断，如在H-R神经心理成套测验中，重要测验项目都有用于比较的划界分，将被试的成绩与划界分标准比较，超过划界值便考虑被试该测验项目反映的功能有异常。

但是，并不是所有测验都有划界分，因此，操作水平分析通常是对照正常人群的数据进行分析，如果低于平均值1个或1.5个标准差，则提示该测验反映的功能有损伤的可能性。具体做法是先将被试成绩与常模的均数相减，再除以常模提供的标准差，即得到相应的离均标准差结果。任何一种测验都可以利用常模进行类似的计算比较。

例如，在某项反映抽象思维能力的测验中，正常人的成绩均数为80，标准差为20，假如某被试该测验的成绩为40，与正常均数比较，则有（40－80）/20＝－2，其结果显示低于正常平均值2个标准差，明显低于正常人水平，则提示该被试抽象思维能力受损或很差。又如某被试做了记忆测验，其记忆商数为70，而常模的平均记忆商数是100，标准差是15，将其成绩与均数比较，则有（70－100）/15＝－2，结果明显低于平均水平，提示其有记忆障碍。

在实际应用中，为了便于理解，可将比较所得的标准值，利用标准差与百分位数的关系，进一步转换成百分数，用被试成绩在100个人中的相对位置来表示。如以上两例的成绩都低于正常均数两个标准差，转换成百分位数则为1%，表明与常模代表人群比较，99%的人在该测验的成绩比被试要好。

（二）操作模式分析

操作模式分析的原理是将不同的测验项目成绩进行比较，如将反映运动功能的项目与反映感觉功能的项目进行比较，了解感觉与运动功能的差异，将侧重反映左半球功能的言语测验成绩与侧重反映右半球功能的操作性测验成绩比较，了解左右半球功能差异的情况。操作模式分析有助于发现被试能力的强项与弱项，有助于发现脑功能改变或脑损伤的特点。

（三）病理性特征分析

脑功能的改变不仅表现在测验分数的变化上，而且可以在行为特征方面表现出质的不同。有时测验结果没有明显的量的改变，如分数保持在正常范围内，但患者在测验过程中表现出一些细微的质的变化，如有的脑损伤患者在进行临摹测验时，必须将临摹的样本倒转来临摹，最后尽管其临摹是准确的，评分是正常的，但其倒转样本的行为是异常的。这种特征性的行为改变对于脑损伤的诊断很有意义。因此，应当重视和分析被试在测验过程中表现出的某些行为特征指标。

如某一额叶损伤的患者，在进行需要转换概念以解决问题的测验时，不能灵活采用不同概念，出现持续错误，虽然其最后成绩在正常范围，但其行为特征提示患者不正常。又如有两个患者在韦氏智力量表中算术测验的成绩相同，但他们在测验中的表现不同：一个患者心算简单问题毫无困难，但遇到复杂问题时便失败，因为记不住问题中的条件要求；另一个患者也能完成简单问题，但在计算过程中他要数手指。虽然分数相同，但前者有记忆障碍，而后者有心算困难。另有一患者，几乎所有测验项目都在正常水平，但其在失语测验中有构图和临摹的错误出现，这是顶叶损伤结构性失语的病理特征，对此进一步测查可以得到证实。

因此，测验分数不能完全反映被试的某些细微行为特征，需要注意观察记录，并在随后的结果分析中加以采用。

六、神经心理测验的应用注意事项

（一）神经心理测验在实际应用中的两种不同方式

在神经心理学的实际应用中，神经心理测验有两种不同的方式。

一种是根据病人所表现的行为缺陷，因人而异地选择相应的分测验，这样能直接地证实脑损伤的程度及功能部位。此类的典型代表是鲁利亚所编制的神经心理测验。这种方式是在对病人的行为、心理等障碍进行充分分析后进行，有的放矢，特异性好，同时，去掉了一些无关的测验项目，节省了时间。但这种测验方式也有不足之处：首先，这样做可能遗漏某些测验项目。其次，该选择那些分测验受实施者所掌握的知识范围和已有的经验所限制，在结果解释时也容易出现先入为主的偏差。最后，这类测验未经标准化，没有常模，缺少统一的标准，因此，无法与其他被试结果进行比较。

另外的一种方式是不管病人的行为缺陷表现如何，一律选用相同的一套测验。这种方法的典型代表是 H-R 成套神经心理测验。很显然，这样做能够对脑损伤病人的行为、心理能力进行全面了解，能够发现那些表现很轻微，甚至外表觉察不出的行为缺陷，有利于对病人的行为进行全面的分析。这类测验是经过标准化的，减小了实施者个人的知识、经验对测验结果的不利影响，故其结果的可比性较高。这种方式最大的缺点是费时较长，在测验过程中病人易出现疲劳，因此很多脑器质性病人难以忍受，很难一次性完成，这样也会影响测验结果。

特定的测验对于特定的病人来说可能具有局限性，故有些实施者在应用成套测验时不一定只用该套测验，也可根据自己的经验加入某些测验，这种方式被称为神经心理测验联用技术。如在 H-R 成套神经心理测验中，除了标准的整套测验外，还可加入能力测验、学业成绩测验等，有些实施者还加用明尼苏达多相人格调查表，以了解病人的人格及情绪障碍。

（二）对神经心理评估结果进行分析时要避免以下两种错误理解

错误一：某项神经心理测验的成绩差，即存在某种特异性的神经心理缺陷。

说明：多数神经心理测验涉及多种心理能力，且这些能力之间有一定的重叠，换句话说，完成一项心理测验需要多种心理能力的参与。因此，测验成绩差可归因于多种心理功能缺陷。如完成威斯康星卡片分类测验需记住任务的目标，对反馈信息的注意，对分类卡片及关键卡片持续的视觉注意，良好的运动能力，学习能力，抽象能力，对各种认知功能的协调控制等。该项测验成绩差，提示多种可能性，有时精神症状也会干扰对反馈信息的处理等，所以不能根据某项测验成绩差，就断定存在某项特定功能的障碍。有时，根据观察被试在某测验的表现可能得出该测验与某区域功能缺陷相关的印象，但还需借助能够测量该区域功能的其他测验，以进一步证实这种印象是否准确，并要考虑精神疾病对测验的某些变量的影响。

错误二：异常的神经心理测验结果意味着特定区域的脑损伤。

说明：高级认知心理机理不能直接定位于大脑某一狭隘的区域，认知心理过程是由大脑皮质及皮质下神经网络之间协同工作来实现的。另外，某一区域脑损伤，由于脑功能的可塑性，其他区域代替了该项功能，此时可不出现与该区域相联系的功能缺损。故不能依据某项神经心理测验的成绩就得出某特定区域脑损伤的结论。

（三）测验结果影响因素

测验结果受到许多因素影响，特别是被试的年龄、文化和职业影响。此外，被试与主试者的关系，被试的合作程度、情绪、对测验的动机，主试者的水平和经验等也会影响测验成绩，这些在结果分析时应给予充分注意。

1. 主试者与被试的关系

心理测验结果是否可靠可信，除测验工具本身的因素外，关键在于取得被试的信任与合作，否则被试可能不尽全力，或者隐瞒自己的真实情况。因此主试者应对被试真诚、热心和有耐心，理解和鼓励被试，敏锐地观察他的行为表现，对不同的人、不同的情况应采取不同的应对方法。主试者与被试之间建立良好的相互信任、理解合作的关系是非常重要的。

2. 主试者的水平和经验

心理测验只是一个工具，影响其发挥作用的一个重要因素是使用者的水平和经验。使用者若不熟悉有关知识，实施不标准，评分不正确，没有很好地掌握分析和解释的技术，心理测验便不能提供有用的帮助。因此，使用者必须经过严格的培训，深入学习掌握有关神经心理学知识和测量技术。

3. 情绪、动机与合作程度

神经心理测验要求按照标准化的程序进行，并假定被试是合作的。但在实际工作中，被试并非都能合作或者满足了测验的条件。例如，有的被试有情绪障碍（抑郁症），不积极配合，不尽最大努力，测验得分因此而偏低，不能真实反映被试的情况。又如，有些儿童的智力测验分数在智力低下水平，但此时的测验低分可能与其在测验过程中不专心，遇到困难便退缩或不加考虑便回答“不知道”等原因有关，在分析结果时应给予充分考虑。更严重的情况是，被试测验的动机有问题，这常见于可能涉及自身利益的情况下，比如纠纷、交通事故、司法鉴定等，在这种情况下，更要避免“只见分数，不见人”的错误倾向。

第二节　常用神经心理测验介绍

一、神经心理筛选测验

该类测验用于筛查患者有无神经学问题，并初步判断患者的行为或心理问题是器质性的还是功能性的，以决定患者是否需要进行更全面的神经心理功能和神经病学检查。以下是一些常用的神经心理测验筛选方法及其临床应用情况。

（一）倒行掩蔽测验

倒行掩蔽（backward masking）是对早期视觉信息加工过程的评定，用于检测注意力。每次测验中，在屏幕上出现两个数字，持续 17 毫秒后消失，要求被试正确辨认屏幕上的数字。这种测验有三种试验条件：（1）只出现靶刺激；（2）靶刺激呈现后 30 毫秒出现掩蔽刺激“××”；（3）靶刺激呈现 50 毫秒后出现掩蔽刺激。每一试验条件各测验 10 次，在进行测验前有 9 次练习，统计指标为辨认正确数。

（二）连续作业测验

连续作业测验（continue performance test）检测注意的分配和激活能力。它分为三次测验：（1）数字连续在屏幕上一个一个地出现，每当出现“4”时按鼠标；（2）8 个数字同时在屏幕上出现，其中有“4”时按鼠标；（3）8 个数字同时在屏幕上出现，其中有“7”时按鼠标。根据正确的反应来判断测验的结果。

（三）本德格式塔测验

本德格式塔测验（Bender-gestalt test）由本德于 1938 年编制，主要测查空间能力。它要求被试临摹一张纸上的 9 个几何图形，根据临摹错误多少和错误特征判断测验结果。

早期的临床研究表明此测验能有效地区分脑损伤患者和正常人，但后来的研究显示单独用此测验结果判断有无脑损伤是不够的，目前此测验常作为简捷的空间能力测查和有无脑损伤的初步筛查工具。我国已有该测验的较大样本常模。

（四）本顿视觉保持测验

本顿视觉保持测验（Benton visual retention test）由 A. L. 本顿（A. L. Benton）于 1955 年编制，适用年龄五岁至成人。本测验有三种不同形式的测验图（C、D、E 式）。测验要求被试凭记忆临摹所看过的几何图案，根据临摹图旋转偏离原图的程度评分。我国唐秋萍、龚耀先于 1991 年修订了该测验。

此测验主要用于脑损伤后视知觉、视觉记忆、视空间结构能力的评估。临床应用表明此测验可有效地区分正常人与脑损伤患者，但对于鉴别脑器质疾病与功能性精神障碍的作用有着不同的研究结果。

（五）快速神经学甄别测验

马蒂等所编的快速神经学甄别测验（quick neurological screening test，QNST）主要用于测量与学习有关的神经学综合功能。但它只是一种甄别工具，主要测查运动发展，控制粗大与精细肌肉运动的技巧，运动和计划的顺序性，速度和节奏感，空间组织，视知觉和听觉技巧，平衡和小脑前庭功能，注意障碍等与学习有关的功能。程灶火、姚树桥初步应用该测验结果表明，QNST 对学习困难儿童具有较好的鉴别作用。

（六）人面认知测验

人面认知测验（test of facial recognition）由本顿等人发展而成，主要测查视觉空间能力。测验由 54 个项目组成（也有 27 个项目的简化版），每个项目都有一张刺激用人面图像（照片）和 6 个反应选择图像，要求被试从 6 个反应图中指出与刺激图相同的图像，测验项目分成 A、B、C 三个部分，A 部分要求辨认正面图像，B 部分要求辨认正侧面均有的图像，C 部分要求辨认光线明暗角度不同的图像。测验结果用正确的项目数和相应百分数表示，并需矫正年龄和教育的影响，正常人正确辨认数一般不低于 16%的水平。

临床应用结果表明，此测验可正确区分正常人与脑损伤患者，区分正确率依损伤部位和特征不同而有别，总的看来，右半球损伤时此测验分数异常者较左半球多，大脑后部损伤比前部损伤时分数异常要多，另外左半球损伤时言语理解障碍者分数也较低。研究还发现，左半球前部和后部损伤时各有 29%和 44%的患者测验成绩异常，提示言语理解功能对完成此测验的重要影响。

（七）雷复杂图形测验

雷复杂图形测验主要用于测查视知觉信息组合以及视觉记忆功能，测验材料为一张印有复杂几何图案的模式图，要求被试照模式临摹，要求用不同颜色的彩笔画图案中不连续的内容，临摹后拿走模式图和临摹图，要求根据记忆复制。

根据临摹和复制图案的质量评分，可划分出 6 个等级类型。脑损伤者临摹的类型和评分与正常人有明显差异。

（八）脸手测验

脸手测验（face hand test）由芬克（Fink）和本德（Bender）等人发展而成，用于测验感知觉障碍，近似于神经学的感觉检查。此方法的特点是同时对被试的手背和面颊部给予轻微触觉刺激，要被试告知何处感觉到了刺激，根据错误（感觉忽视）次数多少判断有无异常，并分别比较睁眼和闭眼时感觉错误的差别。

临床比较不同形式的弥漫性脑损伤患者与正常被试、精神分裂症、抑郁症和严重焦虑患者的测验结果时发现，正常被试开始可能出错，但随着刺激重复，错误消失了。重复刺激至 10 次后正常被试不再发生错误。在功能性精神病患者身上也得到类似结果。相比之下，绝大部分脑损伤患者错误不断，只有 10％～20％的人错误减少。

（九）威斯康星卡片分类测验

威斯康星卡片分类测验（Wisconsin card sorting test，WCST）首先由伯格（Berg）于 1948 年用于检测正常人的抽象思维能力，后来发现它是为数不多的能够较敏感地检测有无额叶局部脑损伤的神经心理测验之一，经过希顿（Heaton）等人加以扩充和发展，目前它成为被广泛使用的一种检测额叶执行功能的测验，主要测查的是根据以往的经验进行分类、概括、工作记忆和认知转移的能力。该测验工具已在我国广泛应用。

WCST 由四张模板（分别为一个红三角形，两个绿五角形，三个黄十字形和四个蓝圆）和 128 张不同的形状（三角形、五角形、十字形、圆形）、不同的颜色（红、黄、绿、蓝）及不同的数量（1，2，3，4）的卡片构成。它要求根据四张模板对总共 128 张卡片进行分类，测试时不告诉被试分类的原则，只说出每一次测试是正确还是错误。WCST 没有时间限制，但太慢则可能由于注意力分散或忘记了以前的分类经验而影响测验成绩。

WCST 的主要功能是区分是否有脑损伤以及是额叶还是非额叶的脑损伤。其评定指标有：总反应数、正确反应数、持续反应数（preservative responses）、错误反应数、持续错误反应数和分类数。持续反应数是指明知根据某一属性来分类是错误的，但还是继续用这一属性来分类，它是 WCST 所有指标中提示有无脑损伤及是否有额叶局灶性损伤的一项最好的指标。

（十）标记测验

标记测验（the token test）由德雷兹（DeRenzi）和维依罗（Vignolo）编制，主要用于筛查有无失语症。此测验由 62 条指令和 20 个作“标记”的塑料块组成，标记块的颜色、形状和大小各异，如大小不同的红色圆块、绿色方块等，要求被试根据口头指令操作这些标记块，如“拿出红色的圆块”“把红色的圆块放在绿色的方块上”等。指令分 5 个等级，难度逐渐增加，成绩用执行指令的正确数或错误数表示，此测验主要反映了言语理解，也涉及短时记忆和运用语法的能力。一般正常人反应正确数在 57 个以上。

有研究表明，当以 57 个正确反应数为划界分时，判断有无脑损伤的正确率在对照组为 100％，右半球损伤但无失语症组为 90％，左半球损伤但无失语症组为 65％，左半球损伤伴失语症组为 100％。研究表明，此测验对失语症较敏感，有助于发现还没有表现出言语交流障碍的失语症患者，因此，在许多言语功能检查中被引用。德雷兹和维依罗还发展了此测验的简化本，即将 62 条指令减少至 36 条，以正确反应数 29 个为区分正常与异常的划界分。据此标准，正确分类的比率在对照组为 95％，失语症组为 93％。

（十一）斯特罗普词色测验

斯特罗普测验（Stroop test）是给被试呈现一些红、绿、黄、蓝不同颜色的 4 个字，要求说出这些字的颜色，主要测试注意和抑制功能，共包括三张卡片。具体测查有四种方式：(1) 要求被试读卡片A上的字；(2) 读卡片B上的字，而不管字的颜色；(3) 说出卡片C上的颜色名称；(4) 说出卡片B上的颜色名称，而不管写的是什么字。要求被试尽可能快地说出颜色。测验的结果根据完成所需时间来表示。本测验对测查执行功能中的心理控制和反应的可塑性较敏感，常用于额叶损伤患者。

（十二）连线测验

连线测验（trail making test，TMT）是由Partington在1938年编制的，是霍尔斯特德-里坦成套神经心理测验中的一个分测验。它包括A和B两部分。A式要求被试将一张纸上散在的25个阿拉伯数字（1～25）按顺序连接。B式除数字（1～13）外还有A～L共12个英文字母，要求被试按数字及字母的顺序交替连接数字和字母（1-A-2-B等）。测验以完成时间和连接错误数为指标。

TMT还有两种变异版本，一种是口头TMT，省略了视觉运动成分，适合视觉障碍和利手瘫痪的患者。另一种是着色TMT，用两种不同颜色的数字代替数字和字母，体现文化公平。陆骏超、郭起浩等人编制的TMT中文版将数字包含在正方形和圆形两种图形中，要求被试按顺序连接数字时两种图形要交替地排列。

一般认为，A式主要反映右脑半球的功能，是反映较为原始的知觉运动速率，而B式反映左半球的功能，它除了包括知觉运动速率外，还包含概念和注意转换的效应。本测验客观性好，费时少，是评价执行功能的常用工具之一，对弥漫性和一侧性脑损伤较敏感，也可用于额叶功能的测查。

（十三）蒙特利尔认知评估量表

蒙特利尔认知评估量表是由加拿大Nasreddine等根据临床经验并参考MMSE的认知项目和评分而编制的，用于对认知功能异常进行快速筛查。它包括注意与集中、执行功能、记忆、语言、视结构技能、抽象思维、计算和定向力等8个认知领域的11个检查项目。完成MoCA检查大约需要10分钟。总分30分，≥26分正常。

由于覆盖重要的神经认知领域，测试时间短，对于轻度认知功能障碍（MCI）的筛查敏感性较高，MoCA比较适合用于临床认知障碍的筛查。但要注意MoCA也会受被试的教育程度、情绪及精神状态，以及主试者的经验、测试的环境等影响。

二、成套神经心理测验

成套神经心理测验一般含有多个分测验，每个分测验的形式不同，分别测量一种或多种神经心理功能，从而可以对神经心理功能作较全面的评估。

（一）H-R成套神经心理测验

H-R成套神经心理测验最初系W.C.霍尔斯特德设计，后与R.M.里坦合作并加以发展而成为现在的成人、少年、幼儿用三套测验，合称H-R成套神经心理测验（HR-NB，HRB或H-R）。霍尔斯特德根据他的生物智力理论编制此测验，在1947年曾选用了 27 个实验性测验。通过与里坦的合作，他发现有一些测验在区别正常和脑病损时不敏感，便加以淘汰。现在一般用 10 个分测验。有些实验室根据各自的经验在这些通用分测验上有增减。H-R 用于测查多方面的心理功能或能力状况，包括感知觉、运动、注意力、记忆力、抽象思维能力和言语功能等。我国于近年引进了此测验，由龚耀先及解亚宁等主持全国协作，分别于 1986 年、1988 年及 1991 年对成人、儿童和幼儿三式进行了修订。

成人 H-R 神经心理测验由下列 10 个分测验组成：（1）范畴测验；（2）触觉操作测验；（3）节律测验；（4）手指敲击测验；（5）失语甄别测验；（6）语声知觉测验；（7）侧性优势检查；（8）握力测验；（9）连线测验；（10）感知觉障碍检查。

每一个分测验有不同的划界分（即区分正常与异常的分数线）常模，即区分有无病理的临界分。根据划入病理范围的分测验数可计算出损伤指数（impairment index），即属病理的测验数除以总测验数。临床上依据损伤指数的大小来协助判断脑损伤的严重程度。

成人 H-R 神经心理测验采用了划界分来判断各单项测验结果正常与否，并根据划入异常的测验数计算出损伤指数，再根据损伤指数判断有无脑损伤。损伤指数为划为异常的测验数与总测验数之比。例如某人做了 7 项分测验，其中 3 项划为异常，则其损伤指数为 3/7，得 0.43。对损伤指数的解释可有：（1）0.00～0.14 提示正常；（2）0.15～0.29 为边缘状态；（3）0.30～0.43 提示轻度脑损伤；（4）0.44～0.57 提示中度脑损伤；（5）0.58 以上提示重度脑损伤。

临床研究表明，脑损伤患者、精神病患者和正常人 H-R 成套测验的成绩差异显著，用此测验诊断脑损伤符合率在 80%左右。此测验中各分测验的成绩差异也有助于了解不同部位脑功能的状况，反映左右、前后等不同部位的脑损伤。有必要指出的是，研究时选用的病例大多较典型，因而容易反映出脑损伤者与正常人的差异。同时，测验结果分析者的水平等也对应用效果产生较大影响。此外，损伤指数虽然操作简单方便，但有研究结果表明，单纯依靠损伤指数判断有无脑损伤误差较大。

在临床上常将 H-R 测验与韦氏智力量表、明尼苏达多相人格调查表、韦氏记忆量表结合应用，以使评估更全面、更准确（见表 5－1）。

表 5－1　H-R 及联用测验综合分析提纲

左半球功能障碍	弥漫性障碍	右半球功能障碍
（1）智力：言语智商<操作智商	普遍降低	操作智商<言语智商
（2）记忆：言语记忆成绩特别低	普遍降低	触觉操作记位、WMS 记位特别低
（3）思维：算术、分类成绩下降明显	范畴、领悟、分类成绩低	积木图案、图片排列成绩特别低
（4）运动：敲击、触觉操作时间、握力，右手力量低于左手		前述测验成绩左手明显低于右手，定型性运动能力低
（5）感知觉：右手、右侧有阳性体征发现		左手、左侧有阳性体征发现，节奏性感知觉能力低
（6）失语检查：言语困难，语言知觉能力低		有结构性失用

（二）韦氏记忆量表

韦氏记忆量表（WMS）包括甲式（D. Wechsler）和乙式（C. P Stone），经1972年、1987年两次修订。它由7个分测验组成：个人经历、时间和空间的定向、数字顺序关系、逻辑（理解）记忆、顺背和倒背数字、视觉再生和联想学习。其适用范围为20岁以上的成人。其方法是将分测验原始分数相加，按年龄加一个“加权分”，然后计算出记忆商数（memory quotient，MQ）。此量表在临床上应用甚广，H-R将它用作主要联用测验之一。

中国修订韦氏记忆量表（WMS-RC）是龚耀先于1981年修订的，他增改了测验内容，改变了计分系统，但仍分甲乙平行本，也包括甲乙两式，由10个分测验组成。其中包括：（1）长时记忆测验有三个分测验：个人经历、时空定向、数字顺序关系。（2）短时记忆测验包括六个分测验：视觉再认、图片回忆、视觉再生、联想学习、触摸记忆、理解记忆。（3）瞬时记忆测验包括两个分测验：顺背数和倒背数。该量表有16岁以上成人常模和7～15岁儿童常模。

标准化样本为16岁以上正常人1 002名，脑病患者50名。其计分系统是仿韦克斯勒的离差智商计算方法，将各分测验的原始分换算成量表分（均数取10，标准差取3），再将各年龄组的总分换算成标准分（均数取100，标准数取15），即离差记忆商数（MQ）。由原始分换算成量表分，并由量表分换算成MQ，均制成换算表备用。因此只要得到某被试的原始分便可从相应年龄组的换算表内查出MQ值。

54名被试在相隔34天后甲、乙两套的重测相关系数为0.82，重测效应为+6.95分（提高6.95%）。

MQ与年龄关系：（1）量表总分随年龄增长而渐减。（2）量表总分随年龄渐减的速度是呈阶段性的，非等速的。在30岁前依年龄增加稍有增长，但不明显；30岁以后下降，40～45岁时下降速度减缓，从45岁起下降加速。（3）量表总分随年龄增减的趋势因测验不同而不同。（4）同一测验随年龄增减的程度也不同。

（三）重复性成套神经心理状态测验

重复性成套神经心理状态测验是1998年由Randolph等人设计的神经心理状态的筛查量表，开始用于鉴别老年人认知功能的病理性下降，后来扩展到筛查一般人群、精神疾病人群的神经心理功能状态。它具有测查时间短（完成全部时间只需25～30分钟），被试合作好，测查工具方便携带，同时包括A、B两套正副本测试手册，避免了学习效应，可重复测评。

该测验包含12个分测验，可评定5个方面的认知神经功能状态（因素）：（1）即刻记忆（词汇学习、故事复述）；（2）视觉广度（图形临摹、线条定位）；（3）言语功能（图画命名、语义流畅性）；（4）注意（数字广度和编码测验）；（5）延时记忆（词汇回忆、词汇再识、故事回忆和图形回忆）。每个因素分由所包含分测验的原始分通过常模表转换所得，量表总分由5个因素标准分相加而得。

目前，该测验在国外被广泛用于认知功能的筛查和研究，信效度良好。近年来，

RBANS 在我国逐渐得到应用，中文版在测查中国正常人、社区老人以及老年性痴呆患者、精神疾病患者等时具有较好的信度和效度。

三、小结

大脑是人类高级心理活动的中枢，各种原因都会导致脑功能的损伤。当大脑受到损伤后，就会表现为一系列的异常心理行为。神经心理测验是通过对大脑损伤病人的异常心理行为进行观察和评估，来分析它们与大脑系统结构和功能的相互关系，从而评估脑损伤性质、程度、范围和功能定位，以及带来的不良后果的一类测验方法。按测验形式分类，它可分为单项测验和成套测验两种，临床上又常分为神经心理筛选测验和成套神经心理测验。神经心理测验不仅为脑与行为相互关系的神经心理学理论研究提供必不可少的手段，也给临床神经病学提供客观的评价方法，使脑功能障碍的诊断、治疗、康复更具有科学依据。目前，方兴未艾的脑功能检测技术（如 PET 和 fMRI）与传统的心理测量技术的紧密结合，正日益成为神经心理评估的发展方向。

第六章
人格评估

一个人的行为是一致的吗？我们可以预测人们将要做什么和他们将怎样交往吗？这些问题涉及一些人格的假设，而且这样的假设渗透在整个日常生活对他人形成的印象中。人格定义很多，但多数都联系到人们在心理上的差异性，特别是性格、兴趣、气质方面的差异性。研究它的方法大体有两类，一类是研究人格的发展和形成，另一类是描述性的研究。人格的评估便属第二类。

第一节　概述

一、人格的定义

所谓人格（personality），是指一个人在社会化过程中形成和发展的思想、情感及行为的特有统合模式，这个模式包括了个体独具的、有别于他人的、稳定而统一的各种特质或特点。

人格是一种复杂的心理现象。心理学家因所持的理论观点或研究角度的不同，对人格定义的理解也不相同。如生物学家或部分医学家关注人格的物质基础，提出了气质（temperament）的定义，而行为学家和社会学家可能更侧重可见的、能给人印象的行为特征，提出了性格（character）的定义。实际上，既往的研究表明，人格既有生物遗传成分，又有通过认知学习方式得来的成分。人格有广义与狭义之分，狭义包括动机、态度、气质和性格，而广义则除此之外，还包括先天或后天获得的心理能力、思维、情感和活动等的差异性。

二、影响人格形成与发展的因素

人格的形成与发展过程是由生物性自我转变为社会性自我的过程，是不断接受社会教化的过程，是模仿与学习成年人的思维方式、情感反应与表达方式、行为方式及社会规范（风俗、习惯、礼节等）的过程，经由这个过程而形成个人的认知、情感、行为方式与倾向性。在这个过程中，遗传与环境的影响都是存在的，两者很难彻底分离。

（一）生物遗传因素

基因的、遗传的因素对人格形成有重要的作用。对双生子、家谱分析等的研究都证明遗传因素在人格发展的最初阶段，有着质的决定作用。如在遗传对大五因素的作用方面，研究者发现，人格中约40%的个体差异可由遗传来加以解释。遗传是人格不可缺少的影响因素，但遗传因素对人格的作用程度因人格特征的不同而不同。通常智力、气质与生物因素相关性较大，受遗传因素的影响也较大，而思维方式，尤其与价值观、信念相关的部分则较少受到遗传的影响。家谱研究发现，人格障碍患者的亲属中人格异常的发生率与血缘关系的远近成正比，即血缘关系越近，罹患病的可能性越高。对同卵双生子与异卵双生子的研究也表明，前者比后者在人格障碍方面的一致率更高。人格的分子遗传学研究发现克洛宁格（Cloninger）的三种气质类型分别与不同的基因控制的中枢神经递质有关：新异刺激寻求与多巴胺能-基线活动水平有关；伤害避免与5-羟色胺的激活水平有关；奖励依赖与去甲肾上腺基线激活水平有关。神经递质水平的异常可能会导致相应的人格病变。例如分裂型人格障碍的类精神病性症状可能与潜在的中枢多巴胺功能失调有关；多巴胺和5-羟色胺异常与反社会人格障碍和边缘型人格障碍的高冲动性有关。

其次，神经系统的特征不同，高级神经活动的类型不同，内分泌系统分泌激素的水平不同，也会使人格的形成和发展显示出不同的特点。

此外，人的体态、体质与外貌也会影响人格形成和发展，比如有人因相貌出众而自负，有人因先天容貌缺陷而自卑。必须注意的是，生物因素只为人格的形成和发展提供了一种可能性，却不能完全决定人格的发展。

（二）环境因素

1. 社会文化因素

社会文化是一个广泛的范畴，它包括政治、法律、道德、风俗习惯以及衣食住行的方式等。不同的国家和民族、不同的地区，在长期的历史发展中形成了自己特定的文化模式和传统。人们的生活都是按照一定的文化模式来进行的，这种不同的文化模式对人格的塑造起着重大作用。比如，从整体而言，中国人的人格特点表现出仁爱、宽容、中庸、忍耐、谨慎、负责等特点，而西方人的人格具有讲求自由、平等、尊严等特性。

电视、电影、报刊和文艺作品等社会文化信息也会对人们特别是对儿童的性格有较大的影响。研究表明，让儿童经常观看具有攻击性行为的节目，往往使他们的攻击性行为增多；而文艺作品中的英雄榜样能激起学生丰富的感情和想象，引起模仿的意向，有助于他们形成良好的行为和道德品质。

2. 家庭因素

家庭因素主要包括父母的教养方式、家庭的组成状况（如单亲家庭、家中子女多少）、出生顺序、家庭情绪氛围以及家庭经济条件和社会地位。其中，父母的教养方式是最为重要的一个方面。根据教养方式的不同，父母对子女的教养分为民主（或宽容）、权威（独断）及放纵（或溺爱）三种类型。在民主的教养方式下，儿童多表现为富有创造性和独立精神，忍耐力强，对人友善；而权威的教养态度容易使孩子产生恐怖心理，缺乏自信，常以说谎自卫，深具反抗性与攻击性，严重者丧失自尊、自暴自弃或脾气暴躁；放纵的教养态度则容易使孩子形成任性、自私懒惰、缺乏独立和进取精神等不良性格。

3. 学校因素

学校生活是人的一生中非常重要的一个阶段。学校中，老师的管教方式、班级的氛围、师生的关系等均对人格的形成和发展产生深远的影响，尤其是老师的管教方式。若老师态度专制，学生容易出现情绪紧张，教师在场时毕恭毕敬，不在场时秩序混乱，不能自制；若老师态度民主，则学生的情绪稳定、积极，有领导能力；若老师的态度放任，学生则表现出无组织、无纪律性。

（三）遗传与环境的相互作用

遗传与环境相互作用，进而影响人格的形成，一般来讲，有三种相互作用的模式：

（1）同样的环境经验对不同遗传构成的个体有不同的作用，如焦虑父母的同一行为对易激惹的、反应不灵敏的孩子和对平静的、反应灵敏的孩子的影响会不同。

（2）不同遗传结构的个体可能会唤起不同的环境反应，如易激惹、孤僻的孩子唤起的父母反应可能与安静的、反应灵敏的孩子唤起的父母反应不同。

（3）具有不同遗传结构的个体会寻求、改变和创造不同的环境。一旦个体能够积极地作用于环境，遗传因素就影响着对环境的选择和创造。外向者所寻求的环境与内向者不同，活跃者与不活跃者所寻求的环境也各不相同。

总之，个体既是环境影响的相对被动的接收者，又可通过自己唤起的反应在环境中起作用，还可以在选择和创造环境中发挥积极的作用。

三、人格的特征

人格是构成一个人思想、情感及行为的特有模式，具有多种本质特征。

（一）独特性与共同性

“人心不同，各如其面。”这句俗语为人格的独特性作了最好的诠释。人格的独特性是指人与人之间的心理与行为是各不相同的。人格结构组合的多样性使每个人的人格都有其自己的特点，每个人都各有其需要、爱好、认知方式、情绪、意志和价值观。独特性说明了人格的千差万别，千姿百态。但是，人格的独特性并不意味着人与人之间的个性毫无相同之处。在人格的形成与发展中，既有生物因素的制约作用，也有社会因素的作用。人格作为一个人的整体特质，既包括每个人与其他人不同的心理特点，也包括人与人之间在心理、面貌上相同的方面，如每个民族、阶级和群体的人都有其共同的心理特点。人格是共同性与独特性的统一，是生物性与社会性的统一。

（二）稳定性与可塑性

俗话说："江山易改，禀性难移。"一个人的某种人格特点一旦形成，就相对稳定下来了，要想改变它，比较困难。人格特征在不同时空下表现出一致性的特点，这也反映了其稳定性的特征。当然，强调人格的稳定性并不意味着它在人的一生中是一成不变的，随着生理的成熟和环境的变化，人格可能产生或多或少的变化，表现出人格可塑性的一面，正因为人格具有可塑性，才能培养和发展人格。人格是稳定性与可塑性的统一。

（三）统一性

人格是由多种成分构成的一个有机整体，具有内在的统一性，受自我意识的调控。当一个人的人格结构的各方面彼此和谐一致时，就会呈现出健康的人格特征；否则，就会使人产生心理冲突，人格发生病理变化，如双重人格或多重人格。

四、人格理论

（一）特质理论

人格特质理论起源于 20 世纪 40 年代的美国，主要代表人物是美国医学心理学家奥尔波特（G. W. Allport）、卡特尔和艾森克。特质理论认为，特质（trait）是决定个体行为的基本特性，是人格的有效组成元素，也是测评人格常用的基本单位。奥尔波特把人格特质分为两类：一类是共同特质（common traits），指在某一社会文化形态下，大多数人或一个群体所共有的、相同的特质，它没有具体性，只供测定个人具有的特质多少和强弱的差异之用。另一类是个人特质（individual traits），指个体身上所独具的特质。人和人之间，在共性上尽管相同，在个性上却有差异，个人特质表现个人倾向，个人倾向是真实存在的特质。卡特尔用因素分析的方法对人格特质进行了分析，提出了基于人格特质的一个理论模型。该模型分成四层，第一层即个人特质和共同特质，第二层为表面特质（surface traits）和根源特质（source traits），第三层为体质特质（constitutional traits）和环境特质（environmental traits），第四层是动力特质（dynamic traits）、能力特质（ability traits）和气质特质（temperament traits）。1949 年卡特尔还用因素分析法提出了 16 种相互独立的根源特质，从而编制了卡特尔 16 项人格因素问卷（sixteen personality factor questionnaire，16PF）。艾森克依据因素分析提出了人格的三因素模型，这三个因素分别是外倾性（extraversion）、神经质（neuroticism）和精神质（psychoticism），他根据这一模型编制了艾森克人格问卷（Eysenck personality questionnaire，EPQ）。

（二）类型理论

类型理论是 20 世纪三四十年代在德国产生的一种人格理论，主要用来描述一类人与另一类人的心理差异，即人格类型的差异。人格类型理论包括单一类型理论、对立类型理论和多元类型理论三种。

单一类型理论认为，人格类型是依据一群人是否具有某一特殊人格来确定的。美国心理学家佛兰克·法利（Franck Farley）提出的T型人格（T type personality ），就是单一类型理论的代表。法利认为，T型人格是一种好冒险、爱刺激的人格特征。依据冒险行为的性质（积极性质与消极性质），法利又将T型人格分为T+型和T-型两种。当冒险行为朝向健康、积极、创造性和建设性的方向发展时，就是T+型人格，有这种人格的人喜爱漂流、赛车等运动项目；当冒险行为具有破坏性质时，就是T-型人格，这种人格有酗酒、吸毒、暴力犯罪等反社会行为。

对立类型理论认为，人格类型包含了某一人格维度的两个相反的方向，A-B型人格是这一理论的代表。Friedman和Rosenman描述了A-B人格类型的基本特征。近年来，人们在研究人格和工作压力时，常使用这种人格类型。A型人格的主要特点是性情急躁，缺乏耐心，外向，动作敏捷，说话快，生活常处于紧张状态，社会适应性差，属不安定型人格。B型人格的主要特点是性情不温不火，举止稳当，对工作和生活满足感强，喜欢慢步调的生活节奏，属于安定型人格。

多元类型理论则认为，人格类型是由几种不同质的人格特性构成的，如气质类型论就是该理论的代表。气质说源于古希腊医生希波克拉底的体液说。希波克拉底认为人体内有四种液体：黏液、黄胆汁、黑胆汁、血液，这四种体液的配合比率不同，形成了四种不同类型的人。后来，罗马医生盖伦（Galen，约130—200）进一步确定了气质类型，提出人的四种气质类型是胆汁质、多血质、黏液质、抑郁质。巴甫洛夫（1927）则用高级神经活动类型说解释气质的生理基础，他依据神经过程的基本特性，即兴奋过程和抑制过程的强度、平衡性和灵活性，划分了四种类型（见表6-1）。

表6-1　高级神经活动类型与气质类型表

高级神经活动过程	高级神经活动类型	气质类型
强、不平衡	兴奋型	胆汁质
强、平衡、灵活	活泼型	多血质
强、平衡、不灵活	安静型	黏液质
弱	抑制型	抑郁质

（三）心理动力学理论

心理动力学理论是一种重要的心理学理论，同时也是一种研究人格的范型。这一理论最早而又系统的观点是弗洛伊德的心理分析学说。按照弗洛伊德的理论，人格是一个整体，这个整体包括了三个部分，分别为本我、自我与超我。人格中的这三个部分，彼此交互影响，对个体行为产生不同的支配作用。本我代表本能的力量，遵循“快乐原则”，超我则是社会规范，遵循“道德原则”，两者从根本上讲是相互冲突的。自我是现实化了的本能，是在“现实原则”指导下，力争既避免痛苦，又能获得满足。因此，自我的作用就是协调本我、自我和超我之间的关系，在遵循“现实”和“道德”的原则下，满足本我的要求。可见，自我要为三个对象服务，而本我和超我在无意识领域中的冲突不可避免。健全的本我就是能寻求到某种方式，把这种内心冲突降低到最低限度。如果自我功能减弱、人格的三部分失去平衡，彼此就会相互冲突，容易导致心理疾患的发生。

（四）人本主义理论

以马斯洛（Abraham Maslow）和罗杰斯为代表的人本主义论者认为人是积极主动、追求自我实现的健全的机体，自我实现是人性的本质，因此提出了人格的自我理论，包括自我观念（self concept）、积极关注（positive regard）、自我和谐（self congruence）和自我实现（self actualization）四个要点。自我观念是个体在其生活环境中对每一经验的评估及与环境相互作用中形成的。如果一个人的行为方式作用于环境事物，产生的直接经验与间接（评价性）经验相一致，就会顺利形成自我观念，否则，自我观念的形成就会遇到困难。积极关注就是个体希望别人以积极的态度支持自己，获得外界的积极关注越多，他的自我观念将会越明确，进而形成健康的人格。自我和谐是指一个人自我观念中没有自我冲突时的心理现象。自我不和谐包括直接经验与评价性经验之间的不和谐、理想自我与真实自我之间的不一致。改变自我不和谐的方法在于向当事人提供一个和谐环境，对其进行无条件的积极关注，使其在这种自然环境中促进对自我的积极探索，形成健康和谐的自我观念，发挥其实现自我的潜能。自我实现是指个体趋向完美、趋向实现、趋向自我的保持与提高的倾向，是激发个体行为和发展的基本推动力。个体要达到自我实现的需要，关键在于自我结构与经验的协调一致，要具备经验的开放、协调的自我、客观正确的自我评价、无条件关注以及与人和睦相处等五个心理素质特征。

五、人格评估手段

人格评估是对人格进行全面系统的描述，包括晤谈、观察、作品分析和测量等多种评估手段。晤谈就是直接和评估对象谈话，通过评估对象的言语内容分析和行为观察去评估人格。观察可以是自然观察，也可以通过设置特殊情境而观察评估对象的反应，进而评估对象的人格特质，如决策的独立性、情绪的稳定性等。作品分析是通过评估对象的作品内容和形式去了解其人格特点，“诗言志”“言为心声”，文章大到结构形式，小如用词风格都有人格特点的流露。与观察法、晤谈法和作品分析法相比，测量法更加客观、深入、全面。人格测量方式分成三种：第一种是主观评定，是评估人员在观察和晤谈的基础上用人格核查表（checklist）或评定量表来评估人格；第二种是客观评定，让评估对象针对量表中的项目自己评价并报告到答卷纸中，而未加入评估人员的主观成分；第三种是投射技术，运用投射测验，由评估对象自由反应，评估人员依据其反应来分析被试人格。

主观评定和客观评定通常使用人格量表，其内容和形式繁多，所测量的内容广泛，难以按内容和形式做出统一的分类。按照心理测量年鉴（MMY）收录的人格量表，可大致分为核查表、评定量表、调查表和问卷等几类。其中人格调查表和人格问卷数量多，使用频率高，明尼苏达多相人格调查表（MMPI）、艾森克人格问卷（EPQ）、16项人格因素问卷（16PF）、NEO人格问卷（NEO PI）等均是国内常用人格量表。

与人格量表相比，投射测验具有以下特征：测验所用的刺激材料是无结构的；测验方法是间接的，被试不知测验目的，最多对目的有一些猜测；回答是自由的，开放式的；对回答的解释按多个变量进行。投射测验的优点是被试不知测验目的，其回答不受社会赞许的影响。其不足在于施测远不及量表简便，分析手续复杂，结果不能定量，不如某些量表确定。

六、人格评估的应用

人格评估是使用标准化工具以及其他的一些手段，对个体的人格特点作出量的或质的描述或划分范畴，并对未来的行为作出预期，因此，人格评估的程序和工具可广泛应用于心理咨询、人事选拔、教育评价、司法鉴定等领域，评估的结果有助于做出相关决策。

（一）在心理咨询中的应用

1. 在自我认识、人生规划咨询中的应用

在评价自己的心理特性方面，人们感兴趣的主要是性格、价值观和气质类型等。一个人能较好地认识自己，比较客观地对待自己的短长，扬长避短，对自己有好处，对社会也有价值。假如某人发现自己在性格上乐群、外向、情绪稳定，但权宜敷衍、缺乏恒心和负责的精神，那么在以后的学习、生活和工作中便要保持乐群外向的优势，克服权宜敷衍的不足。比较常用的测验有16PF、CPAI和CPI等。

2. 在心理障碍等咨询中的应用

心理障碍主要是一个人的人格特征与环境不能达成有效的统一。人格并无好坏之分，但如不能与环境和谐相处，那就会引发心理障碍。通过人格量表对个体的人格特点加以评定，了解人格特点，判断其适合于怎样的环境，早期发现那些与环境不相匹配的因素，进行介入和干预，有助于预防某些心理障碍的发生。利用人格测验中测量心理健康的量表，可以对一个人目前的心理是否处于健康状态加以评价。比较常用的诊断和评估工具有MMPI、EPQ以及众多的心理病理学症状评定量表。其中，MMPI对咨询对象的症状与严重程度的评估比较准确。

（二）在人事选拔中的应用

人格量表及投射测验均可用于人事选拔，特别是在军事及工业领域。不同工作对人格的要求是不同的，如有的工作是单调重复的，要有忍耐力，有的工作有很大的风险，要求有冒险性，利用人格评估了解每个个体的特点，则可判断其是否适合某种专业或工种，使得合适的人做合适的工作，从而收到“事半功倍”的效果。就个体而论，对自身差异性的了解，可以避免个体行为选择的盲目性，在发挥个人潜能的同时，客观上有利于推动社会进步；就社会而论，对社会个体的认识了解，可以促进知人善任、用人所长、职能相符，避免人力资源的浪费。在人格量表中，常用的选拔工具包括 16PF、EPQ、CPI 等，其中应用最为广泛的是 16PF 测验。投射测验工具主要有洛夏墨迹测验和主题统觉测验，但由于过程复杂、要求高，所用不多。

（三）在教育评价中的应用

在教育上，只有对一个人进行准确的评价才能实施最有效的措施，因为通过评价可以找到其长处和缺陷所在，由此为其制定恰当的目标，并采用相应的方法。目标应该因人而异，如千篇一律，不分对象，那我们的教育肯定不会对所有的人都产生应有的效果。人格测验中与教育评价有关的可分成两个方面，一是正常人格的评价，二是不健康人格的评价，但以正常人格的评价为主。在正常人格测验方面，目前主要有 16PF、CPI；在诊断心理不健康或病态人格方面，主要有 EPQ 儿童版、心理健康诊断测验（MHT）。MHT 是根据日本铃木清等人编制的不安倾向诊断测验修订而成的，适用于我国中小学生心理健康状况的诊断。

（四）在司法鉴定中的作用

在司法鉴定上，人格评估主要是为了探查被评估者是否具有受审能力，是否具有危险性或暴力行为，是否具有责任能力，需不需要治疗，治疗后的水平，以及赔偿问题等。

心理学家在评估受审能力时，最常用的程序和工具有访谈指南和受审能力筛查工具，如受审能力筛查测验（competency screening test）和受审能力评估工具（competency assessment instrument）。此外，MMPI 和洛夏测验也是司法领域常使用的两个测验。在法律领域，MMPI 还可以用于鉴别当事人的防御状态，提供法庭所关注的与个人行为有关的一些信息。此外，MMPI 在预测危险或暴力行为上发挥着重要作用。

第二节　常用的人格量表

一、明尼苏达多相人格调查表

明尼苏达多相人格调查表由明尼苏达大学心理学家哈特卫和精神病学家麦金利（J. C. Mckinley）合作编制而成。目前国际上已有 100 余种文字的 MMPI 版本，我国的修订版是由宋维真等人完成的。MMPI 是人格量表发展史上的一个重要里程碑，对人格测验的研究进程产生了巨大影响。作者本是为了编制一个有助于精神病学诊断的工具，但 MMPI 除了被广泛应用于精神病患者中外，还被应用于正常人群的咨询、职业、医院、军事和司法方面。MMPI 是人格量表中应用最多的一个量表，也是世界上最常引证的人格自陈量表。

（一）MMPI的编制方法

MMPI是按经验效标法进行编制的，这种方法对项目选择和对回答评分通过效标组（病人组）与对照组（正常组）相比较进行，同时也补充采用统计方法。对于效标组，MMPI的题目库主要来自以下的病人人群：对身体过于关心的，表现有极度抑郁的，有躯体转换症状的癔病患者，不顾社会习俗的病理人格者，有同性恋倾向者，偏执狂患者，精神衰弱患者，精神分裂症患者，轻躁狂患者，社会内向者等。编制者首先从大量病史、早期出版的人格量表、医学档案、病人自述、医生笔记及一些书本的描述中搜集了1 000多个题目，然后就这些题目施测于正常人与病人被试，并比较两组人对题目的反应。如两组对题目的反应确有差别（$P<0.05$），则该题保留，反之则予以淘汰。根据这个原则，最终共选取了500多个题目，每一题目都是通过两组被试的实际反应确定的，因而在以后测量其他人群时自然有辨别作用。

（二）MMPI的结构

MMPI在1943年面世后，经过陆续的发展和修订，产生了不同的版本，不同时期的MMPI版本在项目组成和分量表数目上不尽相同，在本章我们重点介绍MMPI-R的结构。MMPI-R是1966年的修订版，是目前的通用本。MMPI-R在内容上并无改变，题目数仍为500多个，只是对题目的顺序作了重新排列，把与临床有关的题目集中在前399题，后面的题目主要用于研究工作。如果只是为了精神病的临床诊断，仅做前399题便可以了。MMPI-R包含4个效度量表和10个临床量表。

这4个效度量表是：Q（question），疑问量表，或用"?"代表；L（lie），掩饰量表；F（validity），诈病量表；K（correction），校正分量表。

这10个临床量表是：Hs（hypochondriasis），疑病量表；D（depression），抑郁量表；Hy（hysteria），癔症人格量表；Pd（psychopathic deviate），病态人格量表；Mf（masculinity-femininity），男子气-女子气量表；Pa（paranoia），偏执量表；Pt（psychasthenia），精神衰弱量表；Sc（schizophrenia），精神分裂症量表；Ha（hypomania），轻躁狂量表；Si（social introversion）社会内向量表。

（三）MMPI的施测与计分

1. 对被试的要求

被试一般年满16岁，具有小学毕业以上的文化水平，没有什么影响测验结果的生理缺陷。一般完成的时间在45分钟左右。如果被试文化水平低可能会超过两小时，精神病患者所需时间则可能更长。完成MMPI是一个需要较长时间而又枯燥的任务，因此，如果被试焦虑或情绪不稳定，或表现出对完成这个任务不耐烦，可将测验分成几次完成。如果被试比较慌乱，不能按指导语要求去做，可以由固定一个人将题目读给被试听，并由主试者记录反应，这样会更有效。

2. 施测方法

MMPI有手工施测和计算机施测两种方法。手工施测MMPI有两种主要形式：第一种为卡片式，即将测验题目分别印在小卡片上，让被试根据自己的情况，将卡片分别投入贴有“是”“否”及“无法回答”标签的盒内；第二种为手册式，将题目印在手册上，让被试根据题目手册在答题纸上逐条回答，如果题目符合被试情况，则在答题纸上选择“是”，不符合则选择“否”，如果不知项目内容或不能理解，则选择“无法回答”。卡片式适于个别施测，手册式既可个别施测也可团体施测。MMPI的计算机施测是指将MMPI的测题、操作方法、计分程序及两点编码的资料进行编程输入计算机，被试面对呈现测验题目的计算机屏幕，在键盘上做“是”“否”或“无法回答”的选择。在被试回答完毕后，打印机将该测验结果打印出来，这大大提高了工作效率。随着计算机的普及，计算机施测已越来越流行。

3. 计分方法

如果采用计算机施测，则计算机可自动计分并输出结果。如果手工施测，计分方法有两种：一种是计算机计分，将特制的答题纸放入光电阅读器内，结果便可计算出来，或者是主试者将被试的答案输入计算机，也可由计算机计分输出结果；另一种是模板计分，需借助14张模板（Mf有两张模板），每张模板上均有一定数量的与计分键相应的计分圆洞。其具体步骤如下：

（1）将答题纸上被试对同一题目上划上两种答案的题号用颜色笔划去，与“无法回答”的题数相加，作为Q量表的原始分数。

（2）将每个量表的模板依次覆盖在答题纸上，数好模板上有多少个圆洞里画上了记号，这个数目就是此量表的原始分数。值得注意的是，在对Mf量表进行计分时，应按被试性别来采用相应性别的模板。

（3）在下列5个量表的原始分数上分别加上一定比例的K分：Hs＋0.5K、Pd＋0.4K、Pt＋1.0K、Sc＋1.0K、Ma＋0.2K。

（4）由于每个量表的题目数量不同，各量表的原始分数无法比较，因此需要换算成T分数。转换分数的方法采用如下公式：

$$T = 50 + \frac{10(X - \overline{X})}{SD}$$

式中X表示某一被试在某一量表上所得的原始分数，$\overline{X}$表示被试所在样本组原始分数的平均数，SD表示该样本组原始分数的标准差。MMPI手册中附有换算表，可通过查表将原始分数直接换算成T分数。

根据公式计算结果，如果T分在70分以上（按美国常模），或T分在60分以上（中国常模），便视为可能有病理性异常表现或某种心理偏离现象。

（5）将各量表T分数（Hs、Pd、Pt、Sc、Ma为加K后的T分数）登记在剖图上，各点相连即成为被试人格特征的剖图（见图6－1）。

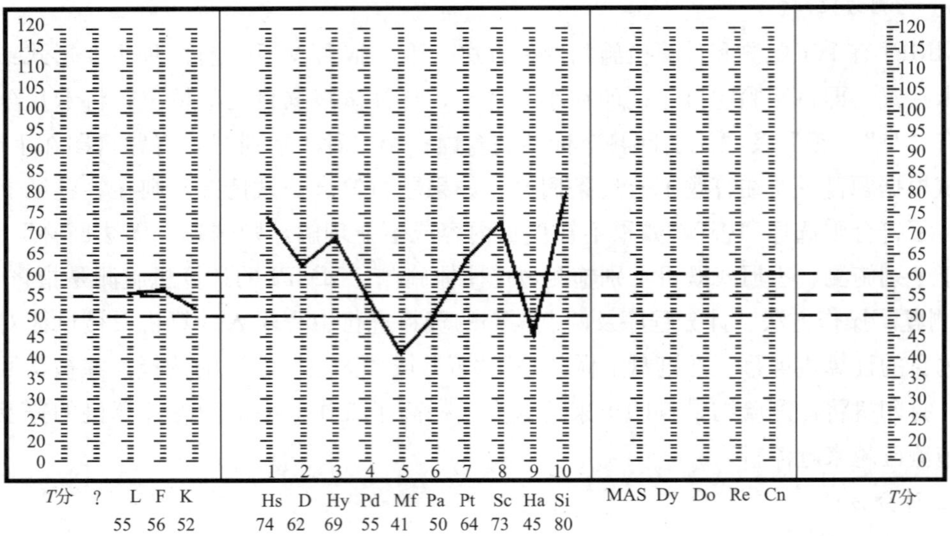

图 6－1　某被试的 MMPI 剖图

（四）MMPI 的结果解释

对 MMPI 结果的解释是一项专业性很强的工作，必须由经过专门训练和具有一定经验的心理学家和精神科医生来进行。一般来说，分数越高，变态的可能性越大，但正常人也可能在某个临床量表上表现出很高的分数。因此不能仅仅根据量表的名称而望文生义地对测验结果进行解释。

1. 效度量表的解释

在 MMPI 的测验中，如果被试能对各个问题作出直接而诚实的回答，那么对结果的解释才能有效。但由于种种原因，有些被试往往会偏离测验的要求。为了甄别被试受检时态度是否偏离，在分析被试的临床量表之前，要先通过分析四个效度量表，以判断测验是否可信、有效。

（1）疑问（Q）：对问题毫无反应及对“是”和“否”都进行反应的项目总数，或称“无回答”的得分。高得分者表示逃避现实，若在前 399 题中原始分超过 22 分，或 566 道题目中超过 30 分，则提示临床量表不可信。

（2）说谎（L）：共 15 个题目，是追求过分尽善尽美的回答。高得分者总想让别人把他看得要比实际情况更好，连每个人都具有的细小短处也不承认。L 量表原始分超过 10 分时，提示 MMPI 的结果不可信。在选择实验的被试时，L 得分在 6 分以上者，最好避免选用。

（3）诈病（F）：共 64 个题目，多为一些比较古怪或荒唐的内容。这些题目主要测验任意回答倾向。分数高表示被试不认真、理解错误，表现出一组互相无关的症状，或在伪装疾病。得分在 32 分左右为绝对任意回答。但如果测验有效，F 量表是精神病程度的良好指标，其得分越高暗示着精神病程度越重。

（4）校正（K）：共 30 个题目，是对测验态度的一种衡量，高分反映防御或个人对自己的不现实的看法。设置 K 量表有两个目的：一是为了判别被试接受测验的态度是不是隐瞒，或是戒备的；二是根据这个量表修正临床量表的得分，即在几个临床量表上分别加上一定比例的 K 分，以减少结果的假阳性和假阴性。

F-K 指数：F 得分与 K 得分的关系是被试戒备态度高低的指标。在 F-K 值为正，而且高于 11 分的情况下，预示为被试有意冒充坏；在 F-K 值为负，而且低于－12 分的情况下，则可能为被试故意要让别人把自己看得好些，并想隐瞒、否认情绪问题及各种症状。

2. 临床量表的解释

临床量表（Clinical Scales）高得分的定义，依文献而异。有些研究者把$T>70$作为高得分，有的把上位 25%作为高得分，有的则用其他一些 T 得分。宋维真等认为 $T60$ 作为区分健康人与偏离者的个性较为恰当，也就是说 T 分超过 60 即属异常范围。值得注意的是，在解释临床量表时，并非说某一量表的 T 分达到 70（我国为 60）就一定意味着被试在这方面有障碍，即不能用单一 T 高分来解释被试结果，例如，D 量表 T 分达到或超过 70 分，不见得就可以解释该被试有抑郁症状。

（1）疑病（Hs）：33 个题目，它反映被试对身体功能的不正常关心，如“我的胃有很多毛病”。得分高者即使身体无病，也总是觉得身体欠佳，表现出疑病倾向。Hs 得分高的精神科患者，往往有疑病症、神经衰弱、抑郁等临床诊断。

（2）抑郁（D）：60 个题目，它与忧郁、淡漠、悲观、思想与行动缓慢有关，分数太高可能会自杀。得分高者常被诊断为抑郁性神经症和抑郁症。

（3）癔症（Hy）：60 个题目，评估用转换反应来对待压力或解决矛盾的倾向。得分高者多表现为依赖、天真、外露、幼稚及自我陶醉，并缺乏自制力。若是精神科患者，往往被诊断为癔症（转换性癔症）。

（4）病态人格（Pd）：50 个题目，可反映被试性格的偏离。高分数的人为脱离一般的社会道德规范，蔑视社会习俗，常有复仇攻击观念，并不能从惩罚中吸取教训。在精神科的患者中，多诊断为人格异常，包括反社会人格和被动攻击性人格。

（5）男子气-女子气（Mf）：60 个题目，主要反映性别色彩。高分数的男人表现敏感、爱美、被动、女性化，他们缺乏对异性的追求意愿。高得分的妇女被看作男性化、粗鲁、好攻击、自信、缺乏情感、不敏感，在极端高分的情况下，则应考虑有同性恋倾向和同性恋行为。

（6）偏执（Pa）：40 个题目，高分提示具有多疑、孤独、烦恼及过分敏感等性格特征。如 T 分超过 70 分则可能存在偏执妄想，尤其是合并 F、Sc 量表分数升高者，极端的高分者极可能被诊断为精神分裂症偏执型和偏执性精神病。

（7）精神衰弱（Pt）：48 个题目，高分数者表现紧张、焦虑、反复思考、强迫思维、恐怖以及内疚感，他们经常自责、自罪，感到不如人和不安。Pt 量表与 D 和 Hs 量表同时升高则是一个神经症剖图。

（8）精神分裂症（Sc）：78 个题目，高分者常表现异乎寻常的或怪异的生活方式，如不恰当的情感反应、少语、特殊姿势、怪异行为、行为退缩与情感脆弱。极高的分数

（T>80）者可表现妄想、幻觉、人格解体等精神症状及行为异常。几乎所有的精神分裂症患者 T 分都在 80～90 分之间，如只有 Sc 量表高分，而无 F 量表 T 分升高，常提示为类分裂性人格。

（9）轻躁狂（Ha）：46 个题目，高得分者常为联想过多过快、活动过多、观念飘忽夸大、情绪高昂、情感多变。极高的分数者，可能表现情绪紊乱、反复无常、行为冲动，也可能有妄想。Ha 量表得分极高（T>90）可考虑为躁郁症的躁狂相。

（10）社会内向（Si）：70 个题目。高分数者表现内向、胆小、退缩、不善交际、屈服、过分自我控制、紧张、固执及自罪。低分数者表现为外向、爱交际、富于表情、好攻击、健谈、冲动、不受拘束、任性、做作，在社会关系中不真诚。

3. 两点编码的解释

从大量 MMPI 的临床研究中发现，患者的 MMPI 剖图中往往出现两个或两个以上的高峰，经过有关专家反复验证，进一步提出了两点编码（two point codes）的解释。两点编码先将临床量表从左到右依次用 1 到 10（或 0）数字编码，Hs 为 1，D 为 2，以此类推，Si 为 0，然后将出现高峰的两个量表的数字号码联合起来，其中分数较高的写在前面，例如，在量表 2（D）上得了第一个高分，在量表 3（Hy）上得了第二个高分，这张剖图的编码即为“23”或“23/32”。如各临床量表的高分点很多，则应逐个配对解释，尤其要对最高点特别重视。常见的两点编码形式的意义如下：

12/21：出现这种剖图的患者常有躯体不适，并伴有抑郁情绪。这组高分者常常诊断为疑病症或抑郁性神经症。如为 127 剖图则常诊断为焦虑性神经症；如为 128 剖图并伴有 F 量表高分者则常诊断为精神分裂症未分化型。

13/31：这种组合的患者，往往被诊断为疑病症或癔症，尤其是在量表 2 比量表 1 和 3 得分低许多的情况下，可作出典型转换性癔症的诊断。

18/81：这种组合的患者，有时被诊断为焦虑性神经症和分裂样病态人格，但按严格的临床标准，如同时伴有 F 量表分数升高，提示为精神分裂症。

23/32：这种组合者通常诊断为抑郁性神经症，如有 F 量表高分或量表 8 高分则可能为重性抑郁症。这类患者对心理治疗反应欠佳。

24/42：具有这种剖图的人常有人格方面的问题，有的可诊断为反社会人格。当合并量表 8 与量表 6 同时高分时，这种人具有严重的攻击性，有破坏性或伤害他人的倾向。

26/62：此种剖图者常有偏执倾向，可能的诊断有抑郁性神经症、被动专横人格（尤其为 Pa、Pd、D 量表分别升高显著）、偏执状态或早期的偏执型精神分裂症，少数病例为更年期偏执。

28/82：此类剖图常见于精神病患者，如 F 量表 T 分高于 70，可诊断为重性抑郁症、更年期抑郁或分裂情感性精神病。如这种剖图者临床上不符合精神病的诊断标准，可诊断为分裂性人格伴抑郁或抑郁性神经症（287 剖图）。对这种人要预防他的自杀企图。

29/92：常见的诊断为双相情感障碍躁郁性精神病与循环性人格。

34/43：这种人以长期严重的易怒情绪为特征，提示有癔症性人格、混合性人格障碍、被动专横人格和暴发性人格。

38/83：具有这种剖图的人有焦虑与抑郁感，有时表现出思维混乱，可能为精神分裂症或癔症（尤其在 F 量表、Sc 量表 T 分都不超过 70 时）。

46/64：这种组合的人是不成熟、自负和任性的，对别人要求过多，并责怪别人对他提出的要求。可能的诊断有被动-攻击人格、偏执型精神分裂症和更年期偏执。

47/74：这种人对别人的需求不敏感，但很注意自己行为的后果，极易发生自怨自艾，可能诊断为焦虑性神经症或病态人格，心理治疗效果甚微。

48/84：有这种剖图的人，行为怪异，很特殊，常有不寻常的宗教仪式动作，也可能干出一些反社会行为。这些人一般诊断为精神分裂症（偏执型）、不合群人格、分裂样病态人格、偏执病态人格。

49/94：这种组合者最显著的特征是完全不考虑社会的规范和价值，常有违反社会伦理道德规范的行为。常见的诊断为反社会性人格。

68/86：这种人表现多疑，不信任，缺乏自信心与自我评价，他们对日常生活表现退缩，情感平淡，思想混乱，并有偏执妄想。如 Pa、Sc 量表 T 分均升高，F 量表 T 分也超过 70，可以说是一个偏执型精神分裂症剖图。如 F 量表 T 分未升高，Pa、Sc 量表 T 分稍高，提示为偏执状态或分裂性人格。

69/96：有这种剖图的人可表现极度焦虑，神经过敏，并有全身发抖等特征，当其受到威胁易退缩到幻想中去。典型的诊断是双相情感障碍，如 Pa、Ha 剖图伴 F 量表和 Sc 量表高分，则可能为偏执型精神分裂症或分裂情感性精神病。

78/87：这种人常有高度激动与烦躁不安等表现，缺乏抵抗环境压力的能力，并有防御系统衰弱表现。其诊断应结合临床，一般 Pt、Sc、Pt 的 T 分高的剖图提示诊断为焦虑性神经症、强迫性神经症、抑郁性神经症，以及人格异常。如量表 Sc 的 T 分明显高于量表 Pt，则可能诊断为精神分裂症。

89/98：这种剖图倾向于活动过度、精力充沛、情感不稳、不现实及夸大妄想者，具有精神分裂症与躁郁症、分裂情感性精神病的可能。

（五）MMPI 的发展

随着 MMPI 适用范围不断扩大，远远超出精神病临床诊断治疗领域，以及社会文化的不断变迁，MMPI 中某些题目和用词渐渐显得不合时宜，使现代受试者感到陌生。美国明尼苏达大学心理系 J. Butcher 等人对 MMPI 项目进行了修订，重新标准化，于 1989 年正式推出 MMPI-2。张建新、宋维真等于 1992 年开始了中文 MMPI-2 中文版的修订工作。

MMPI-2 共 567 个项目，保留了大部分的原 MMPI 项目，两版 MMPI 之间有 394 个项目完全一样，被保留项目多集中在 MMPI-2 前 370 题。删除了原版中重复的 16 个项目和一些令人反感的项目，新增 107 个项目。MMPI-2 新增 3 个效度量表：Fb（后 F 量表）、TRIN（同向答题矛盾量表）、VRIN（逆向答题矛盾量表）；新增若干附加量表，如受制敌意（O-H）量表、支配性（Do）量表、社会责任（Re）量表、性别角色（GM 及 GF）量表以及创伤后应激失常（PK 及 PS）量表等。同时，重新构建了 15 个内容量表，使得对测量结果的解释更为明确。在统计方法上，MMPI-2 使用一致性 T 分代替线性 T 分，克服了同一 T 分数在不同的量表上代表不同的百分位值的缺陷。研究证明

MMPI-2 与 MMPI 有相当程度的一致性和可比性。与 MMIPI 相比，MMPI-2 更适应现代社会对个性测验的要求，能更广泛地应用于许多新领域，如企业、军事及教育的人员选拔等。值得注意的是，由于 MMPI-2 临床使用限制性条件较多，尚没有在我国得以广泛使用。

二、加州心理问卷

（一）CPI 的编制

加州心理问卷（California psychological inventory，CPI）由美国加利福尼亚大学心理学家高夫（H. G. Gough）1948 年编制，高夫是 MMPI 最早的研究成员之一，鉴于 MMPI 用于正常人群的局限性，他于 20 世纪 40 年代开始酝酿一套用于反映正常人员心理变量的量表，该问卷有一半题目来自 MMPI，另一半反映正常青少年和成人的人格。不同于 MMPI，该问卷更着重于正常人格的测查。最新修订本出版于 1987 年，新版本除对原有的部分项目和分量表做了某些更改和调整外，还对记录可靠性的评定采用了决策树方程，并建立了三维立体模式的人格类型划分方法，设置了用于各种职业场合的预测方程。当今，CPI 在美国是使用最广泛的测查正常人格特点的量表之一。

1983 年中国科学院心理研究所宋维真曾将 CPI 问卷译成中文并在北京地区试用，中文最新版 CPI 于 1989 年开始由杨坚、龚耀先等在长沙进行修订。两地应用的结果均证实，量表有一定的信度和效度，基本达到人格测验的要求。

（二）CPI 的结构

原 CPI 由 480 个题目组成，分为 18 个分量表，其中有 3 个量表兼有效度量表的作用。18 个量表加起来，可从人与社会交往中了解个人的特点。18 个分量表分为四类：

第一类：测量自在性、优越性、自信心以及人际关系适应能力，包括 6 个分量表。

（1）支配性（Do，dominance）：领导能力及主动性、支配性。

（2）上进心（Cs，capacity for status）：进取心及潜能。

（3）社交性（Sy，sociability）：活动能力与人际关系。

（4）自在性（Sp，social presence）：自信能力。

（5）自尊性（Sa，social-acceptance）：自我价值感与独立思考能力。

（6）幸福感（Wb，sense of well being）：对社会生活和工作的胜任程度。

第二类：测量社会化、成熟程度、责任心及价值观念，包括 6 个分量表。

（7）责任心（Re，responsibility）：事业心与道德感。

（8）社会化（So，socialization）：社会成熟程度和正直性程度。

（9）自制力（Sc，self-control）：自我调节和自我控制能力。

（10）宽容性（To，tolerance）：对人宽容、接纳的程度。

（11）好印象（Gi，good impression）：辨别测量的可靠程度和社会认可性。

（12）从众性（Cm，communality）：辨别个体反应符合本量表所建立的常模的程度。

第三类：测量获得成就的潜能及智能效率，有 3 个分量表。

（13）遵循成就（Ac，achievement via conformance）：对追求目标的努力程度。

（14）独立成就（Ai，achievement via independence）：思维的灵活性与创造性。

（15）智能效率（Ie，intellectual efficiency）：智能水平。

第四类：个人兴趣、生活态度的测量，有 3 个分量表。

（16）心理性（Py，psychological-mindedness）：了解别人、同情他人的能力。

（17）灵活性（Fx，flexibility）：思维、气质的适应程度。

（18）女性化（Fe，femininity）：兴趣男性化、女性化的程度。

1987 年版 CPI 含有 462 个项目，增加了两个分量表，共有 20 个分量表，V1、V2 和 V3 三个结构量表，以及 13 个用于对管理潜能、学业成就、A 型行为等方面的预测和研究的特殊目的研究量表。增加的两个分量表是：

（1）共情（Em，empathy）：评估与他人进行情感沟通的能力。高分表示坦然自若，可为他人接受，容易理解别人的感受；低分表示在很多场合下感到不自在，不能体谅别人的感受。

（2）独立性（In，independence）：评估自信心以及独立思考和行动的能力。高分表示自信，有智谋，依靠自己的能力解决问题；低分表示缺乏自信和独立性，依赖他人，遇到困难时喜欢寻求别人的支持。

三个结构量表的意义如下：

（1）内向-外向（V1）：测量内外向程度。高分表示沉默寡言、害羞、保守、温和、谦逊；低分表示开朗、自信、健谈、坦然自若、有社交风度。

（2）常规趋向-常规异向（V2）：测量社会价值内化的程度。高分表示有条不紊、小心谨慎、守规范、忠实可靠、自制力强；低分表示桀骜不驯、不安分守己、贪图个人享乐、随心所欲。

（3）自我实现（V3）：测量自我实现水平和个人整合感。高分表示温和、成熟、有自知之明、乐观、兴趣广泛，神经症倾向和冲突相对较少，感到自己有能力并能应付生活中的紧张刺激，能够达到自己的志向；低分表示缺乏自我确定感，不满情绪较多，对变化不定和复杂纷繁的事物感到无所适从，感到自己缺乏决心和毅力，容易在生活中受到打击，难以达到自己的目的和实现自己的志向。

（三）CPI 的施测与计分

1. 施测方法

CPI 用于 13 岁及以上的人，被试应具有小学以上的文化程度。CPI 用于中学生和大学生时，可用团体或个别方法，无时限，一般 45 分钟至一小时可答完所有项目。如 MMPI 一样，施测方式也有手工施测和计算机施测，手工施测时，由主试者将问卷和答题纸各一份给被试，被试根据自己的实际情况回答问卷上的问题，答案有“是”“否”两种。根据答案，主试者再进行手工评分，也可将答案直接输入计算机，由计算机计分并出结果。计算机施测时，被试直接面对呈现测验题目的计算机屏幕，在键盘上做“是”“否”的选择。在被试回答完毕后，用打印机直接将该测验结果打印出来。

2. 计分方法

CPI 的计分方法与 MMPI 类似，如果采用计算机施测，计算机可自动计分并输出结果。如果手工施测则通常采用套版计分，每个分量表、结构量表分别对应各自的套版，将套版与答题纸对应好，分别累计每一套版圆孔中所露出的标记数目，得到各分量表及结构量表的原始分数，进而将原始分按 $T=50+(X-\overline{X})/SD$ 分别转换成标准分。根据该公式，可以看出，CPI 的常模分数也以 50 为均数、10 为标准差的 T 分表示。CPI 手册中附有换算表，可通过查表直接将原始分数换算成 T 分。

（四）CPI 的结果解释

1. 剖图的绘制与解释

将 20 个分量表标准分标记在剖图纸上各量表纵轴相应的刻度上，然后将各点连成曲线，便可反映被试人格特征的剖面图。测验剖图提供了哪些关于被试人格特征的信息，是一个使用测验的人最为关切的问题。对 CPI 测验剖图进行解释的基本步骤如下：

（1）判断测验结果是否可靠。CPI 有三个量表用于无效资料的鉴别：Wb、Gi、Cm。Wb 量表的目的之一是确定那些过分夸大忧虑和个人问题及过分低估满足感的个体。Wb 过低（T 分男性＜ 27，女性＜ 31）提示装坏；Gi 量表则可作为装好的指标，分数过高（T 分男性＞ 69，女性＞ 71）提示测验中极力想给人一个好的印象。Cm 量表是基于 MMPI 中 F 量表相同的方法编制而来的，分数的高低可反映被试对待测验的态度是否认真，Cm 高分提示被试对问卷的反应为一种标准或普通的方式，而特低分（T 分女性＜ 24，男性＜ 29）则提示其回答很可能是以某种随机或无意义的方式作出的。

（2）注意整个剖图的高度。假如几乎所有量表分数都高于平均分数线，提示被试是一个在社会生活和能力方面功能很好的人；相反，如大多数量表的分数在平均值以下，表明被试在人际适应方面很可能存在困难。

（3）注意四组量表高度上的差异。对功能的一般水平作出一个大致的评估后，便可寻找较高或较低的量表组，假如第一组量表（从 Do 到 Wb 6 个量表）较第三组量表（Ac、Ai、Ie）评分要高，可预期被试的社交与人际适应较强，而知识学业方面的潜能较弱。

（4）找出最高分和最低分的量表。分数越偏于两极，就越有可能用特定的一组形容词适当地刻画出被试的个性特征。此时，必须考虑到量表的交互作用原则：其一，当两个或两个以上的极端分数所提示的行为看来相似时，如 Sy、Sp、Sa 都增高，它们可以相互支持和增强；如果为相反或矛盾，则可能会相互抵消和减弱。其二，两个量表不同组合方式可能反映不同的心理特征。

（5）注意剖图的独特性。大多数的 CPI 剖图都具有自身的独特性，如某一量表出现意外的尖峰、高分或低分的罕见组合等。具体解释时，应结合被试的其他信息来源进行综合判断。

（6）注意剖图的内部变异性。许多剖图有其自身的平均分数线（各量表分数的均值），它可能不同于常模平均值或任何特殊群体的平均值。单个量表与个人平均值的偏离可使其解释个人占主导地位的行为特征的意义显著增加。

2. 立体模式的建立和解释

将 V1、V2、V3 三个结构量表作为三个维度可组合成一个立体模式，即以 V1 为横轴，V2 为纵轴，两轴相交划分出四个象限或亚型，其组合模式为：第一亚型，V1 低分（外向）和 V2 高分（常规趋向）；第二亚型，V1 高分（内向）和 V2 高分（常规趋向）；第三亚型，V1 低分（外向）和 V2 低分（常规异向）；第四亚型，V1 高分（内向）和 V2 低分（常规异向）。这四种基本亚型分别被称为 Alpha、Beta、Gamma 和 Delta 型。每种人格类型均有各自的特征性表现，如 Alpha 型的特征为“兴趣指向外部世界，积极进取，可信赖，开朗，自信，社交自如，从人际交往与遵循规范中获得价值感”。

由于 V1 和 V2 均与 V3 相关较低，便有可能将每种亚型按照 V3（将 V3 作为垂直轴）的水平作高、中、低的划分，即 Alpha、Beta、Gamma 和 Delta 中的任何一种都可以表现出由最高到最低的自我实现水平，通常分为 7 个水平，第 1 水平的 V3 意味着“差的个人整合和很少或没有所属类型的积极潜能的实现”，而第 7 水平的 V3 则提示“优秀的个人整合和所属类型积极潜能的实现”。

三、艾森克人格问卷

（一）EPQ 的编制

艾森克在研究神经症时，于 1952 年首先用 40 个项目来调查情绪的稳定性（即现在的 N 量表，neuroticism，神经质），于 1959 年又加上调查内外向的量表（E，extrovision，外向或外倾；I，introvision，内向或内倾），1964 年又加上一个效度量表 L（lie，掩饰量表，调查对项目回答真实与否），而 1975 年则加入 P 量表（psychoticism，精神质），就此形成艾森克人格问卷（Eysenck personality questionnaire，EPQ）。

EPQ 有儿童（7～15 岁）和成人（16 岁以上）两式，英文版的成人 EPQ 有 101 个题目，儿童版 EPQ 有 97 个题目。我国的修订版有陈仲庚（1983）的北京市区域性成人常模和龚耀先等（1984）的全国的儿童和成人常模。龚耀先主持修订的 EPQ 成人版本与儿童版本均包含 88 个题目。

（二）EPQ 的结构

艾森克对人格结构提出多维论，故 EPQ 每个分量表代表一个维度，在每个维度上人格表现分不同程度，而且有两极性。EPQ 共有四个分量表，即 E 维度：内-外向（introversion-extroversion）；N 维度：情绪稳定性（neuroticism）；P 维度：精神质（psychoticism）；L 维度：掩饰（lie）。E 量表是测量外向和内向的，从外向到内向两极之间有各种程度的区别，即从非常外向到外向、比较外向、外内向平衡、比较内向、内向和非常内向各种程度。N 维度以此类推。

EPQ 中的 EN 是两极量表，即说高分和低分均有意义，而 P 量表是后来发展的，是否为两极量表，艾森克并未清楚说明，从 P 的内容来看，是一些人格问题的项目，有这些问题当然有解释意义，没有或很少有这些问题的人，应该是正常的，如果是这样，P量表便是单极的。

（三）EPQ的施测与计分

1. 施测方法

EPQ施测方法有两种，一种是计算机操作，另一种是通过发放问卷和答题纸的手工操作。计算机操作时，被试坐在电脑屏幕前，根据自己的实际情况分别在每个题目中选择“是”或“否”的答案，完成了所有题目后，计算机可直接计算出各个维度的得分，画出剖图，并对其性格特点进行相应的分析。而手工操作时，先给每个被试发一张答卷纸，让其填上自己的姓名、性别、年龄、文化程度等，然后发给问卷。每个项目都有“是”和“否”两个答案选项，被试根据自己的情况进行选择，然后主试者按内向-外向（E）、神经质（N）、精神质（P）和掩饰性（L）四个量表计分。

2. 计分方法

EPQ计分的依据是计分键。计分键中的数字是项目号，项目号前无“一”号的表示该项目若被试圈“是”记1分，圈“否”（或“不是”）记0分；项目号前有“一”号的表示该项目若被试圈“是”记0分，圈“否”（或“不是”）记1分。按P、E、N、L四个量表分别计分，然后算出各量表的总分（原始分）。

EPQ的常模采用T分数。根据被试的性别和年龄将被试各量表的原始分对照常模表分别转化成T分数，然后在剖面图上找到各维度的T分点，将各点相连，即成为一幅表示被试人格特征的曲线图（见图6-2）。

（四）EPQ的结果解释

1. 各维量表的解释

（1）典型外向（E分特高）：爱社交，朋友多，渴望兴奋，喜冒险，行动常受冲动影响，反应迅速，乐观，好谈笑，情绪倾向失控，做事欠踏实。

（2）典型内向（E分特低）：安静，离群，保守，交游不广但有挚友，喜瞻前顾后，行为不易受冲动影响，不爱兴奋的事，做事有计划，生活有规律，做事严谨，倾向悲观，踏实可靠。

（3）典型的情绪不稳（N分特高）：焦虑、紧张、易怒，往往又有抑郁、睡眠不好，易患心身障碍，对各种刺激的反应都过于强烈，情绪激发后很难平复下来，强烈的情绪反应影响其正常适应。

（4）情绪过于稳定（N分特低）：情绪反应缓慢、弱，容易平复，通常是平静的，很难生气，即使生气也是有节制的，并不强烈。

（5）P量表：P分高的成人表现为不关心人，独身，常有麻烦，在哪里都感不合适，可能残忍、不人道、缺乏同情心、感觉迟钝、常抱敌意、好进攻，喜欢一些古怪的、不寻常的事情；P分高的儿童表现为古怪、孤僻，常对人仇视、进攻，缺乏是非感，无社会化概念，好恶作剧，是一种很麻烦的儿童。

（6）L 量表：原来作为效度量表，通过实践说明，L 分高不一定就是回答不真实，研究（包括 MMPI 的 L 量表）发现，它的得分高低与许多原因有关，如年龄（中国常模是年龄小的儿童和老年人的偏高）和性别（女性偏高）。

2. EPQ 剖图解释

根据 EPQ 剖图（见图 6－2）可直观地判断出被试的内外向性、精神质以及情绪稳定性。剖图中两侧纵轴的 T 分数在 38.5、43.3、50、56.7 和 61.5 的五个点上各有一条横线。居中的一条横线为各常模群体的 T 分均值线（$T=50$）。在 T 分均值线上下各 0.67 个标准差的范围内，亦即在 43.3 至 56.7 的两条线之间，约有相应常模群体 50％的人数。在均值线上下各 1.15 个标准差的范围内，即在 38.5 至 61.5 的两条线之间，约有相应常模群体 75％的人数。分析时，将 T 分数落在±0.67个标准差之内的点作中间型解释，将 T 分数落在±0.67 个标准差之外、±1.15个标准差之内的点作倾向型解释，将 T 分数落在±1.15 个标准差之外的点作典型解释。

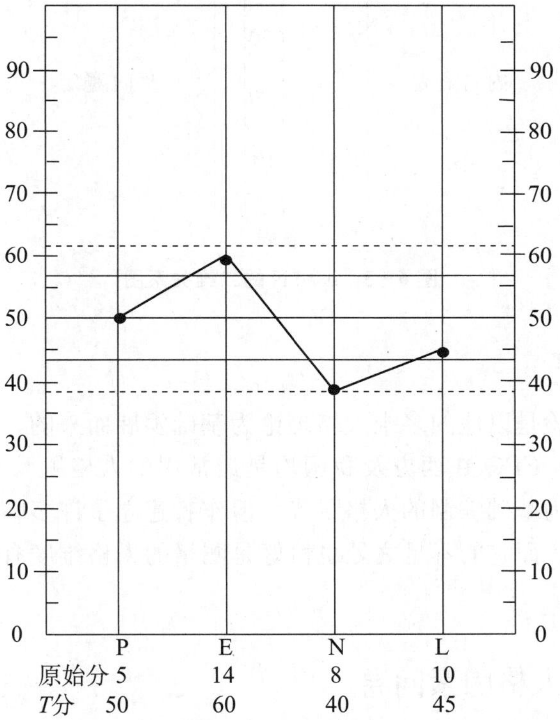

图 6－2　EPQ 量表剖图

3. E、N 关系图解释

用 E、N 这两维来描述人们的人格类型时，以 E 维作横轴，N 维作纵轴，便构成四个象限：即外向-情绪不稳、外向-情绪稳定、内向-情绪稳定和内向-情绪不稳。艾森克认为，由 E 维和 N 维构成的四个象限，分别相当于传统的四种气质中的胆汁质、多血质、黏液质和抑郁质。如果以 E 和 N 的交点为圆心作一个圆时，在圆周上便有从一象限到另一象限的各种移行状态，这样一来便可将人们划分成许多人格类型了。在获得被试的 E 分和 N 分后，在 E、N 二维关系图（见图 6－3）上找到 E 和 N 的交点，便可得知其典型的气质特点。图中画出的中间、倾向和典型的划界线，其含义与EPQ剖图中的含义相同。

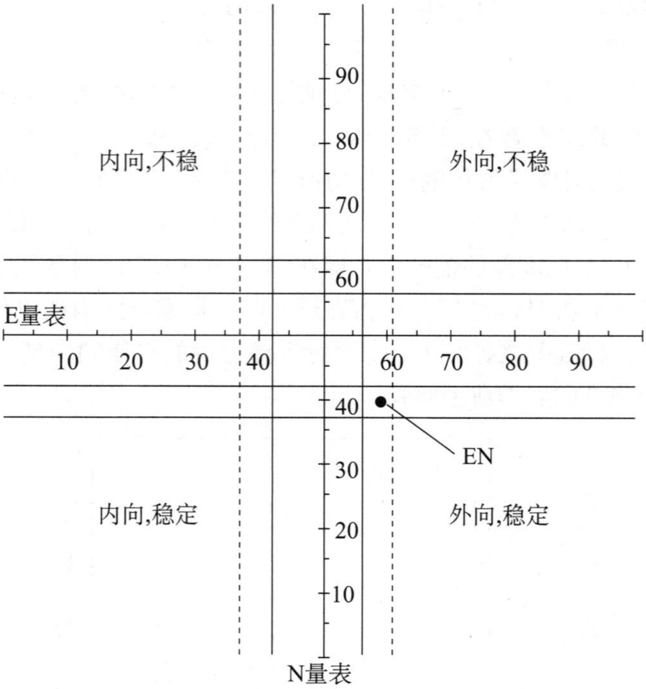

图6-3 E和N的二维关系图

（五）EPQ的评价

艾森克的人格测验是以他的多维人格理论为基础发展而来的，内容较少，操作及解释均不太复杂。因此，EPQ在西方及我国均是最常用的人格测验工具之一。虽然EPQ本来是一个以纯理论为基础编制的人格量表，但作者建立了许多临床群体常模，所以在临床上也有很多应用。而它的不足之处也恰好是测量的人格维度有限，不便对人格进行全面的深入研究。

四、卡特尔16项人格因素问卷

（一）16PF的编制

为了确定和测量人格基本的根源特质（source traits），卡特尔经过10年研究，于1949年第一次出版了人格因素分析的结果，并编制了卡特尔16项人格因素问卷（sixteen personality factor questionnaire，16PF）。该问卷曾经被多次修订、补充和发展，现已广为使用。

16PF是根据人格特质说，采用因素分析方法而进行编制的。卡特尔从对人们描述人格特质的词汇表中分析出人格基本的根源特质。卡特尔认为，“根源特质”是人类潜在的稳定的人格特征，是人格测验应把握的实质。卡特尔于 1936 年首先从字典中收集了 17 953个人格描述形容词并将相近的加以合并，形成了一个由4 504个描述人格特点的词构成的词汇表，然后再减少到 171 个特质名称。先由大学生来评价他们的相识者，将结果进行分析，得出 31 簇表面特质（surface traits）和 12 个“根源特质”，又据此编成两极性评定量表，再用于大学生、军队和临床测验。之后经过因素分析，得出 15 个因素，加上智力因素，构成 16 项人格基本因素。

（二）16PF 的结构

16PF 英文原版共有 5 种版本：A、B 本为全版本，各有 187 个题目；C、D 本为缩减本，各有 106 个题目；E 本适合于文化水平较低的被试，包括 128 个题目。1970 年经刘永和、梅吉瑞修订，将 A、B 本合并，形成了中文修订本，该版本共有 187 个测题，分成 16 个因素，每个因素包括 10～13 个测题。为防止被试勉强作答或不合作，每个测题有三个可能的答案，这就使被试在回答时能够有折中选择，避免“二选一”不得不勉强回答的弊病。而且，被选用的测题中有许多表面上似乎与某种人格有关，但实际上与另外一人格因素关系密切。如此，被试因不易猜测每一题目的用意而能作出如实回答。

（三）16PF 施测与计分

1. 施测方法

16PF 属于团体实施的量表，当然也可以个别实施。测验时，每个被试一本试题、一份答题纸，没有时间限制，但被试应以直觉性的反应，依次作答，不应迟疑不决，拖延时间。凡是有相当于初中以上文化程度的青壮年和老年人都可以用。

2. 计分方法

每一测题有 a、b、c 三个答案，可得 0、1 或 2 分。聪慧性（因素 B）量表的题目有正确答案，每答对 1 题得 1 分，答错得 0 分。测验一般用模板计分，模板有两张，每张可为 8 个量表计分。使用计分模板只能得到各个量表的原始分，尚需要通过查常模表将其换算成标准分，其换算公式为：

$$\text{标准分}=5.5+\frac{1.5\ (X-\overline{X})}{SD}$$

然后按各量表标准分在剖图上找到相应圆点，将各点连接成曲线，即可得到被试的人格剖图。

（四）16PF 的结果解释

16PF 的 16 项因素均有相反的两极，每一极均有一种相应的术语作代表，以 10 分为标准分，低的一极在 1～3 分，高的一极在 8～10 分。从这 16 个基本因素中还可提取出 4 个第二级因素，根据被试在各因素上的得分，对照表 6－2 中所列的 16PF 高低分特征，即可了解被试的人格特征。

表 6-2　　16PF的因素和意义

基本因素	意　义
A因素（乐群性）	低：（含蓄）缄默，批评，冷淡，不受人感情影响。 高：（热情）开朗，参与，对人有兴趣，随和。
B因素（聪慧性）	低：（智力低些）思维迟缓，学识浅薄，具体思维，抽象思维能力弱。 高：（智力高些）聪颖，富有才识，抽象思维。
C因素（稳定性）	低：（感情用事）情绪不稳，易激发，易变。 高：（情绪稳定）成熟，面对现实，沉着，有耐心。
E因素（恃强性）	低：（谦逊）温柔，宽宏大量，容易领导，易适应。 高：（武断）进攻，权威，固执，独立，积极。
F因素（兴奋性）	低：（有节制）谨慎，严肃，冷静，不苟言笑。 高：（感到愉快）轻松兴奋，冲动型生活，掉以轻心。
G因素（有恒性）	低：（权宜）苟且敷衍，不注意原则，无责任心。 高：（认真）有恒负责，守规矩，有道德感，受约束。
H因素（敢为性）	低：（害羞）拘谨，胆怯，畏怯退缩。 高：（冒险）冒失，冲动，无顾忌。
I因素（敏感性）	低：（务实）自力更生，现实主义，理智的。 高：（空想）敏感，不现实，感情用事。
L因素（怀疑性）	低：（可信任的）适应性强，信赖随和，好打交道。 高：（猜疑的）自以为是，怀疑，刚愎，固执己见。
M因素（幻想性）	低：（现实的）按常规的，力求完善合理。 高：（幻想的）不顾客观事实，狂妄，放任。
N因素（世故性）	低：（爽直的）自然，坦率，天真。 高：（精明的）社会机警，有洞察力，世故。
O因素（忧虑性）	低：（镇定的）有把握，自我满足，自信，沉着。 高：（忧虑的）自责，紧张，忧虑。
Q1因素（实验性）	低：（保守的）遵守传统观念和标准。 高：（实验的）自由的，喜欢革新，不拘泥于陈规。
Q2因素（独立性）	低：（依赖的）爱参加团体，随群附和。 高：（独立的）自立自强，当机立断。
Q3因素（自律性）	低：（任性的）不顾礼节，不顾大体。 高：（有节制）恪守陈规，自律谨严。
Q4因素（紧张性）	低：（松弛）从容，平静，不活泼，不灰心。 高：（紧张）灰心，紧张，激动，困扰。
第二级因素	**意　义**
QⅠ因素（内外向）	低：内向，通常羞怯而审慎，与人相处多拘谨不自然。 高：外向，通常善于交际，不拘小节，不受约束。
QⅡ因素（适应-焦虑）	低：生活适应顺利，通常感觉心满意足。 高：易于激动、焦虑，对自己的境遇常常感到不满。
QⅢ因素（冲动-安详）	低：感情丰富，情绪多困扰不安，通常感觉挫折气馁，遇到问题经反复思考才能决定。 高：安详机警，果断刚毅，有进取精神，过分现实，遇到困难有时会不经考虑，不计后果，贸然行事。
QⅣ因素（怯懦-果断）	低：优柔寡断，受人驱使而不能独立，依赖性强，因而事事迁就，以获得别人的欢心。 高：独立、果断、锋芒毕露、有气魄，充分表现自己的独创能力。

五、NEO 人格问卷

（一）NEO PI 的编制

1985 年，美国心理学家考斯塔（P. T. Costa）和麦克雷（R. R. McCare）以“大五因素”人格理论为基础编制了 NEO 人格问卷（NEO personality inventory，NEO PI），1992 年又进行了修订，成为 NEO 人格问卷修订版（NEO personality inventory-revised，NEO PI-R）。

NEO PI-R 共有两种形式，有自称量表式（S 式）和他人评定式（R 式），前者由被试进行自我报告，后者则由被试的同伴、配偶或其他人对其进行评价。NEO PI-R 总题数为 240 个，另有 3 题作为效度量表的题目。每一题目采用五点量表评分，分别是非常同意、同意、中性、不同意、非常不同意。NEO PI-R 还有一个包括 60 个题目的简化本，即 NEO 五因素问卷（NEO five-factor inventory，NEO FFI）。我国目前有 1996 年杨坚的 NEO 中译本。

（二）NEO PI-R 的结构

NEO PI-R 共有五个维度，分别为大五人格模型的神经质（N）、外倾性（E）、开放性（O）、顺同性（A）和严谨性（C），每一维度又各包括 6 个特质分量表，故全量表共有 30 个特质分量表，具体名称及功能见表 6－3。

表 6－3　NEO PI-R 的维度量表和特质分量表

人格维度和特质	主要功能和特征
N：**神经质**（neuroticism）	个体情绪的状态，体验内心苦恼的倾向性
N1：焦虑（anxiety）	面对难以把握的事物、令人害怕情况时的状态
N2：愤怒性敌意（anger hostility）	人们准备去体验愤怒情绪的状态
N3：抑郁（depression）	正常人倾向于体验抑郁情感的个体差异
N4：自我意识（self-consciousness）	人们体验羞耻和面临困境时的情绪状态
N5：冲动性（impulsiveness）	个体控制自己的冲动和欲望的能力
N6：脆弱性（vulnerability）	个体面对应激时的状态
E：**外倾性**（extraversion）	个体神经系统的强弱和动力特征
E1：热情性（warmth）	个体对待别人和人际关系的态度
E2：乐群性（gregariousness）	人们是否愿意成为其他人的伙伴
E3：自我肯定（assertiveness）	个体支配别人和社会的欲望
E4：活跃性（activity）	个体从事各类活动的动力和能量的强弱
E5：刺激追寻（excitement-seeking）	人们渴望兴奋和刺激的倾向性
E6：正性情绪（positive emotions）	人们倾向于体验正性情绪的程度
O：**开放性**（openness）	个体对体验的开放性、智慧和创造性
O1：幻想（fantasy）	个体富于幻想和想象的水平
O2：美感（aesthetics）	个体对于艺术和美的敏感和热爱程度
O3：情感（feelings）	人们对于自己的感觉和情绪的接受程度

续前表

人格维度和特质	主要功能和特征
O4：行动（action）	人们是否愿意尝试各种不同活动的倾向性
O5：观念（ideas）	人们对于新观念、怪异想法的好奇程度
O6：价值（values）	人们对现存价值观念的态度和接受程度
A：**顺同性**（agreeableness）	人际交往中的人道主义或仁慈方面
A1：信任（trust）	个体对其他人的信任程度
A2：坦诚（straightforwardness）	个体对别人表达自己真实情感的倾向性
A3：利他性（altruism）	个体对别人的兴趣和需要的关注程度
A4：顺从性（compliance）	个体与别人冲突时的倾向性特征
A5：谦虚（modesty）	个体对待别人的行为表现
A6：温存（tender-mindedness）	个体给予别人赞同和关心的程度
C：**严谨性**（conscientiousness）	人格特征与意志有关的内容和特点
C1：胜任感（competence）	个体对自己的竞争状态的认识和感觉
C2：条理性（order）	个体处理事务和工作的秩序及条理
C3：责任心（dutifulness）	个体对待事物和他人的认真和承诺态度
C4：事业心（achievement striving）	个体的奋斗目标和实现目标的进取精神
C5：自律性（self-discipline）	个体约束自己的能力，自始至终的倾向性
C6：审慎性（deliberation）	个体在采取具体行动前的情绪状态

（三）NEO PI-R的结果解释

有关大五人格因素及其高、低分特征见表6-4。

表6-4　大五人格因素及其高、低分特征

高分者特征	特质量表	低分者特征
	神经质（N）	
烦恼、紧张、情绪化、不安全、不准确、忧郁	评鉴顺应与情绪不稳定，识别那些容易有心理烦恼、不现实的想法、过分的奢望式要求以及不良反应的个体	平静、放松、不情绪化、果敢、安全、自我陶醉
	外倾性（E）	
好社交、活跃、健谈、乐群、乐观、好玩乐、重感情	评鉴人际互动的数量和强度、活动水平、刺激需求程度和快乐的容量	谨慎、冷静、无精打采、冷淡、厌于做事、退让、话少
	开放性（O）	
好奇、兴趣广泛、有创造力、有创新性、富于想象、非传统的	评鉴对经验本身的积极寻求和欣赏，喜欢接受并探索不熟悉的经验	习惯化、讲实际、兴趣少、无艺术性、非分析性
	顺同性（A）	
心肠软、脾气好、信任人、助人、宽宏大量、易轻信、直率	评鉴某人思想、感情和行为方面在同情至敌对这一连续体上的人际取向的性质	愤世嫉俗、粗鲁、多疑、不合作、报复心重、残忍、易怒、好操纵别人
	严谨性（C）	
有条理、可靠、勤奋、自律、准时、细心、整洁、有抱负、有毅力	评鉴个体在目标取向行为上的组织性、持久性的程度，把可靠的、严谨的人与那些懒散的、邋遢的人作对照	无目标、不可靠、懒惰、粗心、松懈、不检点、意志弱、享乐

第三节 投射测验简介

一、投射测验基本概念

所谓投射测验（projective test），是指那些相对缺乏结构性任务的测验，包括测验材料没有明确结构和固定意义，以及对反应的限定较少的测验。在投射测验中，对被试提供模糊而不确定的测验刺激，引起被试的反应，让他的动机、情绪、焦虑、冲突、价值观念或愿望在不知不觉中投射出来。投射测验法通常具有如下特征：

第一，刺激情境含糊不清，没有明确的结构和固定的意义，容许被试自由发挥。投射测验就是给被试一个模糊而暧昧的刺激情境，使被试有一个机会来表达出内心的需求以及许多特殊的知觉，和对该情境所作的许多解释。墨迹图片、完成句子、文字联想和绘画等投射方法，可以诱导出被试的反应来说明其人格结构、感情、价值观念、动机、适应方式。许多在自陈量表中不能显露的潜意识可以在投射测验中显露出来。

第二，被试的回答不像自陈量表那样受到限制，并不需要一致的反应，反应可以是自由而广泛的。人格调查测验有若干标准化了的问题，要被试回答其在一些不同的情境中所具有的感情和活动。而投射测验不能告诉被试测验的目的，只告诉这是一种想象测验，它只是提供给被试相当自由的情境，使其有充分表示知觉上个体差异的机会，让被试间接地说明他自己。

第三，反应本身具有多维性，解释者的分析必须是整体性的。投射测验注重整体人格的分析，可以对人格的多个维度进行测量，而一般的人格测验，往往只能测量某些人格特征。

投射测验除了可以研究一个人的整体人格外，同时也可以用来考察个人的智能、创造力、解决问题的能力。同时，投射测验的适用范围也很广，从儿童至成人，从有文化的人至文盲均可适用。但是，迄今为止，大部分的投射测验都未建立常模，往往根据临床心理学家和精神科医生的经验对测验结果加以解释，因此存在一定的弊端。信度往往只能采用评分者的信度来表示，至于效度，因测验的控制（被试的主观状态，如饥饿、焦虑、睡眠不足；或主试者的指导语，主试者的性别等）和统计分析过程的缺陷，往往还不能得到有效的结论。

根据测验的刺激性质和反应要求，投射测验可以分成联想测验、结构测验、完成测验、排列或选择测验及表达测验等五类（见表 6－5）。目前，常用的投射测验有主题统觉测验、洛夏墨迹测验、句子完成测验法、图片挫折测验以及画人测验等。这里以洛夏测验（Rorschach test）为例，说明投射测验的内容和操作过程。

表 6-5 五种类型的投射测验及例子

类型	测验名称	描述
联想测验	洛夏墨迹测验	呈现10张墨迹图，要求被试说出墨迹图像什么。
	手测验	呈现运动中的手的不同图片，要求猜出每只手“在做什么”。
结构测验	画人测验	要求被试在一张空白纸上画一个人，然后再画一个性别不同的另一个人。
	主题统觉测验	呈现模棱两可的社交情境图片，要求被试讲一个有关图片中人物的故事。
完成测验	句子完成测验	呈现许多未完成句子的主干（如：“我觉得我的父亲很少……”），然后要求完成句子。
	图片挫折测验	呈现给被试不同挫折情境的图片，要求他们对每个情境做出口头回答。
排列/选择	斯左迪（Szondi）测验	呈现给被试不同心理障碍的个人照片，要求分别挑出最喜欢和最不喜欢的照片。
	颜色测验	要求被试以自己喜欢的顺序排列不同颜色的卡片。
表达测验	木偶剧	要求孩子用木偶来扮演其他人或自己。
	笔迹分析	要求被试提供他们随意的笔迹样品。

二、常用投射测验举例——洛夏墨迹测验

洛夏墨迹测验（简称洛夏测验）是由赫曼·洛夏（Hermann Rorschach）发明的。1921年洛夏出版了《心理诊断法》（*Psychodiagnostics*），首次介绍了他使用墨迹图建构的测验。墨迹图的制作比较简单：先将墨水滴到纸上，然后将纸对折随意挤压墨水，结果便在纸上形成了无意义的图形，洛夏精心挑选了10张组织成了测验（如图6-4）。洛夏测验施测比较简单，呈现的刺激是模糊和不确定的墨迹图，对被试仅要求说出墨迹图可能是什么，其他没有严格限制，不过对反应的计分和分析则较复杂。洛夏认为他的测验是测量知觉过程的，而且相信知觉过程，即组织和构建我们所看到的过程，与人的其他心理活动有密切的关系，可以借助这种工具区分不同人群的反应，比如智力低下、精神分裂症和其他不同种类的精神障碍。

图6-4 类似的洛夏测验墨迹图

洛夏测验自诞生后，在国外就被广泛地使用于临床和研究，1995年沃特金斯（Watkins）等人对400名临床医生进行了调查，结果显示他们中有82%的人在使用洛夏测验。在所有测验使用的频率中，洛夏测验排在第四位。早在20世纪40年代末，湘雅医学院的凌敏猷就将洛夏测验带回国内。20世纪50年代初龚耀先开始将其应用于临床并于20世纪60年代初编写了《洛夏测验》手册。1985年，龚耀先修订了综合系统，建立了中国常模。但目前，洛夏测验在国内的使用仍然处在引进介绍阶段。

（一）测验材料和施测

1. 墨迹图

综合系统使用的墨迹图是洛夏在1921年设计的，共10张图卡。每张图卡上都印有不同形状和色彩的墨迹图，用罗马数字Ⅰ到Ⅹ来标识，其中图卡Ⅰ、Ⅳ、Ⅴ、Ⅵ和Ⅶ是黑白的，图卡Ⅱ和Ⅲ除黑白色外尚有鲜明的红色，而图卡Ⅷ、Ⅸ和Ⅹ是彩色的。

2. 施测

洛夏测验的施测要求主试者与被试并排就座，主试者坐在被试的右侧，测验材料放在主试者的旁边，远离被试。该测验不主张使用面对面的方式。

洛夏测验的施测分两个阶段：自由反应阶段和询问阶段。在自由反应阶段，主试者给出指导语后，被试根据要求对10张图卡逐一做出反应，主试者逐字逐句将反应记录。相对而言，自由反应阶段的施测是比较容易的，询问阶段的施测则比较复杂。询问阶段主要的目的是对被试的反应进行核实，确定反应使用的部位和决定因子。该阶段主要的困难是如何恰当地使用询问，以及确定询问的内容。询问阶段最容易犯的错误是在提问中出现明显的提示或暗示，如“颜色起作用了吗”。因此，切记提问一定要具有模糊性。

举例：

自由反应阶段	询问阶段
主试者：它可能是什么？	主试者：这里你说“看起来像两只熊”。
被试：看起来像两只熊。	被试：是，看这里，这里（用手指），就像它们在做什么。
	主试者：做什么？
	被试：是，或许它们在打架。

（二）测验的编码、计分与解释

20世纪50年代，在美国陆续出现了五种不同的计分系统：Hertz、Beck、Klopfer、Rapoport和Piotrowski系统。各种计分系统在理论导向和计分体系上存在不同，结果导致在洛夏测验的使用和解释上出现了很大混乱。20世纪60年末和70年代初，约翰·埃克斯纳（John Exner）在收集了大量的、代表性广泛的正常人样本后，对施测、言语的指导、反应的记录以及对被试的提问作出了明确的操作规定。在计分和解释方面，主要将过去计分系统中已有的那些重要的、价值比较大的成分综合在一起，形成了一个新的计分系统，称为综合系统（comprehensive system）。综合系统是在面对洛夏测验缺乏科学性和测量学基础的批评指责中发展起来的，因此，约翰·埃克斯纳在制定这套系统时就将其牢牢地植根在测量学的基础上。到目前为止，综合系统已先后出了四版（1974，1983，1993，2003），成为解释洛夏测验的主流。

根据反应的特征，可以从不同角度对反应进行分类，比如反应使用墨迹图的部位，反应是由墨迹图的何种性质决定的，以及反应的内容等。洛夏测验的编码就是从不同角度对反应的特征进行标识。在综合系统中，编码是从部位、发展质量、决定因子、形态质量、成对反应、内容及其他等七个方面进行的。对反应进行编码之后，要对编码进行计分和整理，计算编码的频率、比率以及某些分数并整理结果以便于解释分析使用。目前，对于洛夏测验解释常采用约翰·埃克斯纳创立的解释方法，这种解释方法用于组织结构化一览表中的分数和比率。该解释涉及七个单元：信息加工、认知中介、观念、压力耐受和控制、情感、自我知觉和人际知觉。除了这七个单元外，还涉及测验的效度指标（R和L）和自杀分数（S-Con）。解释大致可分三个步骤：第一，根据常模的临界分数标出效度指标和七个单元所包含的各种指标，并对超过临界值的指标做出假设性解释；第二，将上述各单元的解释假设进行整合，去除假设中相互矛盾的结论；第三，结合病史、临床晤谈及其他心理测验的材料，对洛夏测验的解释进行整合，得出最后的解释。由于编码系统、计分系统及结果解释均十分复杂，这里不作详细介绍，相关内容可请参考《洛夏测验手册》。

（三）洛夏测验的具体应用及优缺点

洛夏测验结果主要反映了个人人格特征，但也可得到对临床诊断与治疗有意义的精神病性指标，主要有抑郁指数、精神分裂症指数、自杀指数、应对缺陷指数及强迫方式指数等，这些病理指数都是经验性的，在临床上很有用。比如，抑郁指数可帮助诊断成年人的抑郁症，而精神分裂症指数则有助于诊断精神分裂症。

洛夏测验是一个非结构性的测验，测验的任务和目的是相对分离的，这样就避免了掩饰、伪装和依赖个人对自己人格认识的问题，从而使获得的资料更加客观真实。洛夏测验能够提供人格不同侧面的资料，从而可对人格做出整体性分析，获得较为全面的和有动力关系的人格印象。然而，洛夏测验的编码和计分非常复杂，不易掌握，且经验性成分多，因此要求主试者具有丰富的人格结构、心理动力学和精神病理学方面的知识，以及在洛夏测验方面接受过长期的和高水平的训练。

第七章

临床评定量表

传统的评估方法如智力、人格评估都是基于这样的假设：人类的大部分行为特征是由相对稳定的心理特质来体现的。本章我们将讨论与传统评估方法完全不同的临床评估领域——行为评估。行为评估主要关注可观察的行为以及行为发生的情境，它包括行为访谈、行为观察、自我监控及评定量表等方法。本章只讨论评定量表的部分。

第一节　临床评定量表的性质、种类及内容

一、评定量表的定义与性质

评定量表（rating scales）是用来量化观察中所得的一种测量工具，为心理评估的重要手段之一。在心理研究和临床实践工作中，常常需要对群体或个体的心理和社会现象进行观察，并对观察结果以数量化的方式进行评价和解释，这一过程被称为评定（rating）。而评定需要按照标准化程序来进行，这种标准化的程序便是量表（scales）。评定量表已被广泛地应用于心理学、社会学、医学、教育、工业、商业、行政管理等领域。

二、临床评定量表的种类

临床评定量表可按量表项目编排方式进行分类，也可按评定者性质进行分类，而最常见的是按量表内容进行分类。

1. 按量表项目编排方式

（1）数字评定量表：提供一个定义好的数字序列，评定者根据自己的情况圈选相应的数字。

（2）图解评定量表：把每一行为列成从左到右一线条，评定者在相应的段上进行选择。

（3）标准评定量表：先设定一套行为标准（如各具风格的 5 人），将其与被评定者比

较，评定者选定与被评定者相近的一种情况。

（4）强迫选择评定量表：提供一些描述词，评定者在各项描述中被强迫选择一种与被评定者状况最接近的。

2. 按评定者性质

（1）自评量表：量表的填表人为受评者自己，受评者对照量表的各项目陈述选择符合自己情况的答案并作出程度判断。量表实施方便，可团体测评，但要求受评者有一定的阅读理解能力。

（2）他评量表：量表填表人为评定者，一般由专业人员担任，如心理评估工作者、医师或护士等。评定者既可根据自己的观察，也可询问知情者的意见，或者综合这两方面情况加以评定。评定者必须具有有关的专业知识，并且接受严格的训练。

3. 按量表内容

临床评定量表按内容可以分成很多的种类，如常用的有心理健康综合评定量表、生活质量和幸福度评定量表、抑郁评定量表、焦虑评定量表、自尊与自信评定量表等。

三、量表的内容

量表种类繁多，不同种类和功能的量表，其内容各不相同，但总体而言，量表都包含以下几个方面的内容。

1. 评定量表的名称

量表名称可以是仅指明量表的种类，例如简明精神病量表（BPRS）、紧张性生活事件评定量表（SLERS）；也可以是既说明量表的类型又指明量表的编制者或编制单位，如汉密尔顿抑郁量表（HAMD）。在研究或者临床报告中，要写明所应用的量表名称。

2. 评定量表项目

每一量表中均包括若干项目。每一项目都是描述一种心理特质、行为、症状、现象的陈述句，例如BPRS包括18项症状。这些项目都是量表编制者根据他们的理论和经验参考其他量表加以规定的。以症状量表为例，该量表包括的项目应该是该类疾病的主要和重要症状，特别是常见的症状，这样，量表的得分才能反映病情的严重程度。量表的项目不能太多，一般以20项左右为宜。项目过少不能充分反映病情，过多则检查及评定的时间太长，不符合经济原则。项目描述应尽量简明，尽可能少用一般性词语，如“平均”“很好”“很差”等。

3. 评定量表中的项目定义

一般来说，对于他评量表，要求对每一个项目的内容作出比较严格的定义，如说明这一项目是评定何种病理心理现象的。汉密尔顿焦虑量表（HAMA）就将第2项“紧张”，定义为紧张感、容易疲倦、易于受惊吓、易动感情、易于哭泣、肢体颤抖、坐立不安或不能放松。而在BPRS的第6项，项目名称也是“紧张”，但它的定义则并不完全相同，被定义为紧张的运动表现，不包括紧张的主观体验。因此，在具体应用时，必须注意不能混淆。

4. 项目分级

量表中的每一项目均分成若干等级，有的采用两分法（即“是”“否”回答），如艾森克人格问卷，而大多数评定量表采用多级评分，例如 BPRS 为 1～7 级的 7 级评分，HAMD 为 0～4 级的 5 级评分，SDS 为 1～4 级的 4 级评分。一般而言，分级以 5～7 级最为合适。如果分级太少，量表的敏感性便降低；如果分级太多，分级标准不易掌握，影响评定者间的一致性。通常等级划分在 3～7 级之间，以 5 级最为常见。

5. 评定量表的评分标准

评分的标准一般来说有两种，一是项目内容出现的严重程度，另一种是项目内容在每一段时间内出现的频度，也可以是两者的结合。例如 HAMD 主要是根据严重程度来评定，而 SDS 则根据症状在最近一周内出现的频度来评定。他评量表一般对每个项目的评分标准都有特殊的规定，但一般最好有评定的操作性评分标准或“工作用评定标准”，这样便于评定者掌握，也较为准确。

此外，量表的种类很多，评定量表的质量主要从信度及效度两个方面来衡量。

第二节 临床评定量表的应用

一、量表的用途

诊断量表主要用来帮助建立诊断或为诊断提供参考，其他量表则各有其特殊用途。以症状量表为例，其主要用途有三个方面：

1. 作为病例的一般资料

例如，报告一组抑郁病人，HAMD 的平均总分为 31±3.5，那就是一组较为严重的抑郁病人。

2. 作为病人的入组标准

例如，一般关于抑郁症研究的入组标准之一为 HAMD 总分为 16 分以上，这样可增加样本的同源性。

3. 疗效评定

这是最通常的用途之一。

二、量表应用的注意事项

1. 对象

不同的量表适合于不同的对象，除了病种以外，还有年龄或住院和门诊的限制，例如，HAMD 适用于有抑郁症状的成人。

2. 时间范围

按量表手册规定或临床/研究方案的要求，如症状量表多数为评定检查当时或过去一周或两周内的情况。

3. 评定员

各量表对评定员的要求不一，多数要求为精神科医师和临床心理工作者，有些量表也可由精神科护士及其他研究人员执行。评定员一定要受过有关量表评定的训练。

三、量表结果的分析

量表结果的意义及分析方法因量表种类、性质及其具体应用而异。此处主要介绍最常用的症状量表的结果分析，并举一些实例加以说明。症状量表的常用统计量为总分、单项分和因子分。

1. 总分的分析

（1）以总分反映病情的严重程度：量表总分能较好地反映病情严重程度，也就是说，病情越轻，总分越低，病情越重，总分越高。这是设计评定量表的最基本假设。一个较好的症状量表，应该能正确地反映病情严重程度，两者的相关程度可以作为检验量表效度的重要标准之一。由于总分是反映病情严重程度的指标，因而是一项十分重要的一般资料。在具体研究中，或者把量表总分作为一项入组标准，如规定符合某种诊断标准的抑郁症患者，同时HAMD总分在16分以上者方可入组，或者是在一般资料中写明本研究（或各组）病人的量表总分范围和均值，例如某项研究的病例HAMD总分（17项版本）为21.5±2.3（16～25），那么，也就是说研究对象为一组中等偏重的抑郁症，这样就便于研究结果的比较和重复。另外，总分还可作为代表病情严重程度的研究变量，例如某研究把重性精神分裂症分为两组，一组有家族史，BPRS总分为45.3±5.6，而另一组为无家族史，BPRS总分为56.5±7.3，假如 T 测验 $P<0.001$，那就提示无家族史者的病情比有家族史者要重。

（2）以总分变化反映病情演变：以治疗前后量表总分的改变反映疗效，是量表总分最主要的用途之一。就具体病人而言，其疗效判断可以用总分的减分率评估。减分率＝（治疗前总分－治疗后总分）/治疗前总分。一般认为减分率大于50%为显效，大于或等于25%为有效。如某例抑郁症患者，治疗前HAMD总分25，疗程结束时为11分，减分率＝（25－11）/25＝56%，属显效。

2. 单项分的分析

（1）以单项分反映具体症状的分布。症状评定量表是评定临床症状的工具，量表的单项分能反映具体临床症状的分布。

（2）以单项分变化反映靶症状的治疗效果。量表中各项症状治疗前后评分的变化，还能反映各靶症状的改善状况。可对各单项分的治疗前后的改变，分别作 T 检验分析，以单项分的变化来表明靶症状的治疗效果。

3. 因子分的分析

（1）因子分的计算：在用量表分析不同精神疾患的症状分布特点，或者比较治疗前后的症状变化时，量表的编制者们常用量表的因子分析方法，其基本原理就是以数理统计（多元分析）法将同类的或意义相近的项目归纳在一起，以便得出综合的、简明扼要的，同时又能反映受检者特点的结论。例如，HAMD的因子分析，便把24项症状归纳成：焦虑/躯体化、体重、认知障碍、日夜变化、阻滞、睡眠障碍及绝望感等七个因子，这样可以更为简捷清晰地反映病人的实际特点。如某抑郁症患者作HAMD检查，因子1包括5个项目，各单项分如下：第（10）项为3分，第（11）项为2分，第（12）项为0分，第（15）项为2分，第（17）项为1分，则因子分的计算法为，组成该因子的单项评分的总和除以组成该因子的项目数，即（3＋2＋0＋2＋1）÷5＝1.6（分）。因子2～7的因子分计算，以此类推。然后，计算一组病人的各个因子分的平均值与标准差，进而可与治疗前后或与其他组病人作比较。

（2）用因子分析反映具体病人的心理病理学特点。如表7-1是两名来访者的SCL-90的因子分。从来访者甲的因子分我们可以获得这样的信息：该名来访者目前的主要症状是焦虑，同时伴有一定程度的抑郁症状，这与临床诊断“焦虑障碍”相符；而来访者乙则为一名强迫症患者，该患者的SCL-90因子分支持了强迫症的诊断，此外，SCL-90因子分提示该来访者也表现出一定程度的焦虑和抑郁症状，其焦虑、抑郁症状很可能是强迫症的伴随症状。

表7-1　甲乙两名来访者SCL-90的因子分

	躯体化	强迫	人际关系	抑郁	焦虑	敌对	恐惧	偏执	精神病性
来访者甲	2.1	2.4	1.6	3.1	3.8	2.1	2.5	1.5	0.9
来访者乙	1.3	3.7	1.2	2.4	2.5	1.6	1.4	1.9	1.1

4. 以因子分析反映靶症状群的治疗结果

疗效评定也是健康评定量表的主要用途。采用因子分析，可反映靶症状群的治疗结果。例如，一名焦虑症患者治疗三个月后，其焦虑和躯体化因子的得分显著下降，表示其焦虑症状得到了明显的改善。

四、评定量表在心理卫生评估应用中的特点

评定量表之所以广泛应用于心理卫生的评估领域中，主要在于其有如下几个特点。

1. 客观

一般每个评定量表都有一定的客观标准，不论是何人、在何时、何种条件下来评定受评者，均应根据这个标准来收集资料，作出等级评定，因此所得结果比较客观。

2. 数量化

评定量表使观察结果数量化，用数字语言代替文字描述，是研究样本较理想的入组指标和研究因子的变量形式，有助于分类研究，便于将观察结果作统计学处理，更有利于计算机分析，研究的结果表达更符合科学要求。

3. 全面

评定量表的内容全面而系统，等级清楚。用它来观察受评者，收集个体一般资料，

评价心理卫生各个方面，估计防治效果，一般不会遗漏重要内容。其功能相当于一份详尽的观察和晤谈大纲，并能协助评定者发现其他评估方法如观察、晤谈等所遗漏的内容，并弥补如心理测验等方法的不足。

4. 经济方便

评定量表能够广泛运用，一个重要原因在于各类人员较易学会操作方法，完成每一份量表评定通常只需10～30分钟，省时、省力、省钱。

五、评定量表的选择和评价方法

一般而言，作为量表的使用者，首先根据自己的研究目的来选择。选择和评价量表常用的原则如下：

1. 量表的功效（resolution）

量表的功效指所使用的量表能否全面、清晰地反映所要评定的内容特征，真实性如何。质量好的量表应该项目描述清晰，等级划分合理，定义明确，以反映出行为的细微变化。

2. 敏感性（sensitivity）

敏感性指选择的量表应该对所评定的内容敏感，即能测出受评者某特质、行为或程度上的有意义的变化。

3. 简便性（simplicity）

简便性指所选择的量表简明、省时和方便实施。

4. 可分析性（analysis）

可分析性指量表应有其比较标准，或者是常模，或者是描述性标准。

第三节　常用的临床评定量表

一、应对方式评定量表

应对又称应付（coping），应对方式（coping styles 或 coping ways）可简单地理解为人们为对付内外环境要求及有关的情绪困扰或减轻事件对自身影响而采取的方法、手段或策略。应对是心理应激过程中的重要中介因素，与应激事件性质及应激结果均有着密切的关系。一般认为应对是一种包含多种策略的、复杂的、多维度的过程，对身心健康的保护起着重要的作用。如有研究发现个体在高度应激状态下，如果缺乏社会支持和良好的应付方式，则心理损害的危险度可达43.3%，为普通人群危险度的两倍。为了测量或评估个体在面对应激环境时，应采用哪一类或哪一种应付方式，并评价哪类应付方式更有利于心身健康，研究者们已发展了较多的应付方式量表或问卷。如 Lazarus 和 Folkman 等的应付方式检核表（The ways of coping checklist），姜乾金、梁宝勇、解亚宁等分别编制的应付方式的简易量表，肖计划编制的应付方式问卷等。这里仅对肖计划编制的应付方式问卷作简要的介绍。该应付方式问卷是肖计划等参考国内外有关应付的理论和应付与防御研究所用的问卷内容，根据我国的文化背景编制而成的。

（一）量表结构

应付方式问卷（coping style questionnaire，CSQ）共有 62 个条目，共分为 6 个分量表，分别为：解决问题（包含 12 个条目）、自责（9 个条目）、求助（10 个条目）、幻想（10 个条目）、退避（10 个条目）和合理化（11 个条目）。

（二）评定方法

CSQ 适用于 14 岁以上具有初中或初中以上文化程度的人群。评定的时间范围为近两年来的应付方式状况。每个条目有两个答案“是”“否”。如果选择“是”，则继续对后面的“有效”“比较有效”“无效”作出评估；如果选择“否”，则继续下一个条目。除条目 19，36，39 和 42 采用反向计分外，其余条目选择“是”计 1 分，选择“否”计 0 分。

（三）结果解释

CSQ 的计分主要采用因子分，因子分的计算方法为：分量表因子分＝分量表条目分之和/分量表条目数。根据各分量表的因子分的值可绘出应付方式因子廓图，根据廓图和各分量表因子分对评定结果进行解释。评定结果可解释个体或群体的应付方式类型和应付行为特点，比较不同个体或群体的应付行为差异。

应付因子间的相关分析发现“解决问题”和“退避”两个应付因子间的负相关程度最高，以此作为 6 个应付因子关系序列的两极，然后根据各因子与“解决问题”应付因子相关系数的大小排序，可得到 6 个应付因子的关系序列图：退避→幻想→自责→合理化→求助→解决问题。研究结果还发现，个体一般都会采用一种以上的应付方式，但每个人的应付行为类型仍具有一定的倾向性，这种倾向性构成 6 种应付方式在个体身上不同的组合形式，这些不同的组合形式可解释为：(1)“解决问题-求助”，成熟型。这类个体在生活中表现出一种成熟稳定的人格特征和行为方式，在面对应激事件或环境时，常能采用“解决问题”和“求助”等成熟的应付方式，而较少使用“退避”“自责”和“幻想”等不成熟的应付方式。(2)“退避-自责”，不成熟型，这类个体表现出一种神经症性的人格特点，其情绪和行为缺乏稳定性，在生活中常以“退避”“自责”和“幻想”等应付方式应付困难和挫折。(3)“合理化”，混合型，这类个体表现出的应付方式集成熟和不成熟的应付方式于一体，在应付行为上表现出一种矛盾的心态和两面性的人格特点。

（四）应用评价

CSQ 稳定可靠，具有较好的测量学指标。构成各因子条目的因子负荷取值均在 0.35

以上；在青少年学生样本中，6 个因子间隔 1 周的重测相关系数 $r=0.62\sim0.72$；在神经症-对照组中，应付因子重测相关系数 $r=0.63\sim0.73$。该量表可以作为不同群体的应付行为研究的标准化工具之一，有助于为心理健康保健工作提供依据，为不同专业领域选拔及培养人才提供帮助，为心理治疗和康复治疗提供指导，为提高和改善人们的应付水平提供帮助。但该量表也存在以下一些问题：（1）各因子条目组成的数量和分布不均衡；（2）部分条目的因子归属和因子条目的构成欠稳定；（3）个别条目的语义有重叠或意义欠清楚；（4）所能测量的应付行为的形式和类别还比较局限。

二、社会支持评定量表

社会支持（social support）从性质上可分为两类：一是客观的、可见的或实际的支持，包括物质上的直接援助和社会网络、团体关系的存在和参与；二是主观的、体验到的情感支持，如个体在社会中受尊重、被支持、被理解的情感体验和满意程度，与个体的主观感受密切相关。良好的社会支持有利于健康，而劣性的社会支持则损害人的身心健康。社会支持一方面对应激状态下的个体提供保护，即对应激起缓冲作用，另一方面对维持一般的良好情绪体验具有重要作用。

国外较有影响的社会支持问卷是 Sarason 等编制的社会支持问卷（social support questionnaire，SSQ），分为实际的客观支持和主观体验两个维度；而国内学者肖水源提出社会支持的研究还应包括个体对社会支持的利用情况，有必要作为社会支持的第三个维度，因此他设计了一个 10 个条目的社会支持量表，1990 年又做了小规模的修订，在这里对该量表作简单的介绍。

（一）量表结构

社会支持评定量表（social support revalued scale，SSRS）共有 10 个条目，包含三个维度。量表各维度分别为：（1）客观支持，包括 2，6，7 三个条目；（2）主观支持，包括 1，3，4，5 四个条目；（3）对社会支持的利用度，包括 8，9，10 三个条目。

（二）评定方法

SSRS 适用于 14 岁以上各类人群的健康测量。每次评定约需 3～5 分钟。其中第 1～4，8～10 条目中，每条只能选一项，选择 1，2，3，4 项分别计 1，2，3，4 分；第 5 条则分为 A，B，C，D 四项计总分，每项从无到全力支持分别计 1～4 分；第 6，7 条如回答“无任何来源”则计 0 分，回答“下列来源”者，有几个来源就计几分。

（三）结果解释

SSRS 的分析指标包括总分（10 个条目计分之和）和维度分（各维度包含的条目计分之和）。总分和各维度分越高说明社会支持程度越高。一般认为总分小于 20，为获得社会支持较少；20～30 为具有一般社会支持度；30～40 为具有满意的社会支持度。

（四）应用评价

该问卷设计合理，条目易理解无歧义，具有较好的信度，肖水源对 128 名二年级大学生进行测试，量表各条目一致性在 0.89～0.94 之间，两个月的重测系数为 0.92，表明该问卷具有良好的信度。测定的结果发现与心理健康的结果呈中等程度的相关，表明具有较好的预测效度。解亚宁等的研究发现，三个维度都与 SCL－90 的总分及各因子分呈负相关，其中主观支持和对支持的利用度与各因子分相关系数较高。此外，发现对支持的利用度可成为预测心理健康的社会与心理因子之一。肖水源在对消化性溃疡病人的研究中发现，社会支持总分与 SCL－90 的总分呈负相关（$r=-0.1848$，$P<0.05$），如将 SCL－90 总分作为因变量，社会人口学资料、生活事件、病期、社会支持等为自变量作多元逐步回归分析，结果表明社会支持是进入回归方程的四个因子之一。

三、社交性应激反应问卷

应激反应是指当个体面对生活中的各种刺激时所产生的一类非特异反应。它包括经个体主观评估之后的各种行为倾向和个体的各种不随意的生理反应。从 20 世纪 80 年代初期至今，研究者开始将对重大应激事件的研究转向对日常应激事件的研究。到目前为止，相关的研究主要包括家庭应激、工作应激、环境应激以及与社交有关的应激。国内外许多研究结果都表明社交性应激源是主要应激源之一，而在社交性应激的情况下采取何种应对的方式，有什么样的不随意的反应，对于个体的健康至关重要，所以研究个体在面对社交性应激时的应对和不随意反应成了增强其身心健康的重要方面。既往的相关量表如情景应对问卷等都存在一些问题，如缺乏理论依据，效度低，过于简单地划分为针对情绪和针对问题等，而且较少关注应激的不随意反应，以及忽视不同应激反应之间的关系，尤其是针对社交性应激源的反应。因而，有必要发展适用于评估社交性应激反应的问卷。社交性应激反应问卷（the responses to stress questionnaire in reference to current social stressors，RSQ-SSV）由 Connor-Smith 等人于 2000 年编制，用于测查面对社交性应激源时的应对以及不随意的反应。

（一）量表结构

RSQ-SSV 共有 57 个条目，可归纳为 5 个因子结构。其中 3 个因子用来评估随意的应对，分别为：（1）初级亲近控制应对因子，包括情绪表达、情绪调节、问题解决 3 个方面的内容，共 9 个条目；（2）次级亲近控制应对因子，包括接受、认知调整、分心、正性思考 4 个方面的内容，共 12 个条目；（3）逃避应对因子，包括回避、否认、主观臆想 3 个方面的内容，共 9 个条目。另外 2 个因子用来评估不随意的反应，分别为：（1）不随意的亲近反应因子，包括情绪唤醒、冲动行为、思维干扰、生理唤醒、沉思 5 个方面的内容，共 15 个条目；（2）不随意的逃避反应因子，包括认知干扰、情感麻木、逃避、怠惰行为 4 个方面的内容，共 12 个条目。

（二）评定方法

RSQ-SSV 应用的前提是假设与他人发生摩擦等社交性应激源；条目中的评分基于被试自己对条目中的表达的理解，即被试对条目所描述的行为反应的赞同程度；所有条目由被试独立完成，无时间限制。

该量表采用 0～3 分 4 级评分，包括：0 分，一点都不；1 分，一点点；2 分，一些；3 分，很多。其中 21 个条目需要采用反向计分。

（三）结果解释

RSQ-SSV 的主要分析指标为因子总分，因子所有组成条目得分相加即为因子总分，得分越高说明个体在面对社交性应激源时越倾向于采用该策略。

以往的研究发现面对负性生活事件时，个体往往会有更高的不随意的应激反应，而与初级亲近控制应对反应和次级亲近控制应对反应呈显著负相关 。另外有研究发现初级亲近控制应对反应和次级亲近控制应对反应对于负性情绪的缓解是有效的。而其他三个因子与儿童抑郁问卷（children's depression inventory，CDI）抑郁总分呈显著正相关。作为认知行为治疗抑郁的核心理论，初级亲近控制应对反应和次级亲近控制应对反应这两个因子涉及有效解决问题或者改变个人思考问题的方式，所以对于负性情绪的缓解是有效的。

（四）应用评价

RSQ-SSV 从多维度来评价应激反应，充分考虑了认知评估与个人特质在应激反应中所起的作用，并考虑到具体社交性情景对应激反应的影响，是近年来使用较为广泛，能够较好区分和评估社交性应激反应的量表。近年来的应用表明其有很好的信效度指标。该问卷作者在美国 437 名青少年中的施测结果显示各因子的内部一致性系数在 0.73～0.89 之间，重测信度 r=0.69～0.81。肖晶等人在 409 名中国大学生中的施测结果显示各因子的因子负荷取值在 0.38～0.86 之间，各因子内部一致性系数在 0.73～0.81 之间。在多个青少年以及成人样本中使用验证性因子分析均证明了 RSQ-SSV 具有良好的结构效度。

四、认知情绪调节问卷

情绪调节指个体为实现目标而对其情绪反应的发生、体验与表达进行监控、评估及修正的内在与外在的过程。良好的情绪调节使个体最大限度地发挥情绪在情境中的适应动力性，促进心理健康和社会适应。情绪调节过程涉及个体意识和无意识的生理、行为和认知反应。其中认知情绪调节是情绪调节中最重要的一种方式，是个体为适应内外环境要求及情绪困扰而做出的认知努力。研究证实，对情境的认知评价可以直接引起情绪体验并调节情绪。

以往有关情绪调节策略的问卷虽对认知策略有所涉及，但大多数测评工具，把认知和行为策略放在一起来考察，因此难以确定这些认知策略在多大程度上影响着负性情绪的调节。为确切了解情绪调节认知策略对负性情绪的影响，有必要把认知成分的情绪调节策略从其他调节策略中分离出来，综合考虑多个认知情绪调节策略与心理健康的关系。基于从纯认知角度来考察认知情绪调节策略的个体差异这样一个理论构想，Garnifski 在综合以往情绪应对理论的相关文献后，于 2001 年编制了认知情绪调节问卷（cognitive emotion regulation questionnaire，CERQ）。

（一）量表结构

CERQ 包含 36 个条目，每 4 个条目构成一个分量表。9 个分量表为：（1）自我责难（self blame），指因所经历的事件而责怪自己；（2）接受（acceptance），指接受和顺应所发生的事情；（3）沉思（rumination），指反复思考与负性事件有关的感觉和想法；（4）积极重新关注（positive refocusing），指用想快乐的事情来替代实际发生的事情；（5）重新关注计划（refocus on planning），指思考怎样处理应激性生活事件；（6）积极重新评价（positive reappraisal），指个体从已经发生的事情中寻找对个人成长有积极意义的东西；（7）理性分析（putting into perspective），指降低事件的严重性或强调与其他更严重的生活事件相比较；（8）灾难化（catastrophizing），指直接强调经历的可怕性；（9）责难他人（blaming others），指把已经历的事情怪罪于他人。

（二）评定方法

CERQ 适用于 12 岁以上不同人群。评定时要求被试根据自己在负性事件或不愉快事件发生时的通常想法对每一个项目进行评定。所有条目由被试独立完成。量表采用 1～5 分 5 级评分（从“几乎没有”到“一直如此”），所有条目均为正向计分。

（三）结果解释

CERQ 主要的分析指标为分量表得分。在某个分量表上得分越高，被试就越有可能在面临负性事件时采用这个特定的认知策略。

9 个分量表可以划分为适应性和适应不良性情绪调节策略两类。适应性策略是接受、积极关注、重新关注计划、积极重新评价和理性分析；适应不良性的策略是自我责难、沉思、灾难化和责难他人。Garnefski 等人的研究表明，应用适应性策略的个体相对于应用适应不良性策略的个体报告出更少的抑郁和焦虑症状。

（四）应用评价

问卷编制者对美国 547 名高中生的施测结果显示各分量表的内部一致性系数均在 0.80 以上。朱熊兆等修订了该量表的中文版，并对 523 名中国大学生的样本进行施测，结果显示全量表的内部一致性系数为 0.81，各分量表内部一致性系数在 0.48～0.89 之间；间隔 1 个月，全量表的重测信度为 0.59，各分量表的重测信度在 0.36～0.69 之间；验证性因子分析结果支持了原量表 9 因子的理论构想。该量表已被应用于健康成人以及多种心身疾病如乳腺癌、高血压、抑郁症患者等人群中。系列研究表明 CERQ 具有良好的信效度指标，具有跨样本群体和跨文化的适用性，是探索情绪问题、评估情绪认知调节策略的可靠工具。

五、症状自评量表

症状自评量表，又名90项症状清单（symptom checklist 90，SCL-90）。该量表的最初版本是由L. R. Derogatis等于1973年编制的，于1976年正式出版。SCL-90具有容量大，反映心理症状丰富，能准确地暴露来访者的自觉症状等优点，目前已成为临床心理评估中最常用的自评量表之一。尤其在分类诊断神经症中，能反映各类神经症的特点，可作为神经症常规检测工具。中文版由王征宇在1984年修订，金华和吴文源于1986年主持建立了中国常模。自SCL-90引进我国以来，已广泛应用于精神科和心理咨询门诊就诊者的心理健康评定、不同职业正常人群的心理卫生调查、应激的相关研究、心身疾病的研究、疗效评定等。

（一）量表结构

SCL-90共有90个项目，包含较广泛的精神病症状学内容，涉及感觉、情感、思维、意识、行为、人际关系、生活习惯等方面的异常表现。量表共10个因子，包含9个症状因子和1个无法命名的因子。10个因子的名称、项目数及其含义分别为：

躯体化（somatization）：包含第1，4，12，27，40，42，48，49，52，53，56，58项，共12项。主要反映主观的身体不适感。

强迫症状（obsessive-compulsive）：包含第3，9，10，28，38，45，46，51，55，65项，共10项。主要反映临床上的强迫症状群。

人际关系敏感（interpersonal sensitivity）：包含第6，21，34，36，37，41，61，69，73项，共9项。主要反映个人的不自在感和自卑感。

抑郁（depression）：包含第5，14，15，20，22，26，29，30，31，32，54，71，79项，共13项。主要反映临床上与抑郁症状群相联系的广泛概念。

焦虑（anxiety）：包含第2，17，23，33，39，57，72，78，80，86项，共10项。主要反映临床上明显与焦虑症状群相联系的精神症状及体验。

敌对（hostility）：包含第11，24，63，67，74，81项，共6项。主要反映病人在思维、情感及行为三个方面的敌对表现。

恐怖（photic anxiety）：包含第13，25，47，50，70，75，82项，共7项。主要反映传统的恐怖状态，社交恐怖等恐怖症状。

偏执（paranoid ideation）：包含第8，18，43，68，76，83项，共6项。主要反映猜疑和关系妄想等精神症状。

精神病性（psychoticism）：包含第7，16，35，62，77，84，85，87，88，90项，共10项。主要反映幻听、思维播散、被洞悉感等精神分裂样症状。

其他（additional items）：包含第19，44，59，60，64，66，89项，共7项。主要反映睡眠和饮食情况。

（二）评定方法

SCI-90适用于16岁及以上成人。评定前工作人员应交代清楚评分方法和要求，评定时由评定对象独立填写。一次施测一般需要20分钟，评定的时间范围是“现在”或者是“最近一个星期”的实际感觉。每个项目按1～5分5级评分：1分无症状；2分=轻度；3分=中度；4分=相当重；5分=严重。有的也采用0～4分5级评分。所有项目均采用正向计分。

（三）结果解释

SCL-90的具体分析指标有：（1）总分，所有项目评分之和；（2）总均分，总分/90，即为项目的平均得分；（3）阳性项目数，评分≥2的项目数；（4）阴性项目数，评分=1的项目数；（5）阳性症状均分，阳性项目总分/阳性项目数，即为阳性项目的平均得分；（6）因子分，组成因子的各项目总分/组成因子的项目数，即为因子分。

总分反映病情严重程度，得分越高提示病情越严重；总分还可以反映病情的演变情况，通过治疗前后总分的变化来评价治疗效果，一般认为减分率≥50为显效，≥25为有效。

阳性项目数及阳性均分反映自我感觉不佳的范围及程度，也可在一定程度上代表疾病的严重性。

因子分可反映症状群的特点，因子分的变化还可以反映靶症状群的治疗效果。得到因子分以后，可以用轮廓图的分析方法，了解各因子的分布趋势和评定结果的特征。

量表作者未提出划界分，我国学者根据中国常模结果提出了应用的划界分：总分超过160分，或阳性项目超过43项，或任一因子分超过2分，可以考虑筛选阳性，需进一步检查。

（四）应用评价

该量表反映心理症状谱较广，能较准确地评价个体是否有某种心理症状及该症状的严重程度，且临床计算机化使其操作快速、简便，结果呈现直观，因而在临床心理评估领域中应用广泛，已成为心理健康测查的一个常规筛查量表。同时该量表有一定局限性。它是根据精神病学症状编制的，因此，在对一般人的心理健康评估上，其适用性受到了一定的限制。同时，该量表项目全面性不够，缺乏评估一些精神病学症状的项目，在躁狂症和精神分裂症患者中的适用性受到了一定限制。在应用过程中对量表分数的解释应该慎重。要做出诊断，必须进行面谈并参照相应疾病的诊断标准。

第八章
心理干预

心理干预是临床心理学的重要技术。本章将讨论心理干预的概念、种类，以及作为最常用的干预形式的心理治疗的基本过程、基本技术等内容。

第一节　概述

一、基本概念

心理干预（psychological intervention）是指在心理学理论指导下有计划、按步骤地对一定对象的心理活动、个性特征或行为问题施加影响，使之发生朝向预期目标变化的过程。一般认为心理干预的主要方法是心理治疗，但随着医学心理学的发展，心理干预的内涵和范围也在不断变化和扩展。我们至少可从两个角度理解心理干预的内涵：一方面心理干预是各种心理干预手段的总称，包括心理治疗、心理咨询、心理康复和心理危机干预等；另一方面，随着社会生活的发展和对心理服务需求的增长，心理干预的思想、策略和对象越来越社会化，逐渐深入文化传播、公共卫生、保健、疾病控制等领域，甚至成为制定公共卫生政策的重要内容。因此，目前心理干预的形式已经从早期单纯的个体治疗的领域，进一步扩展到针对团体或特殊群体的多层次干预，具体包括针对普通人群进行健康促进教育、对心理障碍的高危人群进行预防性干预、运用心理治疗的手段对已经患有心理障碍的人进行临床干预等。

二、心理干预的种类

一般情况下，个体有了较明显的病感后才去医院求治。但从疾病发生发展的全过程看，很多严重的心理障碍如果在症状爆发前有机会得到治疗，效果可能要好得多。研究表明，对某些疾病的高危人群进行预防性的干预，能够显著降低发病率。我国中医理论早就提出“不治已病治未病”的先进思想，如《黄帝内经》提到：“是故圣人不治已病治未病，不治已乱治未乱，此之谓也。夫病已成而后药之，乱已成而后治之，譬犹渴而穿井，斗而铸锥……”过去医学界以“预防为主”来概括“治未病”的思想，但实际上这种观点强调的是“治”，即通过预防性治疗达到“防”的目的。显然，这也可作为心理干预的指导原则，即培养健康的行为方式和思维方式，就可以抑制抑郁、焦虑症等心理障碍，遵循健康的生活方式，就可能预防癌症、冠心病等严重疾患。因此，随着社会的发展，人们健康意识的提高，医学心理学需要认真思考应该对哪些群体进行心理干预、何时进行干预以及采取何种措施干预。

从整体上看，要想有效地预防和解决心理疾患，至少应对各类人群实行三个层次的干预措施：健康促进、预防性干预和心理治疗（见图 8－1）。

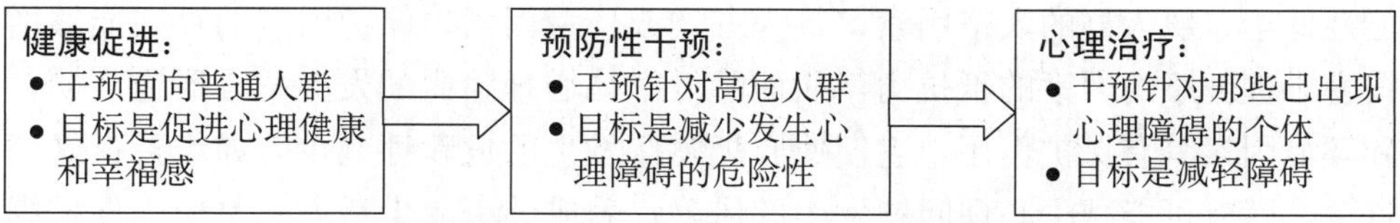

图 8－1　针对不同群体实行的不同的干预措施

（一）健康促进与预防

健康促进（health promotion）是指在普通人群中建立适应良好的行为、思想和生活方式，也称为一级干预。对于高危人群的干预被称为二级干预或预防性干预。在防止心理障碍出现的各种措施中，预防性干预是最有效的手段。三级干预是对全部或部分已经产生心理问题的人进行心理治疗。

在健康促进层面上，可通过促进积极的行为模式和促进健康来预防心理问题的发生。因此，健康促进包含着一些重要的概念，如积极的心理健康、危险因素和保护因素以及与这些因素相对应的预防性干预措施。

1. 积极的心理健康

积极的心理健康（positive mental health）对个体具有保护功能，主要包括两个方面：(1) 保护个体免遭应激损伤的能力。学习正确应对急、慢性应激的方法，可增进积极的心理健康。如应激管理就是一种主要的方法。(2) 个体为增强自我控制感和促进个人发展而有意识地培养自己参与各种有意义活动的能力。包括培养积极的信念或认知方式，如对生活的控制感以及自我效能感（self efficacy）。在应激时这些生活态度和认知模式会促使个体产生积极的情感反应，从而有利于身体健康。塞利格曼（M. Seligman）等的研究表明，要预防抑郁症的出现和发展，一个行之有效的办法是在学龄期就开始设置有关积极乐观思维方式的课程。为促进良好的发育和发展，增强社交能力，在儿童期和青春期可引导孩子学习一定的社交技能和解决日常生活问题的能力。如在一些发达国家，很多中小学校已经开展了促进社会能力的计划，最常用的干预计划是有关社交能力和生活技能的训练课程，其重点一般是青春期适应技能的发展。在有些学校这些训练甚至成为学校的必修课。我国一些大城市的中小学校在积极开展学生心理咨询的过程中也正在尝试实践类似的训练内容。

2. 危险因素和保护因素

危险因素（risk factor）是指导致某一类个体较一般人群易感某种障碍的人格因素或环境因素。危险因素存在于各种情况中，如在药物滥用的案例中，危险因素可能来自个体本身、家庭环境、教育经历、同伴或社会环境的影响。研究还发现，如个体所处环境中有多种危险因素，其心理障碍的发病率高于那些接触单一因素人群发病率的总和，说明各种危险因素之间存在协同作用。此外，某一特定的危险因素会增加多种心理障碍发生的可能性，如父母经常吵架不仅可以导致子女抑郁障碍的发生率增高，而且也可导致其他行为问题增多。

保护因素（protective factor）与危险因素相反，它是指能使个体发生某种心理障碍的可能性低于一般人群的人格因素、行为方式或环境因素。保护因素的存在能够增强个体对损害心理健康的因素的抵抗力，从而降低个体心理障碍的发生率。研究表明，多种个体和环境因素具有保护作用，它们使心理障碍发生的危险性减少，如维持良好的社会支持资源，就有可能减少心理问题发生的风险，养成健康的生活方式是增强保护因素的重要举措。

近十几年来健康心理学（health psychology）的快速发展，使得有关心理与行为健康的知识得到普及，在我国有关锻炼、减肥、健康饮食、独生子女的养育问题等知识在互联网、报纸、电视等媒体上广泛传播，各种心理咨询、心理保健的讲习班、培训班如雨后春笋般蓬勃开展，养成健康生活方式的观念越来越得到重视和普及。从健康促进的具体措施上看，医学心理专业人员的任务是帮助人们养成健康的生活方式。如普及有关营养学的知识，使人们养成健康的饮食习惯，采用系统的行为矫正原理和方法对不良饮食习惯进行干预，制定促进儿童青少年心血管系统健康的干预措施，包括改善学校的学生饮食、加强学生的体育锻炼、开展对学生的禁烟活动等。结果表明，这些活动能明显地促进学生形成健康的生活方式。

（二）预防性干预的方式

预防性干预（preventive intervention）是指有针对性地采取降低危险因素和增强保护因素的措施，预防性干预可以起到阻抗危险因素的作用，并促进保护性因素的形成，从而阻断心理障碍形成和爆发的过程。预防性干预有三种方式：普遍性预防干预、选择性预防干预和指导性预防干预。

1. 普遍性预防干预（universal preventive intervention）

普遍性预防干预主要是面向广大普通人群，针对某些导致整个人群发病率增加的危险因素，进行心理教育或宣传性干预。如青少年后期抑郁症发病率相对增高，预防性干预就可以面对整个青少年人群，进行认知和行为技能教育，以减少抑郁发作的危险。

2. 选择性预防干预（selective preventive intervention）

选择性预防干预是针对那些虽然还没有出现心理问题或障碍，但其发病的危险性比一般人群要高的人，如离婚家庭其子女患抑郁症、PTSD的危险性明显更高，因此应该针对这类家庭的成员实施预防性干预。

3. 指导性预防干预（indicated preventive intervention）

干预的对象是那些有轻微心理障碍先兆和体征的人群。研究表明，有轻度抑郁情绪的人在某些因素的作用下转化为重性抑郁的概率很高，因此，如能预先筛查出已经存在抑郁情绪者，并对其进行干预，就能防止重性抑郁的发生。

研究表明，在处理各种心理问题和躯体健康问题方面，各种干预方式都具有同等的重要性，很多心理问题实际上需要多种层面的综合性干预。Ornish等研究了综合性干预措施在减少心脏病危险因素上的作用。其干预内容包括低脂饮食、有氧训练、应激管理训练、戒烟、集体心理治疗等。结果表明，与对照组相比，干预组负性情绪和冠心病的症状有了明显改善，说明心理综合干预计划在身心两方面都产生了积极的效应。处理酒精滥用问题也需要在各个层面上进行干预。酒精依赖者不仅自身健康受损，而且往往家庭生活混乱，工作能力丧失，子女出现行为和情感障碍的概率也远远高于普通人群。单纯治疗酒精依赖患者，并不能预防新病例的发生，反过来，单纯实行预防酒精依赖的措施虽然也能降低其发病率，但对正在遭受疾病折磨的患者本人及其家庭却没什么真正的帮助。因此，对酒精依赖进行多种形式的干预是十分必要的。

在发达国家，许多健康促进和预防性干预属于社区心理学工作的一部分。社区心理学（community psychology）作为心理学的一个分支，出现在20世纪六七十年代。社区心理学的出现与以下几个因素有关：（1）对精神病人的治疗从封闭的医院治疗转为在社区开办的心理健康中心继续进行康复治疗；（2）人们对心理健康问题的认识逐渐提高，不再认为心理问题仅是个人的问题，而是将其与整个社会环境和社会问题联系起来；（3）逐渐认识到预防才是解决心理健康问题的有效办法。社区心理学家开创了许多预防性的干预技术，推动了医学心理学的发展。现在的问题是，我国健康保障体系的重点仍然是治疗疾病，而不是促进健康、预防疾病，这个问题在心理卫生领域尤其突出。

三、心理咨询与心理治疗的概念

心理咨询也是心理干预的重要组成部分，是实行健康促进、心理教育和心理指导的常用手段。从学科角度看，心理咨询是咨询心理学（counseling psychology）的重要研究内容。咨询（counseling）即商谈、征询。心理咨询（psychological counseling）是指受过专业训练的咨询者依据心理学理论和技术，通过与来访者建立良好的咨询关系，帮助其认识自己，克服心理困扰，充分发挥个人的潜能，促进其成长的过程。

从这个定义看，心理咨询与心理治疗似乎没有本质的区别。但两者之间还是有一定的差异，如心理咨询的对象主要是有现实问题或心理困扰的正常人，着重处理的一般为情绪不快、人际关系问题、职业选择和教育求学的问题、恋爱婚姻问题、子女教育方面的问题等。心理治疗主要针对有心理障碍的病人，如神经症、性变态、人格障碍、心身疾病及康复中的精神病人等。心理咨询主要遵循发展与教育的模式，侧重于对来访者的支持、启发、教育、指导，而心理治疗则遵循生物-心理-社会医学模式，侧重于分析与矫正，消除症状，重建人格。

医学心理咨询（medical psychological counseling）是由我国老一辈医学心理学家提

出的，是心理咨询在医学领域中的应用。医学心理咨询与普通的心理咨询不同，有自身的重点和任务，其主要对象是患者或寻求医学帮助的人，着重处理的是医学领域中的心理问题。因此，医学心理咨询是医学实践的重要组成部分，它贯彻并体现了生物-心理-社会医学模式在临床实践中的应用。参加医学心理咨询的人员既应具备专业化医学知识和技能，又应有一定的心理学、社会学知识，从而承担起医学心理咨询的任务。

随着疾病谱系的变化和生物-心理-社会医学模式的发展，心理咨询与心理治疗将变得日益重要，会被更广泛地应用到医疗领域的各个方面。在这里我们应该谨记一百多年前弗洛伊德说过的一番意味深长的话，大意是：现代的医生不能仅从解剖、物理和化学的观点来理解病人和疾病，不能漏掉心灵深层的东西，只有从深层心理的角度进行研究和理解才能达到对人和疾病认识的高峰……正是弗洛伊德精神分析疗法以及其他心理疗法的出现，才使得在医学发展过程中，医生能够在药物治疗之外多一种选择，患者也有机会在治疗时面对自己的心灵。

第二节　心理治疗

一、概述

（一）概念

心理治疗是心理干预的重要手段之一，其应用的对象主要是那些已经发生了心理障碍的患者。心理治疗与临床上内科或精神科的药物治疗一样都是常用的治疗手段，所不同的是内科或精神科依靠药物干预人体的病理生理过程取得疗效，而心理治疗的工具主要是语言。西方心理治疗界为了将心理治疗与其他临床疗法区别，常把各种心理治疗统称为“谈话疗法”（talking cure）。什么是心理治疗？其基本要素是什么？我们可以从各种定义中进行分析。首先在词源上，心理治疗（psychotherapy）一词来源于希腊语，psycho 意为“灵魂、心灵或生命”，therapy 源于“therapeutikos”，有为人服务及医治他人的意思。因此，心理治疗含有医治他人心灵或灵魂的意思。美国精神科医师沃尔伯格（L. R. Wolberg）认为，从临床角度看，心理治疗是一种“治疗”工作，即由治疗者运用心理学的方法来治疗与患者心理有关的问题。我国心理学者钱铭怡把心理治疗定义为：“心理治疗是在良好的治疗关系的基础上，由经过专业训练的治疗者运用心理治疗的有关理论和技术，对来访者进行帮助的过程，以消除或缓解来访者的问题或障碍，促进其人格向健康、协调的方向发展。”①

综合以上观点可以看到，心理治疗是由受过专业训练的治疗者，在一定的设置中通

① 钱铭怡．心理咨询与心理治疗．北京：北京大学出版社，1994.

过与患者的不断交流，在构成密切的治疗关系的基础上，运用心理治疗的有关理论和技术，使其产生心理、行为甚至生理的变化，促进人格的发展和成熟，消除或缓解其心身症状的心理干预过程。

这个定义强调了心理治疗应包含的一些基本要素。

1. 治疗者必须是经过正规培训、掌握了一定的专业理论和技能、具有合法身份的专业人员

如果治疗者不具备一定的能力和条件，则不能承担心理治疗工作，否则会对患者造成伤害。为促进心理咨询与心理治疗的发展，2001 年以来，我国劳动与社会保障部建立了“心理咨询师资格认证”制度；2002 年以来，国家卫生行政部门开始推动心理治疗向职业化方向发展，目前有医学和心理学教育背景的人可以参加卫计委的心理治疗师考试；2006 年，中国心理学会临床与咨询心理学专业委员会成立了心理师与心理督导师认证、登记的注册系统。虽然十几年来已经培养了几十万心理咨询师与心理治疗师，但从总体看我国的心理咨询与治疗人员的专业化水平还较低，亟待进一步提高专业能力。

2. 心理治疗要按一定的程序和设置进行

心理治疗的程序是指治疗者对心理治疗实际操作过程的具体安排，如有专门的工作场所、严格的预约制度，签订治疗协议，确定会谈时间、治疗次数和付费方式等。程序的重要性犹如外科做手术，稳定地贯穿于整个治疗过程，是医患双方都要遵守的。治疗程序也是一个观察和理解的框架，治疗者可以根据患者对治疗程序的遵守状况评估患者的心理行为变化，如未准时赴约是否表明产生了阻抗等。另外，对患者来说，治疗程序也是一种依托和平台，在这个框架内患者可以安全地表露其内心世界。

3. 心理治疗是建立在密切的治疗关系基础上的职业行为

所谓治疗关系是指在治疗者与患者之间为达到治疗目的而建立的一种密切的、有感情交流的职业性帮助关系。这种医患关系比临床其他领域中谈到的医患关系更具有特殊性和重要性。与药物治疗不同，心理治疗是一个人帮助人、人影响人的活动，是治疗者与来访者之间进行的人格碰撞，技术的应用甚至都是次要的。一种稳定、深刻、信赖的治疗关系是治疗有效的重要因素。人本主义心理学家罗杰斯把治疗关系看作来访者改变和成长的原动力，合格的治疗师都有一系列共同咨询特质（attributes of counseling），即治疗者在治疗过程中对疗效有直接影响的因素，是其表现出来的人际反应特点或态度，如治疗者的温暖、真诚、尊重、积极关注和共情等特点。

4. 运用科学的心理学理论和技术进行治疗

心理治疗是一项技术性很强的工作，治疗者不能仅仅依赖人生经验、常识和助人的愿望进行一般的说教，而要以科学的理论为指导进行规范化治疗。这包括有一套基本原理或概念构想，它能够解释症状形成的原因、心理变化的机制以及有相应的治疗技术。同时，心理治疗也是一门科学的艺术。在实际操作中，治疗者将自己的人格特征、人生经验和理论技术自然地融为一体，治疗者的理论素养在其心理活动的背景下起着潜在的指导作用，而技术性干预贯穿于双方交流互动的各个过程中。

5. 心理治疗的目的是引导患者对内心世界的探索、认识

适当的情绪宣泄和认知矫正，能激起和维持患者学习新经验和改变的愿望，增强自

我效能感并促进其持续地自我成长，从而转变痛苦的、适应不良的心理、行为甚至躯体症状，恢复健全的心理、生理和社会功能。如精神分析疗法通过消除潜意识的冲突和创伤达到治疗目的，行为治疗通过脱敏、暴露和塑造的方法矫正适应不良的行为，认知疗法则通过转变患者的思维方式进而消除不良的情绪。

（二）心理治疗的有效因素

心理治疗过程中，治疗者到底如何影响病人的心理并产生疗效？治疗者应当意识到病人是带着自己的各种观念、燃烧的痛苦来寻求心理疗愈的。如果治疗者受自身经验、治疗设想和理论框架的限制过多，与来访者的要求差距过大，就难以满足来访者的需求。治疗者只有顺应来访者的需要，理解每个人特有的困难和烦恼，才能建立有效的治疗关系。心理治疗到底如何产生效果？首先，要理解来访者是一个具备主体性的特定个体，来访者的心理问题或症状，可被理解为一种主体性力图实现其目标但出现了偏差的尝试，来访者的所有经验包括症状在某种逻辑下也是“合理”的、有功能的，甚至是自己主动选择的，使来访者感受到自己是情绪或症状的主人。这样一来，就能调动来访者的感觉，让其进入和接纳他的不适感，从而解构其不适的症状。在治疗过程中，治疗者的主体性和来访者的主体性相遇，会产生一种主体间场，正是这个场的发展变化，决定了来访者的转化、停滞、成长或“治愈”。在互为主体的共情关系中受到塑造和影响，才能使来访者顺势转变。在这个境界中所形成的特殊的、密切的关系的流变决定了治疗的成效。以下阐述心理治疗的几种重要有效因素与机制。

1. 情绪宣泄

心理治疗关系中所形成的抱持和接纳的环境，有利于来访者释放内心的紧张、痛苦、焦虑、郁闷等情绪，使情绪的压力得到暂时的缓解。多倾听、用心听，给来访者一个表达与宣泄内心真实心情的机会，能使其有内省和梳理的空间。作为一个治疗者，首先请给来访者说出心里话的机会。

2. 认知领悟

有效治疗的重要转变是来访者产生了新的认知领悟。如对待人、事、环境的看法开始产生变化，对过去的偏狭、冲动、投机、绝对化、僵化的认知进行梳理，内心看待人情与世故的态度、思路、方法开始重新建构。几乎所有流派的心理治疗都有认知转变的效果，只是理论和技术路线有不同而已。精神分析侧重从人格层面深刻探讨心理障碍的形成，认知治疗侧重于对来访者当前的认知和行为模式给予干预。

3. 情感转化

情感转化包括以下三个方面：（1）识别与表达。治疗者通过共情的方式帮助来访者识别自己的情感体验，并引导其用恰当的方式表达出来，当来访者的情感能够表达出来时他就会有所驾驭，而不是盲目冲动或无缘由地郁闷。治疗中要允许来访者表达真实的情感体验，如爱、恨、恐惧、悲伤、愤怒、羞耻、内疚等。一个人的情感状态并不总是被自己清楚、明晰、确切地感知到，也难以恰当准确地表达出来，因而在内心会是一团模糊的情绪，并与内在的他人表象发生纠缠，这就造成了混乱的情感冲动。识别与发现情绪与情感，给了来访者一个了解自己内在情绪感受的机会。

（2）解释和揭示。对来访者话语背后的情感情绪内容与感受的解释、呈现是心理治疗的重要环节。那些过去不被意识到的情感内容，可能在潜意识里一直涌动而得不到纾解，发现与宣泄潜意识中被压抑的情绪与情感为来访者的自我理解开启了机会之门。

（3）整合与提升。引导来访者整合和提升驾驭情感的能力。仅仅释放情绪是不够的，情感调控能力弱的人也会有情绪的控制障碍。治疗室内的鼓励退行、表达，是为了在治疗关系中有重新修复的机会，促进来访者现实功能的成熟与提升才是心理治疗的目标。

4. 觉察能力

在治疗中要引导患者对其意识和潜意识的需求、动机、冲突、关系的模式及自体感等心理活动有所发现、理解或觉察。觉察是一种能力，不是一点就通的。治疗者要有高度的觉察和觉知能力，首先要引导患者觉察到现实与幻想的边界；接下来，要能进入患者的幻想中去理解和体验其内心的人际关系模式，同时能保持清醒的现实功能，引导来访者觉察自己的幻想与现实。在此过程中，治疗者还不能有去无回，还要对自己的反移情保持清醒的理性和觉察能力。

治疗者的目标是促进患者发展出理性、成熟的自我功能，以适应现实的人际关系与生活。在心理治疗中，是通过观察患者在现实中的角色责任完成程度，来评估其自我功能的改善程度的。其中患者的自我觉察能力与觉知能力的提高是有效的心理治疗的一个基本的、重要的元素。觉察力提高就是心智化能力水平的提高。

5. 关爱能力

在关怀的态度中发展出接受爱和付出爱的能力。首先，治疗者的工作是一种职业化的服务，但也是一种人性关怀的帮助，应具有一种慈悲仁爱的初心，并保持一个无我、无念、无住的态度，亦不抱刻意行善的姿态；其次，引导来访者在人与人之间的关系上，发展出积极的、善意的情感、认知和态度，使来访者发展出接受关爱和给予关爱的能力。治疗者有真诚、接纳，也有善意的启发，从而引导来访者看到、感受到自己所具有的关爱潜能，培育自我关爱的能力。

（三）心理治疗简史

心理治疗自古以来就存在。早在氏族社会，部落中如有人生病，往往被认为是大自然中的神灵降灾所致，为此采取祭祀、还愿或赎罪的方式以求免除灾祸。这里面其实就包含有心理治疗的成分。我国中医的理论和实践也包含了丰富的心理治疗思想。两千多年前，《黄帝内经》就已认识到心理治疗的重要性，所谓“形与神俱，乃成为人；如形与神离，则形骸独居而终”“精神不进，志意不治，故病不可愈”。我国古代的很多医术中，都少不了要谈到气功吐纳，其实当今的心理治疗界很多技术也都有气功吐纳的影子，比如说澄观静默、呼吸疗法基本上可以说是粗浅的气功入门功夫。近代西方心理治疗的兴起与19世纪流行的“麦斯麦通磁术”（mesmerism）有一定的渊源。直到在法国精神病学家皮内尔的倡导下，去掉疯人院中精神病人的铁链与枷锁，用人道主义的方法对待精神病人，心理治疗才得到发展。

现代科学的心理治疗主要是从19世纪末由奥地利的弗洛伊德创立的精神分析疗法开始的。随着20世纪五六十年代行为治疗、人本主义治疗的产生，其他学科的知识和技术的渗入，心理治疗的理论与技术变得流派众多、形式多样。目前影响较大的有精神分析学派、行为与认知治疗学派、人本主义学派、家庭治疗学派等。随着时代的发展，各个学派开始不断分化和融合，衍生出多种治疗理论和技术。1973年美国精神卫生研究所的一份报告就已经列出各种心理治疗方法130种。1986年卡拉瑟（T. B. Karasu）则报告有400多种心理治疗学派。通过实践经验的积累和对心理治疗疗效的科学研究，目前人们逐渐认识到没有任何一种单一的理论和方法能解决所有的心理问题，应根据不同情况选择不同的方法，或同时采用几种不同学派的方法，因此，心理治疗理论与方法的兼容和整合已经成为一个总的趋势。

现代医学传入我国后，从20世纪早期开始就曾有少数精神科医生和心理学工作者在精神病院中对某些神经症和心理变态的病人进行心理治疗。从20世纪50年代起，我国心理学工作者开始对神经衰弱进行集体和个别的心理治疗，取得了一定疗效，从而形成了具有中国特色的“悟践心理疗法”。改革开放初期，在初步学习和应用精神分析理论的基础上，我国学者创立了“认知领悟疗法”。从20世纪90年代至今，是我国大规模学习西方国家，特别是德国的心理治疗的时期，许多德国的心理治疗师被邀请来中国开展培训，极大地促进了我国心理治疗的发展。

（四）现代心理治疗的发展趋势

当代心理治疗已经呈现出折中、整合与多元化的发展趋势。心理治疗已经从经典精神分析的病因分析取向的治疗，向以治疗关系为依托的方向发展。由于客体关系取向的精神分析与科胡特之后的自体心理学（self psychology）的发展，出现了主体间心理治疗（intersubjectivity psychotherapy）的流派，这一发展显示出，心理动力学与人本主义的心理治疗出现了趋同现象。行为与认知治疗方面，得益于佛教、道教等东方文化对西方心理治疗领域的渗透，发展出了正念减压（mindfulness-based stress reduction，MBSR）疗法以及接纳承诺疗法（acceptance and commitment therapy，ACT）等。受西方医疗体制改革和经济紧缩的影响，心理治疗付费的限制增多，短程治疗、焦点治疗（solution focused）愈加受到推崇和鼓励。同时，受西方医疗领域大力倡导循证医学的影响，心理治疗也出现了简单化、治疗手册化倾向。

二、心理治疗的过程和原则

（一）心理治疗的基本过程

各种心理疗法虽然都有其特定的治疗程序、目标和方法，但实际操作的过程基本上都包括初期、中期和后期三个阶段。每个阶段各有不同的任务：初期的主要任务是建立治疗同盟、收集信息、评估和确认问题及制订治疗方案；中期主要是帮助患者改变不良认知、情绪和行为，建立新的适应性认知、情绪和行为模式；后期主要是处理结束干预所产生的问题及帮助迁移和巩固治疗所获得的成果。

1. 初期阶段

心理治疗初期的主要任务是建立治疗同盟、收集信息、评估和确认问题及制订治疗方案。实施治疗的一个先决条件是患者与治疗者建立相互信任的治疗关系。治疗的成功与否在一定程度上取决于治疗者能否唤起患者的希望和获得患者的信任，要让患者感到治疗者是一个令人感到温暖，能进入他内心世界与他交流并引领他走出自己构筑的壁垒的人。因此，治疗初期的重点应放在建立一个适合患者与治疗者交互作用的治疗同盟上。在治疗同盟的建立和发展中，治疗者要从与患者的互动中收集有关患者生理功能、心理活动、社会背景、人际关系等方面的信息，这些信息可以来自面谈、观察、问卷、心理测验、生理心理评估、医学检查，也可以由对患者至关重要的人提供。

2. 中期阶段

心理治疗的中期阶段通常在心理治疗中占的时间最长。治疗者的主要任务是依据治疗方案，采取适宜的治疗措施帮助患者解决心理问题，达到预期的治疗目标。患者在这个阶段的主要任务是经验情感、重组认知、矫正行为、学习积极的适应性行为。经验情感过程是为患者提供经验性学习的机会，让他学习深刻而充分地经验他的真实情感并能适宜地表达和有效地处理它们，然后产生新的情感体验。认知重组过程是为患者提供认识性学习的机会，以帮助他改变对自我经验的否定、狭隘和僵化的推测，建立新的认知图式。认知重组的关键是扩展患者的自我概念，让他学会承认和接受以前所恐惧和抵御的各种思想、情感和行为，将其纳入自我概念中来并让自我概念成为一个开放的系统，因为心理干预的一个主要目标是帮助患者改变适应不良的行为，使之更好地适应环境的要求。

3. 后期阶段

心理治疗的最后阶段是处理结束治疗所产生的问题并帮助患者迁移和巩固干预的效果。此时，患者可能因治疗结束要与治疗者分离而感到难过、害怕。治疗者应谨慎从事，既不要超越治疗的界限，也不要把结束作为联系的终结。延长治疗的间隔时间，偶尔电话联络、通信联络、定期回访等能减轻患者对结束的恐惧，也为后续的评估提供了机会。在这个阶段，治疗者应评估患者为完成治疗目标所负的责任，让他看到自己所做的努力和具备的能力。更重要的是，治疗者应确认患者已获得了一套行为改变策略并且能将它应用于未来的生活。

（二）心理治疗的原则

心理治疗是一项专业性很强的技术，其作用的有效发挥受到很多因素的影响和制约。因此，实施心理治疗必须严格遵循治疗的基本原则，否则将很难收到预期的效果。

1. 信赖性原则

信赖性原则指在心理治疗过程中，治疗者要以真诚一致、无条件的积极关注和共情的态度与患者建立彼此接纳、相互信任的治疗关系。真诚一致对治疗者而言就意味着成为他自己，做一个可信的人，治疗者的真诚会使患者变得诚实和自然，他会像治疗者那样以一种开放、信任和毫无保留的方式呈现自己的想法和感受。无条件的积极关注是不附加任何限制或保留地对患者表现热诚和认可，给他们提供一种放松、不受威胁并受关注的环境。共情是治疗者准确地理解患者的心理状态并能把这些感受与他分享、交流，共情可以促进患者的信赖，帮助他拓宽自我意识，更好地了解自己。

2. 整体性原则

在心理治疗过程中，治疗者要有整体观念。患者的任何一种心理和行为问题都不是孤立的，总是和他整个身心活动联系在一起。因此，治疗者要对患者的心理问题作全面的考察和系统的分析。治疗者在资料的整理、问题的确认、咨询目标的确定和治疗方案的制订和实施方面，都要考虑心理、生理和社会因素的相互制约和影响，把握各类要素之间的内在联系，这样才能抓住主要问题，找到解决问题的突破口。

3. 发展性原则

在心理治疗过程中，治疗者要以发展的眼光看待患者的问题，不仅在问题的分析和本质的把握上，而且在问题的解决和效果的预测上都要具有发展的观念。如果治疗者能用发展的眼光捕捉到患者细微的变化，因势利导或防患于未然，就会使治疗进程向着好的方向顺利发展。

4. 个性化原则

在心理治疗过程中，治疗者既要注意患者与具有同类问题的人的共同表现和一般规律，又不能忽视每个患者自身的具体情况，不能千篇一律地处理问题。也就是说，每个心理干预方案都应具有它的个性，因为它是为具有个性的个体设计的治疗计划。由于每个人的经历、心理特征和所处环境不一样，即使有相同的问题，其表现形式也不一样，即使表现形式相似，治疗方案也不能雷同。例如，两位同是抑郁症患者，都有绝望的症状，但甲的绝望是因为欺骗妻子20年的负罪感所致，而乙的绝望是因为奋斗多年还不是明星所致，甲将一切过错归咎于自己，而乙完全归罪于他人。显然二者的治疗不会完全相同。

5. 中立性原则

治疗者在心理治疗过程中要保持中立的态度和立场。如果治疗者以自己的价值取向作为考虑问题的参照点或以某种固定的价值取向作为判断是非的参照点，就容易妨碍对事件判断的客观性，把个人情绪带入治疗之中，丧失应有的中立态度。治疗者对治疗中涉及的各类事件均应保持客观、中立的立场，只有这样，治疗者才能对患者的情况进行客观分析，对其问题有正确的了解并有可能提出适宜的处理办法。

6. 保密性原则

治疗者要尊重患者的权利和隐私。由于心理治疗的特殊性，患者往往要把自己的隐私暴露出来，这些隐私可能涉及个人在社会中的名誉和前途，或牵扯到与其他人的矛盾和冲突，若得不到保护和尊重，就会造成恶劣影响。因此治疗者应对患者负责，注意自己的言行，例如，不在任何场合谈论或在报刊上全文披露患者的隐私等。保密性原则的前提是以患者利益为重的同时保护他人和社会的利益。

三、心理治疗的基本技术

（一）倾听技术

倾听（attending）是心理治疗的第一步，它不仅是了解情况的必要途径，也是建立良好的治疗关系和给予患者提供帮助的手段。倾听并非仅仅是用耳朵听，更重要的是要用心去听，去设身处地地感受患者的体验。倾听不但要听懂患者通过言语、行为所表达出来的东西，还要听出患者在交谈中所省略的和没有表达出来的，甚至患者本人都没有意识到的心理倾向。因为患者在叙述人和事时所使用的词语、结构、语气等往往比事件本身更能反映出一个人的特点，所以倾听技术要求治疗者注意患者的言行，要注意他如何表达自己的问题，如何谈论自己及自己与他人的关系，以及对所遇问题如何做出反应。还要注意患者在叙述时的犹豫停顿、语调变化以及伴随言语出现的各种表情、姿势、动作等，从而对言语做出更完整的判断。

（二）提问技术

提问是心理治疗最常用的方法之一。但是提问是一件比较复杂的事情，问题提得是否妥当，关系甚大。问题提得好，可以增进交流，促进同盟关系；提得不好，会破坏交流，伤害同盟关系。提问通常有两种方式，一种是封闭式提问，另一种是开放式提问。所谓封闭式提问（closed question）是事先对患者的情况有一种固定的假设，而期望得到印证这种假设正确与否的回答。封闭式提问通常使用“是不是”“对不对”“要不要”“有没有”等词，而回答是“是”或“否”。这种提问常用来收集资料并加以条理化，澄清事实，获取重点，缩小讨论范围。封闭式提问不宜过多使用，因为它会压制患者自我表达的愿望和积极性，让患者置于被动状态，甚至会导致压抑感和被讯问的感觉。开放式提问（open question）通常使用“什么”“如何”“为什么”“能不能”“愿不愿意”等词来发问。这种提问一般不能简单作答，而是需要作出解释、说明或补充材料。开放式提问应以良好治疗关系为基础，不然也可能使患者产生一种被讯问、被窥探、被剖析的感觉从而产生抵抗。

（三）鼓励技术

鼓励（encouragement）的作用是表达治疗者对患者的接纳，对所叙述的事情感兴趣，希望按此内容继续谈下去。鼓励所用的技巧就是直接地重复患者的话，或说出一些肯定、赞许的话，如“嗯”“好，讲下去”“还有吗”等，以及点头微笑强化患者叙述的内容。治疗者对患者所述内容的某一点、某一方面作选择性关注可引导患者朝着某一方向作进一步深入的探索，使其能对心理问题作进一步的描述和澄清。

（四）内容反应技术

内容反应，也称释义（paraphrase）或说明，是指治疗者把患者的主要言谈、思想加以综合整理后，再反馈给患者。当治疗者选择患者所表达的实质性内容，用自己的语言将其表达出来时，最好是引用患者言谈中最有代表性的、最敏感的、最重要的词语。内容反应使患者有机会再次剖析自己的困扰，重新组合那些零散的事件和关系，深化谈话的内容。

（五）情感反应技术

情感反应（reflection of feeling）是治疗者用词语表达患者所谈到、体验到的感受。它与内容反应很接近，不同的是内容反应着重于患者言谈内容的反馈，而情感反应则着重于患者的情绪反馈。它的作用是澄清事件背后隐藏的情绪，推动对感受及相关内容的讨论。要想捕捉到患者的情感并作出准确的反应，关键在于治疗者要真正进入患者的内心世界，与他的情感产生共鸣。

（六）面质技术

面质（confrontation）是对患者身上存在的矛盾当面提出质疑。常见的矛盾有患者的言行不一致、理想与现实不一致、前后言语不一致以及治疗者和患者意见不一致等。面质的目的在于帮助患者对自己的感受、信念、行为及所处情境进行深入了解，激励患者消除防御、掩饰心理，敢于面对自己、面对现实并进行富有建设性的活动。虽然面质是一种必要的治疗技术，但因其具有一定的威胁性，因此使用时务必谨慎、适当。

（七）解释技术

解释（interpretation）即依据某一理论、某些方面的科学知识或个人经验对患者的问题、困扰、疑虑作出说明，从而使患者从一个新的、更全面的角度来审视自己和自己的问题，并借助新的观念和思想加深对自身的行为、思想和情感的了解，产生领悟，促进改变。

运用解释技术应注意几点：（1）要根据患者的实际情况，从理论的高度给予系统的分析和科学的解释，不要使解释过于表面化、经验化，缺乏说服力。（2）要通俗易懂，根据患者的文化程度和认识水平，运用患者能理解的语言给予恰当的解释，少用专业术语。（3）要循序渐进，在患者经过一定帮助、有了足够的心理准备后，再用恰当的理论给予解释。另外，不能将患者不理解或有怀疑的解释强加给患者。（4）解释既要讲求科学性，又要考虑对患者的积极影响，尽可能地消除和减少消极影响，不要让患者因接受解释而产生更沉重的心理负担。

（八）非言语性技巧

心理治疗除了言语表达以外，还有非言语交流。非言语交流的途径包括身体姿态、肢体运动、目光接触、面部表情、皮肤接触、言语表情等。治疗者运用该技巧主要是以此影响患者并通过对患者的非言语行为的观察和分析获得有用的信息。非言语行为通常伴随着言语内容一起出现，对言语起着加强和削弱的作用。治疗者和患者双方对各自的非言语行为通常是不自觉的，是态度和情绪的反映，因此比理性的言语表达更能传递真实信息。准确把握非言语行为并非易事，需要多观察、多比较、多思考。同一种行为在不同的文化背景下有不同的含义，在不同的人身上，不同的时间和地点所表达的含义可能也不同。治疗者的非言语行为受其价值观、品德修养、信念等诸多因素影响，因此治疗者要提高内在修养，改变平时的一些不良习惯动作，让自己的非言语行为对患者产生积极的影响。

四、心理治疗的范围

现代心理治疗主要是从临床实践中发展起来的，长期以来经过临床实践、实证性研究，人们对心理治疗的适用范围已有较为一致的认同。

（一）综合医院临床各科的心理问题

1. 急性疾病病人

此类病人的特点是起病较急，且一般病情较重，往往存在严重的焦虑、抑郁等心理反应，有时在给予临床医疗紧急处置的同时，需要进行一定的心理治疗，例如给予精神支持治疗、松弛治疗等，以帮助病人认识疾病的性质，降低心理应激反应水平，增强治疗疾病的信心。但有针对性的心理治疗一般应在疾病得到控制以后进行。

2. 慢性疾病病人

这类病人病程一般较长，由于无法全面康复以及长期病人角色的作用，往往存在较多的心理问题，并因此导致疾病症状的复杂化，进一步影响了机体的康复过程。例如，心理支持治疗和行为治疗等手段往往对慢性疼痛病人的行为矫正治疗、康复疗养病人的集体支持治疗等有很大的帮助。

3. 身心疾病病人

由于病人的发病过程中有明显的心理社会因素参与，因此心理治疗是必不可少的。它包括两个方面：首先，针对致病的心理因素，通过帮助病人消除或缓解心理应激反应，以减轻疾病症状，改变疾病发展过程，并促进其康复，例如矫正冠心病病人的 A 型行为、对紧张性头痛病人进行认知治疗等；其次，直接针对疾病的病理过程而采取心理矫正措施，例如对高血压病人进行松弛训练、对瘫痪病人进行生物反馈治疗等。

（二）神经症患者

这是心理治疗在临床医学中应用较早，也是较广泛的领域，涉及各类神经症性障碍如神经衰弱、焦虑症、抑郁症、强迫症、恐惧症、癔症、疑病症等，以及其他精神科疾病如恢复期精神分裂症病人等。

（三）各类行为问题

各种不良行为的矫正，包括性行为障碍、人格障碍、过食与肥胖、烟瘾、酒瘾、口吃、遗尿、儿童行为障碍等，可选择使用性治疗技术、认知行为矫正疗法、正强化法等各种行为疗法。

（四）社会适应不良

正常人在生活中有时也会遇到难以应对的心理社会压力，从而导致适应困难，出现自卑、自责、自伤、攻击、退缩、失眠等心理行为和躯体症状。此时可使用某些心理疗法，例如支持疗法、应对技巧训练、环境控制、松弛训练、认知改变及危机干预等给予帮助。

（五）其他问题

针对儿童行为问题、神经性厌食症和神经性贪食症、精神发育不全的技能训练等也属心理治疗的范围。

第九章 精神分析理论与治疗技术

精神分析学（psychoanalysis）是一个宏大的理论和实践体系，由奥地利的精神病学家弗洛伊德在20世纪初创立。

弗洛伊德将科学方法与哲学思辨结合起来，对临床观察的资料进行整理和解释，形成了精神分析理论和精神分析疗法。一百多年来，精神分析在深度和广度上不断发展，目前客体关系理论、自体心理学和依恋理论已成为现代精神分析的主要理论流派，在治疗方面也演化出多种精神分析取向的治疗方法，又称为心理动力学治疗（psychodynamic therapy）。

本章将全面阐述精神分析的潜意识理论、内驱力理论、性心理发展理论、人格结构理论、焦虑与自我防御机制、神经症的形成机制等，精神分析理论的现代发展如客体关系理论、自体心理学、依恋理论和主体间性理论，中国的精神分析如钟友彬的认知领悟疗法等，以及精神分析和心理动力学治疗的临床技术。

第一节 精神分析理论及其发展

一、潜意识理论

精神分析最重要的发现是潜意识。潜意识理论并不是幻想出来的，它早已深深地根植于东西方各种文学艺术中，只是被弗洛伊德及其精神分析学说抓住了探讨的方法而提了出来。弗洛伊德以一种“心理地形学”（psychological topography）的观点，将心理生活分成潜意识和意识两个层次。精神分析理论认为与意识过程相比，人的潜意识心理历程在正常和变态心理功能中占有更大的优势并有重要意义。

（一）潜意识

在心理活动过程中，潜意识（unconsciousness）是一种正常的、不可避免的阶段。每一种心理活动一开始都是潜意识的，它是保持这种状态，还是发展成意识，取决于是否遇到抵抗。这个对抗性的力量就是“压抑”（repression），弗洛伊德把观念成为意识之前所处的状态称为压抑。被压抑的东西就是潜意识中的原型，是一种有动力性质的观念和情感的心理活动。潜意识有两种：一种是潜伏的能够变成意识的，进一步说仅仅在描述上是无意识的，而不是在动力意义上是无意识的那种潜伏，被称为“前意识”；另一种是在动力上是无意识的那种潜伏，被压抑的东西很难变成意识的，被称为“潜意识”（属于真正的潜意识）。这种潜意识过程对心理功能施加十分重要的影响，在精确性和复杂性方面完全可以与意识过程相媲美。

在精神分析过程中可通过指导患者作自由联想（free association），观察其表达出的思想、感情和行为，这些资料就是由潜意识心理活动所派生出来的。有时在忘记某个人时，可以通过苦思冥想把他想起来，而有时候明明知道某人，却总也想不起来，这说明重新提取这个记忆材料时被某种东西所阻碍，这种阻力可以看成是潜意识存在的证明。日常生活的失误如口误、笔误、记忆错误以及一些过失动作都有其准确的潜意识含义。另外，对梦的分析和解释是了解潜意识的重要途径，每个梦的背后都有活跃的潜意识思想和愿望，梦的产生是由于做梦者潜意识活动的结果。潜意识的成分还有一些独有的特性，如相互不存在矛盾、无时间性、以心理现实代替外界现实、遵循快乐原则等。

（二）前意识

前意识（preconsciousness）介于潜意识与意识之间。前意识指的是意识的边界以外的某些心理内容，一旦注意的焦点扫描到那里，前意识的内容就可以被意识到了。前意识的内容有两个来源：第一个来源是有意识的知觉，一个人知觉到的东西只是在短暂的时间内是有意识的，当注意的焦点转移到另一个观念时，有意识的知觉很快就转为前意识；第二个来源是潜意识，按照弗洛伊德的说法，各种潜意识的心理观念能够以一种伪装的形式从机警的“稽查者”（censorship）的监督下溜过去，进入前意识。

（三）意识

在精神分析的观点中，意识（consciousness）扮演着比较次要的角色。意识是指在任何时刻都被知觉到的那些心理要素。它是我们唯一可以直接到达的心理活动层次，所以现代精神分析治疗也特别重视意识作为观察平台的作用。各种观念可以从两个不同的方向进入意识：第一个方向来自知觉意识系统，这个系统面向外部世界，起着知觉外部刺激物的中介作用；第二个方向来源于心理结构，包括前意识中无威胁的思想和有威胁但经过巧妙伪装的潜意识意象。

二、内驱力理论

（一）本能和内驱力的概念

弗洛伊德认为人类的心理和行为是受追求快乐、减低张力和焦虑的驱动力推动的。驱动力是由躯体内部的生理和心理的能量派生出来的。这种能量来源于本能。本能是一种经常以动机力量的方式起作用的内部驱力或冲动。人类的内驱力主要指的是对刺激作出反应时的中枢兴奋状态。弗洛伊德将内驱力定义为一种介于生物结构和精神之间的心理能量，具有推动个体活动的能力。

（二）本能和内驱力分类

按照弗洛伊德的观点，每种本能都有它自己的心理能量形式。一类是生本能，其性质为性爱（eros）或性驱力，弗洛伊德用力比多（libido）一词来表示生或性本能起作用的心理能量；另一类是死本能，或被称为攻击驱力、破坏驱力或攻击性。每种本能都有自己特有的动力、根源、目的和对象。

1. 生本能

生本能（life instinct）或性本能的目的是通过释放性兴奋状态给机体带来愉快。但是这种愉快不仅限于生殖器官的快感，而且整个躯体都充满了力比多，口和肛门也能产生性快感，这些部位被称为性感带。

性爱对象容易被转化或移置。力比多可以从性爱对象收回变成一种浮动不定的紧张状态，或者再注入另一个对象。性爱有许多表现形式，包括自恋、爱、施虐和受虐。

2. 死本能

弗洛伊德提出死本能（death instinct）的概念并将其提高到与生本能同等的水平。生本能或性本能总是建立、整合一些东西，而死本能总是在破坏一些东西。死本能旨在使有机体回归到一种无机状态，所以这种本能的目的是自我毁灭。在人的肉体上和精神上人类的死本能有各种证据，包括内在攻击和外在攻击，如抑郁症、自虐患者就对自身存在严重的攻击，当攻击转向外界时就变成了施虐。

三、性心理发展理论

精神分析理论认为刚出生的婴儿只是一个生理上成熟的个体，其心理上还是一片空白。婴幼儿期心理的产生受到躯体的本能驱力和家庭养育环境的影响，使得遗传的心理特点受到了强有力的塑造。在内驱力和环境的相互作用影响下，心理沿着三个维度发展：（1）驱力（力比多、攻击驱力）沿着躯体的性感带的投注；（2）主体与客体关系的发展（客体关系）；（3）自我价值感（自恋、自我及身份）的发展。精神分析把人类心理发展的重点主要放在儿童及青春期，在解决各阶段的过程中形成了心理结构及其特征。儿童时期的基本经历、未解决的冲突和精神创伤，在成年期重新活跃起来，对神经症、心身疾病甚至精神病发生有重要的致病作用。

1. 口欲期（oral stage，约 0～1 岁）

弗洛伊德将婴儿期称为口欲期，因为嘴和口腔黏膜构成了满足欲望以及进行交流的最重要的身体部位。心理的性涉及口腔、肛门、肌肉、生殖器和皮肤等部位的躯体感觉，在不同的发展阶段，快感集中在不同的部位。婴儿通过口腔来品尝、体验和“观看”他的世界。近年精神分析观察家发现，婴儿有强烈的交流需要，母亲的重要任务是识别婴儿的要求并给予满足，母亲通过喂奶和照顾等躯体性接触和情感交流，建立起安全快乐的母子关系，形成婴儿最初的信赖感、安全感。

2. 肛欲期（anal stage，约2～4岁）

进入生命的第二年，肛门也成为一个快感集中的区域。同时，肛门和膀胱括约肌的使用也是对权利和意愿的一种躯体表达方式。在此期间父母开始培养孩子的定时、定点大小便的习惯，孩子则根据自身的快感需求决定是保留还是排泄。孩子开始学会说"不"，他通过控制躯体活动来表达自己的意愿和自主性，这就是"肛欲期的权利斗争"。大便是孩子与父母权利争夺时最合适的工具。发脾气或违抗的表现可以看作是攻击性、虐待性驱力冲动的强烈表达。在客体关系发展方面，此时孩子已经能够区分男女差别，女孩开始表达对母亲的攻击性。在自我价值感方面，婴儿通过与父母的斗争，发展了灵活性、独立性和自主性，形成了一些心理特点。

3. 性器期（phallic stage，性蕾欲期、俄狄浦斯情结期，约4～6岁）

弗洛伊德以希腊神话中的俄狄浦斯王来命名这一时期，用以象征性地表示早期的乱伦冲突。此期，男孩将发展出俄狄浦斯情结（Oedipus complex）或恋母情结。男孩经常公开地表明，若父亲在车祸中死去，他便与母亲结婚。男孩做游戏时喜好玩玩具手枪，或者在搭积木的游戏中盖大楼，表示自己性器的强大，宣泄自己的攻击力。而女孩此时把注意力也转向了父亲，将父亲视为最尊敬的对象，希望得到父亲的赞美和承认。这种性器期的攻击性常常带来父母的惩罚和干预，这在孩子的潜意识中可被体验为阉割焦虑（fear of castration）。这是一种对某种乱伦欲念会受到惩罚而出现对躯体损害的普遍性恐惧。所以当父亲对男孩严厉管教时，男孩会幻想父亲要阉割他，产生阉割焦虑；女孩则潜意识地感觉到来自母亲的焦虑和威胁，害怕母亲约束她的乳房，嫉妒她的身材。为了解决这种冲突，男女儿童只好认同父亲和母亲，将父母形象内化并发展出成熟的超我，以缓解三角关系冲突，分得一份平衡的爱，从而在心理上进入潜伏期。

4. 潜伏期（latency stage，约6～10岁）

此期孩子对父母和家人的兴趣减弱，对动物、运动、自然界和学校的学习、同伴的交往好奇心陡增。这是儿童对家庭中的原始客体的一个升华和冬眠阶段，并转向对外界的社会兴趣。

5. 生殖期（genital stage，青少年期和青春期，约10～20岁）

一般青少年期涉及心理上性的发育，青春期涉及躯体上性的发育。此期躯体和性发育成熟，与原始家庭客体产生心理社会性分离，建立家庭外的亲密客体关系，个性形成，认知功能继续发展，与文化和社会价值观进行同化和适应。对于一些人而言，这也是一生中很容易受伤害的时期，自恋性退行过程重新出现，口欲期、肛欲期及俄狄浦斯期一些未解决的冲突从潜意识浮到表面，表现为崩溃、退行、药物滥用、酗酒、攻击和反社会行为。对于儿童期未解决的冲突，青春期是一个关键时期和转折点，它提供了第二次机会来处理这些未解决的冲突。

四、人格结构理论

精神分析发展至20世纪20年代，弗洛伊德发表了他的自我心理学方面的重要著作

《本我与自我》，提出了心理结构的第二个理论——人格结构模式，其中三个功能上相关的“结构”，分别被称为本我、自我和超我。

（一）本我

本我（id）位于人格的核心且是个体完全意识不到的心理领域。最初本我很强大，自我只是本我外包裹的一层，以后受文化教育的影响自我开始增大。本我有三个特征：

第一个特征是不现实，与现实没有联系，它经常通过追求本能欲望的满足来减低张力。本我遵循快乐原则（pleasure principle），它的唯一功能就是追求快乐的满足。新生婴儿可以被看作是不受自我、超我限制的一种本我的体现，婴儿不考虑是否可能和是否合适，一味追求需要的满足。婴儿吸足了营养之后，继续吸吮着，因为由本我支配的婴儿不联系现实。

第二个特征是不合逻辑，并且可以让互不相容的观念同时并存。例如，一位妇女可能有希望她丈夫死掉的潜意识愿望，而同时又有和他性交的欲求。

第三个特征是缺乏道德观。因为它不能做出价值判断，或区分善良和邪恶，所以它不是不道德，只是超道德的。本我的全部能量用于一个目的——追求快乐。总之，本我是原始的、混沌的、无意识的、不可变的、不辨是非的、不合逻辑的、没有组织的，它从本能接受能量，又为满足快乐原则释放能量。因本我盲目地追求快乐的满足，它只有依赖于自我的发展才能与外部世界发生联系。

（二）自我

自我（ego）的作用主要是处理个体与环境的关系。从动力的角度理解，本我的愿望和力比多充填到自我，使自我成为本我或内驱力的执行者；从环境或现实的方面理解，自我是现实生活的承担者，其活动依据现实原则（reality principle）。如成人的自我包括了许多与环境有关的活动：愿望的满足、维持生活习惯、经受社会压力（如高考）、产生认知上的好奇心（学习和研究）、产生审美或其他艺术上的兴趣等。

自我从本我中分化出来的标志是，当婴儿学习把自己与外部世界区分开来的时候，自我便从本我中分化出来。弗洛伊德曾用骑士和马作比喻来说明自我和本我的关系。骑士控制和阻止马快速奔驰的力量，但他又最终得听任马的摆布，有时他必须放松缰绳以免从马背上跌落下来。当儿童长到五六岁时，他逐渐以双亲自居，并开始学习什么是应该做的，什么是不应该做的。这就是超我的开始。

（三）超我

弗洛伊德在《精神分析引论》中写道：“自我可以其自身为客体，能够观察自己，批评自己，自我的这一部分是可以监督另一部分的……患有被监视幻想的病人，向我们抱怨说，甚至在他们最隐秘的活动中，也不断受到莫名的力量的监视和干扰。比如，现在他将要说这个了，现在他正穿衣服准备出门。监视机构必定是我们称之为良心的东西，在我们身上几乎没有任何别的东西能像我们的良心那样，如此频繁地让我们与自我分离……从此以后我将把自我中的这个机构描述为‘超我’。”弗洛伊德就这样从临床上司空见惯的事实中引出并命名了超我（superego）这一心理机构。

超我是在俄狄浦斯期之后发展出来的，直到10岁左右才成熟。在4～5岁时的认同是非常重要的，此时与同性父母认同不是简单的角色定位，更重要的是道德观和价值观的认同。超我的形成蕴含了儿童与双亲这种原始客体关系的性质，即这种关系告诉你什么事不能做。超我有两个系统：良知和自我理想。其中良知是因不适当的行为受到惩罚的经验形成的，告诉我们不应该做什么，而自我理想则是因儿童表现出良好行为受到奖励而发展起来的，告诉我们应该做什么。超我由道德和理想原则指导，它盲目不现实地追求完善，它不考虑自我在执行它的命令时所面临的困难或绝境，从这个意义上说，超我是不现实的。当然，这并不是说超我的所有命令都是不能实现的，就如双亲或其他权威人物的要求并不是都不能实现一样。但是超我与本我有一点是相似的，就是完全不理会也不关心自己提出的要求是否切实可行。

图9-1表现了在三个假设的人身上本我、自我和超我三者之间的关系。对于第一个人，本我统治着软弱的自我和衰弱的超我，阻止自我平衡它持续不断的要求，让这个人不停地寻找快乐，不管这种快乐是否可能以及是否合适；第二个人具有强烈的内疚感或自卑感和一个软弱的自我，这个人因为自我不能断然拒绝超我和本我强烈的互相抵触的要求，将体验到很多冲突；第三个人具有强大的自我，并能很好地协调超我和本我的许多要求，因此这个人具有健康的心理，处在快乐原则和道德原则的双重控制之下。

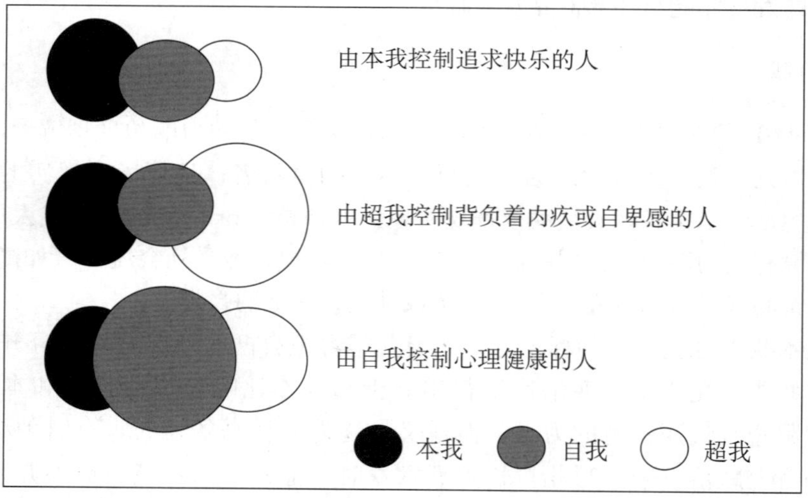

图9-1　三个假设的人的本我、自我和超我之间的关系

五、焦虑与自我防御机制

（一）焦虑

弗洛伊德认为焦虑与危险或创伤情境有关，在这种情境中，人的心理被一种过分强烈，以至于既不能控制也不能释放的刺激流所冲击，这时候焦虑（anxiety）就自然产生了。刺激可能来自体内或体外，但更多的是来自本我，即内驱力。在生命早期，婴儿的各种需要和本能性的快感满足都是依赖母亲实现的，假若没了母亲，对母爱和快感的需求就会发展成一种创伤。因为婴儿的自我很软弱且未成熟，还没有发展到通过控制内驱力欲望推延满足，以避免刺激的冲击而崩溃的程度，结果就既不能控制也不能适当地宣泄这种刺激，此种情形就会变成创伤性的，焦虑随之产生。弗洛伊德断言焦虑是心理疾病的主要问题，这一观点今天已被人们广为接受。精神分析理论描述了四种性质的焦虑。

1. 害怕失去爱的客体

此种焦虑属于一种分离性焦虑。常见于焦虑症患者的漂浮焦虑即属此类。其原因是害怕满足其基本需求的客体——第一客体（母亲）的丧失。这类儿童经常有一种饥饿冲动，他害怕不能满足饥饿感。

2. 害怕丧失客体的爱

孩子虽然能够确认母亲或其他重要的人就在身边，但仍存在着对这些人的爱的不确定感。这是因为孩子在出生后，混淆了自己与客体的界限，他不知道自身和客体不是一体的。

3. 阉割焦虑

此种焦虑出现于俄狄浦斯期，是儿童发现了男女性别差异后产生的焦虑。对男孩意味着害怕失去阴茎，或害怕阴茎受到伤害或被其他强大的男性所控制；对女孩则意味着害怕被剥夺女性的特征，如乳房被割、卵巢被摘，或代表女性魅力的特征被毁灭。心理治疗中常见这类症状，如担心自己阴茎短小、发育受阻等。

4. 超我焦虑

在超我或良知形成后，焦虑逐渐为负疚感所取代。这种焦虑具有避免更强烈的负疚感的倾向，如可以避免失去自尊，失去内在的愉悦感、保护感和安全感。这种内疚会在童年和成年时结合到人格中去，使其能在离开父母时知道如何处理现实。社交恐惧症患者担心自己的性幻想被别人看出来，害怕、脸红等属于这类焦虑。

（二）防御机制

防御机制的理论是弗洛伊德在1926年提出来的，后来由他的女儿安娜对这个概念做了进一步精练并补充完整。防御机制（ego defense mechanism）是自我为了对抗来自本能的冲动及其所诱发的焦虑，保护自身不受潜意识的冲突困扰，而形成的一些自动起作用的心理手段。

1. 压抑

压抑（repression）是最基本的防御机制，因为它包含在其他各个防御机制中。每当自我受到来自本我的冲动的威胁时，就通过压抑这些冲动来保护自己，也就是说，它强迫这些具有威胁的情感进入潜意识。在许多情况下，压抑持续终生。例如，一个女孩可能会终生压抑她对妹妹的敌对情感，因为这种憎恨情感会引起太多的焦虑。

2. 抵消和隔离

抵消（undoing）是用来摆脱不愉快经验及其后果的自我防御方式。它好比一种把东西变没了的戏法，通过强迫性的仪式动作把观念和事件从意识中抹掉。临床上常见的强迫性洗手、洗衣等症状就是防御失败的表现。与抵消密切联系的一种防御机制是隔离（isolation）。自我试图使用这种防御机制把不愉快经验隔离起来，通过强迫性的观念阻止任何不愉快经验和情感的进入。通过情感封锁，个体与所发生的不愉快事件及其以后的经验就毫无瓜葛了。

3. 反向形成

被压抑的冲动进入意识的另一种形式是采用某种与它本来面目完全相反的伪装，这种防御机制叫作反向形成（reaction formation）。例如，因社会要求儿女必须爱双亲，所以一个怨恨自己母亲的女孩如果意识到自己怨恨母亲，就会产生强烈的焦虑。为了避免焦虑，这个女孩就会表现出相反的冲动——爱。但是她对母亲的爱是不真实的。这种爱往往很做作、夸张和过分。别人如果仔细观察，就会发现这种爱的本质。

4. 置换

弗洛伊德认为反向形成局限于单一对象。例如，有爱的反向形成的人只对潜意识里憎恨的人表现出爱的情感，而不把这种“爱”扩展到其他人身上。然而，采用置换（displacement）可将不能接受的欲望转移到其他各种各样的人和物身上，从而使原始冲动伪装或隐藏起来。例如，一个对室友生气的女子会将她的愤怒转移到她的同事、她的宠物猫或一只玩具动物身上。她对她的室友仍然很友好，但与反向形成不同的是这种友好并不夸张也不过分。

5. 固着

正常情况下，心理是以连续的方式经过各个不同的阶段发展的。但是在心理成长的过程中难免有紧张和焦虑的时刻，当下一步的发展将会引起过分强烈的焦虑时，自我便可能采取一种停留在现在这种较为舒适的心理阶段的策略。这种防御机制叫作固着（fixation）。固着是力比多对早先的比较原始的发展阶段的一种恒久性的依附。

6. 退行

力比多在通过某个发展阶段之后，如果遇到紧张和焦虑，还可能恢复到早先的阶段。这种恢复现象被称为退行（regression）。退行是一种很常见的防御机制，在儿童身上随时可见。例如，一个已经断奶的儿童，在母亲生了小弟弟或小妹妹后可能要求用奶瓶喝奶。弟弟或妹妹受到母亲特别关注，这对年龄大一些的儿童构成了一种威胁。

7. 投射

当一种内部的、本能的冲动太令人焦虑时，自我可能把这种不受欢迎的冲动归之于某个外部对象，通常是另外一个人，用这种方式摆脱焦虑。这就是投射（projection）防御机制。投射是指在别人身上看到实际上存在于自己潜意识中的那些不能被接受的情感或倾向。例如，某个青年男子可能经常认为一些年龄较大的女人的行动是企图诱奸他。那么在意识层面上，一想到与年龄较大的女人发生性关系就可能让他感到深恶痛绝，但是埋藏在他的潜意识中的却是对这些人的色情迷恋。

8. 升华

升华（sublimation）是一种以文化的或社会的目的代替对性爱的生殖目的的压抑。升华最明显地表现在诸如艺术、音乐和文学等创造性文化造诣上。升华一旦与性爱的直接表现结合起来，就能使人找到社会成就与个人快乐的平衡。

六、神经症的形成机制

精神分析认为潜意识里的神经症性冲突是导致神经症性心理障碍的重要原因。所谓潜意识冲突，主要指童年时形成以及没有得到解决的冲突，大多数冲突涉及俄狄浦斯期的愿望。最典型的潜意识冲突存在于力比多或攻击的愿望与惧怕失落、惧怕报复及现实世界的限制之间，或者说冲突存在于愿望满足与不能满足之间。在这里，人的力比多愿望应理解为渴望性的和感情上的满足，即渴望趋近或得到某种客体（如喜爱的人或物）的愿望。当人们谈到高兴、兴奋、愉快、期望、爱、渴求时，就是在形容力比多的愿望。而攻击的愿望跟力比多愿望不同，是一种破坏性的愿望，即避开或破坏某种客体的愿望。它或是原发的，或是由于察觉到了挫折或剥夺而形成的。当一个人在愤怒、仇恨、痛苦时体验到快感，通常就是攻击性愿望的表现。

弗洛伊德认为，在结构上这种冲突体现在自我与本我之间。不管儿童的自我多么幼稚，满足的快感和不满足的焦虑感总是自我的功能。冲突是这样一个过程：本我的冲动（力比多愿望）在寻求释放时受到自我防御机制的阻碍，防御的作用使得本我的冲动不能通过自我适当地释放以获得满足或直接进入意识领域获得满足。自我何以要防御本我冲动并阻碍其释放？这是因为超我扮演着禁止本能冲动进入自我的角色。在神经症性冲突中超我的作用非常复杂，超我可能站在自我一边，也可能站在本我一边，或同时站在两边加入冲突。是超我使自我感到羞愧或者使得自我以象征和歪曲的方式释放冲动。超我也可能变得以退行的、再本能化的方式进入神经症性冲突，这样自责便带有了内驱力的特征。如一个学习非常努力的学生的动力可能来自超我的压力，但看上去似乎是本能性的，因为他经常面临着自我的要自强的内部命令。充满内疚的患者于是便进入一次次引起痛苦的境遇，所有的心理器官都参与了神经症的形成。

然而，在任何人的内心深处其本我从未停止过寻求释放，它的冲动总是企图通过衍生的和退行的发泄方式获得部分的满足。对于有些个体来说，即使通过不被自我和文化赞许的方式也要获得部分满足（如性变态的患者）。自我为了迁就超我的要求就必须把这些冲动或本能的派生物变形，使它们以不容易辨认的本能的伪装形式表现出来。但即使这样，超我仍使自我感到内疚，并且变形的本能的活动以各种方式引起痛苦。这在本我感觉起来不像是满足而是惩罚。因此本能痛苦地释放着，但并不快乐。

理解神经症性冲突具有致病性结果的关键因素，是自我需要不断地把能量消耗在企图阻止危险驱力进入意识和产生行动方面，最后导致自我的相对不足，并且最初的神经症性冲突的衍生物压倒了空虚的自我（耗竭的自我）而突入人的意识或行为中来。从临床上可以看到，即使是一个相对无害的刺激也可能与拦阻本能联系在一起，进而激起强烈的本能冲动，此时，被耗竭的自我已经无法再继续其防御或抵抗，最终不得不允许一些本能某种程度地释放。当本能的冲动不得不以伪装的和歪曲的形式释放时，它就以神经症的症状形式表现出来。

案例 9-1

一位女士的症状与发病潜因的关系

一位年轻的女士A夫人，由其丈夫陪同来心理门诊治疗。她抱怨说不敢独自离家，只有和丈夫在一起才感到安全。另外她还诉说自己害怕昏倒，怕眩晕，怕变得淫乱。A夫人的症状大约是6个月前，在一个漂亮的会客厅内出现的。

持续几年的分析显示，病人恐惧爆发的实际触发事件是让一位男美容师为其修剪头发。分析还发现，当时的情景使她回忆起了她自己还是个小姑娘的时候父亲给她梳理头发的一幕。后来她到那个漂亮的会客厅是要等她的父亲，这是自从结婚以来父亲第一次来看望他们夫妇。父亲要住在她的家中，在意识层面她非常开心，但是在潜意识层面，她因爱自己的父亲和敌视自己的丈夫而感到内疚。

梳理头发这件看似无害的事情激起了A夫人的乱伦、思慕、敌视、内疚和焦虑的想法。即A夫人为了确定自己没有被自己的思念杀掉，她必须让丈夫陪着。同时，他的在场也使她能够避免出现性的活动。对于昏倒、头晕和淫乱的担心是她害怕失去道德平衡、失去自控、败坏自己的良好品格、使自己蒙羞和从高贵身份堕落的象征性表现。显然，她的症状同她儿童时期的躯体快感和幼儿期的惩罚幻想有联系。

梳理头发激起了导致自我与超我冲突的被压制的本我冲动。尽管在惊恐爆发之前缺乏明显的神经症症状，但有迹象表明，她的自我已经相对枯竭而本我也缺乏足够的释放的可能性，她处于本能紧张的积蓄状态。实际上，A夫人已经有好几年的睡眠困难、噩梦和性生活压抑，因此，被梳理头发所动员的幻想使本我的冲动紧张到了顶点，超过了自我的防御而发生自然的释放，最终以难以解释的恐惧、焦虑等急性症状表现出来。

可见，成人的神经症总是围绕一个童年的核心形成。A夫人的例子证明她的性感觉仍固着于其童年时父亲的形象，她的性行为也像童年时一样被限制了。尽管她已充分克服了童年期神经症，能在生活的很多领域功能良好，但在注意到所有与性相关的事情时，仍保留有神经症性退行。

案例 9-2

她为什么害怕"脸红"？

某女，28岁，在某机关工作。向治疗者诉说自己在公共场所总是控制不住地"脸红"，并担心脸红时别人对自己有不好的看法。这种情况是在一次参加县里招商活动时变得有些控制不住的，当时她负责检查各个房间的设备，她每进入一个房间，都要不由自主地照镜子看自己的脸是不是变红了。检查结束的时候，她觉得自己的脸变得像红苹果一样。后来这种情况对她的工作和生活影响特别大。通过会谈，病人回忆起最早在8年前就曾出现过脸红，那时她去美容院做面膜，可能是由于面膜的原因，她的脸在开会时仍有些红，同事就问她原因。自此以后她就开始注意这个现象，结果发展到一开会就担心脸红，并为此忧心、懊恼。

案例分析：这是对人恐惧症中常见的一种症状，多发生于青年女性。按照精神分析的人格结构理论分析，这是病人的“自我”功能尚不成熟，“超我”的监督比较严厉，现实感不太好造成的。通过会谈治疗者了解到，这位女士在家庭中从小受到父母的过度管束，如不能与男生交往、说话做事要谨慎等。她也很听父母的话，从小到大很规矩、正派，对自己严格要求。结果形成了一个严厉的“超我”，这个“超我”对“自我”的各种活动时刻进行监督，使她变得过于谨慎、刻板。最初，脸红只不过是其内心的情绪或冲动有所唤醒的表现，结果由于严厉超我的检查作用，脸红引起了自我的焦虑或不安，这种焦虑潜意识地起到了信号作用，提醒她时刻防备自己在公共场合别暴露内心的愿望或冲动，驱使她主动回避与异性接触，以免控制不住“本我”从而带给她更大的焦虑和罪恶感。对脸红的烦恼、担忧和回避行为，严重妨碍了她的工作和生活，进而成为一种社交焦虑的症状。

针对病人的症状，治疗者向她解释：一个人性格中的本我和超我部分，无论哪一方过强或过弱都会产生不和谐与心理冲突，性格内部不稳就容易产生各种心理症状。解决的要点是引导病人缓解超我的严厉监督和评判作用，不去认同超我的各种要求，而是倾听自己的心声，尊重和认同自己内心的愿望和要求，努力提高自我的功能，使其自我变得更合情合理、更符合现实，从而能够较好地处理外部现实、本我与超我之间的关系。认清和辨别外部环境中所感觉到的“危险”不过是一种幻想，只有使本我的愿望得到适当宣泄，其与超我之间变得和谐、平衡，才能形成一种健康和谐的人格并最终消除面红恐惧的症状。

七、精神分析理论的现代发展

弗洛伊德创立的精神分析学被称为经典理论。如果把弗洛伊德的理论称为一座大厦，其后的精神分析取向的心理动力学理论可说是对大厦做了重要的装修，有些是给大厦增加地下室，有些则是增加了某些侧翼的建筑，这些发展大多立足于弗洛伊德的发现与建构之上。弗洛伊德的理论继承了西方文艺复兴以来的传统，他重新发现并发扬光大了这个传统：“认识你自己！”

精神分析取向的心理动力学的重要流派是客体关系理论和自体心理学。现在大量的精神分析学者可以被宽松地归为客体关系理论家这一类，主要代表人物有梅兰妮·克莱因（Melanie Klein）、玛格丽特·玛勒（Margaret S. Mahler）、奥托·科恩伯格（Otto Kernberg）和海因茨·科胡特（Heinz Kohurt）等。他们用了许多传统的精神分析概念或术语，但对客体关系和自体特别重视，与弗洛伊德对本能驱力的强调恰成对照。所谓客体关系（object relation）指的是人与客体之间的关系。客体关系中的客体（object）指的是有特别意义的人或事物，这个人或事物是另一个人的感情或内驱力的客体或目标。弗洛伊德强调父亲的权力和控制，而客体关系理论则偏重母亲，强调与母亲的亲密关系和母亲的养育。弗洛伊德看重先天生物学因素（如本能）对心理人格形成的影响，而客体关系学家强调环境或家庭内部关系对个体的人格发展的影响。弗洛伊德认为本能是先天的，儿童最早期的内心状态是原发自恋者的状态，自我是力比多本能的客体，客体是用来满足内驱力欲望的，是内驱力的创造物，所以没有将儿童的心理能量投注于其外部的客体。客体关系学家注重外部客体（如父母及重要他人）对建立内部心理结构的影响，认为人格的组织和建立是外部客体内化的结果。内化是一个心理过程，个体通过这个过程，将其环境中的规则性互动和特征转化为内部的规则和特征。这个新的内部结构，起着以前由他人所起的外部世界的功能。客体关系学家将结构的形成理解为将客体及与其关系内化的过程。客体关系理论的研究集中于俄狄浦斯期前的心理发展（3岁以前），而弗洛伊德关注的是俄狄浦斯期（4～6岁）冲突的影响。客体关系理论将心理疾病或发展的停滞视为一般病理症状，发展的停滞带来不完整的人格结构，而弗洛伊德将心理疾病看作本我、自我和超我之间的结构冲突的表现。

弗洛伊德晚年的理论定型于"自我心理学"（ego psychology），这一传统由弗洛伊德的女儿安娜·弗洛伊德所发扬并成为精神分析的主流，主要影响北美的精神分析学界。另一个发展，是以英国的梅兰妮·克莱因为代表的客体关系理论（object relation theory）学派，该学派以安娜·弗洛伊德的对立面出现，在当代的发展中获得了越来越广泛的影响。在美国的自我心理学由于自身理论的逻辑演变，同时也受到客体关系理论发展的间接影响，内部分化出了海因茨·科胡特的"自体心理学"（self psychology）。自我心理学、客体关系理论与自体心理学一起，构成了现代精神分析与心理动力学的三大柱石。进入20世纪后半叶以来，这三个分支进一步受学院派心理学（如进化心理学、认知神经科学）、西方哲学（如马丁·海德格尔的存在主义）及东方哲学的影响，产生了若干新兴理论如依恋理论（attachment theory）、关系理论（relational theory）、主体间性理论（intersubjectivity theory）、当代冲突理论（modern conflict theory）等。此外，还有在法国、拉丁美洲影响深远的拉康派精神分析（Lacanian psychoanalysis），以及在荣格之后得到进一步发展的荣格派分析心理学（analytical psychology）。

（一）客体关系理论

弗洛伊德的心理模型可以说是"单人心理学"，英国的梅兰妮·克莱因的客体关系理论则逐渐发展出"双人心理学"模型。克莱因曾经被弗洛伊德的两个弟子亚伯拉罕和费伦齐所分析，前者对弗洛伊德的"口欲期"理论做了更为精致的划分，后者则强调了精神分析中的真实关系维度，故而克莱因的理论对此二者都有继承。

克莱因认同晚年的弗洛伊德所提出的死本能理论，并将其理论奠基在死本能的衍生物——焦虑（anxiety）之上。克莱因认为婴儿从一出生就有初级的自我（primitive ego），并能动员初期的防御机制以克服焦虑。这些防御包括分裂（split）、投射性认同（projective identification）、否认（denial）和躁狂防御（manic defense）等。通过这些防御，婴儿将所体验到的世界区分为"全好"和"全坏"的两级，并努力将全坏的部分投射到外界，由于这种投射的结果，反过来婴儿体验到的是来自外界的迫害。在这个阶段婴儿处于一种被克莱因称为偏执-分裂位（paranoid-schizoid position）的心理状态里。后来随着婴儿神经系统的成熟，自我的整合能力越来越强，同时也由于外界的抚养者提供以积极为主的体验，婴儿逐渐将全好或全坏的母亲客体体验为一个整合的客体，而与此同时体会到由于自己曾经残忍地攻击过这个客体而产生的内疚，所以一方面会哀悼自己所希望的“全好”的完美客体的丧失，另一方面则希望能够修复这个被自己所破坏过的客体，这个时候婴儿就产生了另一种心理状态，克莱因称之为抑郁位（depressive position）。偏执-分裂位在克莱因看来是各种精神心理障碍的病理基础，所以如何从偏执-分裂位的心理状态修通（working through）到抑郁位的心理状态就成为精神分析治疗的目标。克莱因认为心理治疗的重点在于对病人的原始防御（偏执-分裂位心理状态）以及伴随的焦虑进行解释，尤其是当这种心理状态在移情过程中呈现的时候。

投射性认同是克莱因最富创造性的概念，为精神分析情境中移情及反移情的丰富变化提供了一种有力的动力学理解。克莱因本人对投射性认同的定义是：“对于部分自体的憎恨现在导向了母亲。这导致了一种特殊的认同，由此建立了欺凌性的客体关系之原型。我建议把这些过程称为‘投射性认同’。”从中可以看出，克莱因对投射性认同的理解有两个特点，其一是投射性认同发生在主体内部，其二是投射的内容是负面的情绪（将自身内部的恨转成了对母亲客体的恨）。在克莱因之后，投射性认同的概念得到了广泛的发展，其中一个重要的发展是投射的内容可以是正面的，也可以是负面的，如汉娜·西格尔对投射性认同的拓展：在投射性认同中，部分的自体及客体关系被分裂掉，并被投射到外部客体，由此可以占有、控制和认同被投射的部分。投射性认同有多重目标：它可以是指向理想客体以避免分离，或是指向坏客体以掌控危险。自体的很多部分都可以被投射，有着不同的目标：自体中坏的部分可以被投射，以便摆脱它们，或是对客体进行攻击或破坏；自体中好的部分可以被投射以避免分离，或是使之免于内在之坏物的危害，或是通过一种原始的投射认同改善外部客体。

克莱因最为著名的后继者是英国精神分析家比昂（Wilfred Bion），比昂将克莱因单元的投射性认同模型扩展为双元的投射性认同模型，其关键的理解是投射性认同并不只是发生在主体的幻想（phantasy）之中，而是发生在两个人、两个主体之间的过程。比昂还创造性地提出容器/内容物（container/contained）的概念来理解投射性认同的机制，并且把治疗者的功能集中定义为对病人的投射性认同的容纳（contain）作用，从而使客体关系理论从单人的心理学正式演变为双人的、主体间的心理学。投射性认同的概念也成为客体关系理论的中心概念之一，被广泛地应用在对移情、反移情、负性治疗反应及治疗僵局的理解中，并在美国精神分析家奥格登（Thomas Ogden）那里获得了最为完整的表述：

> 投射性认同是一种心理过程，同时也是一种防御、一种交流的手段、一种原始形式的客体关系，还是一种心理改变的途径。作为一种防御，投射性认同被用来创造这样一种感觉：远离自体中不想要的（通常是令人害怕的）方面。作为一种交流手段，投射性认同是一种过程：在另外的一个人那里引起与自己一致的感受，这使得自己被理解，或是与对方心灵相通。作为一种客体关系，投射性认同建构了一种与一部分的分离客体相联系并发生关系的途径。最后，作为一种心理改变的途径，投射性认同使得某人为之所困扰的感觉，可以为他人所消化，并以改变了的形式重新内化。投射性认同的每一种功能都产生于婴儿早期试图感知、组织、掌控其内在和外在的体验并与环境相交流的背景中。

案例 9-3

投射性认同及其处理一例（P代指病人，T指治疗者）。

P：今天我不想说话。

T：嗯，今天不怎么想说话。

P：你这样一说我就烦！

T：哦？你能多谈谈现在感觉到的烦吗？

P：我讨厌你这些引导的话，好像你有多高明似的。

T：你会感觉到我在以“高明”的样子，居高临下地指导你？

P：差不多就是这个样子。

T：好像你一感觉到我在指导你，你就进入了一种无能为力又无助的状态，这让你感觉到很难受，所以你不希望我们的互动让你有这种感觉。

P：哎。

T：现在感觉怎样？

P：比刚才好些。

T：好像是当我努力去贴近你的经验的时候，你就会感觉到我们平等一些，这样就会好受些。

P：对。

在这一段会谈中，病人把一个居高临下的、具有控制性的形象投射给了治疗者。而互动的压力则会使治疗者感觉到愤怒，似乎就要有惩罚病人的冲动，而当治疗者使用投射性认同及“容器/内容物”的内在工作模型进行反思后，就可以避免完全认同病人所投射的这个负面客体，同时能够利用自己的反移情进行工作，从而重新回到治疗者的状态，努力解析病人处于此种内在客体关系，即无能为力的自体对应控制性的、施虐性的客体，而不得不用愤怒进行防御。我们也可以猜测，这样的客体关系或许在病人日常的生活中经常被激活，从而给病人带来非常多的人际困扰。治疗者的解析则集中于此时此地被激活的内在客体关系，使得病人能够注意到自己的内在客体关系配对，并能够更好地心智化（mentalization），这与经典精神分析中聚焦于冲突的解析非常不同。

客体关系理论的另外一位代表人物是英国精神分析家温尼科特（Donald Winnicott），温尼科特继承了克莱因的思想，但在很多方面与克莱因形成了有益的张力。同样是客体关系理论的重要理论家，克莱因意义上的“客体”主要指的是内部客体（internal object），而温尼科特所谓的客体通常是外部客体，即真实的抚养者。所以体现在技术上，克莱因更倾向于诠释病人的移情，而温尼科特更看重与病人真实的互动。由此，克莱因和温尼科特便在客体关系理论家们中形成了一种有益的对立，其他客体关系理论家以其对客体之本质理解的不同，排列在这条连续谱系上，这使得客体关系理论充满了色彩和动力。

温尼科特贡献了一系列富有特色的术语，如原初母性贯注（primary maternal preoccupation)、抱持（holding)、镜映（mirroring)、冲击（impingement)、真实自体（true self）与虚假自体（false self）等。原初母性贯注是指母亲在第一时间将自己调整至完全奉献给初生儿的能力，这样一来母亲和婴儿就如同浑然不分的一体，保持着婴儿从子宫中分娩出之后的身心连续性。而抱持是指母亲在身心两个层面整合婴儿的经验的努力，提供给婴儿一种存在的感觉。母亲的镜映功能体现在当婴儿凝视母亲的脸的时候母亲深情的回应，这有助于建立婴儿的自体感。原初母性贯注和抱持、镜映的概念既是指一个正常母亲的功能，同时也隐喻了一个合格的治疗者所具备的素质和能力。而与之相反的就是可能来自照料者的冲击，如果母亲未能良好地回应婴儿，或者是以不恰当的方式对待他，那么这个婴儿存在的连续性就会被打破。如果这样的冲击反复发生，那么婴儿就被迫发展出一种结构来应对来自环境的冲击，这种结构就是虚假自体。虚假自体帮助婴儿应对来自环境的侵入和要求，但其代价是真实自体将会被屏蔽乃至隔绝，这将带来一系列的人格方面的问题。治疗者提供适宜的环境将会使萎缩的真实自体重新发展，并促进人格成熟和圆满。

案例 9－4

温尼科特式的回应一例（P 代指某儿童病人，T 指治疗者）。

P：我不想跟你玩。

T：看来我不是那么好玩，是吧？

P：我想把你关进笼子里，不想看见你。

T：好呀，你想把我关到一个什么样的笼子里？我需要个大一点的笼子（笑），你看我这么大。

P：要多大有多大！

T：那我们能不能用这堆报纸给我做一个笼子出来？

P：好！

（治疗者和病人一起动手做了个纸围栏，治疗者站到里面）

T：现在感觉怎么样？

P：棒极了！

从这段简短的互动中我们可以窥到温尼科特式互动的精髓在于同孩子游戏，而非诠释儿童病患的"阻抗"或"攻击性"或"控制"治疗者的愿望。在同孩子共同投入的游戏中，孩子感受到一种真实的被陪伴感和存在感，而攻击性或控制性的愿望则被视为孩子健康自体的一部分得到自然呈现和转化，并整合到孩子的整体人格中去。

客体关系理论在英国还有费尔贝恩（W. R. D. Fairbairn)、冈特瑞普（Harry Guntrip)、巴林特（Michael Balint）等，由于他们的观点部分建立在克莱因和温尼科特开创的新工作上，此处就不一一罗列。英国的客体关系理论的发展，也引起了北美自我心理学派对客体关系的重视，基于自我如何从与客体的关系中发展出来，雅各布森（Edith Jacobson）和玛勒分别从临床精神分析和实验儿童发展心理学出发，发展了自我心理学中的发展学派。她们的成果连同克莱因的理论一起被科恩伯格集中到了一个整合的客体关系模型中，并在此基础上开发出了针对边缘型人格障碍（borderline personality disorder）的移情焦点疗法（transference focused therapy，TFP），这一疗法目前在世界范围内仍方兴未艾，并有越来越多的来自临床对照研究和认知神经科学的证据。

（二）自体心理学理论

自体心理学是奥地利的科胡特在美国发展出的一种新型的流派，脱胎于自我心理学，但在很多方面都反对传统的自我心理学。传统的美国自我心理学集中于对结构的理解和冲突的诠释，而较为忽视主观体验的方面。尽管自我心理学的美国开创者哈特曼（Heinz Hartmann）的体系中有自体（self）的说法，但自我心理学意义上的 self 只是由 ego 所制造出的一个影像，相对于自我而言自体是被动的、第二位的，而科胡特则把自体视为一种主动的、统整的存在，构成人格的核心，并且是理解精神病理学尤其是自恋性障碍的关键。在方法学上，科胡特强调神入或共情（empathy）的重要性，认为神入不仅仅是搜集材料用以解析的前奏，也是促进自体发展的必要条件。

自恋性人格障碍的表现可能有：一种自大感（背后是羞耻感）、一些驱力化的表现（性欲化、成瘾、攻击性等）、一种深深的抑郁和空虚等。具有这些特征的病人对于经典的精神分析反应并不好，所以经常被归为“不可分析”类。而科胡特通过对这一类病人的临床实践，发现自恋型障碍可以从自体的发展阻滞的角度进行理解，并且认为自体的发展有着不同于驱力或自我的发展，有着自己独特的轨迹，而在自体的发展当中，自体客体（selfobject）起着至关重要的作用。自体客体是被体验为自体的一部分的客体，即将他人或客体体验为自己的一部分，为自体提供一种功能，不仅保障自体的正常发展，同时也保持由于创伤、侵犯而遭损害的发展平衡。自体与自体客体的关系犹如鱼水，须臾不可离。因此，在这一点上科胡特挑战了传统精神分析的“独立自我”神话，为主体间性精神分析的发展铺平了道路。

科胡特根据自体与自体客体的关系，提出了三种“自体客体移情”（selfobject transference），分别是镜像移情（mirroring transference）、理想化移情（idealizing transference）和孪生移情（twinship transference）。这些种类的移情，均不应被视为传统上的移情，即把过去对于某重要客体的感受和愿望放到了当前的治疗者身上，而是要被视为病人发展受阻的自体为争取自体客体而获得统整性的努力。在镜像移情中，病人希望自己被“完美地看到”，如同被一面完美的镜子所映照，自己不需要任何努力就能得到治疗者深刻而准确的理解，即“我很好，而你需要知道我有多么好”。理想化移情则是把治疗者理想化为无所不能的人，认为治疗者拥有自己所期望其拥有的一切正面特质，即“你是完美的，而我需要和你在一起”。通常，有自体障碍的人会先发展出镜像移情，在镜像移情阶段获得足够多的肯定后才会发展出理想化移情。孪生移情是科胡特后来所发现的一种特殊形式的自体客体移情，病人认为治疗者在很多外在的或内隐的方面与自己高度一致，即“我们是一样的”。由于这种形式的自体客体移情比较难以理解，兹举一例说明。

案例 9-5

P：我去看薛之谦的演唱会了，我买了第一排，花了我几乎所有的零用钱。

T：哦，那是一种怎样的感觉呢？

P：我坐在第一排，周围的人都很疯狂，我却很平静。

T：嗯，我想你肯定有你平静的道理。

P：薛之谦就是那种内心很平静的人。他以前经历很不好，他也抑郁过，但是他内心很平静，哪怕是在舞台上的时候。

T：所以当你平静的时候，就也是跟那个平静的薛之谦联结在一起。

P：对！

T：这种联结感让你感觉很满足。

P：是的。

从中我们能读到，病人没有把所喜爱的偶像理想化为全能的、没有缺点的人，并力求与之融合，而是把偶像视为独特的，自己拥有与偶像的独特之处一致的特质，经由这种联结以克服孤独感，并获得前行的动力。

在回应技术上，如上边的治疗片段所呈现的，自体心理学的回应技术在于充分肯定并诠释病人的体验，这样一来治疗者也是在承担自体客体的功能。经由在一种共情的气氛中的陪伴，病人得以退行并发展出自体客体移情，通过对各种自体客体移情的谨慎诠释，病人萎缩的自体结构得以重新发展，并逐渐转变性内化（transmuting internalize）治疗者的自体客体功能。这样一来，一个更为统整（coherent）、真实（authentic）、整合（integrated）和生动（alive）的人格就此形成。

科胡特的自体心理学理论尽管与客体关系理论代表人物温尼科特都论及自体（self），但二者的侧重点有所不同。科胡特的自体理论更多强调自体本身的结构和发展，尽管也论及自体客体，但是在自体客体对自体发展的重要意义上而谈的。而温尼科特的著名论述是“没有婴儿这回事，只有母婴的联合体”，从中我们也不难引申出“没有自体这回事，只有关系”的结论，所以当温尼科特使用自体的说法时，重点仍在客体关系。在技术上，科胡特仍然倚重解析（interpretation）以促进自体本身的统整，而温尼科特则更强调作为一个崭新客体与病人进行互动，以发展出一种创造性的关系。二者相似之处是都发现了一类不同于传统的“神经症”（neurosis）的精神病理现象，他们的工作都拓展了对人性的认知，并拓宽了精神分析的适用谱。

科胡特的自体心理学扬弃了经典精神分析的人格结构理论，把经验性的自体视为精神分析的对象，这在很大程度上纠正了从经典精神分析到自我心理学越来越机械，越来越远离主体体验的错误趋势，并为在传统精神分析框架下几乎无法开展工作的自恋性障碍提供了重要的理解。然而由于创始人科胡特的过早离世，自体心理学的理论创建留下了不少模糊之处，这启发了后来主体间性理论的发展。

（三）依恋理论和主体间性理论

依恋理论和主体间性理论可以被分别视为客体关系理论和自体心理学的进一步发展，但是在理论和实践上又有迥然差异。依恋理论的创始人鲍尔比（John Bowlby）虽然受训于客体关系学派，但是其理论更多地受到了进化论、生态学和实验儿童发展心理学的影响，在治疗上也倾向于目标化、结构化和短程化。主体间性理论的来源则较为庞杂，但最主要的一支是由斯托罗洛（Robert Storolow）及其合作者所发展的，很大程度上受到海德格尔存在主义的影响，斯托罗洛自己也声称他的理论并不是自体心理学的一支。

鲍尔比主要是从生物的依恋本能开始展开依恋理论的，依恋保证着个体的存活和种群的延续，所以很自然地占据着重要的地位。鲍尔比认为，婴儿会形成一种人际关系的"内部工作模式"（inner working model）。如果孩子在早期的关系中体验到爱和信任，他就会觉得自己是可爱的、值得信赖的。然而，如果孩子的依恋需要没得到满足，他就会对自己形成一个不好的印象，这一点似乎也为客体关系理论提供了某种佐证，只不过用"内部工作模式"取代了"内在客体关系"。鲍尔比及其合作者安斯沃斯（Mary Ainsworth）并不是单从临床现象出发建立理论，而是采用了实验的研究范式，即"陌生情境实验"（the strange situation protocol）。通过对母亲的在场、出场及陌生人的存在与否观察幼儿的反应，而将依恋模式分为安全型依恋（secure attachment）和非安全型依恋（insecure attachment）。其中，非安全型依恋又被细分为焦虑-矛盾型依恋（anxious-ambivalent attachment）、焦虑-回避型依恋（anxious-avoidant attachment）和紊乱型依恋（disorganized/disoriented attachment）。曼因（Mary Main）又进一步发展了针对成人的依恋类型研究工具——成人依恋访谈（adult attachment interview，AAI）问卷，这个半临床的访谈被证明是评价成人期依恋的有效工具，如同评价婴儿期依恋的陌生情境实验一样。曼因认为，这些非安全型的依恋，可以被视为一种有效的适应性策略，用来同功能不良的抚养者互动并尽最大可能避免风险。更进一步的研究则揭示了依恋风格也是可以在代际中传递的，即安全型的婴儿会成长为安全型成人，等他们做了父母，就会抚养出安全型的婴儿，反之亦然，这不管是对于临床工作还是养育儿童都具有重要的启发意义。

受到鲍尔比和曼因的启发，福纳吉（Peter Fonagy）等人提出了"心智化"（mentalization）的概念，用来表示儿童和成人对于自身及他人心理状态的表征能力。心智化是一个整合的概念，涉及的内容与许多其他概念相互重合，包括心盲（mindblindness）、情绪智力（emotional intelligence）、洞察（insight）、理性（rationality）、想象（imagination）、共情（empathy）、心理理论（theory of mind）等，广泛地与认知心理学、神经科学、进化心理学和精神医学等多学科对接，成为一个联系普通心理学与异常心理学的结点概念。心智化的活动植根于福纳吉所谓的"反思功能"（reflective function，RF）之中，反思功能与我们的领悟和共情的能力密切相关。福纳吉认为心智化和作为心智化基础的反思功能是依恋的核心，它提供了大量的有利于进化生存的因素，帮助个体有效地理解、解释和预测他人的行为和心理状态。这样一来，精神病理学的理论就被归并为依恋-心智化-反思功能的异常，那么针对这样的病理学也就可以开发出相应的治疗手段。福纳吉及其合作者开创了"基于心智化的疗法"（mentalization-based treatment），心智化疗法聚焦于促进病人的心智化功能的增强，通过对心智化功能的改善间接修正病人的依恋障碍，目前和科恩伯格所开创的移情焦点治疗一起，成为治疗边缘型人格障碍的一线疗法。近年来，福纳吉及其团队又开发了一种短程的、结构化的疗法——"动力人际疗法”（dynamic interpersonal therapy，DIT），它整合了客体关系理论、沙利文的人际疗法、依恋及心智化理论中对于关系的理解，并聚焦于关系的改善，这是一个整合程度非常高的短程治疗模型。

主体间性精神分析不像依恋理论那样拥有一个比较清晰的理论线条，这是由于主体间性精神分析是在一个时期内由不同的理论家或理论小组，在几乎各自独立的情况下，分别在不同理论背景下发展出来的。但其共同的背景就是对于美国传统的自我心理学的不满，而由于自体心理学正是在这样的背景下诞生出来的，所以一般来说主体间性精神分析被视为与自体心理学关系密切的理论分支，但通常不被视为后自体心理学（post-self psychology）的一部分。

主体间性精神分析中影响最为广泛的是斯托罗洛和阿特伍德（George Atwood）等人的理论。斯托罗洛与自体心理学的创始人科胡特过往甚密，同时又以研究海德格尔而获得过哲学博士学位，所以他努力在由科胡特所开创的对自体心理学忽视体验的批判之上，进一步引入哲学的主体间性理论，从而对传统的精神分析进行解构。他们把分析中的主体间性描述为“由两个主体——一个来自病人，一个来自分析师——的交汇而构成的特定心理领域，而两个主体在意识和无意识上交互影响”。与此同时，他们把无论是病人内心的过程还是分析中的一切现象都视为“组织原则”（organizing principle），这样一来就消解了传统精神分析中“防御”“移情”等概念，因为这些在传统精神分析中看似由病人所引发的现象，其本质是两个人的主体相互影响的结果。

主体间性精神分析的另一支是斯特恩（Daniel Stern）所领导的波士顿改变过程研究小组（Change Process Study Group，CPSG）。这个小组包含了儿童精神病学家，发展心理学实验研究者、认知神经科学家和临床治疗师。这个小组与斯托罗洛不同，他们密切关注母婴之间的实际互动过程，并且谨慎地在母婴互动的实验研究的基础之上发展自己的理论，所以较少具有元心理学（meta-psychology）的色彩。他们将母婴互动观察的结果同临床互动过程结合起来，特别关注共同创造的、内隐的，通常是非言语的过程，通过这样的过程，使母婴关系以及病人-治疗师的关系发生改变。这样的关系是非常鲜活的主体间互动关系，而不是一种客观而非卷入的分析关系，而在其中情感的相互调节，而非理智的单向观察才是治疗得以起效的关键性因素，这与福纳吉等人的心智化理论有呼应之处，斯特恩甚至把心智化视为主体间性的一种表现，所以他更加强调心智化的关系维度。

主体间性精神分析还有其他两位代表性人物。其中本杰明（Jessica Benjamin）整合了以上两个分支的理论，并尝试从女性主义的维度和社会建构主义的维度进行重新阐释。她指出，从完整意义上说，主体间性不仅取决于呼应也取决于差异，不仅取决于相互调节还取决于相互认识。另一位理论家奥格登既属于客体关系流派，也属于主体间性流派，这是因为他的工作很大程度上是把温尼科特和比昂理论中含而未发的主体间性维度呈现出来，奥格登非常强调主体间互动的第三维度（the analytic third），即两个主体在互动过程中产生的一个既不属于第一个主体也不属于第二个主体的维度，在此基础上他也重新梳理了精神分析理论。

主体间性理论涉及的人物和研究群体众多，彼此的出发点也有差异，所以目前并没有形成统一的一个治疗模型。但随着这些理论家相互沟通的增多，一些共识也正在形成。

所以还不能称主体间性精神分析是精神分析的最新发展，只能说是发展中的精神分析的一组现象。共同之处在于，这些理论可能都是要尝试将现象学-存在主义-解释学（phenomenology-existentialism-hermeneutics）这一与精神分析有共同起源的传统（根源都在哲学家及心理学家布伦塔诺那里），重新引入精神分析的理论和实践中来，但未来会怎样，我们拭目以待。

第二节　精神分析与心理动力治疗

一、治疗的设置

做任何治疗都要有一个清楚的框架设置（setting），心理治疗犹如外科手术，也要在一定的环境、方式下进行。治疗室就像要开演的剧院，而治疗者是其中的一个角色。这种构想提供了一个机会，使病人的冲动、冲突在这里上演。病人和治疗者接触，不可避免地要谈论自己的私密，很多东西被诱发出来，病人对治疗者会产生移情，症状会出现在与治疗者的关系中。如果没有很清楚的框架，医患双方就会很随意，病人产生了移情但他并不知道自己到底发生了什么，这样就分不清发生的是移情还是常情。特别是在长程治疗中，治疗者变成了病人生活中非常重要的人物，治疗者代表着病人过去生活中的人物。所以治疗者必须是一个非常可信赖的人，不能在任何时候由于他自身的原因突然终止治疗。如果未来可能中断治疗，要跟病人提前约定好，如说“半年后我可能要中断治疗，要外出办事”等。

（一）治疗室的设置

弗洛伊德最早的设置是在治疗室内使用催眠的方法。病人躺在沙发上，治疗者坐在其后，诱导其进入催眠的状态。由于效果不佳，他又尝试将手放在病人额头，告诉病人这样会帮助他的想法浮现出来。这些技术后来被释梦和自由联想取代，但让病人躺在沙发的治疗情景一直保留了下来，成为经典的分析情景。现在广义的心理动力治疗多采用面对面谈话的方式。这种设置的特点是治疗者与病人隔着一张桌子坐下，两人的视角交叉呈 90 度或 120 度。这样的设置有利于病人探索自己的内心，也利于治疗者面对自己的内心和躯体的感受，同时利于观察患者的表现。治疗者在会谈中不仅要听，也要观察气氛，还要面对自己的头脑、内心和身体的感受及冲动，有时可能会回忆起什么东西，所以倾听病人诉说时也要体会自己所有的内心活动。

治疗宜在同一房间进行。可在墙上挂幅画，放束花，但不要挂特别有意义和个人色彩的画，因为会谈是不能被打扰的。房子要安静，温度要合适，没有电话，外面要有“请勿打扰”标志，给病人以职业化的环境。逐渐地，房间就会成为背景资料，作为历史留存在病人的潜意识中发挥着有益的影响。

（二）治疗时间和付费

每次会谈的时间一般固定在 50 分钟，不能任意改变会谈的时间。每周诊治次数为 1～5 次。付费要按病人职业收入的 5%～10%收费，或不管贫富都按规定付费。付费问题很重要，它是工作的一种保证，按规定付费能强化患者作为成年人的功能。付费的方式要在治疗前大致讲清。

（三）分析情景

治疗者在治疗过程中的态度可概括为恰当的中立和节制。所谓中立是指治疗者在病人面前要保持中立的态度，无论病人如何对待自己，都不提倡对病人的生活做具体干预，因为治疗者的目的是让病人自己做出选择，在治疗中主要是确定有哪些冲突，并理解它们，而不是简单地纠正这些冲突；所谓节制是治疗者不应表现得像现实中的自己，而应该像是病人过去生活中的人物，通过观察病人的表现和自己的体验来对其感受产生认同。治疗者的这种状态被形象地称为要有“第三只眼和第三只耳朵”这样一种随时观察、倾听双方心理变化的状态。于是治疗者自己和病人慢慢相互影响着，一起加入一种在意识和潜意识中沉入与浮起的特殊治疗状态中。

治疗中的方向是将症状与病人的内心冲突联系起来，即理解病人早年形成的客体关系模式及其冲突，理解发生于早年并引发问题的防御机制模式，并进而观察病人在与治疗者交往时是如何再现各种客体关系的。

二、评估与诊断

（一）开始评估

治疗者与病人最初见面的几次会谈并不会立刻开始分析治疗，而是要先对病人是否适合做精神分析作必要的评估。如病人是否有引起精神障碍的器质性因素、是否需要用药、存在的危险（自杀、杀人、离婚、工作中断），以及病情恶化的可能等。要对治疗的有利因素、不利因素、靶症状、疗程、禁忌做到心中有数。评估一般需要 1～5 次会谈。在第一次会谈时，治疗者要听听患者对开始治疗有什么顾虑和担心。这些顾虑和担心被治疗者了解和尊重后，病人才会有安全感，才能继续接受评估和治疗。

（二）心理动力评估

这个阶段要通过询问和倾听探索疾病发病的原因及寻求帮助的原因，详细了解病人的生活史。只有这样，才可以初步了解病人整个心理发展过程中所体验到的冲突，了解造成这些冲突体验的重要人物，如父母、兄弟姐妹等家庭成员。了解最初的记忆，如几岁时发生的事件，可以揭示重复发生于病人生活中的事情对病人的情感特点有何影响；了解病人近来常做的梦，可以知道冲突的形成，以了解病人的内心世界；了解病人对以前的治疗和治疗者有何印象和经验对分析治疗也很重要。在评估中要观察病人和治疗者发生关系的方式及可能发生的移情，最好对病情和可能的治疗安排给病人一些初步的解释，并要求病人共同理解等。

（三）选择病人的标准

精神分析疗法对神经症的疗效较好，主要用于治疗强迫障碍、焦虑障碍、转换障碍、心理生理障碍、抑郁性神经症、适应障碍、轻中度人格障碍。在病人的选择上，那些有心理学头脑、能够体察自己的感情、能够通过领悟使症状得到缓解的病人较适合做精神分析。评估过程中观察病人是否具有在自我功能退行和正常的自我功能状态之间有弹性地转换能力极为重要，前者在自由联想中是需要的，后者是理解分析干预、回答直接问题以及会谈结束后病人能够重新回到正常的日常生活中所需要的。

此外，有着环境支持的病人疗效更佳。患有严重的抑郁症、精神分裂症、边缘型人格障碍的病人也可做精神分析治疗，但治疗中有时要配合药物，心理治疗主要是为了矫正发病的条件，促进康复和整合，帮助病人克服退化，以便重返社会。

三、治疗过程

（一）先向病人介绍精神分析治疗的基本程序和目的

通过最初的几次会谈，治疗者已经大致获得了病人在精神分析情境中的工作能力。如果病人适合做精神分析，治疗者与病人对治疗的安排也达成一致，就意味着治疗开始。但大多数病人对精神分析的理论和方法一无所知，因此治疗者要先向病人做一些介绍，使病人知道治疗是会有效果的。如告诉病人精神分析治疗是一种解决问题的学习过程，它通过对个人既往经历、无意识心理活动的觉察，来认识现在行为（思想、感情、幻想等）的根源和意义，使病人理解过去的经历总是无意识地影响着现在的行为（如症状、人际交往特点等）。一旦领悟了潜意识过程中心理冲突与症状的关系，症状将逐渐消失，新的行为就可能建立。在会谈方式上，治疗者也要给病人一个说法，如："这就像我们要开始一个旅行，我们在探索一个新大陆，两个月、半年、一年，我们不知道会走到哪里，因为潜意识像一个海洋。"

（二）节制与自由联想

病人对治疗过程有一个大概了解后，治疗者就应少讲话，更多地倾听病人关于内心世界的描述，这就是节制。可以告诉病人："我正在听你说，我想更好地了解你是如何看待这个世界的，而不想过多地打扰你。"治疗者要鼓励病人尽量无拘无束地讲，不要理会所说的是否正确或是否合乎逻辑。治疗者可以说："你想说什么就说什么，想到什么就说出什么才最有帮助，我知道，做到这一点很难。"治疗者坚持让病人说出心中所想的事情，不要琢磨，不必想得很清楚，不必安排秩序，甚至可以说出那些他认为不真实的、可能伤害治疗者或者他所爱的人的内容。这种方式称为"自由联想"（free association）。事实上，自由联想并不那么自由，那些阻碍思想、感情、幻想和冲突再行体验自由表达的思想方式是阻抗和"防御机制"。治疗者在倾听病人的自由联想时，要仔细分析以发现病人没意识到的蛛丝马迹，以及阻碍思想自由表达的障碍物。

（三）治疗同盟

精神分析的治疗方式为病人创造了一种安全的气氛，提供了一个退行的机会，使病人能够用较为随意的、结构松散的思维方式来接近潜意识的感情和思想。治疗中病人所谈出的一切内容都是供治疗分析之用的，不要去评判谈话内容的对错，更不要对病人提出批评指责。在治疗中，治疗者虽然要经常保持沉默，但也要注意和病人携起手来共同理解病人的体验，表现出医生似的关心和温柔，以达到减轻病人精神痛苦的目的。这种病人与治疗者之间发展起来的共同理解就是"治疗同盟"（treatment alliance）。治疗同盟是医患双方的相互信任和了解病人内心世界的基础，当分析陷入困境时，能够维持分析的继续。这里应注意的是，在治疗的初期，当治疗者变得比较节制的时候，病人的第一反应可能是失望。其原因是病人在开始阶段抱的不切实际的期望破灭了，病人有时会陷入怀疑的状态，如会产生"这种治疗会有效果吗"的疑问。其实，初学的治疗者也会产生这类想法。这时，要让病人明白治疗者始终是跟他站在一起的，因为处理不好失望，治疗关系就有中断的危险。当然，尽管有怀疑，病人一般还是相信治疗者的权威和专长的。

（四）阻抗与防御及处理阻抗的原则

1. 阻抗与防御

阻抗和防御是病人内部对自由联想等治疗过程的抗拒力。阻抗（resistance）是指病人抵制痛苦的治疗过程的各种力量。阻抗有各种表现方式，如迟到或擅自取消会谈、对治疗者的问题加以回避、取悦治疗者并借以"麻痹"治疗者、将谈话的重点指向治疗者、原地踏步、遗忘、控制讨论的主题、为治疗关系设定先决条件、过多地纠缠过去的事情、沉默、会谈中感情缺乏、气氛呆板、沉默不语、不愿谈及和情感有关联的事情等。阻抗还表现为回忆过去经历时过度概括化、理智化，如对小学、中学、大学的经历背流水账似的总结一番，然后说"就这些，没什么了"。治疗者可以通过观察病人在自由联想中的停顿、语结等来发现阻抗之所在。阻抗产生的原因有多种：

（1）病人安于现状，惧怕任何形式的变化。

（2）害怕引起良心上的谴责。

（3）不肯放弃那些形成疾病的幼稚冲动，往往见于色情的或怨恨的移情。

（4）潜意识的冲突以行为和语言的方式表现出来，并由此产生愉快的感觉，如各种瘾、癖、性变态等。

（5）继发性获益。疾病带来的继发性获益也是妨碍康复的一种阻抗，如某些病人习惯于别人给安排休养环境，习惯于别人照顾，不愿意放弃疾病给他们带来的好处，如经济上的好处和情感上的依赖等。

（6）移情阻抗，这是一种特殊的阻抗。此时，病人可能对治疗者产生过分依赖，总是想得到治疗者的赞赏、表扬，或者产生了对治疗者的性幻想等色情的移情，以满足感情的需要，而不是去理解自己的感情。病人也可产生怨恨的移情，以求挫败治疗者，而不是解释自己为什么采取攻击的行为。

（7）见诸行动（acting out）。见诸行动是一种特殊的移情性阻抗。病人的潜意识冲突以行动的方式表现出来，也起到阻抗治疗的作用。这种行动使病人产生愉快的感觉，而不是像在治疗时那样采取讨论、解释和控制这些感情的方式。这种以行动方式而不是以语言的方式来表达潜意识的冲突称为“见诸行动”。它常见于各种瘾癖和性变态的病人，病人通过这些行为来满足自己冲突性的冲动。如果发生在治疗关系中，当病人对治疗者产生强烈的情感时，常常开车经过治疗者的家门，或者热衷于搜集有关治疗者私生活的信息。

（8）防御机制。防御机制是人们将痛苦的感情和记忆排斥于意识之外的一套潜意识思想方式，是造成阻抗的重要原因，如压抑、否认、置换、理智化、反向形成、投射、退行等。防御机制作为阻抗最早起源于童年，即病人在童年经历中形成了某些重要心理冲突（如儿童期望得到爱的满足与父母未能给予足够的爱和保护等），由于内心防御的作用，未解决的冲突变得模糊难辨，并进而转化为当前治疗过程中的阻抗。精神分析治疗的主要工作就是帮助病人分析并解释防御机制，这是处理阻抗的重要方法。对防御的理解能使病人再次从意识上体验到那些与冲突相关的被禁止了的冲动、记忆、恐惧、失望，以及痛苦的感情。防御往往构成病人性格的部分，因此许多阻抗源于病人的人格结构。以特征性的人格类型进行防御既是为了避免心理上的痛苦，也是为了适应现实。如有强迫性人格的人由于善于将痛苦的感情与意识隔离开，并且特别细心，就有能力描述千头万绪的事物和使自己符合外界现实。因此，治疗者要适当地尊重这种防御，不要和病人争执，要慢慢解释，要在认识阻抗的真实成分之后再去解释其中的潜意识动机，不可急于求成。

2. 处理阻抗的原则

弗洛伊德提出了“先于内容解释阻抗”或“表面解释”的原则。具体做法是先向病人指出他正在阻抗，让病人认识和体验阻抗。如果病人认为他在治疗中的反应合理的话，他就不可能与治疗者一同去解释阻抗。成功解释阻抗可以成为理解过去冲突的契机。过去的冲动和情感的痛苦本身不能成为不可解决的冲突，对其的过度防御才构成不能解决的冲突，理解了防御也就理解了冲突，然后才能理解神经症性症状。对阻抗解释不成功有导致治疗中断的危险。总之，老练、尊重、充分地利用病人的理智是处理阻抗的关键。

（五）移情

1. 对“移情”的认识

在自由联想过程中，通过不断处理阻抗，病人逐渐回忆起过去的生活经历，同时也将过去的冲动、幻想激活，并将过去对其有过重要影响的人的情绪以治疗者为替代对象有意识地加以呈现，这就是移情（transference）。其表现为病人对治疗者产生了强烈的情绪反应，有的对治疗者产生依恋、钦佩、爱慕甚至和性有关联的冲动，有的对治疗者表现出失望、不满、愤恨、攻击等。前一种情况称为正移情（positive transference），后一种情况称为负移情（negative transference）。最初，弗洛伊德将移情视为治疗的阻碍，但他很快就发现分析病人与治疗者的关系是了解病人内在世界的重要途径。弗洛伊德指出："移情是在分析过程中产生的冲动与幻想新的样式或翻版；不过它们有这样的倾向，即将早期的某些对象以医生其人进行替换。即全部的心理经历被唤醒，它不属于过去，而是在现时反映到医生其人上。"在精神分析治疗发展的不同历史阶段，移情的概念也不断变化和发展。安娜·弗洛伊德区别了两种移情：（1）力比多冲动性移情，即婴儿将投注于客体（如异性父母）的本能驱力转移到治疗者身上；（2）防御性移情，即婴儿对付本能驱力的防御方式的再现，表现为在分析过程中对治疗者的具有敌意的拒绝态度。这一观点的本质是移情是本能驱力的迁移和表达。梅莱妮·克莱因通过对儿童的分析，认为病人与治疗者的交流表现均反映着婴儿期关系的移情，其本质是潜意识幻想的体现。

总之，经典的移情概念是，病人将过去与重要他人（父亲、母亲等）的经验和强烈的情感转移到了治疗者身上，这些强烈的感觉包括依恋、爱、性吸引力、嫉妒、挫折和恨，但病人并没有察觉此种错误的联结，在他的感觉中这种情绪并不属于过去，而是直接与面前的治疗者相关联。由此而来的移情解释及其疗效是，治疗者向病人解释这个错误的联结就可以使病人意识到这是过去情绪的再现，让病人在治疗室里再去体验过去，就是对过去经验的重建，当病人对过去的事件有了新的看法时，就能克服过去的创伤。

现代的移情观念有了很大发展，如库珀（A. M. Cooper）就将移情的"历史上"和"现代"的观念做了区分。他指出，历史上将移情视为一种早期关系的重演，对移情的解释是尝试让病人意识到将早期婴儿关系作用于治疗者是一个关系的错位。而现代的观念认为移情包含的并不一定全都是过去的本能驱力、经验和潜意识的重演，也有对当前治疗关系互动的新体验或引发的潜在意义。因此，现代移情观念包含的意义更广泛，包括病人与治疗者之间的互动、心理冲突的重现、病人内在客体表象之间的互动、经由与治疗者关系的呈现病人有意识地或无意识地对治疗师产生的操纵、诱导式的幻想性移情等。移情是受过去影响的新经验，而非过去经验单纯的重现，是以成人的身份在新的治疗资源下解决固有冲突的持续尝试。移情的性质或形式有多种。由弗洛伊德发展的移情概念主要产生于对神经症病人的分析治疗，而现在精神分析技术已经应用于对多种病人的治疗，如边缘型人格、自恋型人格与精神病病人等。因此也就产生了大量特殊的移情形式，如色情化移情、精神病性和边缘性移情以及自恋性病理状态的移情等。

现在发展移情和解释移情成为精神分析治疗的重要手段之一。精神分析医生与其他医生的一个重要区别是，允许把自己作为病人强烈感情投注的客体，让病人在自己身上体验痛苦的成因。在治疗的开始阶段，要重现过去的经历主要靠病人对过去片段的回忆。但是当移情产生后，病人过去的冲动、幻想、重要的人际关系并不仅仅停留在过去，而是通过与治疗者活生生的关系表现出来。其中，一部分表现形式较为简单、直接，容易辨认，如病人不断地将治疗者与其父亲比较；另一部分则以改头换面的形式表现出来。初学者过去往往没有体验过来求治的病人会产生那么多的爱、性欲、恨、贪得无厌和绝望等，以至于会不知所措。但治疗者必须有信心把移情作为一种治疗手段。

2. 处理移情的原则

首先治疗者必须保持头脑清醒，知道病人对治疗者是怎么想的，有什么样的感情，不要认为病人对治疗者的评论都是客观的、公正的。因为有时病人被自己对治疗者的爱、恨感情所吓倒而不敢暴露，有时却意识不到其强烈的情绪反应是针对治疗者的。这时重点是要帮助病人理解移情，把病人的注意力引导到病人自己身上，让病人了解和暴露自己的想法。如可以请病人谈谈当前对治疗者的想法、态度和感情，使移情变得清晰可辨。接着告诉病人，治疗者与病人只是职业性帮助关系并没有私下的交情，治疗中引发的感情以及对治疗者的想法，都是过去重要人际关系中的感情和观点转化而来的，这些强烈的感情代表着病人对过去生活中与父母、兄弟、姐妹之间感情纠葛的再次体验。

3. 处理移情的方法

处理移情一般分两步操作。

第一步是先证明和澄清移情，以便为解释作准备。证明和澄清指治疗者尝试向病人澄清某一种特定心理现象。证明中可能产生了解释，但也可能仍然只出现模糊的事件而不能明确理解。在证明、澄清和探索病人的移情经历时要注意以下三点：

（1）捕捉病人的情感和附带着的冲动，如说："你过去在哪里有过这种情感和冲动?""如果让这些念头随着冲动盲目漂流，你觉得会发生什么?"

（2）追溯移情人物的往事、细节。病人的移情反应尽管对治疗者是不恰当的，但对过去的某个人物却是有原因并适合的。可以明确地问："你过去对谁用这种方式?"注意这时并不一定马上发现原始客体，但可以发现中间客体和事件。

（3）探究移情幻想。有时候移情的情感对象模糊不清，或遥远、无效，此时可将注意力集中在病人对治疗者的幻想上。如可要求病人举例说明为什么他说"我怕你发怒"或者"你会看不起我"。或者说："我怎么让你害怕了？你的真正意思似乎是你对我有什么幻想，可说不出口。"

第二步是解释与修通，其目的是使无意识的人物、情感冲突、细节、动机变成有意识的，并能理解和产生改变。这是一个连续的过程，通过解释，治疗者就能让病人超出容易理解的那部分，从而对联想起的心理现象赋予新含义和缘由。

治疗者通过巧妙地揭示移情的机制，使病人真正理解了感情的来源，同时也将病人的心理痛苦和形成病人人格特点的根源完全暴露于意识中，通过这类解释就达到了移情的修通（working through）。有时病人为了满足对感情的需要，不愿理解或不承认是移情，形成了"移情阻抗"，治疗者要掌握好节奏，在尊重病人感情的前提下，另找时机将病人对移情的注意力引导到理解移情的来源上去。如果病人对异性治疗者产生带有性意味的移情，治疗者不必害怕，应当婉转地向对方说明这是分析过程中可能出现的现象，但这不是现实的、正常的爱。治疗者一定不要伤害对方的自尊心，要让病人知道治疗者明确的、坚决的态度，并要早期发现、早期采取明确态度进行处理，将其引向正确的治疗方向上来。

案例 9－6

患者，男，19岁，大学生。其主要症状是感到脑子很乱，想得太多，管不住，学习不下去、注意力不集中，对人很容易生气、嫉妒、紧张，追求完美，自高自大，心里充斥着各种幻想，但又怀疑自己缺少男性气质，并感到自卑、压抑、紧张、没有自信心等。

采用心理动力治疗的第25次会谈的内容片断如下（P代指病人，T指治疗者）。

P：今天早上有一种不想起来的感觉。

T：什么感觉？

P：有一种想逃避的意味。

T：逃避？

P：有一种压力，能少来一次就少来一次，怕花多了钱。

T：这和你父母对你的态度一样，你受了他们的影响。

P：我感觉到你对我有信心，而我对你没有信心。

T：这就很惨了，好像你来做咨询是让我满意一样。

P：这是不是说明我还没有长大，为的是让父母说自己好。

T：好像你以前表现得像个好孩子，而我又接受了这个，咱俩一直努力保持着这样一个游戏一样。

P：一旦不能保持这个游戏状态，就感到很压抑，有被人看不起的感觉。

P：我爸爸和我妹妹关系很好，我和我父亲有一种说不清楚的感觉。

P：我有点活在父亲影子里面的感觉，好像他……承认我很多东西。

P：我学习好像给父母学的一样。

T：我不知道这种压力是由于你的想象，还是他们对你有很大的愿望造成的。

P：我下决心要好好学习，不让父母难受。

T：你父亲那时候难受吗？

P：……那时候很不用心。

P：我和我爸爸一闹矛盾，我妈妈就向着我爸爸。

…………

从本段会谈可见，病人与治疗者无意中发展出一种貌似合作、实际很有张力的交流模式，这似乎是其家庭中父子互动模式的再现，即长期以来病人与其父亲之间只能在好的一面交流，不能在冲突的方面碰触。同样治疗者也被诱导成了一个好父亲，但很长时间治疗者没有察觉。病人与治疗者之间这种无意识的防御性、理想性的操纵关系，类似一种有遮蔽性的回忆，显然有保持防止不愉快冒出来破坏治疗关系的作用。病人对治疗关系表现出烦躁之后，治疗者才说："这就很惨了，好像你来做咨询是让我满意一样……好像你以前表现得像个好孩子，而我又接受了这个，咱俩一直努力保持着这样一个游戏一样。"这就是治疗者对这种移情形式的初步解释。在这个交流中治疗者与病人通过将移情情景与唤起的潜意识联想（患者过去与爸爸、妹妹、妈妈的关系特点，事件起源，感情性质等）相联系，讨论并理解了这个移情方式，巩固了治疗同盟。

（六）反移情

在治疗过程中，还会有另外一种与移情相似的现象发生，但同移情的方向相反，这就是反移情（countertransference）。反移情是指治疗者将自己过去的情感转移到病人身上，反映了治疗者潜意识中的问题。如有些治疗者总是希望从病人那里获得自信，有的治疗者对离婚问题的解释充满个人情感色彩、偏见等。反移情发生的机制其实同移情是一样的。这并不奇怪，因为治疗者也是人，有七情六欲，也有潜意识的活动。治疗者并不能排除或完全控制自己的反移情，重要的是治疗者要觉察出自己的反移情，并利用自己的反移情去了解和认识病人的移情。作为治疗师培训项目中的一个重要内容，就是要通过自我体验（self experience）和督导（supervision），使治疗者了解自己的这种潜意识活动。移情与反移情都是潜意识的作用，注意分析移情和反移情有助于发现病人的症结所在，促进治疗的顺利进行，减少治疗中不必要的麻烦。

经典的精神分析法认为，反移情是治疗者对被分析者的感情转移，是病人在治疗者心中所发动的全部情绪。如一位女病人叙述自己的感情生活，透露曾和许多男性有过性关系，在治疗中流露出对治疗者的性欲望时，道德观念极重的治疗者可能表现出强烈的厌恶并进行指责，这正好重复了其丈夫的反应模式，治疗关系因此陷入危险。因此，弗洛伊德把反移情看作分析的阻力，是对治疗有害的现象。他强调治疗者应该努力保持情感中立，对病人的移情反应处之泰然，应该像一个空白屏幕，无忆无欲，任凭病人按照自己的意愿在上面涂抹“移情的图画”。但治疗者不是圣人，要达到这种境界，必须经过长时间的自我分析及高年资医师的督导。现代精神分析的整合观点认为，反移情是治疗者对病人活动和治疗环境的情绪的、生理的和认知的反应。反移情在许多时候是不可避免的、普遍存在的，那种要求治疗者在治疗过程中绝对保持情感中立的观点，其实是将治疗者凌驾于病人之上的做法。反移情对治疗产生积极还是消极影响，主要在于治疗者能否对自己的反移情保持警觉和进行妥当处理，适当的、正常的情绪反应是精神分析中重要的治疗工具。治疗者投入感情，能使治疗者对病人保持必要的兴趣，更容易进入病人被压抑的内心世界。以感情理解病人，可以使病人产生共情的感受，从而得到自尊和勇气。当然，不当的反移情是被禁止的，如把病人当作获取利益的对象或满足自己感情的对象。总之，治疗者要分清和把握好自己的反应，以利于病人的领悟和成长。

（七）梦的分析与运用

1. 关于梦的理论

弗洛伊德及其创立的精神分析理论特别重视对病人的梦的分析和利用，这也是精神分析技术的一个重要特色。他在《梦的解析》一书中提出的理论和释梦技术仍然是现代精神分析治疗中的重要原则，释梦（dream interpretation）仍然是分析治疗的重心。他认为梦乃是做梦者潜意识冲突欲望的象征，治疗者可以通过对梦的内容的分析，发现这些象征的真实含义。弗洛伊德认为形成梦境内容的因素主要有三类：

（1）睡眠时躯体受到的刺激。如房间太冷，会梦到身陷冰天雪地的山谷中。

（2）日间活动残迹的作用。即所谓“日有所思，夜有所梦”，人们可以在梦中继续完成白天的智力活动。

（3）潜意识内容的反映。弗洛伊德将梦分为“显梦”与“梦隐义”两部分。前者指梦境中所显示的具体内容，后者指这些梦境内容所代表的潜意识含义。做梦者通过“梦的工作”（dream work）的一系列心理机制将欲表达或满足的潜意识冲动，表现为各种离奇的梦境。

梦的工作机制一般可以归纳为以下六类：

（1）象征。即用一种中性事物来象征性地替代一种所忌讳的事物，可减少或避免引起梦中自我的痛苦或创伤。例如，用细长、尖锐、蛇、虫等东西来象征阴茎。

（2）移置。指在梦中将对某个对象的情感（爱或恨）转移到或投向另一个对象。如一位神经症男青年梦到一位穿黑衣的陌生中年妇女，开始他冲动地对她拥抱，继而对她进行了残酷的攻击。经过分析，梦中这位中年妇女实际是他的母亲，因为在其童年时父亲病死后，她抛下他而另嫁他人离去。

（3）凝缩。指在梦中将内心所爱或恨的几个对象，凝缩成一个形象表现出来。最生动的例子是《红楼梦》中贾宝玉游警幻仙境时梦到警幻仙子领他与其仙妹成亲。这位美女的形象是他所爱的三个女性的意象经过凝缩而构成的。

（4）投射。指在梦中将自己某些不好的愿望与意念投射于他人，而减轻对自我的谴责。如一男青年梦中梦到其未婚妻别有所恋并与人幽会。经过分析却发现他对未婚妻有所不满而萌发了追求其他女性的意念。

（5）变形。指在梦中将潜意识的欲望或意念用其他甚至相反的形式表现出来。例如一富家子弟，在其父病重后患了焦虑性神经症。在梦中他梦见父亲病愈又能掌管家务了。经过分析，他的潜意识中盼父早死的不孝意念受到超我的严厉压抑，通过“反向形成”而产生了“父亲病愈”的“反”梦。

（6）“二次加工”。指做梦者在梦醒过程中，往往会无意识地对自己的梦进行修改加工，使它比较有次序或合乎逻辑一些，或将梦中最有意义的东西反而置于次要或不显著的地位。这时，分析师在进行释梦时，就要去伪存真，抓住要点。

2. 梦在治疗中的运用

（1）梦是通向潜意识的捷径。治疗者可以通过梦观察病人是如何思考、感受、防御和阻抗的，以帮助病人了解自己内心的活动。在治疗早期，梦的解释只应该局限于做梦者的经历、梦的显义，通过梦来了解病人目前生活中可能构成梦的材料。这种处理会使病人认识到梦是与现实生活经历相联系的，是可以被察觉、被理解的。通过这个途径那些隐藏的问题会被揭露、被觉察、被理解，并在此基础上被病人所掌握。治疗者要让病人理解，梦是一种供病人自己“表演”和自我理解的心理功能模式，是另外一种思考形式，并由此联想到他自身内心的冲突所在。

（2）梦是潜意识冲突的指示物。在治疗中，防御的作用会使梦变得模糊不清。可是，当防御和阻抗被理解、被抛弃之后，梦就变得清晰起来。此时治疗者可以把梦当作路标去发现潜意识的愿望和冲突。例如，一个30多岁的男病人，做精神分析治疗已是第三个年头。他最初的主诉是社交困难，特别是总跟男性领导作对，见到女性时又特别腼腆。经过治疗，当他认识到这反映了他为赢得母亲的注意而与父亲竞争感情以后，他像变了个人一样，开始跟女性约会。一天晚上，当他跟一个十分喜欢的女人幽会后，做了一个梦。梦中他和他的男治疗者都打扮成健壮的苏格兰人，穿着苏格兰式的短裙去参加化装舞会。

治疗者问病人对梦中两人的看法。病人说这没什么可奇怪的，因为治疗者是个苏格兰人。经过一段时间的深思后，病人谈出了对治疗者的看法，认为治疗者健壮有力，并幻想有一天自己也能成为治疗者这样的人。病人联想到他对父亲也有同样的看法。无论他在什么时候想到自己与父亲有多么相似，很快就转移到他们之间的差异上来，因为他总认为自己虚弱而父亲强壮。正是因为这个原因他尽量避免与女人接触。他认为可能是对母亲的罪恶感使得他要避开那些可能与女性发生性关系的场合。通过对此例中梦的分析，病人打开了新一层的潜意识冲突。

（3）梦是移情的指示物。治疗过程中不论移情的表现是爱或恨、是亲昵或疏远，都可从梦中看清其面目。例如，一个中年妇女在治疗的第一个年头里经常抱怨心理治疗对她毫无帮助。她谈起一个梦，梦中她是个小学生，她和同学们正在校园里玩，这时天空突然阴暗下来，她看见老师在远处朝她们招手。但是，她不明白老师到底想和她说什么。治疗者先请病人谈谈她对梦境中每一个情景的看法。病人指出，在梦中她不明白老师到底想跟她说什么，接着又说她不愿讲出来，她与治疗者之间也有同样的感觉。这说明治疗者与病人之间的关系有问题，病人认为治疗者既不理解她，也缺乏与她交谈的能力。治疗者通过梦获得了提示，病人也据此对自己加深了理解。于是治疗有了新的进展。

需注意的是，有很多梦是不易理解的，治疗者只有在掌握了大量材料后才能对梦进行深入的讨论，绝不可只凭一个梦就轻率地下结论。但治疗者也不要因为梦意难解就灰心丧气，重要的是在心理治疗中要努力尝试，把梦当作一条途径，通过联想把潜意识的内容上升到意识中来。对于初学者，只有学会理解自己的梦的潜意识内容之后，才可能理解别人的梦，除此之外别无他路。

（八）结束治疗

精神分析的治疗绝大多数不预先安排结束的时间。在治疗开始时，治疗者就应当向病人讲明，治疗将一直持续到把病人的潜意识里的冲突统统揭示出来得到解决，持续到病人理解自己的内心活动为止，因而治疗往往要持续一年或几年。随着病人与治疗者的关系加深，那些长期难以理解的事情逐渐被理解之后，病情就会发生变化。当病人感到人格中惹起麻烦的那部分已经分离出去，那些曾经造成症状的症结已被排斥出去，当病人能够深刻理解自己的防御和移情，并能认识不同的移情表现，当病人对自己的心理活动有深入的了解，并开始运用自我探索的方式去解决新的问题的时候，治疗就可以结束了。具体什么时候结束，要看治疗的时间，如果治疗长达几年，那么结束治疗可以用六个月的时间。

进入结束阶段后治疗者要与病人一起回顾治疗过程，再度考虑自己的生活史和冲突，将所学的东西回顾一遍。病人自己应当能体会到有所收获，还要体验与治疗者分离产生的强烈的失落感。治疗者也要注意到自己的失落感，并谈论这些感觉，以便消除自己的反移情，同时鼓励病人克服移情，解决已经理解了的冲突，解决自己生活道路上的困难，使病人自己能取代治疗者，开始独立自主的自我探索，并将持续一生。

四、客体关系取向的心理动力治疗

客体关系取向的心理动力治疗与经典精神分析疗法都将精神分析学说作为治疗的理论基础。客体关系取向的治疗将重点放在治疗者与病人的关系上。Kaiser 认为，病人是遭受“联系困扰”之苦，而不是遭受“症状”之苦。病人痛苦于没有能力与他人建立并维持令人满意的关系，而不是痛苦于无能力调和内在冲突。精神症状的意义在于病人的关系正在恶化或正在威胁着它的自体感。客体关系心理治疗的重点应放在内部客体关系在建立和维持关系中所起的作用上。

在构成病人生活的各种关系中，首先考虑的是病人与治疗者的关系。这种关系不仅发生在此时此地，而且还包含了很多在病人与他人的关系中运行的关键因素。治疗者-病人关系被看作是个案生活中病态部分的生动表达。其关系包含着巨大的改变潜能，这种关系本身便会成为改变的焦点。通过这种关系，心理分化、错误的内化和病理性分裂等问题随之可以得到触及。

客体关系心理治疗共分为四个阶段，分别是：允诺参与、投射性认同、面质和结束。下面我们分别讨论四个阶段的客体关系心理治疗。

1. 允诺参与

（1）治疗关系是改变的基础。

人们幼年时经历的事情不一定建立在理性或逻辑的基础之上。通常在生命早期形成的客体关系模式更多地受到情绪因素而不是智力因素的影响。通过把投射性认同作为构建关系的一种方式，客体关系心理治疗可以面对这种投射的模式并且改变病人的感受。治疗者将治疗关系作为个案关系病理出现的阶段性基础。

（2）使病人允诺参与的技术。

治疗联结旨在用来传递共情性理解，治疗者可以和病人交流，告诉病人他们的感受是被治疗者分享并理解的。为建立“治疗联结”，治疗者可使用的技术有两种：第一种，共情技术。共情又称同理心、神入、同感、感情移入、共感，是指从病人角度，而不是从治疗者自己的参考框架去理解病人的能力。第二种，提供建议和忠告。建议和忠告也可以用来使病人允诺参与。但要注意的是，咨询初级阶段的目标并不是解决问题，因此只有当提供建议和忠告不影响咨询关系时，并且建议被采纳的可能性很大时才使用。如果病人允诺参与阶段成功，治疗者就可以非常有信心地准备好进入下一阶段的咨询。

2. 投射性认同

在这一治疗阶段，治疗关系的特点发生了显著的变化。投射性认同的出现是第二阶段开始的显著特征。这时，病人想找到一个“真正”关心自己的人，这就很可能产生对治疗者的投射性认同。这时治疗者可能会产生反移情。在客体关系工作中，与经典精神分析对反移情的理解有着明显不同，这一阶段被看作心理治疗过程中的自然部分，认为反移情是治疗者情感上对病人的投射性认同做出的反应。反移情不再被看作治疗者自己未解决的俄狄浦斯情结的反应，而被看作对病人投射性认同的一种自然反应，反移情被认为在治疗中是有价值的，甚至是必不可少的一部分。

面对病人的投射性认同，治疗者应把病人的隐藏信息公开化，即让病人意识到自己的想法。一旦隐藏信息被公开化，就达到了第二阶段的目标。治疗者就可以开始下一阶段的工作了。

3. 面质

当包含在病人的投射性认同中的隐藏信息被公开化时，治疗者就能够与病人进行实质性的互动，可以用一种直接且强有力的方式面质病人的病理。

（1）面质的概念和目的。

面质是指治疗者运用言语反应描述在病人的感受、想法和行为中存在的明显差异、矛盾冲突和含糊的信息。同时，帮助病人挖掘出认识自己的不同方法或引导他采取不同的行为。采取不同方式使用面质技术的目的是以某种方式挑战病人，动员病人的能量使其指向更深刻的自我认识和更积极的行为。

（2）面质反应的基本原则。

面质必须谨慎使用，以免给病人带来不利影响。首先，任何时候都必须清楚使用面质的动机，面质反应只针对问题中的矛盾。另外，面质反应前应建立良好的治疗关系和信任度，选择合适的面质时机，不要在很短的时间内用面质反应给病人施加太大压力。治疗者需要让病人知道，治疗者在治疗刚开始时许下的承诺在此刻依然像从前一样牢固，并且治疗者依然关心病人。

（3）面质反应的步骤。

进行有效的面质需要以下四个步骤：

第一步，仔细观察病人，确定他所表现出来的矛盾类型，探查出矛盾之处，不要过早地做出面质反应。

第二步，评估面质的目的，确定病人是否需要被挑战。评估治疗关系是否安全，以便使病人能从面质中受益。

第三步，总结矛盾中的不同因素，解决冲突，促进和谐。

第四步，评估面质反应的效果。治疗者做出面质后，病人可能会有否认、困惑、假装接受、真正接受的反应。然而，面质效果可能不是立即产生的，同时要关注病人可能会变得更为防御的迹象。

4. 结束

在客体关系取向的心理动力治疗的结束阶段，治疗者需要让病人审视其投射性认同对他人的影响。此外，此阶段还要涉及一些与治疗结束有关的问题，包括对分离的处理。

为了能够成功地结束治疗，病人需要自己从病态的客体关系中解脱出来，挣脱过去与自己形成病态联结的人的束缚。这种解脱意味着宽恕，意味着能够将内在客体体验为可能犯错的客体，并且能够宽恕其缺点。Johnson 指出：“在治疗中，最后的且必要的步骤是宽恕：宽恕已经发生的事，宽恕正在发生的事，宽恕仍然有可能发生的事。”治疗者要向病人指出这个方向。

分离是客体关系治疗中的最后步骤，也是一个很艰难的过程。在治疗的过程中，治疗者被病人引入自己的内在世界，并作为一个重要客体而被整合进病人的自体。治疗者作为一个“好客体”被内化，这时治疗者被病人内化成价值感和自尊的来源。治疗者需要积极主动地让病人参与到分离的体验中去，同时他也需要了解自己对分离的感受。病人和治疗者可以有机会在一段较短时间内，体验一般的人与人之间的关系。

第三节　中国的精神分析：钟式认知领悟疗法

认知领悟疗法，又称中国的心理分析疗法，是20世纪80年代钟友彬在心理治疗实践中形成的，是从经典精神分析疗法的理论和技术中派生出来的。认知领悟疗法主要是通过解释使病人改变认识，得到领悟而使症状减轻或消失，从而达到治疗的目的。钟友彬教授认为，一个成年人产生神经症的根源不在现在，而在于无意识的幼年期创伤体验。幼年期创伤包括父母离异、缺乏或失去母爱、各种躯体病痛和灾难、体罚、过度的情绪刺激、剧烈惊吓等，由此产生的焦虑称为初级焦虑。成年人处在困境中或遇到严重的心理冲突，同样产生焦虑情绪，称为次级焦虑。这些焦虑经过心理机制的加工被化装成各种神经症的症状，但患者并不自觉。领悟治疗就是经过病人对疾病原因的回忆和医生的解释，使患者对病因领悟。

钟友彬认为，中国人至少有两方面的生活习惯，与传统认识、心理动力学的原理相近：（1）相信幼年经历或遭遇对人的个性及日后心理健康有重大影响，幼年和成年心理特征有连续关系。（2）从成年人的观念、作风和行为中可以看出他幼年时期受到的影响。例如，一个人一向不知节俭，随意抛弃食物而不觉心疼，就可推想他幼年时期多半没有经历过“锄禾日当午，汗滴禾下土”的艰苦劳动，没有受过苦挨过饿。成年人的其他观念作风也莫不如此，都可从他们的日常行为中，看到幼年时期留下的痕迹，尽管他们自己不一定能意识到。

1. 认知领悟疗法的心理病理学说

钟友彬认为，病症的根源在于儿童时代受过的精神创伤，这些创伤引起的恐惧在脑内留下的痕迹，在成年期遇到挫折后就会再现出来影响人的心理，以至于必须用对待儿童的态度，去对待本来不值得恐惧的事物。由于症状都是幼年期经历的恐惧在成人身上的再现，因此症状的表现必然带有幼稚性，具有不成熟的儿童式的心理表现。

钟友彬认为，人在幼年时期主动参加过与同龄异性伙伴的性游戏，并有过快感经验，这些经历虽被遗忘，但印象并未消失，已进入无意识领域。某些个性腼腆的人成年后在诱发因素作用下，可能不自觉地用幼年期的性取乐方式，来解除成年人由于心理困难而引起的苦闷，或满足成年人受到挫折的性欲，即演变成性变态。或者，幼年期曾有过主动参与的性活动经验，在青春期前由于社会意识和道德意识的增强，将会使其产生自责、自罪、悔恨和羞耻感，这些负性情感和不成熟的评价，往往会阻碍心理的正常发育，到青春期性成熟需要寻求异性伴侣时，便会影响与同龄异性的正常交往，出现各种羞耻和自愧的表现，最后出现过敏性关系妄想，认为别人都已看出了他们的“坏”思想，从而回避他人的目光，形成对人的恐惧，这就是恐惧症产生的主要心理病理根源。再有，人们幼年时期的精神创伤或幻想引起的恐惧体验，虽然被潜抑到无意识而被遗忘，但并没有完全消失，成年后在一定诱发因素的作用下，这种幼稚的恐惧情绪就会再现出来，不自觉地通过幼年方式来排解，并表现为强迫症状。

2. 认知领悟疗法的治疗原理

认知领悟疗法的治疗原理是把无意识的心理活动变成有意识的，使求治者真正认识到症状的意义，以得到领悟，症状即可消失。这也是精神分析和心理动力学的治疗原理。但如何领悟（方式）、领悟什么（内容）则有所不同。正统的精神分析疗法要经过长时间的自由联想，了解症状的象征性意义，除去防御机制的伪装，让求治者领悟到幼年期未得以满足的性心理症结。认知领悟疗法则是直接和患者一起讨论分析症状临床表现的性质，使他认识到病态情感和行为的幼稚性，领悟到这些感情与行为是幼年儿童的心理和行为模式，是与他的实际年龄和身份不相称的，从而主动放弃这些想法和行为。认知领悟疗法可以被看作在医生的指导下进行的求治者的自我教育，是对幼稚心理的改造。求治者在接受治疗前对他病态行为的幼稚性和幼年儿童的行为模式概不自知，通过医生的解释、分析及互相讨论，并联系自己深入思考后，才真正认识到病态行为的幼稚性，领悟到它是儿童期留下的痕迹，是成年人不应再保持的幼年心理行为模式。

钟友彬认为，治疗的目的是要消除求治者的症状，而症状的消除需要求治者对施治者解释的领悟。求治者的领悟是在施治者的引导下达到的，因此疗效的取得不在于揭示了幼年的创伤，而在于求治者对施治者解释的信任，这就是领悟的本质。领悟的内容是施治者灌输给求治者的，当求治者自感以前的想法及行为可笑时，自己也就抛弃了原有的态度、行为，使症状得以消除。因此，治疗的过程不仅是一个施治者与求治者交互作用的过程，也是亟须求治者主观努力的过程。

3. 认知领悟疗法采用的方法

认知领悟疗法从始至终强调求治者的主动性，强调“师傅领进门，修行在个人”。每次治疗后，都要求求治者写出自己的体会。还有一种作业是要求求治者暗中调查一下其他成年人对自己恐惧的事物、认为有意义事物的看法，以消除他的某些不正确的观念。心理学界有句名言：“要下决心不做儿童心理的奴隶。”这是要求求治者自己有一个消化、吸收的过程，使施治者的信念变为求治者的信念，这样才能放弃其病态行为，达到治疗目的。

认知领悟疗法还采取直接全面的交谈方式，每次时间为60～90分钟，疗程由双方商定，可相隔几天、一周或更长时间。会见最好单独进行，每次会见后，要求求治者写出对施治者解释的意见，并结合自己对病情的体会提出问题。

初次会见时，让求治者或家属叙述症状产生和发展的历史及其症状的具体内容，尽可能在一小时内叙述完。同时进行躯体和精神检查以确定诊断。如果是认知领悟疗法的适应症，即可进行初次讲解，说明他的病是可以治好的；如果初次会见时间许可，可直接告诉求治者，他的病态情绪和行为的根源是在幼年时期形成的，病态实际上是用幼年的方式排除成年人的心理困难或满足成年的性欲望，是幼年时期恐惧情绪的再现，等等，解释的内容因诊断不同而略有出入。

在以后的会见中，可以询问求治者的生活史，以及容易忆起的相关经历，但不要求"刨根问底"。对于求治者的梦，也可偶尔谈到，一般不进行过多的分析，用较多的时间引导求治者并和他一起讨论分析症状的性质，让求治者充分领悟症状大都是幼稚的、不符合成年人思维逻辑规律的感情或冲动，其症状表现是以幼年的方式来解决成年人的问题。在这一过程中，具体的解释要结合求治者的实际情况。

当求治者对上述解释和分析有了初步认识和体会之后，再向求治者进一步解释病的根源在过去，甚至在 5 岁以前。例如，对强迫症求治者，可指出他的主要问题是恐惧情绪，而恐惧情绪来自幼年期的心理创伤，应当认识到现在已经是成年人了，不要再像孩子那样认识恐惧、相信恐惧和排除恐惧了；对性变态求治者，要分析、讨论他的变态性行为的幼稚性，并让他回忆儿童期的性游戏行为，说明他是用幼年方式来满足成年人受挫的性欲或对付成年人的心理困难，是幼稚和愚蠢可笑的；对恐人症求治者，可指出他实际上还处在青春初期对异性感兴趣而又怕羞的年龄阶段，并分析是什么原因妨碍了他的心理发育，促使他改变认识达到成熟。

4. 认知领悟疗法的适应症

认知领悟疗法的适应症主要是露阴癖、恋物癖、摩擦癖、窥淫癖等性变态，以及强迫症和对人恐惧症。

第十章

行为治疗

第九章已经描述了精神分析理论和治疗技术。本章我们将讨论一套从不同观点发展起来的治疗方法。事实上，行为治疗的发展很大部分源于与精神分析的抗衡。我们将首先对行为治疗的概念、历史作一简要描述，然后介绍行为治疗的基本理论及其特点，接下来讨论行为治疗的过程，最后，介绍一些常用的行为治疗技术。

第一节　行为治疗的概念及其历史

一、概念

行为治疗（behavior therapy）是基于实验心理学的成果，通过消除或建立某些行为，以减轻或改善患者的各种行为障碍或适应不良行为为目标的一类心理治疗技术的总称，简单地说，行为治疗是以行为学习理论为指导，按一定的治疗程序来消除或矫正个体的不良行为的一种心理治疗方法。在很多情况下，行为矫正这一术语经常与行为治疗交替使用，其实它们的含义并不完全相同，行为矫正主要是指临床心理学家及相关领域工作者帮助个体改进日常行为的某一方面，而行为治疗是一种临床的方法，主要是用来治疗个体的某些问题行为。当然，不管是行为矫正还是行为治疗都是使用不同的行为技术来改变患者的某些行为。行为治疗多用于焦虑障碍、抑郁障碍、物质滥用、饮食障碍、家庭暴力、疼痛管理、高血压等的治疗，也广泛地应用于临床心理学、康复医学、运动心理学、特殊教育以及健康保健等领域。

二、发展简况

早在 1900 年，华生（John Watson）就提出心理学的研究内容不是主观唯心的，而是可以通过学习得到的客观的行为表现。他甚至认为一切行为均可通过训练得到，强调环境因素的作用。自 20 世纪 20 年代以来，在巴甫洛夫和华生的条件反射理论，以及后来的社会学习理论的基础上，与精神分析治疗大不相同的多种心理治疗方法逐渐发展出来，用来减轻患者的情绪痛苦，消除适应不良的行为。起初，在巴甫洛夫的经典条件反射和斯金纳的操作条件反射研究成果的基础上，行为治疗应用经典条件反射和操作条件反射的原理治疗多种问题行为，与精神分析治疗完全不同。早期的行为治疗或行为矫正的方法完全否认认知在临床症状改善过程中的重要性，由于认知不能直接观察，也不可能进行可靠的、直接的测量，因此早期的行为治疗与认知治疗完全无关。然而，在20世纪70年代，这一状况开始发生巨大的转变，心理学家在实践中开始将认知方法与行为技术进行整合。到今天，行为治疗已经得到了长足的发展，这一治疗方法在逐渐被完善的同时，也变得越来越复杂。

20世纪50年代在世界很多国家同时出现行为治疗，尽管当时遭到了精神分析学家的严厉批评与抵制，但在这一时期行为治疗师们还是证明了行为训练是有效的，并使之成为继精神分析法后的又一种有效的心理治疗方法。20世纪60年代，阿尔伯特·班杜拉发展了社会学习理论，把认知作为行为治疗的一个合理的成分，将经典条件反射、操作条件反射与观察学习相结合，对行为治疗的实践产生了重要的影响。至20世纪70年代，行为治疗成为心理学界的一股主要的力量，它对教育学、心理学、精神病学和社会工作都产生了极其重要的影响。

第二节 行为治疗的基本理论及其特点

行为治疗的理论来源于三个方面：经典条件反射理论、操作条件反射理论以及社会学习理论。这三种理论的共同点就是学习，三种理论各说明一种学习形式。在行为主义看来，学习是获得行为和改变行为的主要途径。无论是适应的还是不适应的行为，均来源于学习，所以，学习概念是行为疗法的核心，所有的行为治疗的形式都以学习理论为基础，设计一种方法让患者通过学习来改变他们的适应不良的行为。

一、行为治疗的基本理论

（一）经典条件反射理论

经典条件反射（classical conditioning）又叫反应性条件反射或巴甫洛夫条件反射。巴甫洛夫是一位苏联的生理学家，为了研究狗的消化腺，他采用外科手术的方法，将狗的消化腺的分泌物引流到体外，以便收集、测量和分析。在实验过程中，他发现狗不仅在看到食物时分泌唾液，在听到实验人员的脚步声时也会有唾液的分泌，于是他把狗在对食物的期待中学会了分泌唾液的这一反应称为条件反射。巴甫洛夫在观察中发现，在条件反射的建立过程中存在两类刺激，一类被称为无或非条件刺激，另一类被称为条件刺激。无条件刺激是由先天的遗传因素所决定的，它能自动产生导致某一反应的刺激，如食物引起唾液分泌是先天的，所以食物属于无条件刺激，所引起的唾液分泌反应即为非条件反射。条件刺激或中性刺激不能自动产生某一反应，必须与无条件刺激相结合，最后才能引起只有无条件刺激才能引起的反应，如实验员的脚步声属于条件刺激，脚步声引起的唾液分泌反应则为条件反射。例如，铃声本是一个中性刺激，一般情况下，听到铃声时，狗不会分泌唾液，但如果紧跟着铃声后狗能获得食物，铃声与食物配对出现一段时间后，那么狗只听到铃声不需要食物的刺激就会分泌唾液，这就是条件反射。经典条件反射是以无条件反射为基础而形成的。一个中性刺激（条件刺激）与无条件刺激配对后，形成初级条件反射，在初级条件反射的基础上又可以引入一个新的中性刺激从而建立次级条件反射。由于人具有概念和语词能力，可以用概念和词语替代具体的刺激物，所以人能够以语词建立起极其复杂的条件反射系统。许多行为的获得都是通过经典条件反射的方式学习而来的。

美国心理学家华生对巴甫洛夫的工作进行了改进和扩展。华生认为人有与生俱来的三种基本情绪，即恐惧、愤怒和爱，并承认引起这些情绪反应的刺激以及情绪反应在不同的个体中具有相当大的差异。他认为学习就是以一种刺激替代另一种刺激建立条件反射的过程，他认为人类的行为都是后天习得的，环境决定了一个人的行为模式，无论是正常的行为还是病态的行为都是经过学习而获得的，也可以通过学习而更改、增加或消除，查明了环境刺激与行为反应之间的规律性关系，就能根据刺激预知反应，或根据反应推断刺激，达到预测并控制动物和人的行为的目的。为了解释情绪反应的多样性，华生假设个体所学会的“刺激-反应”都与条件反射有关，并运用经典条件反射的原理引发了一个11个月大的婴儿的恐惧症。虽然这个实验因伦理问题而受到谴责，但它证明了情绪是可以习得的。

（二）操作条件反射理论

操作条件反射（operant conditioning）又叫工具性条件反射（instrumental conditioning）。新行为主义者斯金纳在研究动物心理时发现了一种与经典条件反射有区别的新形式的条件反射，后来被称作操作条件反射。操作条件反射所涉及的是个体对行为后果的处理，行为的不同后果能改变该行为出现的频率，当出现某一行为时给予正性的刺激或者去除负性的刺激如惩罚，会增加该行为再次出现的可能性。同样，如果紧跟着某一行为后给予负性刺激，将会减少该行为再次出现的可能性。在他设计的实验装置即斯金纳箱内放一只饥饿的白鼠或鸽子，箱内设有一杠杆或键，当动物在寻找食物时偶尔压到杠杆或啄到键时，就会有一团食物掉进箱子下方的盘中，动物就能吃到食物。这种操作偶然重复几次，动物就会主动去压杠杆或啄键，也就是说它学会了获得食物的行为。食物是对压杠杆或啄键行为的奖励，因此也称为“奖励性学习”。操作条件反射是个体做出的一个特定行为反应，这个行为反应导致环境发生某种变化，即发生了一个由个体引起的事件。这个事件对个体可能是积极的或有适应价值的，也可能是消极的或无适应价值的。不管是哪一种，这个事件都会对个体以后的反应有影响，如果事件具有积极价值的话，个体会更倾向于做出同样的行为，如果具有消极价值的话，则会抑制该行为。操作条件反射的实验证明了行为的后果能直接引起该行为的增多或减少。经典条件反射与操作条件反射的不同在于：就反射产生的实质（刺激与反应之间的关系）而言，经典条件反射的顺序是“无条件刺激”在“反应”之前；而操作条件反射则相反，“反应”在前，“无条件刺激”在后。

经典条件反射与操作条件反射存在着共同的特点：

（1）必须有强化物的存在。

经典条件反射与操作条件反射形成的前提是都必须有强化物的存在。强化可分为正性强化和负性强化。获得性的反应或体验（奖励）被称为正性强化，逃脱或者避免不愉快的体验或结果（惩罚）被称为负性强化。引起正性强化的强化物被称为正性强化物，引起负性强化的强化物被称为负性强化物。对于动物来说，强化物是有限的，都是物质性的，而对人类来说强化是复杂的、无限的，因为对人类来说强化物既可以是物质的，也可以是精神的。

（2）消退。

无论是经典条件反射还是操作条件反射建立以后，如果条件刺激不与相应的无条件刺激相配对出现，或者行为反应后没有出现环境中的某种变化，建立起来的条件反射就会逐渐减弱或消失。

（3）泛化与辨别。

泛化是指在条件反射建立之后，与条件刺激相类似的刺激也能激发出同样的条件反射，如某种声音能使动物产生与食物刺激相同的分泌唾液的反应，那么与这一声音音调相近的声音也可能使动物分泌唾液。但这种泛化现象是有一定的限度和范围的，超过一定限度（如声调相差太大）便不会再引起唾液分泌的反应，这种对不适当的刺激不做出反应的能力被称作辨别作用。

（三）社会学习理论

新行为主义心理学家班杜拉的社会学习理论提出了另一种学习形式，即观察学习或模仿学习。这种理论认为，学习的产生并不一定要通过直接的强化来获得，学习也可以通过观察学习和模仿的过程获得，强调环境中的社会因素对人类行为的影响，主张人与人之间的相互关系在行为中起着重要的作用。他关于社会因素对行为影响的一系列论述，构成了社会学习理论的主要内容。与其他行为主义理论一样，社会学习理论也认为人和动物都有共同的生活属性，人的行为受许多先天因素的影响。但社会学习理论所不同的是，它认为环境刺激并不是决定人的行为的唯一变量，个体的行为同时受外部和内部因素的双重影响，认为人类行为既受制于也影响着自身的生理状况、认知评价及周围的环境因素，强调人是具有思维能力的有机体，具有自我指导的潜能，个体的认知因素对行为具有极为重要的影响，有时甚至是引起人的行为的决定因素。班杜拉认为，以往的学习理论家一般都忽视了社会变量对人类行为的制约作用。他们通常是用物理的方法对动物进行实验，并以此来建构他们的理论体系，这对于研究生活于社会之中的人的行为来说，似乎不具有科学的说服力。由于人总是生活在一定的社会条件下，所以班杜拉主张要在自然的社会情境中而不是在实验室里研究人的行为。

班杜拉通过一系列的研究，观察并分析了观察学习的过程，指出观察学习包括四个具体过程：首先是注意过程，即集中注意观察所要模仿的行为示范，这是后面过程的基础；其次是保持过程，是指把观察得到的信息进行编码并储存在记忆中的活动；再次是运用再出现过程，即运用观察到的信息并再现被模仿的行为的过程；最后是动机确立过程，这是模仿行为是否真正产生的制约因素，这一过程会影响前面三种过程，多数有目的的模仿行为都必须有某种动机力量的支持。观察、记忆和重现，如果没有动机推动和支持，模仿行为都有可能不发生。学习理论强调学习的作用，认为无论什么行为都可以习得，也可以去除。

二、行为治疗的基本特点

行为治疗具有以下七个基本特点。

（1）行为治疗方法是建立在科学方法实验的基础之上的，即行为治疗的原理和过程是可以明确地陈述的，治疗方法是确定的和可重复的，并且是可以被检验的。行为治疗师们对患者的状况及问题行为进行评估，并且用具体而客观的文字来陈述其治疗目标，使得治疗具有可重复性。应用的治疗技术必须被证明是有效的。当然，随着治疗的进展和患者情况的变化，治疗过程和方法也需要不断修正。

（2）大多数异常行为是可以通过学习原理来矫正的。适应不良行为可以消除，能被新的、更适应的行为所替代。

（3）行为治疗强调的是患者目前的问题和影响这些问题的特定因素，不强调对历史性的因素或潜在的动机进行推断和分析。适应不良行为本身就是一种障碍，它们不是潜在的障碍或疾病过程中的表现或征兆。行为治疗师们关注的是维持患者问题行为的环境事件，并且通过改变环境因素进而帮助患者改变其行为。

（4）在行为治疗过程中，患者是积极主动的，他们通过特定的行为技术来解决自身的问题。患者在治疗过程中被期望成为一个积极的角色，对自己的某些行为进行监控，学习并练习某些行为如应对技能、角色扮演等来改变他们自己的适应不良行为。患者接受日常生活中的治疗任务和家庭作业是治疗方法的一个基本的成分。

（5）行为治疗方法实际上是一种教育的方法，强调传授给患者自我管理的技能，以期他们能将在治疗师那里学到的方法应用到日常生活中，即尽可能地让患者在其生活的自然环境中去实施在治疗师那里所学到的行为改变技能。在整个治疗过程中，患者对自己的变化负责。

（6）不同问题的患者采用的行为治疗具体方法可能不同。选用行为治疗的具体技术应考虑的因素有选用哪种治疗技术、由谁去治疗以及在哪种环境下治疗对患者的特殊问题最有效，而且治疗师应该让患者了解治疗的性质和过程。整个治疗建立在治疗师与患者合作关系的基础之上，治疗的进展情况可连续地评估，治疗的结果可客观地评价。

（7）治疗师在行为理论的基础上，努力发展与患者的文化背景相适应的方法，以期获得患者的合作和坚持。

第三节　行为治疗的过程

一、行为分析阶段

（一）目标行为的确定

行为治疗强调的是外显行为，而不是模糊不清的内心冲突，这就意味着行为治疗的目标一般来说是清楚而具体的，在治疗实施之前确定要改变的具体行为是重要的。确定治疗目标的第一步是准确地辨认哪些行为是适应不良的，再来观察和记录这一目标行为。观察和记录目标行为的人可以是专业人员，也可以是非专业人员如老师、父母等，对行为的观察和记录要在自然环境和人为环境中进行。

行为记录可记录一个观察阶段中每一次行为出现的频率、持续时间、强度或潜伏期；也可记录行为的后果，即在某一行为带来的立即性后果以及持久性的后果；还可以记录在一个观察阶段里各连续的时间段中某一行为出现或不出现的情况，是否与某一环境的变化有关联。根据观察与记录结果，确定哪些行为属于适应不良的行为，即需要改变的目标行为。

（二）行为功能分析

在进行行为治疗之前，对问题行为要做细致的了解和分析，即收集和分析患者不适应行为的有关信息。具体说就是收集、测量和记录有关不适应行为的信息，了解该行为的发生条件或维持条件。如了解问题行为是属于习得的还是其他原因比如躯体疾病等所致的，了解周围环境与问题行为之间存在什么样的关系，以及周围环境是怎样影响问题行为的，全面分析和了解问题行为给患者带来的后果。行为功能分析包括以下内容。

1. 分析引起问题行为的刺激

一般来说，引起问题行为的刺激在首次出现时伴随着一些直接的伤害，多次反复后，便使个体形成了对非条件性刺激的问题行为反应，并出现泛化的效果。在条件刺激过程中，应该区分那些诱发非适应的情绪或自主神经系统反应的刺激以及操作性行为刺激，尤其是操作性行为刺激，因为它不仅仅是引起问题行为反应的条件刺激，还可起到强化问题行为反应的作用。

2. 分析刺激来自外部还是内部

外部刺激常指那些来自客观外界的刺激源，内部刺激主要是指来自主观内部的想象刺激。当一个外部刺激对个体形成威胁或伤害，而此时患者也相信这是一种伤害性刺激时，这时外部刺激就发展成了内部刺激。因此，外部刺激可作客观的判断和评价，而内部刺激主要受个体的认知的影响，主要是个体的主观感受，难作客观的评价。

3. 分析刺激引起的问题行为反应形式及类型

首先，功能分析是对个体的行为反应内容进行分析，了解其反应形式。反应形式主要包括：(1) 运动形式，如强迫性动作；(2) 认知方面，如一次考试失败就意味着人生的失败；(3) 情绪方面，如患者的内心体验（焦虑、恐惧、抑郁等）；(4) 躯体表现，如惊慌、胸闷、胃肠道反应等。其次，还要对个体的行为反应类型进行分析：(1) 对刺激的分辨障碍，表现为不能正确分辨刺激的程度、类型和性质等，进而不能对刺激做出适当的反应，这一类行为反应者可能对实际上无害的刺激表现出强烈的恐惧或厌恶性情绪反应；(2) 自我强化障碍，指问题行为者可能失去了对某种事情的需要、兴趣和动机，从而失去自我强化的能力，表现出抑郁反应；(3) 适应技能缺乏，指由于患者在其过去的学习中没有得到合适的社会强化，或者得到的社会强化是负性的或惩罚性的，因而未能获得或明显缺乏适当的社交技能。

（三）靶行为的确定

在治疗过程中需要改变的患者的问题行为，被称为靶行为。从内容上来讲，靶行为往往是综合性的，它包含了某种情绪体验、对事情的认知态度、相对固定的行为模式以及某些躯体症状等。对靶行为的确定要注意以下几个方面：(1) 评估行为持续的时间、强度、频率及其情境特点；(2) 记录每一次行为的后果在维持靶行为中是否起着重要的作用；(3) 分析患者有无维持某一行为的动机和需要，在维持某一行为中，行为者的动机是非常重要的因素，动机能够推动个体产生某种活动，并使行为指向一定的目标，而各种需要是动机产生的基础，要使患者建立新的条件反射，就要了解患者的动机与需要，然后以它们作为奖励物去强化患者发展并形成新的条件反射，起到改变不良行为的作用；(4) 了解患者的自我控制状况，一般来说，患者对自己的问题行为都采取不能容忍的态度，并且努力控制问题行为的出现，了解患者对自己的问题行为控制或抑制的努力程度及其控制的效果如何，有利于确定靶行为。

二、治疗目标的确定阶段

在行为治疗中，治疗目标居重要的地位。治疗师应在行为分析的基础上，与患者共同讨论，在治疗开始前制定具体的治疗目标。当代的行为治疗强调患者在决定自己接受何种治疗时扮演积极的角色。治疗师应帮助患者形成具体的、可测量的治疗目标，选择适合于患者的具体的行为治疗方法和技术。治疗目标必须是清晰的、具体的、易懂的，并且是患者和治疗师共同认可的。在选择治疗目标时，应注意行为治疗过程是一个治疗师与患者合作的过程，在治疗过程中要形成一个契约，一旦对目标达成共识，治疗过程就随之展开，为达到治疗目标而设计出具体的操作程序。治疗师需要与患者讨论与这些目标有关的行为，进而制定具体的行动计划。选择治疗目标时要注意几个方面的问题：(1) 治疗师应为治疗目标提供一个基本的框架，并向患者解释他在治疗目标确定过程中的角色和作用；(2) 患者应详细说明他在治疗中想得到的积极结果，治疗的中心问题应该是患者想做什么而不是不想做什么；（3）只有患者自己才能使他自己发生变化，治疗师只能起到帮助的作用，所以应该让患者了解选择什么样的治疗技术和方法；（4）在治疗目标建立的过程中，治疗师应与患者讨论达到目标的过程可能带来的有利之处和不利之处。

第四节　常用的行为治疗技术

一、系统脱敏疗法

恐惧是心理痛苦的最常见形式，个体常常要极力地回避恐惧的物体或情境。然而，行为科学观点认为，对恐惧物体的回避就意味着个体将没有机会消除恐惧，也就是说，如要想消除个体对某物体的恐惧，就应该让他靠近该物体，比如如果要想消除对蛇的恐惧就应靠近蛇，当实际靠近蛇后也没有发生什么可怕的事情，因此也就不再恐惧蛇了。而在没有获得任何新的学习经验的情况下，恐惧将会长期存在。在行为治疗中，大多数减少恐惧行为的方法都涉及引起焦虑刺激的暴露。系统脱敏疗法是研究最为广泛的行为疗法之一，是治疗恐惧最常用的行为治疗方法。系统脱敏疗法的理论基础为交互抑制原理。所谓交互抑制是指焦虑和放松不可能同时存在于同一个体中，这两种状态是互相抑制的，人们不可能同时体验到焦虑的生理感受如心慌、呼吸加快等和放松的生理感受如心率减慢、呼吸减慢等，即放松与焦虑是彼此不相容的。该治疗技术由沃尔普首先创立，最适用的对象是有能力面对恐惧性刺激或情境而不回避的、愿意改变恐惧行为的患者。通常，患者的恐惧水平达到影响其心身功能或日常生活的程度。沃尔普认为，如果让伴有焦虑情绪的患者学会在恐惧刺激出现的同时保持一种放松的状态，那么患者就不可能同时感受到焦虑，这样反复进行多次以后，最终就能达到消除焦虑的目的。

系统脱敏疗法的过程一般分成三个步骤进行。

第一步，让患者学会一项或多项特殊的放松程序，最常用的放松程序是雅各布森（Edmund Jacobson）的渐进性肌肉放松技术，其要点是指导患者对全身各部位的肌肉交替进行紧张与放松，治疗师常常给患者有放松指导语的录音带或计算机程序，以便让他能在家里进行放松练习，能更快地学会放松。还有其他几种放松技术也经常被用来指导患者。例如，许多患者可接受一种“自我放松”技术训练，即指导他们通过想象的方法来进行放松，这一方法不是通过使肌肉紧张与放松交替进行来学会放松，而是根据治疗师所描述的放松情景，如想象自己躺在海边的沙滩上，听着和煦的海风吹过棕榈树的声音，同时感受到温暖的阳光照在身上，来达到放松的目的。其他放松方法还有催眠、冥想、生物反馈技术等。当患者学会了放松技术后，治疗就可以进入下一步。

第二步，根据患者的情况对其焦虑水平进行等级划分。所谓的焦虑水平等级划分涉及诱发患者产生不同焦虑水平的情境及其等级列表。在这一阶段中，患者和治疗师一起讨论，让患者想象引起焦虑的或恐惧的对象及其情境，然后，让患者对每个情境进行体验并评价感到焦虑的程度，根据患者对焦虑情境的评定，患者与治疗师共同选择10个左右的场景作为不同焦虑水平的情境，对每个情境引起的焦虑水平进行评分，可以是10分制也可以是100分制计分。以10分制为例，完全不能引起焦虑计0分，引起最低焦虑水平的情境计1分，引起最高焦虑水平的情境计10分，在1分与10分之间，依据患者的焦虑水平的不同分别计2～9分。如考试焦虑的焦虑等级划分：

距考试时间一个月以上	0分
考前两周想到考试时	1分
考前三天想到考试时	2分
考试前一天晚上	3分
考试当天去考场的路上	4分
进入考场坐在座位的时候	5分
刚刚拿到试卷的时候	6分
第一遍看试卷的时候	7分
监考老师在身边时	8分
遇到不会解答的题目时	9分
时间快要结束感到题目做不完时	10分

第三步，让患者按照第二步评定出来的焦虑等级逐级想象出引发焦虑的情境，然后指导患者逐渐进行放松，由于患者已学会了放松技术，达到放松状态仅需要10分钟至15分钟的时间，这一步是系统脱敏疗法的核心步骤。具体实施如下：让患者进行放松，在患者放松的状态下，指导他想象引起最低焦虑水平的刺激情境10秒钟，并同时保持放松。在情境想象时，如果患者开始感到焦虑，那么要求他将这个焦虑的信号传达给治疗师，这时治疗师指导患者停止想象焦虑情境并重新进入放松的状态。当患者又达到放松状态时，治疗师再一次呈现相同的焦虑情境，在他想象焦虑情境并出现焦虑情绪时，治疗师再一次指导患者停止想象并进入放松状态。这样反复进行，直到患者面对原来引起最低水平焦虑的情境时仍能保持放松，这就算一级脱敏成功。治疗师按照如此方法对下一级焦虑情境进行脱敏，直至以前引起焦虑的情境不再使患者出现焦虑为止。当患者看到原来可引起最强烈焦虑的情境不再导致焦虑时，系统脱敏即算完成。但这还只能说明是在治疗情境下有了效果，进行系统脱敏治疗的治疗师应该指导患者，在现实生活中去寻找与等级评定相一致的焦虑情境实施治疗。例如，恐高症患者可在治疗师的陪同下直接登上二楼（一级焦虑情境）的阳台，并同时保持放松状态，这一程序反复进行，直到患者能在二楼阳台上不再感到焦虑为止，这时即可进行下一步治疗，如登上三楼，按此顺序逐级进行，直至达到预定的楼层不再出现焦虑为止。只有在现实生活中完成了脱敏，系统脱敏治疗才算真正的成功。自从沃尔普提出系统脱敏作为恐惧症的一种治疗方法以来，已有成千上万的研究证明了这种治疗方法是有效的。但系统脱敏治疗究竟是怎样起效的，尚不十分清楚。而且在疗法应用中发现，这一治疗方法并不是对所有伴有恐惧性障碍的患者都能起到明显的治疗作用，其中的原因可能与以下几个方面有关：（1）放松训练不成功，即患者并没有学会放松技术，治疗中不能达到放松的状态；（2）焦虑情境

的等级划分不恰当，尤其是最低焦虑水平的评定不恰当；（3）患者对情境的想象有障碍或者治疗师所提供的情境想象线索不恰当。

二、冲击疗法

冲击疗法是一种暴露疗法，也被称作满灌疗法，是常用于减少恐惧的行为治疗方法之一。这一方法是根据条件反射的消退原理发展而来的，即当条件反射建立以后，如果条件刺激不与非条件刺激相配对出现，一段时间以后已建立起来的条件反射就会消退。这一治疗起初来源于心理病理学的动物模型，如宾夕法尼亚大学的心理学家塞利格曼在20世纪60年代证实，训练狗重新进入以前被电击过的笼子里的最有效的方法，就是强迫狗进入笼子并且防止它逃跑。尽管狗起初会表现得相当痛苦，但随后焦虑情绪反应会渐渐消失，最后狗能自愿地进入受过电击的笼子里进食。行为治疗师们根据类似的研究结果建立了治疗恐惧症的暴露疗法，并将其应用于恐惧性障碍的治疗之中。

冲击疗法是让患者直接暴露于引起强烈恐惧和焦虑的想象或现实情境中，并强迫他们在这些情境中停留一段时间，直到他们的焦虑减少或消除。暴露疗法与系统脱敏疗法不同，在系统脱敏治疗中，首先要教会患者放松，然后缓慢地、逐级地、一步一步地让个体暴露于引起焦虑的想象或现实的情境之中，在整个系统脱敏的过程中，患者只经受低水平的焦虑。而在暴露疗法中，患者不经历任何放松训练，直接进入焦虑等级表中的最高级的焦虑情境之中去经历最高水平的焦虑，当患者被暴露在他认为最为恐惧的情境中，也未出现他预想的可怕的后果时，患者以后也就不再恐惧这一情境了。在治疗过程中，为了引发最高水平的焦虑，治疗师常指导患者想象可能导致最坏结局的情境，如引导幽闭恐惧症患者想象在一个小屋子里待上几个小时，并且想象屋子变得越来越小，尽管在暴露的过程中，患者会产生强烈的焦虑，但当焦虑到极端的时候，恐惧的结果也没有发生。当个体看到他们在最恐惧的环境下都可以生存下来时，恐惧刺激也就丧失了引起焦虑的潜在的作用，患者在将来面对焦虑情境时，就不再采用一些适应不良的行为，如采用回避恐惧的情境来控制他们的焦虑，这样就达到了治疗的目的。暴露疗法通常用于治疗社交恐惧、广场恐惧、惊恐障碍和创伤后应激障碍。

冲击疗法的另一种形式，被称作“反应阻止”，已成功应用于强迫症的治疗。强迫症患者的临床特征就是明知道不必要但又控制不了某种思维和行为。在“反应阻止”治疗中，治疗师让患者暴露于引起患者强迫性思维的刺激之中，但阻止其实施所产生的相应的强迫行为，强迫行为阻止可减轻刺激与焦虑之间的联系。例如，对于一个强迫性洗手的患者，治疗师可将患者直接暴露于患者所恐惧的尘埃或肮脏的环境中，然后阻止患者去洗手。在这种治疗中，暴露与反应阻止的实施需要较长的一段时间，如几小时至几周，并且需与家庭作业相结合。

与系统脱敏疗法比较起来，冲击疗法的优点是治疗过程简单，起效快，疗程短，但其缺点是痛苦大。在一般的情况下，不要首选冲击疗法，尤其要注意的是，选用此方法实施之前要做几件事：（1）向患者介绍冲击疗法的原理和过程，让他知道恐惧长期存在就是因为他总是躲避引起恐惧的物体或情境，如果他能保持与恐惧的对象接触足够长的时间，恐惧就不会再出现；（2）如实告诉患者在治疗过程中必须付出的痛苦代价，并且签订治疗协议；（3）一定要对患者进行详尽的体格检查及详细的精神状况检查，以排除心血管、内分泌、其他重要脏器的疾病以及重性精神病。

三、行为塑造疗法

行为塑造疗法是根据行为反应的强化与消退原理发展而来的。行为主义理论认为，一个习得的行为如果得以持续，是被这一行为带来的结果所强化了，当某种行为能获得一种奖励性的后果时，它就会被保持下来，如果获得了惩罚性的后果，这一行为就会消除。在实施行为塑造疗法过程中，适应性行为出现时给予强化，如赞扬、奖励，使之保持下来；而当适应不良行为出现时，则不给予强化或有意忽略，使之消除。行为塑造疗法常用于有改变目标行为的能力但不付诸行动的患者，如一个害羞的人，他的最终目标行为是在公共场合自如地与别人交往，如果使用行为塑造技术来进行治疗，那么首先可以简单地让患者参加一些社交活动而不给予他必须与别人交谈的压力，然后训练他在下一次交往中向一个人说一声“你好”，同时给予赞扬和鼓励，再下一次交往中要求他向两个人说“你好”，如此下去，直至能够在公开场合自如地与别人交谈为止。行为塑造疗法一般可分为四步进行。

1. 确定目标行为

即治疗师与患者都知道在治疗中希望改变的行为是什么，并且有专人（治疗师或经过训练的护士、家属）随时记录这一行为的频度和程度。

2. 明确目标行为的直接后果

即找出患者的目标行为会带来什么样的后果，这一后果是行为保持的强化物，如当一个学生在课堂中发出怪声时，老师和其他学生是否都对之加以关注。

3. 设计一个新的后果取代原来的后果

如当某学生在课堂上发出怪声时，老师和同学以不予理睬来取代以前大家对此事的关注。

4. 强化实施

治疗师如实记录患者的行为表现，在其出现所期待的行为时立即给予强化。在强化中要注意的是，应该预先规定好哪些行为应该得到奖励。适应良好的、所期盼的行为一旦出现，应立即给予奖励，且任何的奖励都应该是患者所喜爱的，否则起不到强化的作用。

四、后效契约法

后效契约法是基于操作条件反射和后效契约（contingency contracting）原理发展而来的。这一方法是治疗师与患者之间签署一份正式的协议，在协议中准确地描述治疗中所期待出现的行为（目标行为）以及出现与不出现这种行为时的后果。例如，治疗师可以与一个试图戒烟的患者签订一项这样的协议：患者在以后的一周内抽烟不得超过 30 支，否则他就要给他不喜欢的组织捐赠一定数量的钱。在这一治疗中，患者必须精确而详细地列出目标行为以及行为所带来的后果，这一点是治疗成功的关键。

目前，后效契约法广泛地应用于成瘾行为和儿童行为问题的矫正，如在“父母训练计划”中西方国家常应用后效契约法来治疗儿童对立违抗障碍，其主要目标是减少 2～10 岁儿童的问题行为，包括对父母、老师及其他权威人士的故意违抗，对儿童和成人的攻击行为。在这一治疗中，假设违抗、不顺从和攻击行为的出现和保持的原因是社会环境中的刺激和后果的影响，是父母对孩子的行为进行了负性强化，这就意味着负性强化或厌恶刺激被撤除会减少问题行为的频率。在治疗过程中须对父母进行多方面的训练，其中包括训练父母双方如何对孩子进行惩罚，即强化的行为应该保持一致，并在父母与孩子之间制定一种契约。整个治疗过程可分成四个步骤：第一步，要求父母每天有一个特定的时间与小孩在一起共同度过，如玩游戏或行走，或者参加由小孩所选择的某些活动；第二步，训练父母如何给小孩提出建议和要求，因为伴有对立违抗障碍的小孩的父母通常很难把指令清晰地传给小孩，他们的小孩也不能有效地遵守父母的指令和要求；第三步，训练父母制订一个打分系统，如小孩按时起床上学可得 5 分，早上整理自己的床铺得 5 分，饭后擦桌子得 5 分，饭后洗碗可得 10 分，按时睡觉得 5 分，等等。小孩凭所获得的分数可以兑换一些特别的奖品。

五、厌恶疗法

厌恶疗法是从巴甫洛夫经典条件反射原理发展起来的一种治疗方法，其目的是减少适应不良或不健康行为的发生频率，如酗酒、吸烟、暴食、吸毒等行为。厌恶疗法根据经典条件反射原理，假设这些不良行为出现并得以保持的原因，就是最初这些不良行为出现是与愉快或奖赏行为相联系的。如吸烟，最初可能是用来取代或减轻焦虑这样的负性情绪。厌恶治疗的基本方法是，每当不良行为出现的时候立即给予一个痛苦刺激如电击、催吐等，经过一段时间的反复训练后，适应不良的行为就与不愉快的体验建立起了条件联系，最终使得每当患者想做出适应不良的行为时，便会出现厌恶或痛苦的体验，为了避免这种不愉快的体验，患者只好放弃原有的适应不良行为，从而达到治疗的目的。厌恶疗法中通常要使用一些令人痛苦的刺激如电击、使人难以忍受或痛苦的化学物质如催吐剂等，患者必须经历不愉快的或痛苦的过程。因此，一般来说，只有当正性的行为治疗方法不能减少或消除问题行为时，才采用厌恶疗法。

六、矛盾意向法

矛盾意向法由奥地利心理学家维克多·弗兰克尔（Viktor Frankl）提出，与设法让患者摆脱和消除症状的一般治疗方法相反，它是一种让患者努力加剧症状的治疗方法。在日常生活中，许多心理障碍和心理疾病的症状本身事实上并没有多么可怕，也不会对人产生多么大的伤害，而使患者痛苦、焦虑的则是患者对症状的恐惧及对症状的看法和态度。如失眠本不是什么大事，少睡几个小时也不会对身体造成多么严重的伤害，可患者对失眠的恐惧、担心和急于摆脱症状的心理状态则使其焦虑不安的心情加剧，从而也进一步加重了症状本身。矛盾意向法，是让患者努力去做他最害怕、最担忧发生的事情，或期盼这些事情发生，当然，这是与其真正的愿望相反的。这样，焦虑感或恐惧感就会为相反的愿望所取代。如某强迫洗涤的患者，每天都要洗手10次以上，为此而深感苦恼。但治疗师要求他每天必须洗100次以上，并且要连续坚持10天，保证不能漏掉一次。他尝试了三天，三天以后就再也不想洗手了。矛盾意向法是通过先发制人的方法，克服对逆境的预期焦虑，使人放松，以便从容镇定地应对各种复杂的逆境。

第十一章

人本-存在主义心理治疗

暴力行为在最大限度上体现了人类本性中最坏的一面。人们也许还深刻地记得 2004 年 2 月 23 日马加爵无情地杀害了他同学的事实。是什么原因导致他这样做呢？这件事情告诉人们关于人类本性的什么呢？诸如此类的暴力行为会使人们设想人类本性中的确有其阴暗和好战的一面。本章我们将讨论人本-存在主义心理治疗的理论和方法，这种理论和方法对人类本性的基本特点作了充分的考虑。它认为尽管有时候人们可能有一些可怕的、非理性的行为方式，但所有的人都有其好的一面。

第一节　概述

人本-存在主义心理治疗（humanistic-existential psychotherapy）是一组方法极为类似的心理疗法的总称。这些疗法曾被贴上过不同的标签，如人本主义心理治疗模式（humanistic model of psychotherapy）、以人为中心的心理治疗模式（person-centered model of psychotherapy）、存在主义心理治疗模式（existential model of psychotherapy）、经验性心理治疗模式（experiential model of psychotherapy）等。尽管人本-存在主义心理治疗与心理动力治疗有某些共同的方面，如两者都强调领悟和情绪体验的重要性，但在几个重要的方面仍有很大的不同。其中最重要的不同在于人本-存在主义心理治疗模式是建立在对人性更加积极的观点之上。它强调人都有与生俱来的潜能和积极成长、发展的趋势，人们有决定自己生活方向的能力，从而不需要一个专业治疗师对来访者的体验做出解释，强调让个体对他自己的体验做出结论。

与人本-存在主义心理治疗有关的历史背景涉及两大方面：人本主义和存在主义。

人本主义心理治疗（humanistic psychotherapy）的起源主要来自两个领域：一是在欧洲影响广泛的存在主义哲学，二是美国心理学家特别是马斯洛、罗杰斯的研究。存在主义哲学提出的许多问题，如人的存在的意义、自由意志的作用和人的唯一性等，后来都成为人本主义理论的基础。以马斯洛、罗杰斯等人为代表的人本主义心理学派，猛烈冲击着当代西方心理学体系，冲击着在美国很有势力的精神分析心理学派和行为主义心理学派，代表了当代心理学发展的新方向，从而形成心理学中的“第三势力”。在人本主义心理治疗发展中最有影响的人物是罗杰斯。早在20世纪40年代初，罗杰斯就创立了一种人格理论和心理治疗的方法，当时他提出的治疗方法被称为“非指示性治疗”（non-directive psychotherapy）。1942年他的《咨询与心理治疗》一书的出版在心理治疗领域具有里程碑的作用。罗杰斯将个人内部的主观意识状态、体验称为现象域、经验域。他认为，每个人都存在于以他自己为中心的不断改变的体验世界中，它包括被机体体验到的一些经历，无论这些体验是否被意识觉察到。知觉域对个体来说就是“现实”，人所得到的感知觉是对真实世界感知、翻译的结果，每个人都有对“现实”的独特的主观认识。罗杰斯认为人有一种与生俱来的自我实现、成长倾向。在适宜的环境下，人具有积极的成长潜能，能自我探索，发现自己自我概念中的问题，有能力指导、调整和控制自己。他认为个体的心理问题是因为成长受阻造成的。在个体成长过程中，由于他人（如父母）对个体施加了种种价值条件，自我概念与自我经验不一致，迫使其歪曲了自我的真实感觉，行为和真实的情感之间日趋分离，焦虑、抑郁等问题就此发生。因此，他提倡治疗要以来访者为中心，创造一个使来访者自我发现、自我成长的环境和氛围，向来访者提供重新开始成长的机会和自由表达的空间，帮助来访者认识、理解、正视自己真实的情绪、情感，启发其潜能的释放，使之从否定自己的情绪或需要的状态转而接受自己，并依靠自身的成长、成熟战胜不良的情绪、行为。从一开始，罗杰斯就把治疗师的态度和个性以及治疗关系的质量作为治疗结果的首要决定因素，坚持把治疗师的理论和技能作为次要因素。他相信来访者有自愈能力，这与很多理论认为治疗师的理论和技能是治疗最有力量的因素大不相同。因此，罗杰斯通过提出以人为中心作为自我变化的首要因素的观点在心理治疗领域引起了一场革命。

存在主义心理治疗（existential psychotherapy）是一种哲学思想，是在20世纪四五十年代自发地产生于欧洲的不同地区和不同派别的心理学和心理治疗法。它发自于帮助人们解决现代生活中的难题，如孤立、异化、无意义等。维克多·弗兰克尔是欧洲建立存在主义心理疗法的中心人物，他的思想对存在主义疗法一直产生着重要影响。他的著作《活出生命的意义》(*Man's Search for Meaning*) 等被译为20多种语言。他在20世纪50年代到60年代发展的格式塔治疗反映了人本主义和存在主义的一种结合。他认为爱是人类所渴望的最高目标，人类可以被爱所拯救。另外，他被关在集中营的可怕体验使他肯定的另一观点是，人们在所有的环境下都有选择，他认为即使在可怕的情景下，人们也可以保存一定的精神自由和独立思想。维克多·弗兰克尔一直致力于发展他自成体系的存在主义心理治疗——意义治疗（logotherapy）。他认为做人的根本是寻找意义和目的，可以通过行动和事迹、通过对一个价值的体验、通过苦难等发现意义。罗洛·梅（Rollo May）是存在主义心理治疗的主要倡导者。他是介于存在主义和人本主义心理学之间的桥梁人物。在他1958年出版的《存在：精神病学与心理学的新方向》一书中，首次将德国哲学家海德格尔的存在主义思想介绍到美国，从此一方面建立了他的存在主义心理治疗体系，另一方面为以后人本主义心理学的发展奠立了基础。他认为存在需要勇气，人的选择决定着他将成为什么样的人。罗洛·梅提出人的存在包括三个相互联系、相互依存的方面，即人与环境的关系方式、自我与他人的关系方式、人与自我的关系方式，认为健康的人同时存在于物、人、己三种方式中，能够清楚地意识到所有这些经验对自己的意义。他发现现代人所患的心理疾病主要不是性本能受到压抑，而是人们普遍感到生活失去了意义，情感动荡不安、社会不安全感和恐惧感更使人感到人生的可怕，从而更强烈地陷入了孤独、寂寞的状态。既然如此，对来访者进行心理治疗就不仅是个心理问题，而是一种哲学问题、寻求人生的意义问题。正是基于这样的认识，罗洛·梅对心理治疗及其作用赋予了新的理解。

尽管存在主义和人本主义之间存在显著的哲学差异，但由于它们之间的历史联系，以存在主义、人本主义为背景发展起来的心理治疗方法仍具有许多共同之处，如它们都尊重来访者自己的经历，都相信来访者有做出肯定的、积极的、有建设性的选择的能力，都重视如自由、选择、价值、个人责任、自治、目的和意义等观念。也因此，本章将与人本主义、存在主义相关的治疗方法取名为人本-存在主义心理治疗。虽然目前还没有明确标准来判别一种心理治疗的方法是否属于人本-存在主义的范畴，但是一般认为，以下的四个方面是这一取向治疗的核心内容：强调人的责任、强调此时此地、强调从现象学角度看个体、强调人的成长。属于这类治疗的主要有卡尔·罗杰斯的来访者中心疗法、弗里茨·培尔斯（Fritz Perls）的格式塔疗法及罗洛·梅和维克多·弗兰克尔的存在主义疗法等。其中罗杰斯创立的来访者中心心理治疗有着广泛的应用和深远的影响。本章着重介绍罗杰斯的来访者中心心理治疗、培尔斯的格式塔心理治疗、存在主义治疗及当代治疗方法：过程-经验心理治疗。

第二节　来访者中心心理治疗

来访者中心心理治疗是卡尔·罗杰斯倡导的一种心理治疗方法，是人本-存在主义心理治疗的一个主要流派。罗杰斯的疗法和理论从 20 世纪 40 年代提出到他 1987 年逝世在名称上几经改变。Zimring 和 Raskin 等把他的疗法发展总结为四个阶段：第一阶段是 20 世纪 40 年代，罗杰斯发展了著名的“非指示性治疗”，强调治疗师创造一种接纳和非指导的气氛的重要性，治疗师避免把自己的大量信息强加在来访者身上，代之以集中注意力分析和整理来访者的语言和非语言交流，以期洞悉来访者所表达的情感。第二阶段是 20 世纪 50 年代，罗杰斯把他的治疗命名为“来访者中心治疗”（client-centered psychotherapy）或“以人为中心治疗”（person-centered psychotherapy），以说明他重视的是来访者而不是非指导的方法，这时期的特征是从澄清来访者的情感转移到强调来访者的现象学世界。第三阶段从 20 世纪 50 年代到 70 年代，重点是研究治疗的充分必要条件，罗杰斯通过对心理治疗的过程与成果的广泛研究继续检验以人为中心治疗的基本假设，在这些研究的基础上，以人为中心的治疗进一步得到完善和发展。第四阶段从 20 世纪 80 年代到 90 年代，以广泛应用于教育、工业、群体、解决冲突以及对世界和平的研究为标志。通常我们在谈到罗杰斯的治疗时用“来访者中心”这个术语，而用“以人为中心”来命名他的人格理论。

一、基本理论

（一）自我实现

罗杰斯治疗方法的基本理论是存在于生物中的自我实现倾向（self actualizing tendency）。人除了一般生物的自身潜能外还有人所特有的心理潜能，即指人有一种要求发挥内在潜能的普遍倾向以推动个体生长、成熟，靠这种力量人能发展成为一个健全的、机能完善的人。所谓自我实现就是充分地、完善地发挥人自己的潜在能力。尽管每个人都有不同的需要而且表现出不同的行为方式，但是所有的行为都与这种单一的实现倾向有关。一个人要满足饥饿驱力的需要，当他有所感时他需要表达自己深刻的情感，以及接纳自我都是这种单一的实现动机的体现。罗杰斯认为人性的基本动力是自我实现，但是无数的环境因素可能妨碍人类机体的实现趋势。当人类的实现趋势被歪曲或受阻时，就会形成多种多样的心理病态。马斯洛相信除了无数环境因素可能阻碍人类机体的实现趋势外，部分原因是人们对他们的潜能全然无知，他们既不知道什么是可能做到的，也不理解自我实现会给人带来什么好处，因此他认为关键在于改善人的“自知”或自我意识，使人认识到自我的内在潜能或价值。罗杰斯主张改善人与人之间的关系。他认为只要能够创造真诚相处、相互理解、彼此尊重的气氛，就会出现奇迹，从而可以由僵化变为灵活，由静态变为动态，由依赖变为自主，逐步实现自己的全部潜能。可以看出，罗杰斯否定了精神分析学派那种对人相当消极悲观的看法，他对人有极大的信心，强调每个人的价值和对个人的尊敬，同时也深信每个人都有权表达自己的信念和掌握自身的命运。因此，在来访者中心治疗的理论中，罗杰斯提出的人性观是绝对积极和乐观的，也因此在治疗性关系中否定了治疗师的权威角色，把基本责任放在来访者身上，他相信人能够达致自我实现。他把病人（patient）改称为来访者（client），把治疗师称为促进者（facilitator），同时认为治疗师在治疗过程中只是把一个具有充分潜质的人早已存在的能力释放出来。

（二）自我概念

自我概念（self-concept，一个人对自己的概念）和自尊（self-esteem）是大多数人本主义和存在主义理论的重要概念。罗杰斯认为人是在与环境相互作用的过程中建立对自己、对环境及自己与环境关系的概念的。在罗杰斯看来，当婴儿的部分经验成为他私有的经验并能有意识地区分主格“我”和宾格“我”的经验时，他们就开始产生模糊的自我概念。随着婴儿知道了什么东西好吃，什么东西不好吃，什么使他感到快乐，什么不能让他快乐，他们也逐渐意识到自我的同一性。

自我概念与机体自我（organismic self）不同。机体自我的某些部分可能在个体的意识范围之外，或者根本不为个体所拥有。例如，胃是机体自我的一部分，但除非它功能失调，引起关注，否则它可能就不是自我概念的部分。同样，人们可能否认拥有自我的某些方面，比如不诚实的经验。当不诚实的经验与他们的自我概念不一致时，这种经验就会被否认。再比如，一个男人的机体自我是对妻子的愤怒，如果对妻子的愤怒又违背了他对自我的知觉，他就会倾向于否认对妻子的愤怒情感或者感到内心冲突和紧张。因此，人们一旦形成自我概念，他们会发现改变和有意的学习并非易事。那些与他们自我概念不一致的经验通常不是被否认就是被歪曲地接受。已有的自我概念并非绝对不能改变，只是改变比较困难。这种改变最容易发生在别人认可的气氛中，因为这种气氛可以减轻一个人的焦虑和威胁，使他重新获得原先被排斥的经验。

围绕自我这一核心概念，罗杰斯拓展了下述几个基本概念，这些概念有助于理解来访者中心治疗学派的精神病理学观点。

1. 自我与理想自我

一个人总是同时从现实的、可能的、想象的、希望的、应用的、表现的几个角度来看待自己和别人的。与此相应，当前的（现实的）、可能的、想象的、希望的、应用的、表现的“自我”形象各有不同。这就是一个人认为自己现在是什么样的人，他想象自己是什么样的人，他想成为什么样的人，他理想的、应该的自我形象是什么样的。每一个这样的形象都是一种独特的认知图式，各有自己的独属系统。理想自我（ideal self）是一个人所希望的自我形象，包括人们渴望拥有的那些品质，它们通常是积极的。从操作层面看，自我概念和理想自我都可以采用像 Q 分类技术这样的心理测量工具加以测量。现有的自我与理想自我并不总是一致的，有时相去甚远，当现有的自我与理想自我完全一致时，人就达到了一种理想状态，即自我实现。理想自我和自我概念之间悬殊的差距表明人格的不协调（incongruence）和不健康。

2. 积极关注的需要与价值条件的作用

当自我知觉出现以后，婴儿就开始产生被人爱、被人喜欢和被人认可的需要。罗杰斯称这种需要为积极关注（positive regard）。积极关注的需要存在于所有人身上，并且在人的一生中都是强烈而持久的动力源。人们重视那些能够满足他们的积极关注需要的经验。只是人们从对他们至关重要的人那儿得到的积极关注，要比他们机体需要得到的奖赏有力得多。例如，一个孩子从机体水平上看是害怕狗的，但他的父亲说：“让我看看你有多勇敢，去摸一下那条狗。”那么，这个孩子为了得到父亲的表扬（积极关注），可能会否认或者歪曲他的恐惧。

自我出现之后，人们开始产生自我关注的需要。自我关注是人们积极关注的需要得到满足或受到挫折的经验结果。如上例中，孩子的勇敢行为得到他父亲的表扬时，他可能获得对勇敢行为的积极自我关注，和对懦弱行为的消极自我关注。如何才能获得积极的自我关注呢？最初，这种需要取决于你对别人，特别是对你最重要的人给予你的关怀、奖励和评价的知觉。如果人们意识到别人喜欢他们或爱他们，那么，他们接受积极关注的需要会得到一定程度的满足。积极关注是自我关注的先决条件，但是，一旦建立了积极的自我关注，就不再依赖被爱的需要。大多数家长都对孩子所谓“好行为”给予积极关注，孩子渐渐懂得了应该做的事和不应该做的事。可绝大多数人所接受的不是无条件的积极关注，而接受的是“价值条件”（conditions of worth），也就是说，他们觉察到父母、同伴或配偶只有在他们满足了这些人的期望和赞赏时，才会得到他们的爱和认可。

如多次经历价值条件，儿童就会将其内化成为自我结构的一部分。价值条件一旦内化就会成为指导儿童行为的“良心”“超我”。但在以后的生活中，儿童会迫于这种价值条件拒绝对自己经验的“自我评价”，而去优先迎合他人的评价。此时人的经验和真正的自我或机体自我开始疏远了，自我的不协调状态就产生了。

3. 自我与经验的协调

人对任何一种新的经验都可能产生三种不同反应：（1）与自我概念相结合为一体；（2）被忽视或被否认；（3）产生歪曲的反应。当新的经验与个体意识中的自我产生分歧或不一致时或被认为是自我概念的威胁时，个体便会经历不协调状态，此时也就容易出现后两种反应。这种不协调状态的产生根源于前述的价值条件的作用。因为价值条件的作用，人们总是选择性地对待他们的经验，只接受与价值条件一致的经验，而那些不符合价值条件的经验就被忽视或以歪曲的形式进入意识，于是不可避免地出现焦虑和心理失调现象。如一个认为自己是善良的人，没有怨恨情感，一旦他的经验中带有了恨的成分，他就处在一种不协调状态中。个人能分辨出这个经验是威胁性的，是和自我概念相冲突的，人为了维持自我与经验之间的协调，就会采用防御机制，曲解经验的意义和否定经验的存在。因此罗杰斯认为来访者中心治疗过程就是建立良好的治疗关系，减轻来访者内心压力，使其不至于歪曲或拒绝与自我概念不一致的体验，最终达到自我实现的目的。

二、治疗技术

来访者中心治疗的基本思想就是肯定每一来访者都具有一定的潜质，是积极的，都有可能达到“自我实现”的最高境界。在这个前提下，如果治疗师能够提供足够的高层次的基本需要，包括真挚、无条件的绝对尊重和正确的同感等，再加上来访者是乐意被帮助的，又能在起码的程度上体会治疗师所提供的治疗性条件，来访者就会产生建设性的性格改变。所以治疗师在治疗过程中，不是如何去控制、去分析来访者说的话，只是尽量尝试去了解来访者的心情和观点，帮助他澄清它的意义，为来访者提供一面“镜子”，让来访者能在这面“镜子”中“看见”和“听见”自己。来访者在体验到治疗师完全的接纳，在毫无压力的情况下，他就可以自由自在地表达自己的感受，然后进一步地了解自己，并在新的方向下采取积极的行动。而且，这些改变不只限于治疗关系中，也会延伸到来访者的日常生活中。

（一）治疗性条件

来访者中心治疗与其他治疗方法不同，它并不重视治疗的特别技术和方法，在它的治疗中见不到类似自由联想、强化技术等具体方法的应用，所以按照罗杰斯的观点，治疗的成功并不依赖治疗师治疗技巧的高低，而依赖于治疗师是否具有某种态度。来访者中心治疗是第一个强调治疗性关系的心理疗法。这种治疗性关系包括真挚、尊重和同感三个基本要素。

1. 真挚

当人与人之间缺乏真的情感，人与人之间的交流流于表面化和非人化的时候，人与人的相处就不会再有促进成长的功能，相反还会产生负面的效果。马斯洛就曾指出，当人际关系缺乏真的情感的时候，就不可避免地会产生疾病，因此，在心理治疗过程中，治疗师不仅很重视与来访者重新建立一种真的情感，也特别强调治疗师自己首先必须是真挚的。

真挚（genuineness）是三个基本要素中最重要的一个，是促进治疗成长的基本态度。它具体可有三个方面的体现：（1）治疗师要是真正的自己。治疗师在治疗关系中是一个真真实实的人，一个真挚诚恳的治疗师不会戴假面具，不会作种种防卫来保护自己，亦不只是在扮演角色，他的言行能真诚地体现一个人的处世态度。（2）治疗师在言语、非言语行为上是统一的。即说的和行为表现出来的是一致的。（3）对来访者做到开放即自我暴露。治疗师对来访者传达所有自己的信息，愿意与来访者作个人分享，即使对来访者产生某种独特感受时也能坦诚地告诉来访者。自我暴露的治疗师能缩短与来访者之间的距离，也能增加来访者对情感的表达和暴露水平，但治疗师必须把握好暴露的信息量、暴露的时机以及暴露的方式等问题。

真挚的治疗师不只是一个仁慈友好的人，而且是一个有欢乐、愤怒、挫折、矛盾等各种感情的完整的人。真挚的治疗师也并不是一成不变的，像许多其他人一样，他们不断地接受一些新的机体经验，但是与许多人不同的是，他们把这些经验纳入意识中，这将有助于他们的心理成长。因为真挚包括情感、觉知和表情，所以不真挚可能由以下原因引起：第一，情感和觉知脱离，一个人可能感到愤怒，这种愤怒别人看得很清楚，但这个愤怒的人却并没有意识到这种情感；第二，对经验的觉知与向别人表达这种经验的能力或意愿之间存在着矛盾。

2. 尊重或无条件的积极关注

无条件的积极关注（unconditional positive regards）指治疗师对来访者在没有任何要求和企图的心态中向对方表达温情和接纳，即尊重。对来访者缺乏尊重的行为如不论年龄直呼其名、以貌取人、种族歧视等。传达尊重有两种基本形式：（1）增进（enhancing）。如“你对意见的表达很好”“你有领悟力”。（2）赞赏歧义（appreciation of difference）。当治疗师与来访者看法不一致时，不是反驳而是采取委婉的方式表达出治疗师的看法，如“我不太同意那样做，不过我能理解你为什么会有那样的打算”“我也许并不同意你所说的，但我很欣赏你表达自己的想法的勇气”。在治疗实践中，治疗师往往会发现来访者的问题不少是明知故犯，在这种情形下，治疗师很可能会对来访者感到不满，甚至产生气愤的情绪。这就要求治疗师加强自我修养，随时觉察自己的感受，并及时做出调整。更基本的是治疗师要清楚，我们所接纳、所尊重的是来访者这个人，是具有一定潜质、能够达到自我实现的人，并非他的某些特殊行为。

3. 同感或设身处地的理解

同感是整个治疗关系中最重要的成分，是准确敏锐地理解来访者的经验和感受的能力。其目的是帮助来访者集中在当前体验的内容上，使他可以坦诚地感受，并达到安全、无抑制地体验。同感不从客观或外在的参照标准来看事物，而是要设身处地地从来访者的参照标准来看事物。这样与人相处意味着无偏见地进入另一个人的世界，暂时放弃你自己拥有的观点、价值，在某种意义上，它意味着放弃自己，这只有对自己感到足够安全的人才能做到。

在治疗关系中，同感不但是我们尝试了解来访者，与他产生同样的感受与体验，同时也是在协助来访者进行自我表达、自我探索和自我了解。当我们的回应具有同感的时候，通常来访者会感到我们很明白他，从而有一种舒畅和满足感，而这种感受会促进他继续表达和剖白。另外，同感与同情是有差异的。在同情中，施与受双方往往处于不同的位置，如我对他们的遭遇表示同情，一方面我是认同和分享了他们的苦难，而同时，我又处于一个较优越的地位；而同感出现时，施与受的地位是相等的，并无高低之分。所以在治疗关系中更应培养同感，而绝对不要有同情的出现。还有，治疗师只是明白来访者的感受是不够的，同样重要的是要懂得将自己的观察所得传达给对方。

（二）治疗过程

罗杰斯认为假如存在治疗师真挚、无条件的积极关注和设身处地的理解等条件，治疗的过程就会启动。尽管每个寻求心理治疗的人是独一无二的，但治疗过程仍具有某些规律性的特征。罗杰斯把来访者中心治疗大致分为七个阶段。

第一阶段：这个阶段的特点是来访者不愿意谈任何与自己有关的事情。处于这个阶段的人通常生活在一个固定的模式里，远离内心正在体验的感受，甚至自己也不知道，没有要改变或成长的愿望。他不与外部交流，也不会去寻求别人的帮助。但是如果由于某种原因，他跑来求医，他也是极端僵化的，并且抗拒改变。他不承认自己有什么问题，而且拒绝承认有任何个人的情感或情绪困扰。

第二阶段：来访者的僵化略有减轻，能对与己无关的问题发表意见，把情感说成是不属于自己或是过去的事情，如“症状使我非常抑郁”，而不是说“我感到抑郁”。

第三阶段：来访者感到已被治疗师所接受，逐渐消除顾虑，能更自由地谈到自己，更多地谈到情感或个人意义。但来访者总是用过去时或将来时谈论各种情感和情绪，对现在的情感则避而不谈。他拒绝自己的情绪，使个人的情感与此时此地的情境不搭界。他只是隐隐约约地感到他或许能够做出个人选择，然而他拒绝为自己做出的大多数选择承担责任。

第四阶段：进入此阶段中的来访者，对自身问题及症状描述减少，开始能讨论深层的情感问题，如“当老师说我作弊时，我真是气坏了”。虽然对当前能够体验到的情绪有一些模糊的认识，但是绝大部分的经验被否认和歪曲。来访者开始对从别人那里内射进来的价值标准提出质疑，并开始看到他知觉的自我与他的机体经验不一致。此时的来访者比在第三阶段有更多的自由，初步认识到应对自己的问题负责，自信心开始增高，并开始尝试性地协调自己与治疗者的关系。

第五阶段：来访者开始出现明显的改变和成长。他会发现自己的恐惧感在减少，能够比较自由地表达自己当前的情感，但还不能把这些情感准确地符号化。来访者开始根据来自内部的价值标准评价自己的情感，并对自己有了新的认识和发现，且希望找到

“真正的我”，意识到他的自我应作调整以适应现实。来访者也经历了各种不同的情感，并能区分这些情感的细微差别。除此之外，来访者开始自我决策并为他自己的选择承担责任。

第六阶段：转变的关键阶段。此期来访者的成长更为显著，变化富有戏剧性。原来被否定和歪曲的经验现在能更加自由地进入意识中，能够把过去的体验接受下来，成为当前的体验，并被这种体验所打动，伴随着行为上的变化如叹气、流泪等，曾被奉为生活准则的信条在直接体验中开始动摇，出现失落感。来访者不再以外部标准来评价自己的行为，而是依据机体自我作为评价经验的标准。来访者开始产生无条件的积极的自我关注，这表明他对正在改变的自己有一种认同。

第七阶段：代表着治疗的趋势、最终目标。来访者不再害怕体验即刻的情感，而且这种情形不仅发生于治疗关系中，也发生在治疗关系以外的情境中。他能够把治疗中的经验概括到治疗环境以外的现实世界。他的机体自我和自我概念统一起来，成为评价自我经验的标准。处在这一阶段的人，因为深知这些评价是流动不居、不断变化和成长的而感到由衷的喜悦。他变得真挚，有了无条件的积极自我关注，而且也能爱别人和设身处地地理解别人了。

其实这七个阶段主要反映的是来访者在治疗过程中的一个变化过程。来访者可能在第一至第七阶段中的某一期进入治疗，随治疗进展来访者可向着期待的方向进一步发生改变。罗杰斯认为这也是检验治疗进程的一种有用的方法或量表。罗杰斯对这种治疗变化的动力过程做出过如下解释：当人体验到自己受器重和无条件地被认可时，他也许第一次感到自己是可爱的。治疗者的榜样使他能够器重和接纳自己，使他能够具有无条件积极的自我关注。当来访者觉察到别人设身处地地理解自己时，他就能够更加自由地、准确地听从自己，能够对自己的感情有一种共情理解。结果是，当他开始器重自己和正确地理解自己时，自我便变得与机体经验更加协调一致。

第三节 格式塔心理治疗

格式塔心理治疗（gestalt therapy）又称完形心理治疗，是弗里茨·培尔斯创立的一种心理治疗方法。它与威特海默（M. Wertheimer）、W. 柯勒（W. Köhler）及 K. 考夫卡（K. Koffka）为代表人物的格式塔心理学派在理论上并无多少共同之处。后者是西方现代心理学派之一，其理论特点是主张整体地分析现象，这个学派曾在知觉研究方面做出过突出的贡献。虽然培尔斯也认为人类的生命之始或多或少是一种完整的形式，但随着不断成长和发展，遭遇到的生命之中的情感畏惧与种种体验使我们丧失了本质中的若干特性。因此，格式塔治疗即是将我们失去的部分再度融合于一个个体之中，协助来访者重新成为一个统合的整体。培尔斯也认为人类能够担负起自身行动的责任，但由于世界的复杂，人类所能了解的仅仅是一小部分，因此，格式塔治疗的重点是针对来访者“此时此地”的感受，主张通过增进对本人躯体状况的知觉来帮助来访者认识其被压抑的需求，从而改善心理状态。因此有学者提出，格式塔心理治疗只是使用了格式塔心理学派的某些术语，不能说这种疗法就是原来学说的进一步发展。

一、基本概念

格式塔治疗牵涉很多方面的概念，如现象学、场理论、存在观点、对话、责任、心理代谢、有机体自我调节及觉察等。格式塔治疗用心理代谢（mental metabolism）比喻心理功能。人把食物（或观点或关系）咬成适当大小的片，咀嚼它及发现它是有营养的或有毒的。如是有营养的，有机体会吸收并使之成为自己的一部分；如是有毒的，有机体会吐出（拒绝）它。这就要求人能够信任自己的味觉和判断。但自我与环境的界限必须保持可渗透性，允许交换且有足够强的自主性，环境中的毒素必须被筛选出来，有营养的必须按主要的需要来辨别。理想的情况是，最急迫的需要驱动机体行动，直至它得到满足或被更关键的需要所超越。人类有不同方式的调节，有的按对机体来说是相对完全和准确的知识来调节，有的按应该或不应该的观念武断地调节。这种观点被应用到精神内调节、人际关系调节及社会群体调节之中，可以看到只有一个对象需要控制即情境。个体需要理解所在的情境，让情境处在自己的控制下，然后学习应付生活。培尔斯举例说，这有如开车，我们不是事先计划要开80公里/小时，得根据情境调节速度，如晚上开车速度不同、交通拥挤或疲劳时开车速度不同等。这里的“让情境处在自己的控制下”意味着通过对当前内容的意识包括自己的需要来调节机体的反应，而不是通过“应该”来调节。

觉察（awareness）是一种经验形式，意味着与自己存在的接触。完全的觉察是一种用全部的感觉、运动、情绪、认知和能量支持与个体或环境场中最重要的事件保持警觉接触的过程。领悟是觉察的一种，是对场中整体有立即的把握。有意义的接触产生新的有意义的整体，因此这本身就是在对问题进行整合。有效的觉察基于机体主要存在的需要，要求个体不仅要对自我，还要对当前情境，对在那种情境下的自我有直接的认识。任何对情境及要求的否认或对要求选择反应的否认都是对意识的干扰。觉察也是知道自己的控制、选择，对自己的行为、情感负责任的过程。仅有言语上知道自己的处境但并不能对它做出反应，不能感受到它不是真正的觉察，也不是全面的接触。一个有觉察的人知道自己在做什么，如何做，他能按自己的需要去选择。也许觉察的内容遥远但觉察的行动总是基于此时此地。

由此可以看出，格式塔治疗学派比较重视个体的躯体感觉、情绪和心理需要，也比任何其他治疗更强调“此时此地”。它认为要想保持身心健康，先决条件之一是能敏锐地察觉自己的躯体感觉、情绪与心理需要。有了这些认识，才能动员个体的固有能力，组织适当行为，使需要得以满足，情绪得到疏泄。当一种需要得到了满足或一腔情绪得到表露和发泄时，这个需要和情绪就消失了，并腾出位置，让别的需要及情绪进入心理活动场所。

二、治疗技术

觉察或称“领悟”是格式塔治疗的主要目标，即知道环境、选择的责任、自我知识、自我接受及接触的能力等。要实现这一目标，格式塔治疗师主要采用存在对话（dialogue）的方式来进行。

格式塔治疗中的治疗性关系强调四种基本特征，它们是包含、存在、投入对话、对话是生动的等。包含（inclusion）指尽可能完全地将自己放进无判断、无分析或无解释的对他人的体验中，同时保持自己是独立的自动存在的感觉。这种包含为治疗提供了一种安全的环境。在这种环境的基础上，再通过交流及对来访者经验的理解，即可帮助来访者敏锐地觉察到自己的感觉。存在（presence）指格式塔治疗师不对来访者做过多的理论性解释，而是定期、明智且有区别地对来访者表达自己的观察、偏好、感受、个人经验和思想。治疗师这种对个人存在的即刻体验的表达，有助于来访者的学习、信任和采用即刻的体验以提高自我觉察。投入对话是两个人之间的接触。通过接触，人可以不断成长和获得认同。接触不仅是对我（me）和非我（not me）之间界限的体验，也是对我与非我相互作用又保持自我认同的体验。格式塔治疗中治疗师把自己投入这种人际过程中，就使这种接触的发生成为可能。这种对话不仅是说什么，也可以是做什么。对话是生动的，强调的是做的兴奋和即刻性。对话的模式可以是跳、唱、说或其他任何能推动参与者之间的能量表达的方式。

格式塔治疗可采用不同的方式进行，如个别治疗、集体治疗、夫妻家庭治疗、对儿童的治疗等。其共同的原则是：强调直接的经验，采用直接接触和个人存在（存在对话）及强调什么、如何、此时此地的场概念等。治疗过程中为帮助来访者达到自我意识的目标，可以采用一些方法，如促进来访者在治疗早期做出选择、主动指导等。比较直接的方法是促进来访者在治疗早期做出选择。对来访者的尊重使治疗师帮助来访者清楚“不能”和“不愿”之间的差异，也让来访者知道内部障碍或阻力如焦虑、羞耻、敏感等在阻止意识的工作。格式塔治疗师主动指导来访者的意识展开工作。治疗师的这种存在是生动的、兴奋的、诚实的和直接的。来访者可看可听，治疗师也会告诉来访者他是如何经验的、看到了什么、是如何感受的，让来访者体验到他是一个什么样的人。通过这样与治疗师的真正接触，来访者学习到如何看待自己和其他事物，也知道其意识过程的种种限制。来访者并未从治疗师那里获得完整的答案，但留下的思考是开放的。

这种治疗也可采用一些集中于来访者的技术，如：(1) 直接问来访者“现在你意识（经验）到什么”“试试这样的经验，看你意识到什么”“你感受到什么，你在想什么”等。(2) 演示（enactment），让来访者将情感、思维通过行动表达出来，如采用空椅子技术或角色扮演等方法。(3) 夸张练习。夸张练习是一种特殊形式的表演，主要目的是使来访者能更敏锐地察觉自己身体语言所传递的微弱信号或线索。如要求来访者重复地夸大其要表达的动作或手势，从而使与该行为有关的情感强烈化，使其内在隐藏的意义变得更清楚。(4) 引导幻想。有时来访者能通过视觉而非表演将经验带到此时此地。(5) 放松及整合技术。有时来访者按常规思维不能获得认识，此时，来访者想象正确的方面，也可帮助其获得认识。整合技术是将来访者分开的情感和认识进行综合。要求来访者对负性过程如取笑、哭等进行描述，当来访者报告一种情感时，要求对体验到的这种情感进行定位或者要求来访者表达对同一个人的正性、负性情感。(6) 身体技术，是将来访者的意识带到其身体功能上，帮助来访者用身体来支持其兴奋、意识和接触。

整个治疗过程中，治疗师不断寻找会谈之中最先要解决的主题，然后用空椅子技术或以对话方式来帮助来访者更为完整地体验与了解。格式塔治疗通过治疗师的主动存在及来访者存在于真实接触的关系中，不断增加来访者的自我调节、自我支持，促进问题解决。格式塔治疗虽属现象学治疗流派，但也处理潜意识。如需要的时候，治疗师也会对没能进入意识的部分进行工作。

第四节　存在主义心理治疗

存在主义心理治疗是一种对心理咨询实践产生影响的哲学思想。其先驱者有维克多·弗兰克尔、罗洛·梅、布根塔尔（James Bugental）和欧文·亚隆（Irvin Yalom）等。弗兰克尔年轻时深受弗洛伊德的影响，成为阿德勒的学生，后来他受到了存在主义哲学思想的影响，开始建立自己的存在主义哲学和存在主义疗法。他是欧洲存在主义疗法的中心人物。罗洛·梅则是将存在主义从欧洲带到美国，并将存在主义的基本概念引入心理治疗的主要人物之一。与罗洛·梅同时的另外两位重要的美国存在主义治疗师是布根塔尔和欧文·亚隆。布根塔尔根据存在主义对当前个体存在的关心和人本主义对每个个体的整体强调建立了一种深入治疗的方法，他将治疗看作治疗师和来访者深入来访者主观世界的一次旅行。亚隆所建立的存在主义疗法则注重人类四个基本的考虑：死亡、自由、存在疏离和无意义。

存在主义心理治疗的出现是相对精神分析和行为主义心理治疗而言的。精神分析理论家认为人受潜意识的力量、非理性的冲动和过去事件的支配，行为主义者认为人的自由受社会文化强化机制的限制，存在主义心理治疗师承认人类生存的这些状况，但强调人们可以自由选择，对环境也产生影响。其主要观点有：(1) 人的存在是一种过程，人类通过投射不断创造自身，不应把人看作可以任意拼装或拆卸的各种机制的综合；(2) 治疗针对当前，也顾及以往，观望未来；(3) 人是可以自由选择的，但也由此对选择负有责任；(4) 因为必须选择，由此产生焦虑，但如果放弃选择，则产生内疚感；(5) 来访者不应被看作“病人”，而是“陷入病态生活的人”，因此，改变生活成为治疗的核心；(6) 治疗的主要目标是激发来访者认识前景的广阔性，帮助他们选择新的生活。

一、基本概念

存在主义心理治疗关注人的本性，以及焦虑、失望、孤独的本质，也强调人的创造性和爱。根据存在主义疗法的观点，人类生活的基本方面包括：(1) 自我知觉能力；(2) 自由和责任；(3) 建立个人认同和建立与他人有意义的关系；(4) 寻找意义；(5) 焦虑是生活的一种状态；(6) 对死亡和不存在的知觉。

（一）自我知觉能力

人能够进行自我知觉，可以思考并进行决策。知觉得越多，获得自由的可能性就越大。因此，扩展人们的知觉就是增加充分生活的能力。人们可以认识到“我们是有限的，我们没有无限的时间来做我们想做的事情”“人们可以采取行动或不采取行动，不采取行动也是一种选择”“我们都会感受到孤独、无意义、空虚、内疚、孤立”“我们选择自己的行动，因此我们可以部分地创造自己的生活”……增加的自我知觉可以包括对其他选择的知觉、对影响个体的动机和因素以及个人目标等的知觉。

（二）自由和责任

存在主义治疗理论认为，虽然在进入这个世界时是没有选择的，但人在这个世界上生活的方式和成为什么样的人却是自己的选择。由于这种根本的自由，人必须接受指导自己生活的责任。因此，对存在主义者来说，自由与作为人是相同的，自由与责任相连。人是自己生活的作者，因为他创造自己的命运，创造自己的生活环境，也制造自己的问题。承认责任是变化的基本条件。治疗过程中，治疗师的基本任务是让来访者认识到他是怎样让他人来为自己做决定的，鼓励他开始自主。

（三）建立个人认同和建立与他人有意义的关系

人们对保持自己的特性和中心都很关心，同时他们也愿意与他人和自然建立联系。每个人都愿意发现一个自我，即发现个人认同。这不是一个自动的过程，它需要勇气。来访者最大的恐惧之一是发现自己没有核心、没有自我，只是其他人期望的反应。治疗师最好在开始时让来访者接受他们没有自我的生活方式，然后探索他们是如何失去了与自我的联系的，能否创造一个自我。另外，存在主义理论也认为所有存在的人都具有从自我中心出发，参与到他人之中的需要与可能性。虽然人是一个以自我为中心的独立个体，但由于人生活在社会之中，就必然与其他存在体或人发生关系，这样个人必然会参与到其他群体中去，即在与他人联系的过程中，相互影响并与他人分享存在世界的经验。当人能够独自站立并从自己的内部寻求力量时，人与他人的关系是基于自己的成就，而不是自我的缺失。治疗主要是帮助来访者区分神经质地依恋于另一个人与能够使双方都成长的有助于生活的关系，让来访者考察他从与他人的关系中得到什么，如何避免亲密接触，怎样使自己具有平等关系，怎样建立治疗性的、健康的、成熟的人际关系。

（四）寻找意义

人的一个突出特点是从生活中努力寻找生活的重要性和意义。生活中的无意义导致空虚和肤浅，或弗兰克尔所说的存在真空。当所生活的世界显得无意义时，来访者会考虑是否还值得继续奋斗，甚至是否还值得继续活下去。存在主义疗法能够提供一个概念性的框架，它帮助来访者挑战生活的意义。治疗过程中，治疗师可能问的问题有：“你是否喜欢你的生活方向?”“你对现在的生活满意吗?”“你今后要成为什么?”然而，意义不是人们可以直接寻找和获得的。相反，人们越理性地寻求它，越可能错失它。亚隆和弗兰克尔都赞同，意义和幸福一样，都只能间接地追求，找到生活的意义就是投入创造、爱、工作和建设中去。

（五）焦虑是生活的一种状态

焦虑来自生存中的挣扎、保持和对自身存在的确定。焦虑是人类生存中不可避免的方面。存在主义者将自由选择带来的焦虑分为两种，一种是健康的焦虑，另一种是神经质焦虑。所谓健康的焦虑（healthy anxiety），是指个人在现实生活中有所选择时（如升学、就业、转业、婚姻、投资等），能以积极乐观的态度面对选择不确定后果带来的焦虑，并心甘情愿地承担起自己选择后的责任，即使选择结果未必尽如人意，但至少克服了焦虑的威胁，使危机化为转机。所谓神经质焦虑（neurotic anxiety），是指个人在现实生活面临选择情境时，因过分恐惧选择后会带来失败的结果而犹豫不决，不是冀求别人支持，就是畏惧退缩或安于现状，不敢下决定。一旦因放弃选择而丧失成功机会，却又悔恨交加备感痛苦。如此，焦虑不但未能免除，而且越积越多，最后难免因无法承担过重的心理压力而导致精神疾病。存在主义心理治疗的目的正是帮助那些因患得患失而不敢选择以致陷入神经质焦虑的人，使他领悟到自由选择和勇于负责两者间的必然关系，以期其面对现实人生去实现自己。

（六）对死亡和不存在的知觉

存在主义治疗师认为认识死亡是人类的一个基本状态，可以给生活更重要的意义。如果将生命看得重要就需要对死亡进行思考。弗兰克尔认为，死亡不应被认为是一种威胁，相反，死亡激励人们更完整地生活，抓住每一个机会做一些有意义的事情。亚隆建议治疗师向来访者直接谈关于死亡的现实，他相信对死亡的恐惧藏于内心，一生困扰着人们。直面这一恐惧可以帮助人们将死气沉沉的生活转变为更真实的生活。

二、治疗技术

存在主义疗法与其他很多疗法不同，它不是技术取向的。存在主义治疗师采用的干预方法是基于有关人类存在本质的哲学观点的。他们可以从许多其他的治疗方法中汲取技术。但他们并不是采用一堆互相没有关联的技术，他们也有一系列指导治疗的假设和态度。德意珍（Emmy van Deurzen）提出存在主义治疗的一个基本规则是对治疗师和来访者的个人创造性持开放态度。她强调治疗师对自己的生活深入和开放的重要性，要进入来访者的浑水中而不至于迷失自己。鲍德温（D. Baldwin）认为治疗师对自己的使用是治疗的核心。当治疗师自己的最深处与来访者的最深处相遇时，咨询过程就处于最佳点。存在主义心理治疗是一个创造性的、发展的过程。这个过程可以分为三个阶段：（1）初始阶段：治疗师帮助来访者识别问题和澄清他对世界的看法，考察他的价值、信念、设想的可靠性，引导来访者接触内心世界。（2）中间阶段：治疗师鼓励来访者更全面地考察他当前价值系统的来源和依据。这一自我探索过程通常会导向新的想法以及某种重建。来访者会更好地认识生活中有价值的方面，对自己内部的价值过程也有更清晰的了解。（3）结束阶段：治疗师帮助来访者把学得的东西运用于实际，观察自己是如何运用那些已经过检验和内化的价值观，将自己的人生目标付诸行动。

使用存在主义心理治疗时应注意：第一，在存在主义心理治疗过程中，治疗师通过鼓励和支持的方式，帮助来访者用语言来表达内心体验，以促进来访者的自我发现；第二，治疗师也要高度注意来访者对治疗的阻抗问题，一旦出现阻抗，治疗师要不断地把来访者的注意力集中在干扰其搜寻认同感和方向感的因素上，以及要识别来访者的生活中重复性行为模式从而找到解决的办法；第三，除了倾听来访者的叙述外，治疗师还要密切观察来访者的面部表情、手势、呼吸模式、身体语言和其他非言语行为；第四，在治疗过程中也会出现类似于精神分析中的移情现象，即来访者把他与其他人交往的方式、在其他场合里的表现方式、试图赢得别人的赞美所采用的方式以及他在人际关系中的需要等，都带进治疗中，一般认为，许多移情反应是在来访者意识之外发生的，因而，来访者所表现出来的这些行为都需要治疗师做出适当的处理。

第五节　过程-经验心理治疗

过程-经验心理治疗（process-experiential model of psychotherapy）是由加拿大约克大学的心理学家格林伯格（Leslie Greenberg）、美国托莱多大学的埃里奥特（Robert Elliott）等一起完善的。该方法反映了来访者中心治疗、格式塔治疗、存在主义治疗与目前关于情绪的研究和理论的相互结合。

一、基本理论

过程-经验治疗模式是一种现象学的、经验支持的、情绪取向的方法，它能系统而灵活地帮助来访者意识到其情绪并有效地利用其情绪，发展其情绪智力。其中心概念就是情绪图式（emotion scheme）。情绪图式是情绪体验的基本单元，它由情绪记忆、希望、期待和恐惧组成，是一种复杂的、整合的体验结构。它通过赋予体验以意义、价值和方向而整合体验。它包括各种不同形式的体验，如情境和记忆、躯体感觉和表达、象征性的表现（如词语、图像、符号、比喻等）、愿望和行动倾向、情绪和整合的情感（如感受到的感觉）。不同形式的体验（如思维和情感）是互相交织和联结的；情绪体验不时在发生变化，情绪图式也处在不断的建构和再建构中；情绪是多层次的，一些情绪可以引发另一些情绪，一些情绪也可以继发于其他情绪，情绪图式是有特异性的，情绪图式的内容、表达和结构对每一个人来讲都是独一无二的。

过程-经验治疗强调只有来访者才能真正了解自己的情绪及其个人体验的信息，他才是自己体验的专家。因此，这一治疗方法更重视的是个人的选择和自我发现过程，而不是强调治疗师的解释和建议。它鼓励来访者去探究和描述他自己的内心体验，而不是请治疗师就来访者的内心冲突、动机或来访者现在与过去之间的联系做一些解释。个体被看作治疗中的一个积极参与者，来访者对治疗过程、治疗程序可自主做出选择。与来访者中心疗法和存在主义治疗相似的是，过程-经验治疗所强调的也是来访者当前的体验以及治疗期间所表现出来的情况。

过程-经验模式也强调每个来访者有一种内在的、固有的成长趋势。个体对自己的成长趋势有信心，将有助于他的积极成长和发展。它利用存在主义的方法帮助来访者去面对自己的自由，自己决定自己的生活。在这种治疗中，来访者和治疗师之间相互信任的关系对成长起重大的作用。过程-经验模式假设有两种因素影响个体的心理健康：（1）难以用言语或形象化的比喻来传递自己的体验；（2）情绪图式功能失调，即个体不知道怎样解释自己的体验。因此，治疗的目标之一就是帮助来访者识别他的功能失调的情绪图式，利用治疗性关系来改变那些有问题的情绪。

过程-经验治疗在几个方面不同于罗杰斯的治疗方法。最明显的是，在过程-经验治疗中，治疗师扮演的是一个更加积极的角色，在治疗期间，治疗师要鼓励或指导来访者参加一些促进情绪体验的活动。但像来访者中心治疗一样，在过程-经验治疗中，治疗师不指导或不决定来访者选择谈论的内容，就像格林伯格和埃里奥特所描述的那样：在来访者中心治疗中，治疗师只是和来访者待在一起；而在过程-经验治疗中，治疗师和来访者共同参与治疗，是协作者。治疗师鼓励来访者参加可以引起情绪体验的活动，在整个治疗过程中起指导作用，管理着整个治疗的进程。

二、治疗技术[①]

在过程-经验治疗中，与治疗师有关的有两个方面：一方面是来访者-治疗师之间的相互关系，另一方面是治疗的主要任务。来访者与治疗师最理想的关系是相互合作的关系，在这种关系中，来访者和治疗师一起工作，帮助来访者更深入地探究他的体验。当遇到意见不一致或者观点有分歧时，治疗师应遵从来访者的观点，因为来访者才是他自己的体验专家。在过程-经验治疗中，关于来访者与治疗师的关系应遵循三个基本原则：第一，来访者与治疗师之间是相互理解的协调关系。治疗师应不断地努力，以便能保持对来访者内心体验的理解，以来访者的感受为框架去评价来访者的观点。治疗师不要试图就自己的经历对来访者的行为方式或动机做出解释，也不要对来访者采取防御的方式，或对其非理性信念做出质问和异议。第二，治疗师与来访者之间的关系是治疗契约的关系，治疗师以共情和接纳的态度来回应来访者。治疗师应传达出这样一种信息：来访者是一个值得治疗师花时间或精力的人，来访者的价值不是依他的某些行为或某些情绪而定的。第三，治疗师与来访者之间在治疗期间是相互合作关系，应在治疗师和来访者双方参与下制定治疗目标和任务，治疗师在其中应起促进的作用，治疗师要接受来访者提出的治疗目标和任务，帮助来访者参加伴有情绪体验的活动，并对其情绪体验进行探讨。

过程-经验治疗也强调经历过程（experiential procession），即促进来访者去意识自己的体验。在这个过程中，来访者能意识到身体内在的感觉和外部的刺激，这两者是良好地接触现实时不可缺少的组成部分。治疗师通常可以提醒来访者更多地去注意他表现出

① Compas B E, Gotlib I H. Introduction to Clinical Psychology: Science and Practice. New York: McGraw-Hill, 2002.

来的行为动作，或其他一些可观察到的表现等，以此来提高来访者的自我意识（如“你能意识到你正握紧拳头吗”）。治疗师应鼓励来访者主动地、自发地表达他的情绪反应。总之，过程-经验治疗的核心是帮助来访者更加清晰地意识到他的情绪，关键的技巧是采用同感的方式对来访者的情绪表达做出反应。对于过程-经验治疗师来说，能够准确地确认来访者体验到的情绪的性质是非常重要的。

案例 11-1

某男，40 岁，主诉自卑、没有安全感，常常体验不到自己的情绪，如愤怒。他有抑郁症病史三年时间了。他在一位治疗师处接受心理治疗，前两次尚顺利，第三次来诊时则对妻子的行为大为光火，认为妻子不与他在一起而跟她的朋友出去。他的愤怒已经累积了一整个星期，到周一来看治疗师时，他已经无法自控，他对妻子、朋友及家人发怒，并威胁说要对妻子的朋友不客气。他告诉治疗师他宁可死，尽管他否认有自杀计划和企图。来访者的愤怒如此强烈，以至于治疗师以为他的来访者有精神问题，他甚至感到来访者对治疗师或周围的人会有危险。当跟来访者讨论到是否住院治疗时，来访者承诺两天后再来，并保证有任何自杀计划都会与当地热线联系。治疗师不知道该怎么办，他建议来访者服药。治疗师的督导不在，他到另外一个非经验取向的督导处接受督导，这个督导看了录像后断定来访者有“偏执状态”。回来后，经验取向的督导再看录像，很快就发现来访者有继发反应性愤怒（secondary reactive anger），意味着愤怒是由别的、更重要的原因导致的——来访者担心妻子会离开他，他的愤怒更准确地说应该是害怕。而且，督导发现当治疗师简短具有同感地回应“我猜你与你妻子的关系对你很重要”时，来访者的愤怒马上降下来，并有流泪反应。作为经验取向的治疗师，重要的是知道这种愤怒，然后帮助来访者表达其怕被遗弃的恐惧。当来访者表达与其被遗弃恐惧有关的情绪时，应对他表达尊重和关注，与来访者一起讨论暴露愤怒而不是让愤怒积压的建设性的方法，建议采用空椅子技术想象与妻子对话，解释原发和反应性愤怒的强烈情绪与差异等的意义。在治疗过程中，来访者可以短时间地体验到强烈的情感脆弱，并且可以与治疗师分担这份感受。这种体验可以帮助来访者面对隐藏在自我背后的可怕的一面。治疗师的任务就是用充分的理解和真正的关心来回应来访者。

第十二章
认知治疗

第一节　概述

一、概念

认知治疗（cognitive therapy）是 20 世纪 70 年代后期发展起来的，以矫正认知歪曲为主要方式的心理治疗。自美国的贝克于 1976 年首次提出认知治疗可以处理情绪问题以来，认知治疗作为一种有效的心理治疗方法，目前已形成两大流派——认知分析治疗和认知行为治疗。前者在认知治疗的基础上借鉴和应用精神分析理论，而后者在认知治疗过程中应用行为治疗中的一系列行为矫正技术。随着治疗方法的发展，认知矫正技术从过去简单的识别自动性思维、检验自动性思维等 4 种技术发展到现今数十种具体的心理治疗技术。目前国际上常用的认知疗法包括贝克认知治疗、埃利斯理性情绪疗法、结合埃利斯和贝克理论技术的认知行为治疗、赖尔（Anthony Ryle）认知分析治疗及梅肯鲍姆认知行为矫正治疗，其中以认知行为治疗应用最为广泛。

认知疗法的建立受古希腊斯多葛学派的哲学家爱比克泰德（Epictetus）的哲学理念影响。爱比克泰德认为人们总是能够选择其希望对外部环境做出的反应。虽然早期的行为治疗能够有效地治疗神经症，但对抑郁症的治疗却收效甚微。由于所谓的“认知革命”，行为主义渐失流行，埃利斯与贝克注重认知的治疗方法在当时逐渐为公众所接受。埃利斯从中学开始，就爱好哲学，受爱比克泰德的影响，将其信奉的哲学观念与讲究实效的行为主义结合起来创建了理性情绪疗法。受到埃利斯的启发，贝克在 20 世纪 60 年代创立认知疗法。随后两者结合衍生出认知行为治疗。认知行为治疗以目标导向及结构化的治疗程序，来解决来访者的情绪、行为与认知问题。目前认为不同的治疗方式，如行为治疗、认知治疗，以及其他依照基本的行为和认知研究组合而成的疗法，都可以被称为“认知行为治疗”。认知行为治疗首先被应用于抑郁障碍患者，目前已发展到可以治疗多种精神障碍。

二、认知治疗的背景

认知治疗能蓬勃发展是与其产生的时代背景、哲学理念及其本身的特点密切相关的。认知心理学将人的高级心理过程作为研究的对象，认为心理过程就像计算机那样将输入的感觉信息加工成神经和心理事件。尽管人脑的神经结构与计算机的硬件不同，但人的认知过程与计算机程序有一定的相似性，即都是以一种方式从外界吸取信息（计算机：键盘或鼠标；人类：感官），而以另一种方式将之储存。这种信息一旦储存就能被计算机程序或人类的认知过程改变。依据认知心理学的信息加工假说，认知治疗的目的就是修正患者的不良认知过程，对储存的信息进行加工，使之与现实相适应。

认知治疗的哲学思想，与存在主义十分接近。存在主义把人看作有意识、有自由和能力为改变自己的或他人的生活而做出选择的“存在物”。要了解一个人的存在现状最好是从了解这个人的观点入手。认知治疗不同意行为主义的观点，认为行为不是由即时强化而是由个体对事物的认知决定的。因此，它不仅重视对适应不良行为的矫正，更重视患者认知和情感的作用。认知治疗也不赞同精神分析的无意识假说，认为人的情绪和情感不是受无意识支配，而是受思维和认知制约。无意识中被压抑的精神创伤本身不是经验，而是我们对经验的认知，因此治疗不是从揭示无意识的冲突而是从解决认知图式入手。认知治疗假定患者目前的症状或适应不良行为本身就是问题，它不只是潜在的无意识动机或冲突的体现。基于这种假定，认知治疗师集中解决使患者来寻求治疗的症状而不是早期的记忆、幻想和梦。因此，认知治疗不会像精神分析疗法那样唤起患者的负罪感和羞愧感，因而也不太容易遇到阻抗。另外，认知疗法集中解决症状问题与当前主流的医学模式有些相似。因为认知治疗具有时间限制，所以患者付出的时间和费用往往比强调自由联想的精神分析疗法要少。认知治疗师也满足了第三方付费人的要求，即确定治疗是否有效及所需的费用应该有客观的标准。随着治疗的进展，症状的逐渐减轻也促进了患者对该疗法的认可。而且认知治疗是以人而不是以动物的实验为基础的，其严密的科学性获得了广泛的认可。

第二节　认知治疗的主要流派

认知治疗作为一种心理治疗体系，其流派众多，在理论、操作上各有侧重，影响比较大的有理性情绪疗法、认知行为疗法、认知分析治疗和认知行为矫正治疗。其中，认知行为疗法应用最为广泛。认知治疗的形式各异，但基本假设是一致的，都认为夸大的或有偏差的思维方式导致了抑郁、焦虑等不良情绪状态的产生。认知治疗的任务是帮助患者认识到其思维的特异模式，并通过证据和逻辑应用来加以矫正。下面主要介绍埃利斯的理性情绪疗法、贝克的认知行为治疗和梅肯鲍姆的认知行为矫正治疗。

一、埃利斯的理性情绪疗法

理性情绪疗法（rational emotive therapy，RET）的创始人阿尔伯特·埃利斯（Albert Ellis）生于1913年，1943年获哥伦比亚大学临床心理学硕士学位，1947年获哲学博士学位，在凯伦·霍妮研究所接受个人分析和训练。1953年对精神分析理论及其疗效产生怀疑，并尝试对精神分析理论加以修正。20世纪50年代提出“理性疗法”（RT），后其合作者罗伯特·A. 哈帕（Robert A. Harper）将RT改名为“理性情绪疗法”（RET），后期加入了行为治疗的一些方法，故又被称为理性情绪行为疗法（REBT）。RET的特点是认知、行为并重，理性、经验并重，强调对患者认知、情绪和行为三方面的整合。该疗法认为，人们的情绪障碍是不合理信念所致，要以理性治疗非理性，帮助求治者以合理的思维方式和信念代替不合理的思维方式和信念，最大限度地减少不合理信念给情绪带来的不良影响，以减轻或消除已有的情绪和行为障碍。埃利斯不同意弗洛伊德对人性的看法，他认为弗氏过度强调人类早期经验及生物学因素和本能对人的支配作用。在这一点上，他更同意存在主义和人本主义对人性的看法，即人是自由的、有能力和责任的。20世纪80年代，这一疗法成为国际上闻名的心理治疗体系。近20年来，理性情绪疗法的应用范围不断扩大，采用该疗法治疗的病种日益增多。

埃利斯认为人生来就有一种既理智又不理智的潜在性质。这表现为人既有自制力、自我完善倾向、追求幸福感倾向、思考力和语言能力，又有冲动、自我毁灭、逃避思考、重复错误、迷信、不满现状和逃避自我实现的倾向。非理性的思维和行为是人类的自然属性，所以每个人在某种程度上都存在着非理性的东西。埃利斯认为各种神经症实质上反映的是人的不理智的一面，因此他将神经症定义为“人的非理性思维和行为”。非理性的东西是从别人那里学到的。在孩童时代，社会，特别是我们周围的人就不断往我们头脑里灌输各种观念，其中有些观念是非理性的，但为社会所推崇，譬如“做了错事应该受到严厉的惩罚和制裁”。因此，当我们做了错事时，我们就会认为自己一文不值或在别人眼里自己是坏人，由此产生沮丧、内疚、自责。非理性的观念不断通过自我暗示和自我重复得到加强，乃至形成各种障碍。

不合理信念主要有三大类，即人们对自己、对他人、对周围环境及事物的非理性信念，绝对性思考和错误评价。非理性信念的三个主要特征是：绝对化的要求（demandingness）、过分概括化（overgeneralization），以及糟糕至极（awfuliaing）。一个人如果拥有这样一些信念体系，就会产生情绪障碍，而且试图对现实世界施加一种不现实的控制。绝对化的要求是指个体以自己的意识为出发点，认为某一事物必定会发生或一定不会发生的信念。过分概括化是一种以偏概全的不合理思维方式的表现，用埃利斯的话来说，这就好像是以一本书的封面来判定它的好坏一样。过分概括化的典型特征是以某一件或某几件事来评价自身或他人的整体价值。糟糕至极，这是一种认为事物的可能后果非常可怕、非常糟糕，甚至是一种灾难的预期。这三个特点表明，非理性信念由于割裂了对象相互之间的联系，因而表现为采用孤立、片面、静止的观点看问题，只见树木不见森林，把现象当本质。

RET 的治疗整体模型是“ABCDE”，建立在埃利斯的“ABC 理论”基础上。埃利斯认为人的情绪和行为障碍不是由某一事件直接引起的，而是由经受这一事件的个体的不合理信念，以及由此导致的对该事件不正确的认知和评价引起的，这就是 ABC 理论。ABC 理论是 RET 的核心理论，是埃利斯关于非理性思维导致情绪障碍和神经症的主要理论，强调情绪或不良行为并非由外部诱发事件本身所引起，而是由个体对这些事件的评价和解释造成的。RET 的基本假设是：人的情绪来自人对所遭遇的事件的信念、评价、解释或哲学观点，而非来自事件本身；情绪在本质上就是一种态度、价值观念，也是一种认知过程。ABC 理论是指导认知疗法的根本原则。A 是指刺激性事件（activating events），它可以是一个人、一件事、一种态度或一种行为，是当事人所遭遇的当前事件。B 代表当事人遇到诱发事件相应而生的信念（belief），即对这一事件的看法、解释和评价。C 指由 A 引起的情绪后果（consequence），它可能是恰当、正常的，也可能是不恰当或不正常的。埃利斯认为，C 并不是 A 的直接结果，也就是说 A 并不直接导致 C。例如，离婚事件为 A，离婚后感到抑郁为 C。但是抑郁情绪并不是离婚的必然后果，关键在于当事人对离婚的看法，即 B。也就是说决定情感反应性质和程度的不是 A 而是 B。ABCDE 理论的独特之处在于强调 B 的重要作用，认为 A 只是造成 C 的间接原因，B 才是情绪和行为反应的直接原因。所以人们可以通过自己的想法和观念（B）来改变、控制其情绪和行为结果（C）。这是 RET 治疗实践的核心，其中的重要方法是对不合理信念加以驳斥和辩论，使之转变为合理的观念，最终产生治疗效果。一旦不合理的信念导致不良的情绪反应，个体就应当努力认清自己的不合理信念，并善于用新的信念取代原有的信念，这就是所谓的 D（disputing），即用合理的信念驳斥、对抗不合理信念的过程，借以改变原有信念。驳斥成功，便能产生有效的治疗效果 E（effect），使来访者在认知、情绪和行动上均有所改善。人们的信念各异，有些是合理的，也有一些是不合理的。前者会引起人们对事件适当、适度的情绪反应，后者则会导致焦虑、抑郁和自我挫败的行为。从这个意义上说，人的愉快与苦恼、轻松与沉重、安宁与焦虑等等多半是自我招致的。“天下本无事，庸人自扰之。”由此推之，心理障碍也应该是“自我创造性疾病”了。

埃利斯认为，情绪和行为障碍都是非理性观念所致，它代表着一种普遍而根深蒂固的生活态度。他认为消除情绪障碍固然可以通过情感疏导法，但最迅速、最深刻和最持久的办法是改变一个人的思维模式和生活态度。因此，治疗的目标不要只聚焦于症状，而是要关注患者的态度。

RET 与来访者中心疗法不同，它是建立在高度指导性基础上的方法，认知治疗师理所当然是雄辩家，他们的治疗程序是雄辩的争论。所以治疗师必须充分地和毫不犹豫地表达自己的意见。在发表意见时，治疗师是很客观的，有时近乎冷漠、不近人情。治疗师很少给患者以同情，他们之间可能在看法上针锋相对。患者的痛苦是非理性造成的，如果给以同情，就会加强非理性观念。所以，治疗师的兴趣不在建立良好关系而在针对患者的非理性思维进行解释、说明、辩驳和挑战方面。当然 RET 并不是不重视良好关系，但它认为良好的关系应建立在理性的基础上，治疗对患者来说是理性生活的范例，对治疗师来说是不受情感干扰的范例。建立在理性基础上的良好关系才是促使患者在认知上发生改变的治疗要素。

二、贝克的认知行为治疗

20世纪60年代初期，由于行为疗法本身固有的缺陷，治疗师们似难再有新的突破和进展。特别是长时间以来，许多人力图在治愈抑郁症方面有所作为，但均告失败。由此，一些行为治疗师开始意识到：应当注重个体内在的心理特点，尝试通过调节认知过程来改变个体行为。英国的Clark和美国的Barlow在对惊恐障碍的治疗中，将认知及行为整合在了一起，研究中他们观察到惊恐障碍的患者都会有一系列典型的认知症状及行为症状，将认知技术与呼吸训练、放松、暴露治疗等行为方法整合在一起，其疗效已获大量研究的支持。正是在这些因素的作用下，认知行为疗法应运而生。其中，美国临床心理学家贝克针对抑郁症创立了一种定式的、短期的、针对当下的心理治疗方法——认知疗法。这种方法注重直接解决目前的心理问题，并修正适应不良的认知和行为，获得了很大的成功。

认知疗法是以认知模式为基础的。贝克认为个体的认知模式包含两个层次，即浅层的自动思维和深层的图式。贝克的女儿J. 贝克将深层的图式又分为中间信念和核心信念。核心信念位于认知最深层，是个体自动思维和态度、规则等形成的思想基础。中间信念是建立在核心信念基础上的态度、规则和假设，如“我必须……”“我宁愿……”。自动思维与中间信念和核心信念的关系如图12-1。

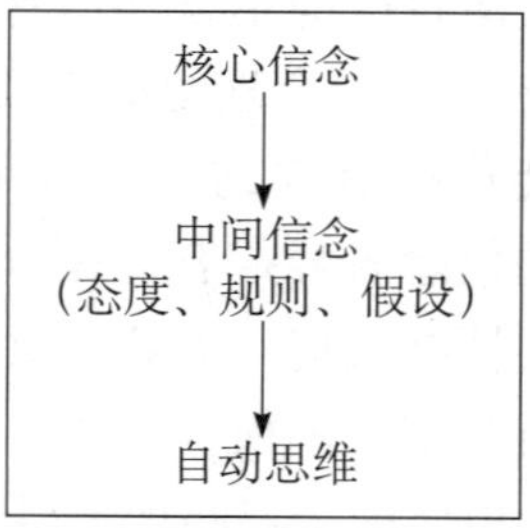

图12-1　自动思维与中间信念和核心信念的关系

自动思维是一种思维流，存在于前意识领域，它与意识中的思想流共存。例如，在上课时，你的注意力集中在课堂的内容上，然而“太难懂了，我可能学不了”的念头可能在你头脑中一闪而过，这就是自动思维。自动思维通常产生得相当迅速而简单，我们并没有计划或意图要这样想，而且它像眨眼一样稍纵即逝，通常我们意识不到它们的存在。贝克说，一个人每次看到狗都感到焦虑，甚至看到一条被锁链拴着的狗或一只小狗都会如此，因为他有飞逝的、几乎不能意识到的想法——“它会咬我”。将这种自动思维带到意识的前沿可以使患者认识到对绝大多数狗都这样想是荒谬的，随之恐惧就缓解了。

自动思维通常以“速记”的形式出现，可表现为词语或意象。有些自动思维是无害的或与问题无关的，而有些自动思维总是和不愉快的情绪有关，也就是所谓的负性自动思维。负性自动思维具有以下一些特点：

（1）它是自动的，不经逻辑推理突现于脑内。

（2）它的内容消极，常和不良情绪相联系。

（3）它随时间、地点而变化，能为意识所察觉，具有认知过程的特征，为临床表现的一部分。

（4）它貌似真实，因为它由潜在的功能失调性核心信念或图式派生而来。

（5）它存在于意识边缘，稍纵即逝。

（6）它存在时间短暂，但力量很大，并且不能由自己的意愿选择或排除。

（7）它蕴含认知曲解，而患者却信以为真，不知它正是情绪痛苦的原因。

核心信念是关于某人自己最核心的观念，是特定的心理内容。核心信念是认知最深的层面，是自动思维的根。例如，“太难懂了，我可能学不了”的自动思维可能源于“我不能胜任”的核心信念。由于它位于无意识领域，因而人们通常意识不到它的存在，也不会对它进行审查。贝克认为，人们从童年开始通过生活经验建立起来的核心信念是一种被全面概括的、已经为个体所内化的认知图式（schemata），是心理内部的认知结构。

从童年开始，个体在与其他重要的人之间的相互交往和影响中以及遭遇各种各样的事件过程中逐渐形成了对人、对己的观念。这些观念并不见得都与现实相符合。核心信念是否符合现实取决于三个因素：（1）建立核心信念样本的代表性；（2）样本所提供的信息的准确性；（3）它所属的社会环境。如果这三个因素有缺陷的话，所形成的核心信念就未必真实。贝克认为童年时代所形成的信念，很少受到质疑和检验，因此一直到成年仍保持它们的绝对性，尤其因创伤而产生的绝对信念更为顽固。

对于绝大多数人来说，他们生命的大多数时间保持着相对正面的核心信念，例如，“我是一个有能力的人”。但在心理痛苦的时候，负面的核心信念就会占主导地位，例如，“我无能”。少数有人格障碍的患者，其负面的核心信念支配着其整个人生。每个人几乎都存在若干正面和负面的核心信念。贝克认为负性的核心信念属于两个主要范畴，即与无助相关的无能类以及与不可爱相关的不可爱类。无能的核心信念主题包括个人的无能（无能力，易受伤害，陷入困境，失控，贫困）以及缺乏成就感（不足，低劣，不够好，失败者，不被尊敬）；不可爱的核心信念主题包括没有价值，不受欢迎，不合格（不是在成就上，而是在其他方面存在的缺陷）。

贝克认为抑郁症患者早年形成的潜在的负性核心信念和图式，使他们倾向于对事件进行消极评价和解释，这构成了抑郁的易患倾向。一旦这些潜在的核心信念和图式被某种重大生活事件激活，大量负性自动思维就会在大脑中闪现，从而导致情感失调、躯体紊乱、动机障碍、认知曲解和行为障碍（见图 12－2）。因此，识别、检验负性自动思维和识别、改变其潜在的功能失调性假设是认知治疗的两个主要环节。

贝克考察了心理障碍患者的负性自动思维。他发现，在医生询问这些思维的根据，或要求患者用经验事实对这些思维加以检验时，患者能够察觉这些思维的失真。一旦患者认识到自己的负性自动思维是认知曲解的表现，改变认知的过程便随之开始，新的比较现实的积极认知取代原先的不良认知，患者的情绪将相应好转，态度和行为将有显著变化。因此，帮助患者认识这些思维所包含的逻辑错误，成为认知治疗的核心。患者推理中经常出现的系统逻辑错误有以下几种。

（1）非此即彼：极端化或对立性分割的思维。用两分法看待事物而不是将事物看作一个连续体，例如没有全面成功就意味着失败。

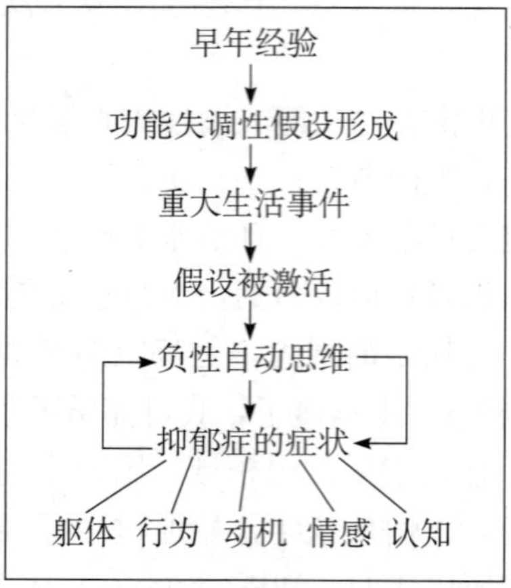

图12－2　抑郁症的认知模型示意图

（2）任意推断：在无证据情况下推断得出结论，例如，“老板今天没跟我打招呼，他一定是在生我的气”。实际上，老板没和你打招呼，是因为他心中有事，没有注意到你。

（3）选择性概括：仅根据个别细节，不考虑其他情况而对整个事件做出结论。例如，一个女孩拒绝了你的邀请，你就认为所有的女孩都不喜欢你。

（4）过度引申：指仅仅基于一次小小的失误，便做出关于整个人生价值的结论，如一位母亲不慎打碎一只碗，就认为自己“不是一个好母亲”。

（5）放大和缩小：把事物推向两个极端，夸大自己的失误、缺陷的重要性，而贬抑自己的成绩或优点。

（6）情绪推理：因为感觉强烈就认为某件事符合现实，毫不质疑。感觉是一种非常复杂的东西，多半来自过去难忘的记忆，而记忆并非准确，所以感觉未必都真实。

（7）个人化：相信别人都是因为自己才消极行动，而不考虑其他可能解释。硬把一些不相干的事往自己身上揽，如朋友生病去世，患者责备自己没有照顾好他而导致他的死亡，因此内疚不已。

（8）乱贴标签：给自己或别人贴上固定的标签，不顾实际情况下结论。你一旦为自己或别人贴上负面的标签，就不再有能力看清事情的真相，诸如“笨蛋”“呆板”“自大”都是负面标签，其杀伤力很强。

（9）以偏概全：远远超出现有的处境得出一个更大范围的消极结论，如我们常用的词是“总是”“从不”“没有人”“每个人”“每次”等。

（10）应该倾向：有一个精确固定的观念认为自己和别人应该怎样做，常用词是“应该”“必须”“一定要”。

贝克认为人作为信息加工系统，加工容量有限。信息过少或过多都会影响信息加工系统的正常操作，产生认知曲解。抑郁、焦虑患者的认知曲解与正常人并无本质差异，只是他们认知曲解的程度更深。因为患者对自己经验的歪曲、非逻辑推论的知觉过程是建立在自我反对、自我责备的基础上的。正常人的认知曲解可以通过经验自行修正，而抑郁、焦虑患者则固守已有的歪曲认知，不能自觉审视，需要认知治疗师采用“协同检验”方能发现和改变。

三、梅肯鲍姆的认知行为矫正治疗

梅肯鲍姆（Donald Meichenbaum）1940 年出生于美国，1963 年在伊利诺伊大学香槟分校攻读临床心理学研究生，并参与精神分裂症的语言训练方案，他致力于整合凯利（G. Kelly）、埃利斯、贝克以及辛格（J. Singer）等人的认知语义治疗论的临床技术与现行行为治疗技术，弥合它们之间的横沟。梅肯鲍姆提出的认知行为矫正法（cognitive behavior modification，CBM）是主要以理性行为为手段的心理疗法，他认为许多问题是自我指导不足所致。所以 CBM 以自我指导为主，治疗师帮助重建认知，着重于改变来访者的消极自我暗示。CBM 的基本原理是通过矫正认知“定式”（习惯性的思维方式）来获得更有效的应对压力情境的策略。

CBM 与理性情绪疗法（RET）的区别主要表现在：RET 在揭露和面质非理性想法时更直接、更具有对抗性，而梅肯鲍姆的自我指导训练则更多聚焦于帮助来访者察觉他们的自我对话。CBM 的治疗过程包括教来访者做自我陈述，训练来访者做自我指导，即自我指导训练。治疗师会和来访者一起进行角色扮演，通过模仿来访者现实生活中的问题情境来练习自我指导和期望的行为。

CBM 的理论基础包括以下三方面。

（1）假设行为改变是通过一系列的中介历程，包括内在语言的交互作用、认知结构、行为以及因行为而产生的结果而发生的。人们对自己所说的话会影响（决定）他们对其他事情所采取的行动。认知机能评定的目的就是评定人们的内部对话（internal dialogue）是如何影响行为、如何受到其他事件或行为过程的影响的。

（2）内部对话的机能。人际语言与内在语言有着非常相似的形式，它们都为中介性行为提供了某种程度的原则和作用。因此，自我指导和人际指导的内部过程有着相似的形式。

内部对话可以影响到人们对压力的反应。人们对压力的反应在很大程度上是受人们对压力源的评价、对自己所感到的唤醒的归因，以及对自己的应对能力的评估等因素影响的。人们有关压力情境以及自己应对能力的自我语言会影响到他们在这种情境下的行为。人们在这种情境下的焦虑水平也与这种和情境有关的自我评价有关。认知也可以影响到生理反应和情绪状态。在心境和自我语言之间有着某种关系。人有很多行为是自动化的或由习惯产生的，在行为之前并不会先想一想（习惯经常是迅速而有效的）。要改变行为，就必须在行动之前先想一想。这样的思想（即内部语言）能使不适应行为“去自动化”，即“去习惯化”（deautomatize），并为产生新的适应性行为提供基础。

（3）内部对话的结构。内在语言能影响并改变认知结构（cognitive structure）。后者能为一系列特殊的自我语言提供意义系统或概念系统。它可控制并影响思想策略，寻找并选择某种思想。

认知结构的改变形式包括三种：吸收（absorption），即新的结构吸收了原来的结构；替代（displacement），即原来的结构伴随着新的结构一起起作用；整合（integration），即原来结构中的成分在更具理解性的新的复杂结构中仍然存在。认知结构决定了内在语言的实质，而内部对话又可以改变认知结构，从而形成良性循环。

第三节　认知治疗的程序和方法

认知治疗是各种认知疗法的总称，它包含着不同的治疗观念、程序和方法。这里主要介绍埃利斯的理性情绪疗法、贝克的认知行为治疗、梅肯鲍姆的认知行为矫正治疗、正念认知疗法和辩证行为疗法。

一、理性情绪疗法

埃利斯认为，人们不会囿于童年时期习得的不现实和非逻辑的准则，把这些准则和价值观以及生活中的创伤事件“创造性”地加工成教条式的、严格的“必须”和“应该”，这些才是困扰他们的原因。把任何合理的目标和爱好转化成绝对化的“必须”，通常会导致自我贬低、愤怒或自怜，从而导致各种神经症反应。因此，理性情绪疗法以绝对化的“必须”为线索，帮助患者寻找并识别自我谴责、非理性要求、非理性想法这样的关键问题，对其质疑，与其辩论，使患者最终放弃不合理信念，建立合理的、现实的信念体系和人生哲学。其治疗的主要目标是：改善患者各种不良的情绪体验，使他在治疗结束后能带着最少的焦虑、抑郁（自责倾向）和敌意（责他倾向）去生活，进而帮助他拥有一种较现实、较理性、较宽容的人生哲学。理性情绪疗法强调治疗师的作用应该以认知取向为主。治疗师要充分发挥并调动自己与患者的认知功能，通过逻辑分析，指出患者不合理的认知方式，并指导他学会用新的、合理的认知方式来代替。

（一）理性情绪疗法的过程

理性情绪疗法的实施分为四个阶段。

1. 心理诊断（psychodiagnosis）阶段

该阶段治疗师的主要任务是：（1）与患者建立良好的工作关系，帮助患者建立自信心；（2）找出患者情绪困扰和行为不适的具体表现C，以及引发C的事件A，并对位于两者之间的不合理观念B进行初步分析，找出患者迫切希望解决的问题；（3）治疗师与患者一起协商，共同制订治疗目标，一般包括情绪和行为两方面的内容；（4）向患者介绍ABC理论，使其接受这种理论和认识到A，B，C之间的关系，并能结合自己当前的问题予以初步分析。

2. 领悟（insight）阶段

通过解释和证明使患者在更深的层次上领悟到他的情绪和行为问题是自己的不合理观念造成的，自己应该对问题负责。治疗师引导患者把合理与不合理的观念、表层与深层错误观念、边缘与中心错误观念、主要与次要错误观念区分开来，帮助患者实现三种领悟：（1）认识到问题是不合理观念，而非诱发事件本身引起的；（2）认识到应对自己的问题负责，进行细致的自我审查和反省；（3）认识到只有纠正不合理的错误观念，才能减轻或消除目前存在的症状。

3. 修通（working through）阶段

修通是指工作深入的过程，这是最重要的阶段。治疗师的主要任务是采用各种方法与技术，对患者的非理性观念进行分析、辩论或批判，使患者不能为其非理性观念自圆其说，而是感到理屈词穷，真正认识到他的非理性观念是不现实、不合乎逻辑的，从而修正或放弃自己原有的不合理的错误观念，代之以合理的观念来调整、控制自己的情绪和行为。

4. 再教育（reeducation）阶段

该阶段的主要任务是巩固治疗所取得的效果，进一步帮助患者摆脱旧有的不合理观念及思维方式，使新的合理观念和逻辑思维方式得以强化。治疗的主要目的在于帮助患者在认知方式、思维过程以及情绪和行为表现等方面建立起新的反应模式，以减少其在以后生活中出现情绪困扰和不良行为的倾向。

（二）理性情绪治疗技术

理性情绪疗法强调人自身的认知、情绪和行为三个维度的功能统一性。其主要技术包括矫正认知、情绪和行为的方法。

1. 矫正认知的方法

（1）与不合理信念辩论：埃利斯认为患者从不把自己的症状与自己的思维、信念相联系，因此要他们同意理性情绪疗法的基本观点也是要经过一番辩论的，尤其是在治疗的第三个阶段。治疗师要积极主动地、不断地向患者发问，对其不合理的信念进行质疑。从提问的方式看，提问可分为质疑式和夸张式两种。质疑式提问是治疗师直接向患者的不合理信念发问，如："你怎样证明你的观点?""有哪些证据能证明事实是这样的?"夸张式提问是针对患者信念的不合理处故意提一些夸张的问题，把对方不合理、不合逻辑、不现实之处以夸张的方式放大给患者看。如一个社交恐惧症患者因为害怕大家看自己而不敢去教室，治疗师以"每个人都停下自己正干的事，转过脸来盯着你看?"的夸张式提问让患者认识到自己的想法不切实际。

（2）认知作业：埃利斯认为认知过程联结刺激与反应，要理解两者之间的关系，就必须明白发生在刺激与反应之间的中间过程。埃利斯将发现中间思维过程的技术称为ABC。寻找B，以一典型事件入手，先找出诱发事件A。询问患者对A的感觉和反应，即C。询问患者为什么会有不良情绪反应，由不良情绪、行为入手，找出背后的认知方式。分清对A事件的认知中哪些是合理和不合理的，将不合理的列出来。对不合理的认知方式，治疗师直截了当地向患者发问"你有什么证据证明你的这个观点"等。

2. 矫正情绪的方法

（1）合理情绪想象练习：在治疗师的引导下，激发患者想象。首先，让患者在想象中进入他产生不良情绪反应的情境中，体验所感受到的情绪反应。其次，帮助患者改变这种不良情绪反应并体会适度的情绪。再次，停止想象，让患者讲述他怎么使自己的情绪发生了变化。治疗师要强化患者新的合理信念，纠正不合理信念，补充其他合理信念。比如，当一位患者因要当众发言而紧张、焦虑时，就让他想象他最害怕的情境，问患者想象这一情境时的心情如何。然后让患者保持这样的想象，同时改变自己的情绪体验，将过度的情绪反应改为适度的情绪反应。一旦患者在想象中做到这一点，就要求他说出是如何做到的。帮助患者达到某种新的认识，即自己的情绪是由自己的想法造成的，情绪也可以通过改变想法而改变。

（2）瓦解羞愧练习：通过让患者公开做一些他认为是可耻、愚蠢和荒谬的事情，同时让自己不要感到羞愧，来瓦解患者的羞愧心理。如让害怕自己的目光会伤人的社交恐惧症患者故意盯着别人看，让口吃患者挂上“我是口吃患者”的牌子外出交际。

（3）角色扮演：治疗师可以扮演一个患者所害怕或敬畏的人，看患者在面对这个人物的批评和挑剔时有何反应。也可以医患间互换角色，目的是让患者发现自己的认知歪曲和审视自己的情感。

3. 矫正行为的方法

矫正行为的方法指通过给患者布置行为家庭作业的方式实现行为的矫正。如让患者填写合理情绪自助量表，在找出A和C后，然后再找B。表中列有十几种常见的不合理信念，让患者从中找到与自己情况相符的B或单独列出。患者自己对不合理信念进行诘难（D），最后自己评价诘难的效果（E）。或要求患者进行合理的自我分析，其内容为ABCDE五项，报告重点在D上。让患者将治疗中选择出来的不合理信念在现实生活中进行脱敏作业，鼓励患者去做他害怕的事情等。具体可采用自我管理的办法，治疗师与患者一起制订计划并监督执行。患者如能完成作业，则可以得到自我奖励；如果没有完成则可以自我惩罚，但不要自我谴责。理性情绪疗法的行为技术还包括放松训练、系统脱敏等。

二、贝克的认知行为治疗

贝克的认知行为治疗的一个基本假设是，有心理障碍的患者由于错误的信息整合或由于“逻辑性”的错误思维而导致现实经验与其认知不符，尽管这样，他仍然坚信自己的基本观点和信念。贝克为了改变患者的认知，提出了一套治疗程序和技术，其中也整合了若干行为技术。

（一）治疗过程

1. 治疗早期

这个时期的主要任务是：建立良好的医患关系；识别并指明患者的治疗目标；集中选择一个主要问题着手解决；指导患者识别认知模式；活化患者的行为；对患者进行障碍的宣传教育；指导患者对其自动思维进行识别、评估及应答；患者社会化（做家庭作业，建立治疗日程表，给治疗师提供反馈）；指导患者发现应对策略。

2. 治疗中期

在这个时期，治疗师应继续强调识别、评估和修正患者的信念。治疗师要和患者一起分析患者的认知概念，应用理智的和情感的技术去促进信念的修正。除此之外，治疗师还要帮助患者系统阐述自我目标，指导其学习达到目标所缺少但必需的技术。

3. *治疗后期*

重点转移到准备结束和预防复发。进一步挖掘与产生自动思维有关的认知方式，用能适应现实环境的认知方式取而代之并对新的认知加以强化、实践，防止复发。

认知行为治疗不管在什么阶段，治疗师都要坚持固定的结构。治疗师要检查患者目前的状况和情绪，要求患者简要回顾一周情况，共同制定此次治疗议程，给予前次治疗的反馈信息，复习家庭作业，讨论议程中的每个问题，布置新的家庭作业，最后概括和反馈。这种结构在整个治疗过程中保持不变。随着患者的症状减轻，治疗师鼓励患者自己撰写议程，布置家庭作业，评价自己的想法并对其做出反应。按照固定的格式，患者和治疗师都能很好地理解治疗过程，而且增加了治疗结束后患者进行自我治疗的可能性。

（二）治疗技术

贝克从三个思维水平上识别认知歪曲："自动思维""假设"和"图式"。三个水平的认知歪曲是相关联的，歪曲性自动思维是最直接的，而且很容易触及，随后是适应不良性假设，最后是那些功能失调性图式。认知治疗的本质是对患者在所要求的任何一个水平上的认知歪曲进行干预。在探寻和挑战患者的思维方式方面，治疗师承担了一个积极主动的角色。通常的操作程序是，以针对患者的歪曲性自动思维而进行工作开始，然后根据需要，分别针对适应不良性假设和功能失调性图式而进行工作。在治疗过程中，治疗师可能要引发出各个水平的认知歪曲，并且在每个水平上去干预它们。例如，治疗师可能挑战自动思维，或者是针对潜在的假设或图式进行工作。如果治疗师使用了更多行为取向的干预措施，他们可能希望帮助患者调整环境以便回避掉特定的"诱发事件"。

贝克的认知行为治疗是以苏格拉底式对话和指导下的顿悟为核心的。苏格拉底式对话是启发对方的主动思维，绝不指责对方的错误，使对方心服口服的一种辩论方式。所谓苏格拉底式回答法，就是使对方说出肯定的回答，以简洁的问题询问对方，使他不得不回答"是"，每个问题都使他的回答不脱离肯定的范围。这样他原先否定的问题，就会在不知不觉中被肯定。认知取向心理治疗的基本前提是，各种功能失调性或歪曲的思维方式导致了或恶化了适应不良性情绪和行为，而各种认知干预方法可以对各种具体的歪曲性自动思维、适应不良性假设和功能失调性图式加以识别和目标化。认知行为治疗师也使用各种行为干预的方法（例如，行为激活和暴露技术）来帮助患者检验和挑战各种认知歪曲。

一旦患者的自动思维、假设或图式被识别出来，治疗师就会针对这些歪曲性认知进行充分的、多种多样的认知（有时是行为）性挑战。在每一个案例中，这个挑战过程的最终目标是产生一种"理性的反应"——一种新的、更具逻辑性的、更加现实的和更具适应性的思维、假设或图式。例如，适应不良性假设"如果我感到焦虑，那么一定是我做错了什么"最后被一个理性的反应取代，如"焦虑是正常的，每个人都会感到焦虑"。

但是治疗的焦点也因患者的具体情况而有所不同。例如对广泛性焦虑的认知行为治疗应侧重特定情境、危险的再评估及个人处理危险的手段。惊恐障碍治疗应侧重测定患者对躯体和精神感觉的灾难性曲解。厌食症治疗需要修正患者关于个人价值和控制的信念。为此，贝克设计了一些具体的方法。

1. 识别、检验和挑战负性自动思维

（1）识别负性自动思维。贝克采用A-B-C序列的方法帮助患者识别负性自动思维，A为情境或事件，B为信念或信念系统，C为情绪和行为后果。通过苏格拉底式对话，帮助患者识别自动出现和貌似合理的想法及其所导致的情绪，评估对想法的相信程度和相应情绪的强度并归类自动思维［如“我想我会失败”（算命术）、“我总是失败”（二分/全或无思维）、“失败是很可怕的”（灾难化）、“我是令人讨厌的人”（贴标签）、“所有人都会拒绝我”（黑白思维）等］。

当患者描述自己情绪抑郁时，即看成有负性自动思维存在的信号。请他描述情绪不好时的情境，然后询问患者感觉不好时头脑中闪过的想法和意象。如果患者谈不出什么想法，治疗师问“这种情境（或事件）对你有什么样的意义”。治疗师关注的是患者的想法而不是患者的解释，所以治疗师切记不要询问患者“为什么”一类的问题。假如仍然不能查出负性自动思维，可请患者想象当时的情境或采用角色扮演的方式来探查。治疗师要求患者想象当时的情境，当情境画面被清晰地唤起时，患者通常能够识别出与现实情境相联系的自动思维。运用想象技术时，患者应尽可能地放松，闭上眼睛，想象自己正处在刺激的情境中。通过报告事情发生的细节，患者好像重新经历一遍一样。如果这一痛苦事件发生在人与人之间，治疗师可以运用角色扮演的技术。治疗师扮演事件中的另一个人的角色，而患者则扮演自己。当患者完全投入角色扮演中时，自动思维就会被识别出来。为了发现自动思维，治疗师对治疗会谈过程中患者所出现的任何心境的改变都会非常注意，会询问患者在刚才发生的心境变化中他的想法是什么。心境变化涉及任何的情绪反应，诸如哭泣或愤怒。患者刚开始学习识别自动思维时，这一技术尤为有用。

还可让患者每天写功能障碍性思维记录（the dysfunctional thought record，DTR）。DTR是患者评估及书写过程中对他们的自动思维反应的主要工具，它能帮助患者对其自动思维做出更有效的反应，从而减少其不良心境。治疗师可通过提问、演示来教患者如何做DTR（见表12-1）。

表12-1　功能障碍性思维记录

日期	情境	情绪	自动思维	适合的反应	结论
— —	1. 什么事、想法、回忆或白日梦导致了不愉快情绪？ 2.（如果有）你有什么痛苦的躯体感觉？	1. 当时感觉到什么样的情绪（悲伤、焦虑、愤怒等等）？ 2. 情绪的强烈程度如何？（0～100%）	1. 脑海里有什么想法和（或）意象？ 2. 当时对每一个想法的相信程度如何？（0～100%）	1. 做出了什么样的认知歪曲？ 2. 利用下面的问题组成一个对自动思维的反应。 3. 对每个反应的程度如何？（0～100%）	1. 现在对每一个想法的相信程度如何？（0～100%） 2. 现在感觉到什么样的情绪？这种情绪的强烈程度如何？（0～100%） 3. 将做什么？（做了什么？）

说明：当注意到情绪越来越坏时，问问自己“我头脑中在想什么？”，并尽快在自动思维栏中简要记下这个思维或心理意象。

(2) 检验负性自动思维。治疗师会要求患者根据他自己的经历列出一个关于支持和否定自动思维的清单。有时，患者在列出证据之后认识到它是歪曲的或是错误的，会立即否定自己的自动思维。当先前的经验不足以测试自动思维时，治疗师会要求患者设计实验来检验。患者提出预测并制定收集数据的方案。当所获得的数据与预测相反时，患者就会拒绝自动思维。当然实验的结果可能也会证实患者的假设。因此对治疗师来说非常重要的一点是先不要假定患者的自动思维是歪曲的。有些自动思维不能够通过实验的证据来进行检验，治疗师可采用两种办法来检验：一是根据患者的经历，通过质疑的方式来解释其矛盾。二是治疗师通过询问以揭示患者自动思维逻辑上的错误。在检验自动思维的时候，有时有必要帮助患者精确地使用词语，尤其是像“坏的”“愚蠢的”“自私的”这样一些“普通的标签”。

(3) 挑战负性自动思维。帮助患者发现存在的自动思维后需要进一步瓦解负性自动思维，建立正性积极的思维模式。常用的方法有：直接的心理教育，定义用语（语义分析），检查想法的坚定性、逻辑性，检查患者的信息局限性，垂直下降，检查内在矛盾性，双重标准，反证法，检查证据的质量，调查他人的意见，成本-效益分析，等等。如对于“垂直下降”，例子有：“如果××发生了，那将意味着什么？(将会发生什么？为什么会这样发生?) 接下来会发生什么？那将意味着什么？（那还将会发生什么？为什么那将会是个问题?)”再如“双重标准”，例子有：“你在看自己和看别人时使用相同的想法（解释、标准）吗？为什么是或为什么不是?”

2. 识别和改变其潜在的功能失调性假设

功能失调性假设是潜藏在自动思维和适应不良性假设下面的负性或其他关于自我和他人的功能失调性观点。该假设是患者以多年经验形成的，是其行为的潜在规则，通常不为意识所察觉。可以通过认知概念化、盘问追根法、三栏技术、行为试验等识别和改变失调性假设，达到发展出新的、更富适应性的图式的目标。

治疗师和患者都可以利用认知概念化图表（见图 12－3）。该图表描述了核心信念、中间信念及自动思维之间的关系，提供了患者精神病理学的认知图并帮助患者将提供的资料组织起来。通常先完成概念化图表的下半部分，治疗师写下使患者不安的三个典型情境及与情境相关的自动思维、情绪和行为；然后完成图表上半部分，治疗师询问患者核心信念是如何起源和维系下来的，患者经历了可能与核心信念发展和维系有关的什么生活事件（尤其是童年经验），患者是如何应对这个核心信念的，患者产生了什么中间信念，如基本假设、规则和态度等。患者的主要假设通常与核心信念的补偿策略联系起来。

治疗师也可以采用盘问追根法，也称箭头向下技术，这是识别核心信念的一种常用技术。治疗师通过反复提出“假如那是真的，对你意味着什么”的问题，追索想法背后的一般信念。当患者对功能失调性假设有所认识后，采用反复盘诘和行为试验的方法改变其潜在的功能失调性假设，以减少复发的可能性。

治疗师还可通过三栏作业（即“自动思维”“认知歪曲”“合理思维”三栏）帮助患者寻找合理的替代想法，亦可利用功能障碍性思维记录。例如，一位抑郁患者去一位个体户朋友家找工作，这位朋友把自己吹嘘了一通并未明确答复他，回家后患者感到沮丧、烦躁。下面是他的三栏技术记录（见表 12－2）。

患者姓名：________日期：________

诊断：轴1 ________轴2 ________

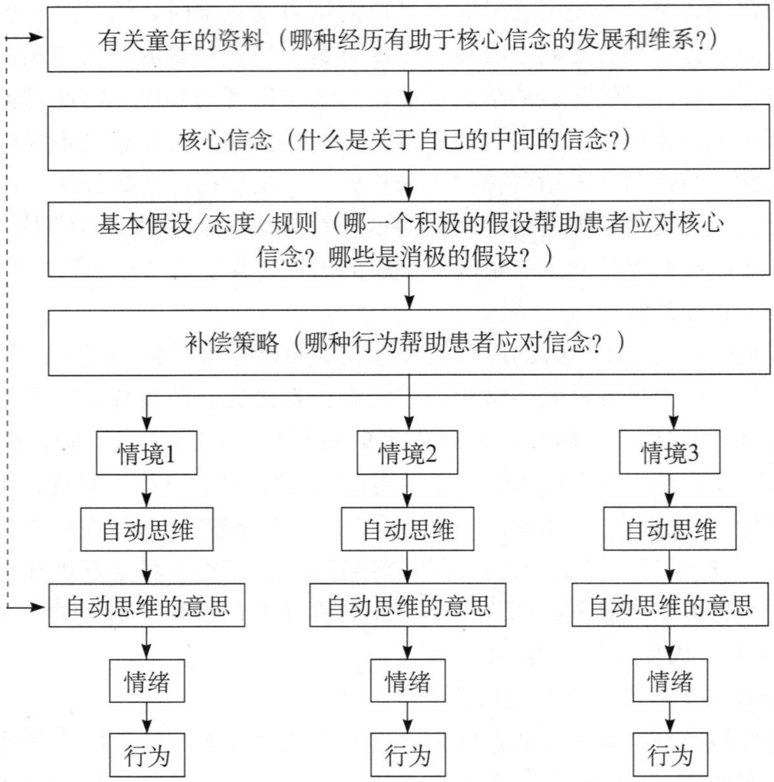

图12-3　认知概念化图表

表12-2　三栏技术记录

自动思维	认知歪曲	合理思维
1.“我从来就倒霉，总是失败。”	以偏概全、非此即彼	“我过去曾走过运，而且也成功地搞过技术革新，所以我不是总失败。而且这次他虽然没有明确答复，但也没有拒绝我，可以再争取。即使他不答应，我还可以再想其他的办法。”
2.“他看不起我。”	先入为主、情绪推理	“他自吹自擂，不一定是看不起我，各有所长，他可能比我会赚钱，但其他能力不一定比我强，只要我自己看得起自己就行了。”

用行为来检验合理思维的真实性也是促进患者改变想法的最有效方法之一。首先要明确什么是需要检验的想法，回顾支持与反对的证据，然后医患双方共同设计一种行为作业。例如，一位害怕乘飞机的恐惧症患者在准备乘飞机时，心跳加快，大汗淋漓，她认为是心脏病发作了。然而体格检查证明她并没有心脏病，其症状是焦虑的反应。她通过收集证据，认识到身体的变化仅仅是焦虑症状。但当她体验到心跳加快，大汗淋漓时，她仍然相信自己要死于心脏病发作。因此，在治疗师的指导下她进行了行为试验（见表12-3）。

表 12-3 行为试验记录

试验	预测	可能的问题	解决问题的策略	试验结果	试验结果对所测试想法的支持程度（0～100%）
在咨询室原地跑步使心跳加快。	“我停下来不跑步时心跳恢复正常。”	“因为我以为心脏病要发作了，所以我就停止继续试验。”	“我告诉治疗师，我认为心脏病要发作了。治疗师会帮助我评估该如何进行下去。”	“当我开始跑步后，心跳加快；但停止跑步 10 分钟后，心跳恢复正常。”	100%
想象在机场正搭乘飞机，等着起飞。	“想象那情景会使我心跳加快。不想象时，心跳速度和冒汗恢复正常。”	“当心跳加快时，我可能中止试验。我可能认为心脏病要发作了而有惊恐的反应。”	“如果我认为心脏病要发作了，我可以停一两分钟，不再想象那情景。做深呼吸，镇定下来后，再重新想象。”	“当我深入想象那情景时，心跳加快，大汗淋漓。当我不再想象时，心跳恢复正常，也不再冒汗了。”	100%

所测试的想法：“当我心跳加快，大汗淋漓时，我没有什么危险。运动、焦虑或其他因素都会导致这些生理变化。有这些感觉时，并不见得会心脏病发作。”

通过行为试验，患者确信她的症状是焦虑而不是心脏病发作，因此她不再惧怕乘飞机旅行了。

三、梅肯鲍姆的认知行为矫正治疗

（一）梅肯鲍姆认知行为矫正治疗的三个阶段

梅肯鲍姆认为，行为的改变是要经过一系列中介过程的，包括内部言语、认知结构与行为的相互作用及随之而来的结果三个方面。他认为行为改变的过程要经历三个阶段，包括自我觉察、开始一种新的内部对话和学习新的技能。由于在每一阶段这三个方面都是相互交织在一起的，所以仅关注一个方面是不够的。

1. 自我觉察

当治疗开始的时候，来访者的内部对话是充满了消极的自我陈述和意象的，所以来访者学习如何觉察自己的行为是改变过程的第一阶段。在这个阶段，关键因素是来访者愿意和有能力倾听自己，包括提高对自己的想法、情感、行为、生理反应和对别人的反应方式的敏感性。例如，如果一个抑郁来访者希望取得建设性的改变，他就必须首先认识到他不是消极想法和情感的“受害者”，他的抑郁是他告诉自己的东西造成的。尽管治疗师认为自我觉察是改变发生的一个必需过程，但它本身并不是改变的充分条件。随着治疗的不断进展，来访者会获得新的认知结构。这就使得他能够以一种新的角度来看待他的问题。这个重新概念化的过程是通过来访者与治疗师的共同努力而产生的。

2. 开始一种新的内部对话

在治疗早期阶段与治疗师的接触中，来访者学会了注意他的适应不良行为，并且开始看到有不同的适应性行为的存在。如果来访者要使自己希望改变的愿望变成现实，他的自我陈述就必须能够产生一种完全不同于他原先适应不良行为的新的行为链。这样，通过治疗，来访者就能学会改变他的内部对话。他的新的内部对话会成为新行为的向导。反过来，这一过程也会影响来访者的认知结构。

3. 学习新的技能

矫正过程的第三个阶段是教给来访者一些更有效的可以在现实生活中应用的应对技能。例如，不能应对失败的来访者由于害怕不能成功，可能会产生回避行为。针对这种情况，治疗师可以教给他认知重建法，以帮助来访者改变消极观念，进而使他更乐于从事自己喜欢的活动。同时，来访者要继续告诉自己一些新的内容，并要观察和评估它们的结果。当来访者以不同的方式在各种情境下行动时，他通常就可以从别人那里获取不同的反应。来访者对自己新习得的行为及其结果的关注在很大程度上会影响治疗效果。

（二）自我指导训练的内容

梅肯鲍姆认为消极的内部语言是行为失调的重要因素，并指出通过矫正消极的内部语言，用正面的、积极的自我对话可达到矫正异常行为或心理障碍的目的，所以自我指导训练的重点在于帮助来访者觉察他的自我谈话。治疗过程包括教给来访者做自我陈述与训练他如何矫正自己的行为，从而使他能更有效地应对所遇到的问题，如考试焦虑、强迫和攻击行为等。可通过角色扮演，获得对一些问题情境的具体有效的应对技能。梅肯鲍姆的自我指导训练包括以下内容：

（1）识别出愤怒、焦虑、沮丧、不必要欲望（例如，渴望得到垃圾食品）的信号。

（2）列出或描写那些诱发痛苦感受的情境。

（3）列出在这些情境中所有的不适应行为。

（4）检查结果，包括短期和长期结果。

（5）分析和决定痛苦感受/行为的成本和效益。

（6）思考可以减轻这些痛苦感受的其他有效办法（例如，离开情境、回避接触、责任认定、问题解决、理性应答等）。

（7）分析和决定这些可选择办法的成本和效益。

（8）形成一些“应对想法”以便在应激情境中使用（使患者冷静下来或让患者感觉更好些或更有控制感）。

（9）发展出一个困难情境和如何更加有效应对它的意象。

（10）与治疗师练习“预防接种”技术，治疗师可以扮演激惹患者的角色，同时患者扮演某个能有效应对的人。

（11）在预防接种技术训练中，患者与治疗师互换角色。

（12）列出一个情境应对清单，对每一个情境进行产生应对想法的训练。

（13）在治疗之外练习这些技能，写下预测和结果。

（14）必要时，修订原有的应对想法，并坚持练习。

（15）在每一次自我指导训练之后，给予自己奖赏。

（三）应对技能学习程序

除了自我指导外，梅肯鲍姆还发展出了压力训练法（stress training），这种训练先教导来访者放松、问题解决、自我指导等技巧，然后让来访者暴露在压力情境中并继续练习这些方法。应对技能学习程序（coping-skills programs）通过对认知定式（cognitive set）加以修正，能获得更有效的策略去处理压力情境。一种含有五个步骤的处理程序，可用来教导这些应对技能：

（1）借助角色扮演和想象，使来访者置身在引起焦虑的情境中。

（2）要求来访者评估其焦虑水平。

（3）教导来访者察觉在压力情境中引起焦虑的认知。

（4）借助重新评价自我暗示的过程，帮助来访者检查这些想法。

（5）根据这个再评价过程，要求来访者再去评估焦虑的水平。

研究结果表明，应对技能学习程序能成功地处理社交恐惧、考试焦虑、药物成瘾、酒精依赖、性生活障碍和儿童的社交退缩等问题。

（四）治疗技术

1. 认知行为评定

认知行为评定涉及对行为的机能分析（functional-analysis of behavior），即对影响反应的环境因素和反应的结果进行分析。重点分析和指导来访者内部对话的缺陷，分析来访者在作业之前、作业期间及作业之后对自己所说的是什么以及不能说的是什么等。

首先要弄清分析的内容，然后把任务分成几个成分或几个认知策略。治疗师所采取的措施主要有三种：

（1）以不同的方式修正任务，并评定不同的条件下来访者的能力和缺陷。

（2）改变与任务无关的环境变量。

（3）以指导和建议的方式向来访者提供支持，并观察在作业中的变化。

2. 行为治疗技术中的认知因素

标准的行为矫正程序与自我指导技术结合使用时效果会更好、更稳定。

（1）焦虑-解除条件反应。来访者实际上在治疗过程中学到的是一系列的认知、行为技巧，包括在治疗过程中产生的不确定体验基础上对不适当的信念的改变、通过信息的掌握而产生的自我概念以及对其他人印象的改变，以及新的问题解决和人际技巧的形成等。

（2）系统脱敏疗法。系统脱敏疗法之所以能消除恐惧，是因为放松与恐惧是互不相容的。其中也有认知因素的作用。其中的放松程序可以通过来访者的内部自我对话而使其适应放松的心理定式。想象也可以进行改进，如让当事人想象对恐惧进行应对，同时放慢呼吸，并采用自我指导技术。这样焦虑体验就会变成进行应对的线索，即来访者把焦虑当作做出应对行为的线索。

（3）模仿。在模仿（modeling）技术中，观察者把从示范者身上获得的信息转换成内部的知觉——认知表象以及内部的言语反应——并使之成为外部行为的线索。可以在进行示范时，说明应有的主要应对行为及其他的应对行为，例如如何面对并处理挫折等，最后用自我强化的语言作结尾。

（4）厌恶条件反应。在厌恶条件反应中，一个不合理的反应与一个厌恶刺激形成了条件联系。在认知行为方法中，可将不合理的行为扩大到包括自我语言和表象等形式的认知。

3. 压力免疫训练

压力免疫训练（stress inoculation training，SIT）也称应激接种训练，是由梅肯鲍姆和卡梅伦（R. Comeron）于20世纪70年代创立的一种应对方法。SIT强调人与环境的互动、行为与思维、情感、生理过程及行为结果互为因果，这种互为因果的关系作用于缺乏应对技巧的人可导致一连串生理和情绪反应。目的是教会来访者应对不同等级的压力情境从而建立对压力的应对能力。SIT包括三个阶段。

（1）教育阶段。主要讨论和认识来访者不良的情绪反应和不良的认知对行为的影响，这一阶段的中心内容是帮助来访者重新认识和理解自己的压力反应。目的是帮助来访者更有效地（理性地）看待他的问题，并接受适当的治疗以及与治疗师进行合作。治疗师的任务包括：

①帮助来访者控制他们的唤醒。

②改变来访者在压力情境下的自我语言。

③教来访者把他的问题看作是由四个阶段构成的，这四个阶段是：为应对压力源作准备，面对或接触压力源，可能被压力源击垮，加强已经做出的应对措施。

（2）技巧阶段。向来访者提供应对策略，指导来访者把直接的行动和认知应对等方式应用于恐惧反应的四个阶段。直接的行动包括获得有关压力源的信息、安排躲避的路线以及学习机体放松等。认知应对包括帮助来访者认识消极的、对自我不利的语言，并把它们作为产生与之不相容的、应对性的自我语言的信号或线索。最常用的应对技巧包括：①放松训练。运用最多的肌肉放松方法是紧张-放松法。②呼吸调节。这是应对来访者躯体不适最常用的应对技巧，在治疗过程中和治疗结束后练习该技巧，训练个体深呼吸。③潜在矫正。潜在矫正指的是让来访者想象激发焦虑或者恐惧的情境，想象自己能够很好地应对这个情境。④想法停止。想法停止是打断来访者典型沉思的有效方法。⑤自我对话训练。让来访者学会注意其内部的语言，把那些非理性的和非适应性的自我语言贴上标签，用更具有适应性的自我语言代替。自我对话训练包括四个步骤，即准备、面对和控制、应对被压倒的感觉、强化。⑥角色扮演。⑦生物反馈、系统脱敏、社会技能训练、阅读治疗、注意转移等其他应对技巧等。

（3）实践阶段。在来访者掌握了应对策略之后，就在治疗中向他呈现一系列令其恐惧的压力源，由治疗师示范如何应用压力策略。来访者所接受的治疗技术包括劝导训练、讨论、模仿、自我指导和行为重复以及强化等。这种压力免疫训练使当事人的认知从习得的无助感转变为习得的力量感。

4. 认知重建

认知重建技术注重对来访者的思维和推理，包括前提、假设（信念、态度等）等进行矫正。它假定心理障碍是由思维的障碍，或由歪曲的思维过程产生的对世界歪曲的看法而导致的不愉快的情绪及行为上的障碍等。

四、正念认知疗法

正念认知疗法（mindfulness-based cognitive therapy，MBCT）是在卡巴-金（Jon Kabat-Zinn）的正念减压（MBSR）治疗的基础上发展起来的，用于有不止一次复发经历的抑郁症患者，使其在康复期减少复发的干预方法。

MBCT 要求课程指导者自己每天都要进行正念练习的实践，这是成为 MBCT 指导者所必需的条件。作为治疗性的团体，MBCT 的班级人数一般不超过 12 人。课程的核心目标包括：使曾经患有抑郁症的个体学会预防抑郁复发的技能；更好地觉察自己当下的身体感觉、情绪和想法；学会接纳自己觉得厌恶的不必要的感受和想法，不再让习惯化的、自动化反应模式持续下去；能够使用有效的技能处理各种不愉快的想法、情绪或生活情境。

正式课程包括连续八周、每周一次 2 小时的课程。在两次课程之间，每天要自己进行大约 45 分钟的正念练习，并且记录每天练习的情况。从第二次课程开始，每次课程都是以练习之前学习的正念训练内容开始，然后是对本次练习情况的讨论、对一周以来完成家庭作业的反馈，在此基础上学习新的内容，学员讨论学习和练习过程中存在的问题。指导者在回应学员的问题时，重点引导学员对当下感受的觉察，并且与传统认知行为治疗中的内容相结合。

八次课程的主题依次是：（1）觉察与自动巡航；（2）活在头脑中；（3）整理分散的意识；（4）识别厌恶；（5）允许/顺其自然；（6）想法不等于事实；（7）如何更好地照顾自己；（8）保持和扩展新的学习。在第六和第七次课程之间，可以安排一个全天的正念练习日，之前参加过 MBCT 课程的学员都可以来参加。

正念练习的主要内容包括：身体扫描，对呼吸、身体感受、声音和想法的觉察，正念行走，正念伸展，三分钟呼吸空间，等等。指导者在教授 MBCT 的过程中，都应该带着友善和慈悲的心态去进行，从而使得参与者能够真正从课程内容的学习中获益。

在八次课程的前四次，主要是教会参与者如何对当下保持有意识的、不加评判的注意。后四次课程主要是在此基础上，教会参与者如何对心境的变化保持警觉，并且进行有效应对。最后还会鼓励参与者在抑郁发作的时候，及时意识到自己独特的警报信号，并且制订出应对抑郁的具体日常活动计划。

与传统认知行为治疗及其他正念疗法相比，MBCT 具有以下特点：（1）强调正式正念练习的重要性；（2）强调对症状的接纳与改变之间的平衡；（3）强调去中心化（de-centering）能力的培育；（4）强调两种心智模式“存在”（being）和“作为”（doing）之间的平衡。

随着 MBCT 有效性得到验证，其应用范围也从最初对恢复期抑郁症患者的干预，扩展到对多种身心疾病的治疗及预防实践中。

五、辩证行为疗法

辩证行为疗法（dialectical behavioral therapy，DBT）起源于20世纪90年代美国华盛顿大学教授玛莎·莱因汉（Marsha Linehan）最初对有自杀倾向的边缘型人格障碍患者的治疗，后来逐渐扩展到对进食障碍、有治疗阻抗的抑郁症患者及物质滥用等类型患者行为问题的治疗。

DBT的理论特别强调情绪调节的困难与多种心理健康问题紧密有关，很多心理疾病均涉及情绪调节、冲动控制、人际关系和自我形象方面的功能不良。DBT的技能训练能帮助个体改变生活中存在问题的行为、情绪、思维和人际模式。

完整的DBT实践具有多方面目标，其中包括：提高患者参与治疗和做出改变的动机，通过行为技能训练提升患者的能力，促进积极改变在各种日常情境中的泛化，帮助患者改善或重建其生活环境，保持治疗师的专业技能和工作动力。

DBT特别强调对患者症状的接纳与改变的辩证关系。因为边缘型人格障碍患者经常因为威胁自伤或自杀的行为，被认为是在操纵治疗师，并为此受到责备。这是他们无法坚持治疗、脱落率非常高的重要原因。玛莎·莱因汉认为患者并不是在有意操纵，而是缺少适应性的压力承受能力、情绪调节能力及人际技能，在遭遇危机事件的时候不得已而为之。因此，治疗师需要在理解并接纳患者情绪和行为问题的基础上，适当地推动患者做出改变，并在两者之间保持动态的平衡。

DBT治疗包括四个技能模块，分别为正念技能、有效人际技能、情绪调节技能和压力承受技能。在治疗中，正念技能和压力承受技能属于接纳维度，有效人际技能和情绪调节技能属于改变维度。正念技能在四个模块中处于核心地位。其基本理念在于：个体有效觉察其当下的环境、身心感受和情绪想法等。它是能够及时、有效使用其他各种技能，应对自己的问题的前提。DBT中正念技能的练习相对于MBSR/MBCT来说，更加生活化和随意，一般不需要进行正规的正念训练。完整的DBT治疗一般都会超过半年的时间。

DBT包括四个治疗模块，分别为个体心理治疗、团体技能训练、电话指导和治疗师咨询团队。在个体心理治疗中，治疗师会与患者谈论其问题，督促其完成日常行为表格的填写，说服其坚持参加团体技能训练；在团体技能训练中，两位治疗师会带领多名患者进行四个技能模块的练习；在电话指导中，患者在治疗室外，可以通过医院的呼叫系统随时向个体治疗师求助，治疗师需要在接到呼叫之后的24小时之内与患者电话联系，并针对患者的情况给予适当的简短指导，帮助其处理突然遇到的问题；在治疗师咨询团队中，治疗师每周在固定的时间聚会两个小时，大家轮流带领正念练习，提交并讨论自己认为需要讨论的个案，互相督导个案，分享DBT专业资料和技术，报告自己的枯竭水平，并对枯竭水平较高的治疗师给予建议及支持。

DBT的各个治疗模块功能界定清晰，每个治疗模块中的内容都非常结构化，可操作性非常强，便于学习和在治疗中向患者传授。实际上四个模块的内容不仅适用于其所针对的患者群体，也是一般人普遍需要的基本心理技能。因此，可以在一般的心理咨询与治疗中，根据不同来访者的问题，选择其中的某些技能教授给来访者，这样也能够起到改善来访者状况的作用。

第四节　认知治疗的适应症与评价

认知治疗促使心理治疗实践从精神分析注重揭示无意识的冲突和行为治疗的单纯强调外显行为而转向了决定外显的、人们可以意识到的认知上，这无疑是心理治疗的又一发展。认知疗法除了应用于抑郁症、焦虑症、强迫症、进食障碍、睡眠障碍等心理和生理障碍以外，还用于精神分裂症、人格障碍及危机干预。

精神分裂症曾被认为是认知疗法的禁区。精神分裂症用药物治疗后仍可有许多残留症状，除了残留幻听、妄想，还有情绪上的苦恼和社会功能的丧失，造成精神残疾。认知派学者认为妄想观念的保持是通过正常的心理过程完成的。认知疗法直接着手于患者的错误信念及其证据，消除错误信念即可减轻症状。Chadwick 和 Drury 等的研究结果显示，认知治疗使患者的焦虑情绪和妄想症状显著改变，继而减轻苦恼，增加适应性行为，而且减少了幻听。在精神分裂症急性期，认知疗法对加快阳性症状消失的速度和加深其程度也有积极影响，并可减少残留症状。精神障碍患者经过长期病程后多数会出现认知功能的损害和智力衰退。据报告，认知疗法可提高患者的言语性和非言语性认知功能，提高适应能力，防止人格衰退与生活功能丧失，巩固疗效，有效地预防精神残疾。

近年来国内外学者的研究表明，认知疗法可能会改变个体的某些人格特点。例如 Roberts 对行为障碍患者应用认知行为治疗，发现治疗后患者的 MMPI 分值与治疗前相比有很大改变，尤以男性显著。国内张亚林的研究也显示，应用认知疗法后，焦虑症患者在 EPQ 的 N 分值上有显著下降。而近年来兴起的辩证行为疗法（DBT）则可以有效治疗边缘型人格障碍。认知疗法还可用于危机干预。Hengeveld 对有反复自杀企图的妇女给予短程（8 周）集体形式的认知治疗后，其自杀倾向出现缓解。认知疗法还用来帮助各类疾病患者（如乳癌、HIV 携带者或 AIDS 患者及一般住院病人）接受患病现实，缓解不良情绪，提高应对能力，最终提高患者的生活质量。

认知治疗遵从以理性为基础模型的路线，易于清晰构建患者认知活动与情绪、行为之间的关系。通过展现和揭示认知、情绪、行为之间的关系，使患者领悟是什么导致了自己的情绪，这些情绪又如何影响到自己的行为，进而愿意接受认知治疗。

认知治疗对患者的治疗动机和主动性要求很高，也就是说，在认知治疗过程中，患者对治疗承担的责任和参与性更大，包括完成家庭作业、认知控制训练等。

认知治疗目标较为明确，治疗的结构性较强，患者和治疗师都能很好地理解治疗过程，而且增加了治疗结束后患者进行自我治疗的可能性，因而可有效减少疾病复发。同时治疗的进展和疗效可以得到客观的测量，易于评价。

认知治疗也存在一定的缺点和问题。例如，该疗法将认知过程及认知图式视为主要的干预目标，只注意到个别的认知歪曲而没有关注患者人格中心自我的存在，使患者与治疗师的亲密联系感明显削弱，不利于患者改变动机。

认知治疗过分强调理性思维的重要性，忽视了非理性思维对人类心理健康和心理平衡的作用。而且认知治疗可能会使患者误认为，所有的认知都应该是理性的、合理的，导致对认知过程过分和刻意控制。因此，对有些过分理性化的患者进行认知治疗有加重刻板思维的倾向。

此外，认知治疗并不适用于所有的患者，它要求患者具备较好的认知领悟能力和一定精神能量。不少患者由于心理疾病的影响，难以集中于复杂、连续的精神活动，情感的自由表达也有一定的限制，因而对认知治疗产生抗拒。

认知疗法要求治疗师以权威性的指导者的面目出现，这正符合我国传统的医生角色；认知疗法强调“通情达理”，也与儒家精神一致，故很容易为我国治疗师所接受并积极应用。认知疗法的重点在于改变认知，个体认知的形成与个体生存背景、文化背景、遭遇的生活事件都密不可分。在进行认知治疗时，不仅要考虑患者所处的环境、婚姻、家庭关系，对于我国这样的不排斥“拿来主义”的国家而言，更要考虑到民族性格与文化特点。在今后的发展中，除了保证操作的科学性、拓宽应用面外，也要注意理论的完善和丰富。

第十三章 其他方式心理治疗

本章主要介绍暗示与催眠疗法、森田疗法、系统式家庭治疗、正念疗法、道家认知疗法、眼动脱敏再加工的主要原理和技术等。

第一节 暗示与催眠疗法

一、暗示疗法

（一）概述

暗示疗法（suggestion therapy）是指治疗师有意识地使用暗示去影响或改变个体的行为，以消除或减轻疾病症状的方法。暗示治疗是最古老的方法之一，宗教仪式、念咒语从某种意义上说也属于暗示治疗。因为它们通过情境氛围或言语让人们不加批判地接受它们所要传递的信息，从而对自己的观念、行为产生影响。许多研究表明，暗示的确可引起人的生理和心理变化，但暗示治疗对疾病产生治疗作用的机制尚不完全清楚。

每个人都具有一定的可暗示性，但接受暗示的能力有所不同。它取决于发出暗示和接受暗示双方各自的智力、体力、职业能力、社会地位、年龄等多种因素。对暗示治疗来说，接受暗示的条件一是患者对暗示的敏感性，二是治疗师的权威性。对暗示的敏感性可因个体高级神经活动的特点和人格而异。治疗师的权威性则由于其知识、能力、地位等对患者来说是天然的。对暗示的敏感性和治疗师的权威性是相互影响的，它们使暗示在个体中不知不觉产生作用。

人具有接受暗示的能力，同时也具有反暗示的能力。一般来说，人的可暗示性有三道防线：一是逻辑防线，表现为对于认为不合逻辑动因的，一概挡驾；二是感情防线，表现为对于不能够达到创造信任感和安全感的，一概挡驾；三是伦理防线，表现为凡是与个人道德原则相矛盾的，一概挡驾。所以暗示疗法不是要突破这三道防线，而是要与它们保持协调，引起心理上的共鸣。

（二）暗示治疗的原理

暗示治疗可利用的方法很多，有随意性暗示（“你可以”）、命令性暗示（“你必须”）和非言语暗示等。暗示治疗既可在催眠状态下进行，也可在觉醒状态下进行。觉醒状态下的暗示又可分为自我暗示和他人暗示。然而不管采用什么暗示治疗，都要依据暗示心理原理实施。暗示治疗应注意以下几条原理。

1. 建立和谐与合作的关系

这是暗示有效的重要前提。以温暖、理解、关心和尊重的方式与患者相处会减弱防御并产生暗示所需的信任气氛。治疗师行为举止要自信，慎用“也许”“可能”“大概”等让患者感觉缺乏自信的词。

2. 重复暗示

多次重复是暗示的经典原理。当患者反复集中注意于一个目标或想法时，它就趋于实现。

3. 反作用定律

主要针对暗示产生的生理效应，指个人越是有意识地努力做某件事就越难获得成功。因此，暗示应强调想象而不是求助意志来引起治疗变化。

4. 支配效应定律

这是指强烈的情绪往往比微弱的情绪有优先权。因此，将暗示与优势情绪相联系会更有效。治疗师通过讨论患者期望的目标激发患者接受暗示的动机，采用“苏格拉底法”诱导患者形成心理上的接受定式或紧张和期望状态，将患者产生的强烈情绪与暗示联系起来。

5. 个体化原理

暗示治疗要考虑患者的自我概念、人格、价值观、兴趣和爱好等因素，灵活运用暗示。例如，暗示时，把患者的语言融入暗示中，让患者感觉这些观念更相容、更适宜，产生深刻持久的印象。灵活运用则强调完全接受患者所发生的一切，然后使用、替换并改造这些事情的重要性。例如，患者以疲倦的方式打哈欠，治疗师可以说：“你是否注意到，哈欠过后你的全身如何更放松？”

二、催眠疗法

（一）概述

催眠疗法（hypnosis therapy）是运用暗示的方法使患者进入一种特殊的意识状态，控制患者的心身活动，从而解除和治疗患者的心身问题的心理疗法。处于催眠状态的人暗示性会明显提高，此时，患者与治疗师保持密切的感应关系，会不加批判地接受治疗师的暗示指令，从而达到治疗的目的。

(二) 催眠简史

催眠现象，似乎和人类的发展一样历史悠久。催眠的历史大致可以分为三个阶段。

1. 早期阶段

使用类似催眠的手段改变人们的行为可以追溯到史前。古印度、古埃及和古罗马人的祭祀和打坐入定，都是通过一定的宗教手段（如祈祷、占卜）和强烈的节奏（如音乐、舞蹈）来引发催眠现象。古希腊睡眠神庙中供奉的是睡眠之神修普诺斯（Hypnos）。我国中医典籍《黄帝内经》中记载有一边念咒、一边用手抚摸患者的医疗手段。

16 世纪，欧洲有人试图对催眠治愈疾病进行解释。其中最早的是瑞士医生和炼金术者帕拉塞尔苏斯（Paracelsus），他认为磁石及天空中的日、月、星辰对人体有治疗作用。

2. 麦斯麦术

1771 年，维也纳的耶稣会会士希尔（Maximillian Hell）将一块磁性钢板放在病体上而取得疗效。1774 年希尔为维也纳医生麦斯麦（Franz Anton Mesmer）演示了磁性钢板的治病作用。此后，麦斯麦提出，所有物体中都存在着宇宙的磁性流体，它在人体中失去平衡就会引起疾病。他相信，当磁体与患者接触，磁性流体就会进入患者体内。因此，可以通过恢复人体内磁性流体的平衡而治愈疾病，他称这种流体为“动物磁气”。后来，他用磁体给数以千计的患者治病，效果较好，于是名声大振，享誉欧洲。很快，他的患者多得难以进行个别治疗。于是，他采用盛满水、铁屑、玻璃粉的栎木大桶，在桶中竖着多根长铁棒，供患者抓握，让患者手挽手，使他们可以通过手手相连来接受磁气的治疗。他强调治疗作用应归功于动物磁力的物理作用，而拒绝任何心理成分的解释。但他的举动引起了科学界与医学界的反对。法国政府组织的委员会经长达七年的研究后认为，这种现象仅仅是缘于一种想象的激发，而不是什么神秘磁气的活动。

3. 催眠时代

确切地说，催眠时代是从苏格兰外科医生詹姆斯·布雷德（James Braid）的工作开始的。在实验中，布雷德要求被试紧盯着略高于眼睛上方的一个点，几分钟后，被试的眼睛就会因疲劳而闭上。布雷德认为催眠与视觉疲劳和精神专注有关，是一种生理现象。1842 年，布雷德还根据希腊文 hypnos，提出用英文 hypnosis 一词作为催眠的定义。

19 世纪后叶，针对催眠主要存在两大争论学派：南锡学派和沙可学派。南锡学派的代表人物是利贝尔特（Auguste Liébeault）和伯恩海姆（Hippolyte Bernheim），他们认为催眠是直接暗示的结果，是一种普遍的心理现象，而不是疾病的表现。沙可学派的代表人物是法国著名的神经科医生沙可（Jean Martin Charcot）。沙可认为，催眠状态是一种和癔症相似的病态。这场争论最终以南锡学派获胜而告终，他们关于催眠的心理学解释也被人们普遍接受。

弗洛伊德在 19 世纪 90 年代开始进行催眠实践，但后来他在实践中发现，有些人根本用不着催眠诱导，于是就逐渐放弃催眠，构建了他精神分析中的“自由联想”技术。弗洛伊德对催眠研究的过早放弃延缓了人们对催眠治疗的发展与了解。精神分析成为一个学派，而催眠术则被逐渐忽视。

进入20世纪，随着麻醉药物的应用，医生们放弃了催眠。而出于赢利目的，催眠又走进了娱乐场所，成为大众深感兴趣的表演项目。第二次世界大战后，由于催眠在治疗战争神经症、牙科和产科疾病方面收效显著，催眠得以复活。

米尔顿·艾瑞克森（Milton H. Erickson）是现代催眠学界最重要的人物，为催眠取得合法地位做出了不可磨灭的贡献。他创立了美国临床催眠学会（1957），并担任《美国临床催眠杂志》的创刊编辑（1958—1968），还创立了美国临床催眠学会教育及研究基金。艾瑞克森倾注了近60年的精力去探索催眠的创新性和治疗性应用，发展出了自然催眠法（互动式催眠法），强调灵活弹性、富有创意的治疗方式。他擅长将故事和隐喻用在催眠治疗中，从而使催眠达到了出神入化的境界。

（三）催眠的临床依据

催眠术作为心理治疗的有效方法之一，已在医学临床中创造出令人鼓舞的奇迹，受到人们瞩目。许多科学家为探究催眠的实质，阐明治疗作用的机理，付出了艰辛的劳动，但都未能揭示现象背后的内在奥秘。

一般认为，催眠疗法是通过施术者言语的暗示产生治疗作用的。实践证明，在催眠状态下，暗示语所产生的效应要比清醒时大得多。虽然言语的暗示在清醒状态下也能起一定作用，但是在催眠状态下，由暗示引起的意象会更有威力，作用到无意识会更强且持久。暗示语会像海绵一样被患者吸取，并仿佛“溶化到了血液中”而成为患者固有观点的一部分，进而把那些抑郁、焦虑、厌恶、紧张等有害的负性意念，不愉快的事件和痛苦的经历彻底清除掉，用积极的“正性意念”（如自信、满足、勇气、沉着、胜任、协调、专心、信奉等）来调整心理生理活动，提高情绪。巴甫洛夫认为，催眠之所以有效是由于运用了良性词，改善了机体的内环境。他在对第二信号系统，即词的心理生理研究中，证明了大脑皮层在调节机体过程中的重要作用，并断言：“暗示是最简单、最典型的条件反射。”个体接受暗示后，处于一种对指令与吩咐不加分析、批判，无条件执行和相信的状态，从而调动了个体内部的积极性，促进了机体的代偿功能，达到治疗的目的。拉托霍布在《言语是生理的和治疗的因素》中，列举了言语暗示利尿、对代谢和皮肤营养有积极作用的事实。许多科学家也做了神经心理及神经生理实验，证实了催眠确能提高人的免疫功能，具有防病治病的作用，从而确立了催眠术在医疗保健中的地位。

催眠也能提高人的社会适应性和对应激的应对能力。这主要也是通过言语暗示调节情绪，克服不良个性，改善人际交往，使遭受应激的个体提高分辨和正确处理问题的能力，加强机体的免疫、生长与修复功能而达到的。例如，在催眠状态下可用肯定、有力的言语帮助患者分析应激的有害作用，振作精神，使想象的翅膀飞向舒适愉快的境地，忘掉那些不愉快的遭遇，同时，提出解脱的方法。暗示语的例子如：“人在生活实践中，总是在良、恶的各种刺激下生活，人不但应能在良性刺激下生活，还要有对付恶性环境的应变能力。作为生活的强者，要有主宰一切困难的本领，而不被任何困难吓倒。现在困难已摆脱，压力已消除，情绪已好转，已无任何忧虑。你清醒后仍然会保持这种稳定的心理状态，这是一种轻松愉快的情绪状态。”

（四）催眠的分类

根据不同的施术方式、时间和条件等，可以下面10种方式对催眠进行分类：

按施术者来分：（1）自我催眠，即自己为自己进行催眠的方法；（2）他人催眠，即由催眠师负责施行的催眠方法。

按暗示条件来分：（1）言语催眠，即运用语言进行暗示的催眠法；（2）操作催眠，即非言语性的催眠法，它是运用行为、动作、音乐或电流等作为暗示性刺激，达到催眠状态。

按意识状态来分：（1）觉醒时催眠，即在意识清晰时进行暗示性催眠；（2）睡眠时催眠，即在睡眠状态下进行催眠。

按配合情况来分：（1）合作者催眠，即对合作者进行催眠；（2）反抗性催眠，即对不合作者进行催眠。

按进入催眠的速度来分：（1）快速催眠，即能使受术者瞬间进入催眠状态的方法；（2）慢速催眠，即逐渐使受术者进入催眠状态的方法。

按受术的人数来分：（1）个别催眠，即施术者对单一受术者进行催眠；（2）集体催眠，又称小组催眠，即对一个群体同时进行催眠。

按距离来分：（1）近体催眠，即面对面为受术者催眠；（2）远离催眠，即施术者与受术者相距甚远进行催眠，如电话催眠、书信催眠和遥控催眠等。

按客观因素来分：（1）自然催眠，即受客观自然条件的影响产生的自然的催眠现象，如汽车驾驶员出现的公路催眠等；（2）人工催眠，由施术者来进行的催眠，即他人催眠。

按催眠程度来分：（1）深度催眠，即受术者达到深层催眠状态，如呈僵直或梦行状态；（2）中度催眠，即受术者达到中层催眠状态，如呈无力、迷茫状态；（3）浅度催眠，即受术者进入浅层催眠状态，如呈宁静、肌肉松弛状态。

按催眠对象和手段来分：（1）人的催眠，即使人进入催眠状态；（2）动物催眠，即使动物进入催眠状态；（3）麻醉药物催眠，即应用麻醉药物，如异戊巴比妥钠、硫喷妥钠等使人进入催眠状态；（4）非麻醉药物催眠，即用无麻醉作用的药物作为暗示性刺激，以达到催眠效果，如使用葡萄糖酸钙等药物。

（五）催眠实施的步骤

1. 催眠准备阶段

首先是通过尊重、倾听和共情等手段，与被试建立信任和合作关系，在此基础上解释催眠原理、现象和可能的疗效，激发其求助动机，接着进行催眠感受性的测试，以作基础诱导。

2. 诱导加深阶段

选用与被试感受性相对匹配的诱导方法，根据治疗要求，引发其进入不同深度的催眠状态。

3. 催眠干预阶段

利用催眠平台，针对被试的问题进行干预（包括进入无意识、给予积极暗示、运用催眠后暗示等，同时也可整合精神分析、认知行为等其他技术）。

4. 结束扩展阶段

催眠唤醒以及把催眠知识扩展到被试生活的其他方面，如布置家庭作业、指导自我催眠、非催眠性策略（行为治疗、家庭治疗、工作发展等）。

（六）催眠感受性测试

催眠感受性的测试除了可了解被催眠者是否容易进入催眠状态外，还可根据其反应找到相对合适的诱导方法，产生初步的催眠体验。这种测试通常在首次访谈中使用，但是对有经验的催眠师来说，并非一定要做。

催眠感受性测试的方法很多，在此仅介绍几种易行有效的方法。

1. 手臂升降法

让被试轻闭双眼，双手向前平举齐肩。左手手心向上，想象掌心放着一本厚书，压着左手一直往下沉；右手握拳并把大拇指向上，想象大拇指上绑着一个氢气球，带着右手往上飘。如果被试双手移动，间距加大，说明其感受性高；反之，感受性低。

2. 身体后倒法

让被试站立，闭上眼睛，催眠师站在其后方，嘱咐其后倒，并保证已做好保护。若被试毫不犹豫地后倒，说明其感受性高；反之，感受性低。

3. 双手紧握法

让被试双手平举，十指交叉握紧，两手除拇指外其他手指用力挤压手背，手臂尽量向前伸直，肘部尽量靠近。嘱其想象两手掌心涂满胶水，越粘越紧，无法分开。如被试两手握得很紧，不能分开，说明其感受性高；反之，感受性低。

（七）催眠诱导

催眠治疗室要求环境相对安静，室内布置简洁，光线柔和。选择沙发或治疗床，让被试取舒适的坐（卧）姿，开始催眠。

1. 凝视法

嘱被试凝视墙上高度超过自己水平视线的某一点。稍后暗示：“你的眼睛感到怎么样……酸不酸……眼皮重不重……如果你想闭上眼睛，那么就可以闭上。”一旦被试闭上眼睛，则可进一步施加其他暗示。

2. 放松法

被试舒适地躺着，轻闭双眼，催眠师按照身体的部位，从上往下，用语言逐一让其放松：“放松你的额头……然后放松你的面颊……然后再放松你的肩部……左手臂……右手臂……然后左手……右手……深呼吸……你会感到全身很舒服……胸部很轻松……然后，腹部有温暖的感觉……你在平静地呼吸……现在，放松左大腿……右大腿……两侧小腿……双脚……你可以感觉到双脚很温暖，这股暖流会一直向上涌，通过你的双脚到达你的腹部、胸部、头部……你感到舒服吧……现在你只需听我说话，外部的声音不必关心，所有的其他声音都会帮助你进入催眠状态……”

3. 心像法

这是通过想象进入催眠的方法。诱导的前提是被试须具有良好的想象能力。通常让被试想象某一安静幽雅的场景（如花园、海滩等），尽量具体，尽量细化。要求被试仔细体验内心视觉、听觉和相应的情绪体验。被试在进行想象的同时，不知不觉进入了催眠状态。

4. 互动式催眠

艾瑞克森基金会推荐的互动式催眠诱导采用的是 ARE 模式（A，absorption，吸引；R，ratification，确认；E，elicitation，引发），其技术要求比较复杂。

（1）吸引，就是引导被试专注于某一认知现象如感觉、知觉、记忆、催眠现象等，然后使用“可能性”的字句向其提供详尽的相关细节，同时改变语声、语调、声音位置及说话停顿等。

例如：“我不知道你是否能回想起小时候练习写阿拉伯数字的情况，你或许是先写1……然后 2……然后 3……还是倒过来先写 9……然后 8……然后 7……我不知道你会怎样写数字 1……你是否握住铅笔，在面前的白纸上，从上往下，在纸的中央，慢慢地写下 1……然后……”（专注于记忆）

（2）确认，就是用一系列简单的陈述句来描述被试正在发生的状态（事实）。

例如：“当我跟你谈了一段时间之后，一些变化可能已经发生：你呼吸的速度改变了，你脉搏的次数改变了，你吞咽的动作改变了，你身体的感觉可能变得不一样了。”

（3）引发，就是引发被试的解离体验、反应性及可利用的资源。

例如：“你的身体正在舒舒服服地躺着，对你而言你好像是一个没有躯体的灵魂，飘浮在空间中，飘浮在时间中……”（解离体验）

“当下一次我说到‘现在’这个词时，你可以做个深呼吸。现在。”（反应性）

“你可以考虑一下，你有多少方法，可以解决眼前的困境，每想到一个，你可以动一下右手的大拇指……现在，你可以尝试着用你刚才想到的第一个方法，去解决眼前的困难……还可以用第二个方法……”（可利用资源，用于解决问题）

（八）催眠等级

并非所有的催眠治疗均须在深度催眠状态下进行。高明的催眠师会将被试带入最适合于其治疗的催眠深度，而且会根据他的不同状态及时进行适当调整。

目前，国际上较为普遍采用的是阿伦斯（Harry Arons）的六级深度法。其中可分为浅、中、深三种催眠状态，而每一种催眠状态又可再分为两个不同的等级。

1. 浅催眠状态

浅催眠状态主要特征为运动抑制。其中包括：

Ⅰ级：以眼皮胶着为主要特征。被试意识清醒，但小范围肌肉（如眼皮活动）受到抑制。在这种状态下，可进行催眠减重、美容、戒烟等活动。

Ⅱ级：以手臂僵直为主要特征。被试意识活动降低，出现无意识活动。同时大范围肌肉（如手臂活动）受到抑制。大多数的心理、生理问题都会在这一深度进行解决。

2. 中催眠状态

中催眠状态主要特征为感觉抑制。其中包括：

Ⅲ级：以痛觉降低和数字遗忘为主要特征。被试以无意识活动为主，运动完全受到抑制，痛觉降低，记忆增强或降低，可遗忘连续数字中的某一个数字。在此阶段，可进行局部止痛或催眠性临床治疗，同时也是催眠秀（催眠性表演）的良好时机。

Ⅳ级：以痛觉阻断和遗忘姓名为主要特征。被试的意识活动消失，痛觉阻断，记忆明显改变，甚至可遗忘自己的姓名。这时可进行催眠麻醉。

3. 深催眠状态

深催眠状态主要特征为幻觉产生。其中包括：

Ⅴ级：以正向幻觉为主要特征。被试可出现催眠性梦游，痛觉完全消失，还可出现无中生有的正向幻觉。

Ⅵ级：以负向幻觉为主要特征。被试可出现深度的催眠性梦游，还可出现有而变无的负向幻觉。

（九）催眠唤醒

催眠治疗结束后，须将被试唤醒。在实施唤醒前，有以下注意事项：

(1) 反复强化治疗时所给予的关键性暗示。

(2) 解除在诱导阶段对四肢制动和感官抑制的暗示指令，使之手、脚能动，眼、耳能感。

(3) 给予醒来后身体轻松、心情愉悦的暗示指令。

(4) 根据被试的情况，采用不同速度的唤醒过程。如为了让其充分体验唤醒后头脑清醒的感觉，可采用快速唤醒法；为了让其充分感受自然觉醒的体验，可采用缓慢唤醒法。

常用的唤醒方法有：

(1) 数数法。例如："等一下，我将从 5 数到 1。当我数到 1 的时候，你将会完全醒来。当你睁开眼睛的时候，你会感到豁然开朗，心旷神怡，头脑特别清楚，内心特别平静……5，你可以感觉到自己似乎正在逐步上升……4，周围的声音正在变得渐渐清楚起来……3，所有的知觉正在回到你的身上，你的全身感到非常舒服……2，你的手可以活动了，你的脚也可以活动了……1，慢慢地张开你的眼睛，你可以感觉到非常清醒，精力非常充沛……"

(2) 自然觉醒法。对某些存在睡眠障碍的被试来说，重新找回睡眠的感觉是很重要的。于是，可以通过暗示让其进入自然睡眠，然后等其自然觉醒。例如："现在，你可以放心安睡，到时候你就会自然醒来……感到非常非常轻松……非常非常舒适……现在，我的手一松，你就可以感到迅速下沉……睡吧……"

（十）催眠疗法的应用

催眠作为一种有效的心理治疗手段，不但用于临床治疗和预防多种疾病，而且对修身养性、延年益寿、戒烟戒酒、矫正不良行为习惯，都有实际的应用价值。催眠能改善人们的情绪，激发人们进取向上，开发人的潜在能力，它是一种经济易行、行之有效的方法。催眠疗法的主要适应症有：

（1）躯体问题：免疫相关问题（疣、鱼鳞病、皮炎、肿瘤）、血管运动性疾病（高凝血症、雷诺病）、急性疼痛（生产疼痛、术后疼痛、牙科治疗疼痛）、神经科疾病（遗忘症、脑卒中）、性功能障碍。

（2）心身疾病：慢性疼痛、偏头痛、紧张性头痛、克罗恩病、消化性溃疡、哮喘、花粉热、原发性高血压。

（3）神经症性障碍：恐惧症、强迫症、反应性抑郁症、创伤后应激障碍、睡眠障碍、分离性障碍。

（4）行为障碍：咬指甲、遗尿症、吸烟、肥胖、学习困难及竞技体育应激反应。

（十一）催眠禁忌

早期精神障碍患者的脱离现实会受到催眠的加剧，导致出现更严重的失代偿；急性期精神障碍患者不能与治疗师建立适当的关系；偏执性人格障碍患者会对治疗师的暗示产生妄想性理解；许多人主张不能对癔症性人格障碍患者进行催眠，因为有可能会被其用作情感爆发的“表演舞台”而对良性变化无益。在滥用的情况下，催眠状态会成为一些患者软弱无力处境的隐喻性写照，因而会进一步加深原有问题而无益于问题的解决。

（十二）催眠不良反应

MacHorvet 等报告，约有 2%～5%的接受催眠治疗者出现了失代偿、头痛、激越、抑郁等不良反应。一般可以进行预备性会谈，以检验被试的个体反应方式，从而避免出现不良反应。并且，不主张对陌生的参与者做集体催眠。

（十三）催眠疗效

已有大量关于催眠治疗疗效的个案研究及对照研究。这些研究均显示，催眠治疗方法有实证运用指征。

在总共涉及 5 800 名被试的 77 篇研究报告中，催眠治疗被证实对下列问题有效：疣、急性疼痛（分娩）、慢性疼痛、偏头痛、癌症患者延长存活期、化疗的不良反应（恶心、呕吐）、失眠、焦虑障碍、吸烟等。对高血压也有效，但效果稍差。对这些文献进行宏观分析发现，催眠治疗对于上面所列的疼痛、吸烟和焦虑可以达到 70%的有效率。相比之下，不做催眠治疗的对照组仅有 30%的好转率。

案例 13－1

一般情况：李某，女性，16 岁，未婚，中学生。

主诉：2007 年 10 月患者因学习压力大，对考试紧张而不愿上学，无奈之中家长让其休学。两个月后紧张情绪缓解，一直在家自学。2008 年 9 月 1 日复学，上课不久又现焦虑、紧张、大口喘气、憋气、呃逆。因无法继续上课，在其母亲陪同下前来求诊。面诊时见其用手捂嘴，不停打嗝，表情痛苦，口中唔唔有声，根本无法进行交谈。

诊断：癔症。

治疗：经其母亲和本人知情同意后，予以催眠治疗。采用轻触法进行诱导，同时用言语暗示"如果放松了，就会感到很舒服"。10分钟左右，该生神情趋向平静，双手离开嘴边，呼吸平稳。15分钟左右呃逆停止，进入催眠状态。然后主要进行了以下四个方面的工作：（1）重新体验发病前轻松愉悦的感觉；（2）寻找发病的原因及相关因素；（3）探索自己可以如何来解决当前的困境（学习压力、考试紧张、身体不适等），并进行催眠下的尝试；（4）强化积极体验并给予催眠后暗示。大约1小时，该学生在"睁眼"的指令下睁开双眼，情绪轻松，呼吸平稳。当天下午，重返学校上课。追踪两个月，未见反复。

第二节　森田疗法

一、概述

森田疗法（Morita therapy）是由东京慈惠会医科大学教授森田正马（1874—1938）在1919年创立的具有东方文化特色的一种心理疗法。主要用于神经症的治疗，其疗效和价值在日本已被充分证明和广泛确认，并在世界范围内形成了一定的影响。1983年，日本森田疗法学会正式成立。1991年，国际森田疗法学会成立。在我国，1992年召开了首届森田疗法研讨会，1997年成立了中国心理卫生协会森田疗法应用专业委员会。需要特别提出的是，在森田疗法的推广中，日本精神卫生冈本纪念财团理事长冈本常男不仅亲身积极参与，而且在财力和物力上给予了大力支持。

森田疗法有着丰富的理论体系，其中包括神经质、疑病素质论、生的欲望、死的恐怖、精神交互作用、精神拮抗作用等。其治疗原则是顺应自然，为所当为。其实施方法具有很大的可操作性和灵活性，针对病情的不同，可选用住院森田疗法、门诊森田疗法以及通过阅读森田疗法的相关书籍自助治疗。森田疗法的主要特点是，服从精神的自然状态，不问患者的过去，只是重视目前的现实生活，以建设性行动为中心，通过行动来改变性格，改善症状。

二、森田疗法的产生

森田出生在日本高知县的富家村（现为夜市町），幼年时身体虚弱，有遗尿症，但天资聪慧。5岁时进入当地小学学习，成绩超群。其父是同校老师，因对其管教甚严，故而他惧怕上学，甚至在进入初中后，还发生过逃学的情况。10岁左右时在村寺里见到彩色的地狱图，他异常恐慌，为此反复思考人死后会有什么结局，并夜间失眠、做梦不断。

他本人胃肠功能不良，20岁时又患肠伤寒，夜间常有心悸发作，并有出汗、寒战、对死亡恐惧等“发作性神经症”的症状。当时在日本精神医学界神经症被分为“普通神经质”（相当于广泛性焦虑症）、“发作性神经症”（相当于惊恐障碍和场所恐惧症）和“强迫观念症”（相当于强迫症、社交恐惧症和特定恐惧症）。

森田于1898年考入东京帝国大学医学部学习，入学第一年，他因家里未及时寄给学费，很生气，读书也不专心。为了调节情绪，他利用春假，到箱根去疗养了一段时间，回来后仍头痛不止，难以继续学习。在这种情况下，他横下一条心，不去纠缠这些症状，不吃药，不求治，听之任之，他认为如果死了，也是父亲的责任。为此，他埋头学习，不料却雾散云开、病症消失，学习成绩突飞猛进，出乎意料，成绩在119名同学中名列第25位，并且他也谅解了父亲因太忙而不能及时寄学费的事。通过这次自身体验，他对“神经质倾向”（疑病素质）有了认识，并摸索出特殊的、以后被人称为森田式的治疗。

三、森田疗法的发展

自日本著名精神医学家森田正马博士创立森田疗法以来，已有近100年，经过森田先生的弟子们的努力，森田疗法在理论上更加系统和完善，方法上也得到了不少改进，形成了新森田疗法（neo-Morita therapy）。新森田疗法主要有以下四个特点。

1. 对森田先生提出的许多概念进行了归纳和整理，并用简明易懂的语言做了解释

如原日本森田疗法学会理事长大原健士郎教授撰写了《森田术语集》和《森田疗法术语辞典》，对森田理论中最重要的概念即“疑病素质基调”“生的欲望”“死的恐怖”之间的相互关系做了阐述，并系统地阐明了“森田神经质”的发病机制。

2. 提出了许多新的概念

如森田先生的高足高良武久提出以“适应不安”一词代替“疑病素质”更为妥当，并把这一生物学上的概念引申到心理学上来理解。高良还提出了“主观虚构性”“表面的防御单纯化”等新概念，发展了森田理论。大原健次郎则建议把森田的“神经质”和高良的“神经质症”统称为“森田神经质”，避免了用词混乱。大原还指出用森田的名字来命名一种疗法会使人感到深奥陈旧，可能会阻碍这一疗法的发展，故他建议改称“创造性体验疗法”。田代信维则从心理生理学的角度将森田疗法的各个治疗阶段与人类的自我成长过程相对应地进行了研究，并运用马斯洛的需求层次理论对各种治疗机制进行了研究。

3. 改进了治疗方法

现代的森田治疗师从各自的经验出发，一致认为四十天的疗程太短了，多采用三个月左右为一疗程。而家庭式的治疗环境在现在的医疗机构中已很难实现了，因此只是合并使用家庭治疗。为了更好地开展治疗，北西宪二于1990年提出“森田神经质的诊断用会谈规范”。在整个治疗中，也放宽了对患者的限制，并根据情况引进了音乐、绘画、体育等疗法，在某些情况下还可以合用抗焦虑药。在实施治疗时，均主张开展洛夏测验、文章完成等心理测定，还开展生长激素、催乳素测定等生物学研究；通过睡眠脑电图分

析，发现森田疗法可使睡眠障碍患者的睡眠节律正常化，还推算出绝对卧床至第七天转为轻作业期是最适切的。

4. 扩大了适用范围

森田疗法对神经症的疗效已通过大量来自临床心理学和生物学方面的研究得到了科学的评定。现在森田疗法还被广泛用于心身疾病、抑郁症、精神分裂症、酒精依赖，甚至是心理危机的治疗。另外，世界各国已成立了许多以森田理论为基础的自助性组织，如“生活发现会”、帮助癌症和艾滋病患者的组织“生存意义治疗”（meaningful life therapy）团体等。

四、基本理论

森田学说的理论体系不是某种理论的延伸或出自实验室的结论，而是来自森田正马二十多年对神经症的实质和治疗方法的研究，其间他尝试了镇静药物疗法、催眠疗法、生活正规法、说服辩论法、安静疗法等，发现这些疗法对神经症的治疗还有很多不足之处，于是通过综合、概括和扬弃创立了这一专门针对神经症的心理疗法。

（一）神经质

首先，森田正马提出了“神经质”这一概念，认为神经症中适合森田疗法的性格特征可称为“神经质”。这是一种人格方面的异常或倾向，表现为内省、敏感、认真、仔细、追求完美、胆小、谨慎、刻板、做事按部就班等特点。按照现在的理解，多为强迫人格的特点，或部分焦虑（回避）人格的特点。这些人格特点构成了发病基础。

（二）疑病素质论

森田认为，具有神经质性格特征的人具有某种共同的素质倾向，即疑病素质。从现象学来讲，疑病素质是一种精神上的倾向性，其表现为如下五个方面。

1. 疑病素质基调

这是指怀疑、害怕自己患有某种疾病的精神倾向。森田认为，害怕疾病是人类生存欲望的表现，但过度地、过强地甚至坚信不疑自己得了某种疾病，并且“始终放在心上”，而又缺乏相应医学依据，则会导致将注意力转向自己身心的一些细微的变化上，这是形成“神经质”的基础。森田首先强调出现疑病现象是正常的，正常和病理心理同处一个连续谱，关键看程度和应对方式。

2. 精神内向

这是指精神活动偏重于自我内省，注意固着于自身，对身体的异常、精神的不快等特别在意，并为此而担心，不能释怀，为自我内省所束缚。

3. 内省力过强

内省力是对自身心理或精神状态的反省、批判能力。完整的内省力是人格成熟的表现。但这种能力过强则容易导致对自身状态过度检视，其结果是往往会自己做出片面

（通常是负面的）评价，发现种种“缺点”和“弱点”，使之成为神经质的温床。

4. 求全欲过强

在观念上追求完美主义，凡事苛求完美，结果在理想与现实之间容易形成冲突，导致适应性焦虑，从而诱发神经质。但追求完美的人往往会比常人更加努力，如果努力方向正确，且方法得当，则常常会取得事业上的成功。

5. 过分敏感

这是指对自身和外界具有比一般人更敏锐的感受性。其积极的含义是给自己的生活、工作带来积极的作用；但过分敏感能使自己觉察到来自内外的细微变化，不但容易导致疑病倾向，而且对生活事件容易出现过度反应而引起精神痛苦。

（三）生的欲望和死的恐怖

森田还提出了“生的欲望”和“死的恐怖”这一对概念，认为这是一个问题的两个方面。生的欲望是人类共有的向上不断发展自己的意愿，但只要有生存，来自肉体的、心理的对死亡的恐惧就会一直存在。具有疑病素质的人很容易陷入“死的恐怖”中，是因为生的欲望过于强烈，相应地对死的恐怖也越来越强。来到我们面前的患者往往呈现出“死的恐怖”，也反映出“生的欲望”未得到恰当实现。这也是发病基础。

（四）思想矛盾

“思想矛盾”，即具有神经质特征的人往往用“必须这样”“应该如此”这样一种求全的理性优势来试图解决感觉到的身心变化。而事实上，非理性的、情绪的问题是不能通过主观愿望来克服的。如“身体健康就不应该有不适的感觉”“不舒服肯定是身体出了毛病”“精神正常的话，就不应该出现不想要的念头”，但思维内容、情绪、躯体感觉不是根据理性能够马上控制的。用现在的观点看，这是一种认知偏差。

（五）精神交互作用

森田认为，所谓焦虑、烦恼、躯体不适感是人类普遍存在的身心现象，但具有神经质倾向的人会从他的“疑病素质基调”出发，把这种身心现象看成是异常的，并从理智上去竭力防卫，形成“思想矛盾”。将注意力集中于焦虑、烦恼和躯体不适感上，会使这种感觉更加敏感，而更加敏感的感觉又会吸引注意力更集中于此，形成所谓“精神交互作用”，从而使症状发展并固定下来。换句话说，神经症症状或烦恼是被“对抗”出来的。

（六）精神拮抗作用

森田认为，人的精神活动也存在着一种与屈伸肌相互调节的拮抗作用。这种精神拮抗作用在人的现实生活中经常可以看到，例如：购买高档物品时又产生太奢侈了的感觉；受到表扬时反而涌现内疚的感情；明明知道人固有一死，但都希望自己长生；等等。这种拮抗作用对人具有一定的保护作用。而有疑病素质且拮抗作用过强的人，这些观念一旦出现，便会固执地重复，同时又反复控制，形成拮抗对立，再通过精神交互作用而形成“强迫观念症”。

（七）顺应自然

鉴于上述理论，森田在治疗中提出下述原则：各种神经症症状，并不是个人自己的意志所能马上克服的。只有坦然地面对和接受，不管情绪是好是坏，以行动为本位，在症状存在的同时以建设性的态度去追求自己的生活目标，这样才能打破“思想矛盾”，阻断“精神交互作用”的发生。这种行为准则，森田正马称为“顺应自然”。

（八）行动准则

行动及所产生的结果是决定一个人价值的唯一标准。一个人想得再好而不去行动，就等于什么也不是。从这个角度出发，在养成接受自己负面情绪和感觉的同时，更要注重为了达到目标必须采取行动的生活态度。

（九）目标准则

这是指不受情绪的影响，以所要达到的目标为准则。如要去买菜，路上情绪如何无法强求，菜买回来了即目标达到了；反之在路上情绪再好，而菜却没有买回来，结果还是失败。

五、治疗过程

（一）森田疗法的适应症

1. 主要适应症

森田把神经质分为三个临床类型：

（1）普通神经质：主要表现为“衰弱”症状群，包括失眠、头痛、头晕、目眩、耳鸣、对感觉过度敏感、容易疲劳、注意力不集中、记忆减退、忧虑、紧张、颤抖、胃肠不适、性功能减退等。

（2）强迫神经质：主要表现为“恐惧”症状群，包括对人恐惧（如赤面恐惧、对视恐惧、自己表情恐惧等）、对自身恐惧（如疾病恐惧、罪恶恐惧、杂念恐惧、不祥恐惧等），以及对环境恐惧（如学校恐惧、外出恐惧、不洁恐惧、尖锐恐惧、高处恐惧等）。

（3）焦虑神经质：主要表现为发作性症状群，包括心悸发作、焦虑发作、呼吸困难发作等。

2. 扩大适应症

近年来，森田疗法及其理论被广泛应用于解决各种心理问题及精神障碍，其中包括抑郁症、人格障碍、物质依赖（药物依赖、酒精依赖等）甚至精神分裂症等，均取得明显疗效。同时，森田疗法及其理论还被广泛应用于正常人的生活适应以及改善生活质量。

（二）森田疗法的实施

1. 住院治疗（又称为标准森田治疗）

住院治疗主要适用于重度患者，即症状严重，影响社会生活，主观痛苦，无法耐受者。森田把住院治疗的时间规定为 40 天左右，可分为四期。而根据现在的经验，多数治疗者认为为期 40 天的住院时间过短，目前住院时间大致为三个月。因此，临床上可根据患者的具体病情及治疗反应进行相应调整。

（1）评估。

有日本学者在 20 世纪 90 年代初发展出了专门用于评估森田神经质的工具，即“诊断用森田神经质会谈规范”（diagnostic interview of Morita shinkeishitsu，DIM）。它除了可以评估森田神经质的严重程度以外，还可以预测治疗效果。得分越高，森田神经质的倾向越严重，越适合森田疗法，预后也越好。DIM 共分为 8 个因子：症状及症状形成机制、人际关系类型、行为类型、治疗动机、人格特征、发展类型及适应水平、生活史、医患交流（见表 13－1）。

表 13－1　　诊断用森田神经质会谈规范（DIM）

因子	内容	评定
1. 症状及症状形成机制	（1）焦虑的自我异质性	−1　0　1
	（2）症状焦点	−1　0　1
	（3）症状内容的变化	−1　0　1
	（4）焦虑、恐惧的内容	−1　0　1
	（5）有无强迫行为	−1　0　1
	（6）对症状的态度	−1　0　1
	（7）精神交互作用	−1　0　1
	（8）思想矛盾	−1　0　1
2. 人际关系类型（轻松为 1，无特殊为 0，为难为−1）	（1）个人生活空间	父亲 −1　0　1 母亲 −1　0　1
	（2）社交生活空间	同性上级（上司、老师等） −1　0　1 同性同级（同学、同事等） −1　0　1 同性下级（同学、同事等） −1　0　1 异性上级（上司、老师、亲戚长辈） −1　0　1 异性同级 −1　0　1 异性下级 −1　0　1 亲密朋友 −1　0　1

续前表

因子	内容	评定
2. 人际关系类型（轻松为1，无特殊为0，为难为−1）	（3）社会空间（不认识的人）	同性 −1　0　1 异性 −1　0　1
3. 行为类型	（1）自行解决	−1　0　1
	（2）将周围卷入	−1　0　1
	（3）追求安全感和生活圈子缩小	−1　0　1
	（4）克制自己的生活模式	−1　0　1
4. 治疗动机	（1）来诊动机	−1　0　1
	（2）自己克服症状的尝试	−1　0　1
	（3）对森田疗法的理性理解	−1　0　1
	（4）改变自己的愿望	−1　0　1
	（5）对治疗的期待	−1　0　1
5. 人格特征	（1）理解力	−1　0　1
	（2）自我矛盾	−1　0　1
	（3）对他人的接纳	−1　0　1
	（4）规矩、观念倾向	−1　0　1
	（5）向上发展	−1　0　1
	（6）对焦虑、冲突的忍受	−1　0　1
	（7）冲动控制力	−1　0　1
6. 发展类型及适应水平	（1）发病年龄	−1　0　1
	（2）发病时适应水平	−1　0　1
	（3）发病前适应水平	−1　0　1
	（4）发病后适应水平	−1　0　1
	（5）发病后人际关系	−1　0　1
7. 生活史	（1）对父母的社会价值观的认同倾向（小学前）	−1　0　1
	（2）家庭中存在权威的难以接近的人（小学前）	−1　0　1
	（3）对患者给予整体评价（小学前）	−1　0　1
	（4）周围的期待（小学前）	−1　0　1
	（5）学龄期愉快	−1　0　1
	（6）班干部经历	−1　0　1
	（7）受欺负经历及青年期人际关系（初中后）	−1　0　1
	（8）对父亲的反抗	−1　0　1
	（9）对母亲的反抗	−1　0　1
	（10）初高中时代有无同性朋友	−1　0　1
8. 医患交流		−1　0　1

（2）治疗经过。

A. 绝对卧床期：一般4～7天，采用家庭式封闭环境和绝对卧床的治疗手段。患者与外界环境彻底隔绝，除吃饭、大小便外须绝对卧于床上，禁止与外界接触及看书、听音乐等娱乐活动。这样一方面可以使患者脱离外界刺激，放松自己的身体和精神，另一方面可以使患者直接面对自己的内心冲突，充分体验。通常，在绝对卧床的第 1 天，患者感到比较舒服，第 2 天会开始不断地想自己的病，各种症状或烦恼都会加重。但由于患者处于隔离和卧床的状态，无法逃避症状，只好让症状自行发展，这样症状反而会减轻。而第 5～6 天起患者就会感到很无聊，持续 1～2 天就会感到很想活动，此时即可进入下一期。

B. 轻作业期：一般 4～7 天。仍对患者的活动有所限制，禁止交谈和外出及过多的活动，白天可以到户外接触新鲜空气和阳光并观察周围的环境，晚上要求写日记，临睡前阅读一些枯燥的书。当出现渴望较重劳动的时候，可以转入下一期。

C. 重作业期：一般 7～14 天。要求患者做一些较重的体力活，并可以阅读一些内容轻松一点的书籍，继续写日记，仍然禁止交际、游戏、无目的散步等活动。在不知不觉中养成对工作的持久耐力，有了信心的同时反复体验工作成功的乐趣，不问症状。

D. 日常生活训练期：一般为 7～14 天。允许患者外出进行一些有目的的活动，在实际环境中巩固前三期获得的体验，为回归社会做准备。每周 1～2 次与患者交谈；修改日记；针对现时的治疗目标及存在的问题，进一步深化体验，鼓励继续行动。

2. 门诊治疗

门诊治疗主要适用于中度患者，即症状对社会生活有所影响，主观痛苦，但能够耐受者。门诊治疗仍须遵循森田疗法的基本原则。但门诊治疗由于没有住院治疗所具有的特定环境，不能采用卧床及做出布置方式进行治疗，因此具有与住院疗法不同的特点。

门诊治疗形式多样，面谈、电话、通信等方式均可选用，但主要还是通过医生和患者一对一的面谈方式进行。一般一周治疗一次或两次。门诊式森田治疗也要遵循心理咨询和治疗的一般原则。首先要通过尊重、倾听和共情等技术建立良好的合作关系，详细了解患者的基本病史、发生发展、诊治经过和背景信息，在取得患者信任和合作的基础上，详细介绍森田疗法及其相关知识，让患者能够一方面做到知情同意，另外一方面还能学会用森田理论来解释自己，学会如何做到顺应自然，为所当为。接着，要指导患者学会书写治疗性日记，以及评价日记。最后鼓励患者要承担自己生活中应承担的责任。治疗的关键是帮助患者理解顺应自然的原理。

3. 生活发现会

生活发现会主要适用于轻度或康复期的患者，即症状一般，对社会生活影响不大者。这是一种自助性的康复组织，一般每月活动一次。患者平时自学森田理论，阅读相关书籍。在聚会活动中以森田理论及森田疗法为指导原则，患者当家，现身说法，相互交流，共同进步，而医生在其中仅仅担任专业指导者或督导者。这一形式，对维持患者的持久康复有着非常积极的意义。

六、森田疗法的特点

（一）操作性疗法

无论是住院或者门诊式森田治疗，还是生活发现会的自助活动，始终可以看到“操作”在发挥着举足轻重的作用。甚至住院治疗中的“绝对卧床”，从某种意义上讲，也是一种“操作”行为。所以，可以这么说，森田疗法是通过一系列的“操作”来产生体验，继而产生疗效的。

（二）“不问”原则

森田疗法讲究“不问”。其一是不问过去，注重现在，即遵循现实原则，因为所有的“过去”都已经发生了，与其后悔倒不如以积极的态度加以面对；其二是不问症状，重视行动，因为对症状的深究只会加重精神交互作用而使症状进一步强化，与其“想”倒不如“做”，通过积极的行动来改变自己的行为模式。如果有了健康人的举止，心理自然就会健康起来。

（三）生活中指导，生活中改变

森田疗法来源于生活，来源于实践。它强烈主张在实际生活中像正常人一样进行生活，像正常人一样体验生活。所以，森田疗法又被看作“生活疗法”“体验疗法”。

（四）陶冶性格，扬长避短

森田疗法认为，性格不是固定不变的，也不是随着主观意志而改变的。无论什么性格都有积极面和消极面。神经质性格特征亦如此。神经质性格有许多长处，如反省强、做事认真、踏实、勤奋、责任感强；但也有许多不足，如过于细心谨慎、自卑、夸大自己的弱点、追求完美等。应该通过积极的社会生活磨炼，发挥性格中的优点，抑制性格中的缺点。

（五）日记疗法

书写日记，实际上也是一项操作性作业。这种形式，既可以表达患者的内心感受，又可以传递医生的指令，实际上还反映了治疗的依从性。通常要求患者在一个专用的本子（最好是硬封面的本子，以利保存）上进行记录，每天书写一个页面。采用隔行书写的形式，以便医生进行评批。要求患者想到什么，记录什么。实在想不出记录内容，记流水账也可以。在坚持每天记录的过程中，自然会产生种种想法和感受。医生在患者日记的空行部位，针对患者的日记内容及所思所感进行评批。通常采用红笔简单批注，如画圈、画下划线、写半句等，把领悟的机会让给患者本人。

七、森田疗法的疗效

根据日本学者高良武久的标准，神经质症患者经治疗后症状消失，社会和家庭生活恢复为治愈；症状存在，社会和家庭生活轻度受损为好转；症状存在，社会和家庭生活严重受损，或不能继续正常的社会和家庭生活为无效。根据日本的研究资料，森田疗法对神经质症患者的治愈率达60%左右，好转率达30%左右，其疗效是显而易见的。

案例 13－2

一般情况：张某，男性，20 岁，未婚，学生。

现病史：两年前读高中时，有一天路上与老师相遇，感到紧张，没有抬头和老师说话，低着头匆匆走过。旁边有一同学看到这一情形，对他说："你不和老师说话，老师直用眼睛看你。"他听后深感内疚，第二天到学校时，不敢抬头看那位老师的眼睛。后来逐渐加重，连别的老师的眼睛也不敢看，进而扩展到连普通人的眼睛也不敢看。偶尔与人的目光相遇，便感到特别紧张，并认为自己的表情肯定很尴尬，会引起别人的耻笑。从此，在路上骑自行车或走路，总是低着头，唯恐看到别人的目光。由于对人紧张，心情不安，上课无法专心听讲，学习成绩下降，没有考上大学。后来症状越加严重，以致不敢出门，甚至连家人的目光也不敢看，感到非常痛苦。自己认为害怕别人的目光可能与自己的生殖器短小有关。曾到当地精神病医院治疗，服用阿米替林等药物治疗，无明显效果。

性格：内向、敏感、好担心、有疑病倾向、缺乏主动性、追求完美。

诊断：社交恐惧症。

治疗：经知情同意后接受住院式森田治疗。绝对卧床期 7 天，治疗师向患者说明卧床中的要求，预先告诉患者，在卧床中思考什么、感受到什么都没有关系，即使出现令自己不安的思想或症状，也都要顺其自然。治疗师每日进行短时的查房，了解患者的身心状况。卧床第 5 天，患者自诉非常烦闷，嘱其服从精神的自然状态。卧床第 7 天，感到躺不住，非常无聊，盼望起床做点什么，此后进入轻作业期。轻作业期 4 天，此期主要让患者每日整理个人室内卫生，在住院所在地小范围散步；且督促他开始写日记，进行日记指导。日记中谈到在路上与人相遇仍然不敢抬头看人，偶尔抬头，感到自己的表情很尴尬。嘱其不要急于求成，只管带着尴尬表情看人就行。重作业期两周，患者上午在病房劳动，主要是擦走廊的地板和墙壁，下午到大学校园里的花房劳动，晚上阅读森田疗法的有关书籍，并写日记。在日记中记到，自己在花房劳动感到很充实，在劳动中偶尔与他人目光相对，感到对人紧张有所减轻。治疗师在日记中指导告之，劳动能给人真正的益处，能给人以最温暖、最纯洁的乐趣，还能帮助人学会与人合作。其间有一次去商店买东西，与服务员说话时，竟然没有出现尴尬表情，自认为成功地体验了一次购物活动，感到很高兴，对治疗开始产生了信心。有一次在书店里，怕与别人的目光相对，眼睛不知看哪里好，嘱其不管别人的视线，只管做该做的事。在日常生活训练期，患者基本上每天都进行作业劳动，增加了体育活动和爬山等活动内容。重要的是为了恢复与人交往的能力，指导患者逐渐增加在人际中接触的机会，如让患者晚上到学校的教室内上自习、写日记、听讲座等。按森田"事上磨炼"（意指在实际生活中锻炼自己）的原理，在实践中，指导患者体会"顺应自然，为所当为"。如嘱咐患者，见人之前的预期焦虑和恐惧也好，见人时的恐惧也好，让它存在好了，但无论如何都要义无反顾地行动；当患者体验到不抑制紧张时，紧张反而减轻了，告之"欲治不治，不治而治"。与人接触的过程中，出现了症状反复，向其说明症状有反复不要紧，神经质性格不可能在短期内脱胎换骨，要不断重温森田原理，努力进行建设性的活动。治疗期间，让患者参加神经质患者小组讨论会，谈自己的治疗体验，交流情感，同时锻炼交往能力。经过三个多月的治疗，患者视线恐惧和自己表情恐惧症状基本消失，社会能力明显增强，因而出院。

第三节　系统式家庭治疗

系统式家庭治疗（systemic family therapy）是团体治疗的一种特殊形式，其治疗对象是一个家庭。家庭治疗本身并不是单一的治疗门派，而是一个兼容并蓄的体系，主要流派可被分为三种类型：情感学派，如萨提亚（Virginia Satir）和惠塔克（Carl Whitaker），他们最为关注家庭内部互动中情感的敏感化、表达和解释；理智学派，如鲍文（Murray Bowen）、斯迪林（Helm Stierlin），这些人推崇理智地解决问题的方法；行动学派，如海利（Jay Haley）、米兰小组、米纽琴（Salvador Minuchin）及一些行为治疗师，他们偏好对家庭发号施令，布置家庭作业。这类治疗的各个流派均不同程度地受到系统论思想的影响，其中以系统家庭治疗最为典型。

家庭治疗产生于20世纪40年代后期，20世纪50年代被认为是家庭治疗的奠基年代。1962年“家庭治疗”（family therapy）这一名称得到学术界正式确认，第一份专业学术刊物《家庭进程》(*Family Process*）也在这一年创刊。20多年的发展证明，家庭治疗对精神分裂症、情感性疾病、身心疾病、儿童青少年情绪和行为障碍以及婚姻问题都有相当的疗效。

我国的家庭治疗起步于20世纪80年代。1988年，德国著名精神病学家和心理治疗师斯迪林和西蒙（ Fritz B. Simon ）博士，在昆明通过“中德心理治疗讲习班”，第一次将家庭治疗带入我国。在1997—1999年间，德中心理治疗研究院开始了一项为期三年的跨文化培训项目，为中国培训高级心理治疗师，其中包括部分系统式家庭治疗师。2000年后，纽约米纽琴家庭治疗中心的李维榕也在中国各地开办了结构式家庭治疗连续培训班。家庭治疗，方兴未艾，已经逐渐成为我国心理治疗界越来越活跃的疗法。

一、系统理论对家庭模式的描述

（一）“系统”的概念

心理治疗师所说的“系统”，涉及社会系统内各个成员之间的相互交流，如夫妻、家庭、邻居、医患、小组、机构、照顾系统等的交流；也包括由这些交流引发的生理心理过程，如思维、情感、激素分泌或疾病。心理治疗中的“系统式”观察方法，是指从某成员与其他成员的关系出发来解释行为，而不是由个体的内在动因来解释其行为。系统式的观察方法总要把个体行为与一种具体情境和整个观察框架联系在一起。理解系统要抓住系统所具有的几个要素。

1. 循环

系统中某成员的行为既是其他成员行为的原因，也是其结果，关键在于现象之间如何相互影响、互为条件。

2. 交流

系统网络中的循环性交流随着时间的延长形成一种反复出现的交流程式（多余信息），观察者可从中找到一种模式（内容不同，但交流过程的形式却很相似），归纳出一些规律（如每当孩子哭时，父亲总表现得很关切，而母亲则十分恼火；或每当母亲发火时，孩子便哭起来，父亲便去关照）。

3. 系统-环境界限

界定什么属于系统，什么不属于系统。如把家庭看成一个开放的、发展的系统，是因为家庭有自己的历史，也有自己的未来，这个系统的各个部分（家庭成员、生活场所等）是相对固定的，与外界有明显的界限。

（二）系统理论对家庭治疗的认识

人类学家、生物学家和哲学家发现，某个家庭成员的心理行为异常，是为了适应家庭系统的内部规则而自然形成和保持的。因此，要治疗个体的心理行为问题，对家庭的互动模式和规则进行干预是必要的。福斯特（Von Foerster）从控制论的角度将系统理论模式区分为第一控制论和第二控制论。

1. 第一控制论

第一控制论约在 20 世纪 50 年代至 70 年代中期形成，其核心问题是：系统如何保持平衡状态，又如何从病理性平衡的状态中解脱出来？初期的概念是系统的失衡可以通过内部的负反馈得到纠正，而正反馈则使系统紊乱或恶化。治疗师总是要站在家庭的僵化“游戏”之外，强调交流方式的“变化”，向家庭或明或暗地指出家庭功能正常和异常的状态一般是什么样子的。

2. 第二控制论

第二控制论兴起于 20 世纪 80 年代，这是一种生命系统理论。家庭既是社会系统又是一个生命系统，它独立存在，与其他系统虽然能够相互影响，但不能沟通，相互关系也不可预测。因此，治疗师如果想影响哪个家庭，则只能在其自我组织过程中与之合作相伴，并促进其朝向建设性的“自我建构”方向发展。但治疗师干预的结果事实上是难以预见、不易控制的。因为治疗师在与家庭相伴的临床过程中，通过问话、评论和非言语性交流，自己也参与了所观察系统的“自我建构”过程，成为被观察系统的一部分，所以他不可能脱离系统内的相互作用，反过来控制总体。

（三）系统理论对家庭模式的描述

德国海德堡学派在研究家庭过程中从不同角度发展出两种描述家庭的模式：时间组织模式和家庭的关系现实模式。

1. 时间组织概念对家庭模式的描述

贝特森（Gregory Bateson）认为，人只能把两信号之间的差异作为信息来感知。对于这个差异的感知介于最大时间间隔阈值和最小时间间隔阈值之间。只有在这种恰当的时间间隔范围内，人们才可以通过“不同时性”感知和评价一个事件。就人和人之间所构成的生命系统及其交流而言，其往往是充满矛盾的。在时间的规定下进行交流，可以产生下列几种矛盾或化解矛盾的交流方式。

（1）极端的异时性或非同步化时间组织：在一个系统内各种不同的交流内容或观点呈现超过最大的时间间隔，矛盾可以被取消。例如，在这类家庭内部，完全相反的观点及不同的作用规则，由于出现在不同的时间段中，所以并不引起冲突。这种交流状态被称为系统的“不同时性分裂”现象。躁郁症患者的家庭就呈现这种特征。从系统内各成员的个体角度看，矛盾倾向、矛盾判断的各方面在时间上被相互分离，以至于同样可以将自己、将别人或事件体验为矛盾消失的状态。（会谈中父母和其他成员可能说：“我们家有时一点争吵也没有，孩子们都很听话。”）然而正是因为缺乏正常的矛盾，家庭成员反而偏离了正常的、文化所规定的情绪或行为范围。

（2）极端的共时性或同步化时间组织：在一个系统内未达到最小时间间隔同样可以导致矛盾被取消。不同的观点呈现极端的共时性，家庭成员的交流看上去像是纯粹偶然的表述，相互之间毫无关系，结果导致相互“失联”，这被称作“同时性分裂”。精神分裂症患者的家庭呈现这种特征。在家庭的交流中似乎存在一种“意义的烟雾”，各种相互无关联的表述简直无法达成交流互动的规则，也就不能在交流互动的行动和意义方面体验系统内的协调一致性。家庭内的共识破裂、无矛盾的状态表现为一种怪诞的无冲突状态。治疗师在与家庭接触中就会体验到很难与之达成共识的荒诞感觉。

2. 关系现实概念对家庭模式的描述

家庭成员相互间的交流行为往往呈现出某种反复出现的行为序列，借助它可以了解交流中尚未被表达出来的信息（相当于“规则”“模式”）。西蒙将之分为关于如何描述事件的规则（描述性规则）和如何行动的规则（规定规则）。我们把这两种规则合称为“关系现实”。家庭的关系现实有这样几种成分：

（1）关于家庭成员个人认同的构想，即在多大程度上将自己和别人看成是自主的，或者相反。

（2）关于构造稳定性的构想，即在一个家庭中，各种规则或模式的严密性（或者松散性）、可变性和不可变性。

（3）各个成员的行为模式，可以被描述为他们个人动机动力学的表现和后果。

（4）系统内的相互作用模式，即家庭系统内各成员互动的特征。

（四）家庭系统的动力学模型

家庭动力学是一门研究家庭内部的心理过程、行为、沟通以及家庭和外部环境间交互作用的学科。观察和预测家庭的基本面貌要以下列七个维度来衡量，每个维度有两极，采用10级评分。

1. 关系现实

软-硬。即家庭中各种规则、计划、观念、模式的可变性。“软性”是指家庭成员在交流中对动机和愿望的表达不太明确、坚定和可靠，“硬性”是指极其僵化的观念和模式控制了每个成员和整个家庭。

2. 时间组织

同步化-非同步化。

3. 系统逻辑

非此即彼-既……又……。家庭的关系现实的不同逻辑结构，形成一条谱带，一端为“非此即彼”逻辑，另一端是多元的“既……又……”逻辑。

4. 家庭内的个性化

缺乏-显著。即家庭成员在多大程度上，将自己和别人看成是自主的，看成是自己始动性的和动机的中心。

5. 关系控制企图

关系现实的严密-松散。即关于它的可变性和不可变性如何对家庭及其成员赋予和剥夺某些特征，这个世界在多大程度上是可预测和操纵的。

6. 访谈气氛

沉闷、无聊-轻躁、随便。

7. 疾病观念

受害者-行为者。即关于病人是疾病的受害者，对此无能为力，深感疾病的严重、不可控制，经常感到有不良的预测和担忧；还是主动行为者，疾病不过是某人的一些念头，与别人稍有不同的动作行为。

二、系统式家庭治疗技术

（一）治疗策略

系统式家庭治疗从系统论的观点出发，将家庭看成一个系统，将家庭成员看成系统的组成部分，并认为家庭中每个成员都有自己认识事物的模式，称为内在解释。一个人的内在解释与他的外在行为是相互作用、彼此影响的，其间的关系不是直线式的因果关系，而是反馈式的循环关系。而每个成员的内在解释与外在行为又会在接受家庭其他成员的影响之同时，反过来也影响其他成员，其间的关系同样是循环反馈式的而不是线形因果性的。系统式家庭治疗学派认为无论是正常行为还是病态行为都是这种连环套式的循环反馈关系层层作用的结果。这样，任何病理过程就不再在个人范围内、个体心理动力学角度寻找而是从家庭结构里去探索。对生理和心理过程的紊乱的兴趣已被对交流的兴趣取代。

1. 治疗作为扰动

在治疗中，治疗师面对的是一个家庭，干预的对象是家庭中被称为“问题”的系统。“问题”在某种意义上表达了各个成员的需求。这可能反映了原有的模式过于陈旧已不能忍受，“问题”表达了改变的要求，或“问题”已改变了原有模式；或者“问题”反映了这个家庭正在进入一个新的阶段，必须进行某种新的适应。在不同的发展阶段，个体总是既要符合自己新的发展方向，又要和原系统保持必要的联系以获得支持，系统总是要对个体的变化提供支持，同时也要做出相应的调整。然而，一个系统能给的只不过是能促进信息形成的刺激——环境改变。因此，在治疗情境中，治疗师不确认任何东西，只是挑动、刺激起适应性改变模式的反应。

2. 假设-中立-循环

这是系统式家庭治疗过程中的三条原则。

（1）假设：治疗师根据对家庭掌握的信息提出假设，它实际上是指向新信息的路标。

（2）中立：治疗师感兴趣于挑动起反应，并从这些反应中得出推论，但又不做任何道德意义上的评价。

（3）循环：治疗师提问，得到反馈，引导自己，继续提问。他请家庭的每一成员表达对与另外成员之间关系的看法。

3. 背景化

按照系统论的观点，一个特定的行为只有在与其背景结合起来考虑的情况下，才是可以理解的。同样的事件和行为，由于不同的观察者所取背景不同就具有不同的意义。因此，治疗师首先要探明与将要治疗的问题有关的背景因素，并在治疗中将此运用起来。

（二）治疗的场地、程序及内容安排

家庭治疗的目标是观察家庭的变化，使家庭产生自我组织。

1. 治疗室及附属设备

正规的治疗场所应该有治疗室、观察室、控制室、示教室、摄像机、监视器、录像机等设施，构成一个基本的单元。治疗室内有座椅若干，舒适但不让来访者过度放松。还要备有小孩凳子和玩具。椅子围一小圆桌放置，不分主次、尊卑。

2. 预约、登记

在进行正式治疗会谈前，患者和家庭要先和治疗机构接触。可通过电话，或直接联系，但均由秘书接待，治疗师基本上不露面。秘书要记录来诊背景、对家庭治疗的了解程度、欲解决的问题，以及初次和家庭谈话的印象。然后预约首次会谈的时间。

3. 治疗小组的准备性讨论

绘制家谱图是预备性讨论的第一项任务。在治疗前，来诊的家庭须填写“家庭背景表及两系三代家谱”，如父母两系三代人的人口学及健康状况、重要经历、受教育水平、婚姻及职业情况、主要精神卫生问题。根据了解的情况，治疗师要用通用符号、规则绘制一份家谱图。在这份图上，重要的个人及家庭事件、问题，以及家庭动力模式和家庭关系变得一目了然，成为治疗师提出治疗性假设的重要前提。然后治疗师将自己的想法提出来讨论，最后以假设的形式对这个家庭进行多角度的解释和描述，形成治疗的方向，以便在与家庭的首次会谈中能有多条前进的道路。最后是对即将进行的会谈提出大致的目标、任务、可能的难点。

（三）会谈

每次会谈 60～90 分钟。中途可安排 10～15 分钟的“咨询性暂停”，用于准备“结尾干预”。这时治疗师对督导师（控制室的观察者）报告自己的感受，接受评论、建议。然后总结出向家庭宣布的总结性评论内容。设计出家庭作业，再约定下次会谈的时间。通常下次会谈间隔 4～6 周，会谈次数是 2～10 次。所以家庭治疗是一种长间隔的短程治疗。

初次会谈：预备的椅子一定要比来的人多，使之有选择的自由。坐的位置与人们之间的关系有关。从中可以看出他们如何安排自己与有关个人的相互关系，他们是如何感受治疗师与家庭的关系的，以及治疗能否获得成功。坐的位置能提示谁是同盟、谁和谁分裂等。典型的情况是父母诉说他们的孩子有问题。在介绍病情以前，治疗师要先和父母打招呼，然后和其他家庭成员按年龄打招呼，以便尊重父母的权威。因为是第一次和家庭会谈，治疗师是外人，所以要给家庭一个机会去判断是否允许治疗师进入他们的家庭。

1. 提问的技术

会谈中对治疗师来说主要是运用提问的技术。

（1）循环性提问：当着全家人的面轮流而且反复地请每一位家庭成员表达他对另外一个成员行为的观察，或者对另外两个家庭成员之间关系的看法；提问一个人的行为与另外一个人的行为之间的关系。如：“你妈妈心情不好的时候，你们家里的哪个人常常第一个去安慰她？”“按照你平时的经验推测，哪个人对今天的会谈最感兴趣？”

（2）差异性提问：当有人生病时，家庭中其他人自然会把注意力集中在症状上或消极方面而忽略积极的方面。为了压缩症状和扩展无症状的时间、行为和场所，要使来访者认识到症状性行为的出现是有条件的，提问中要特别注意“例外情况”。如：“孩子在谁面前很少或从来没有像那样暴怒过？”“请比较一下，你的孩子在哪些情况下容易烦躁不安，是你一句话重复说几次的时候，还是你放心让他去做的时候？”

（3）前馈提问：是一种未来取向的提问、资源取向的提问。资源取向能促进病人自立性，激发其自我改变的动机，将个人和家庭导向积极健康的新的生活模式。如：“请你想象一下，如果我们今天的会谈确实有效，你明天会是什么样子？你完全康复了又会是什么样子？”“以你们对这孩子的了解，你们估计他为了得到那些当病人的好处，会在什么时候有下一次发作？”

（4）假设性提问：治疗师以假设的方式，从多个角度提出疑问，让受治者自己认识自己，有助于家庭行为模式的改变，促进家庭成员的进步，或者让来访者将病态行为与家里的人际关系联系起来。如：“请你们二位设想一下，要是这孩子没有那些阵发性气喘症状，你们在两年前提起的离婚问题今天大概会发展到什么地步？”“假如从现在开始，妈妈不再去玩麻将，你爸爸发火的概率会更大呢，还是会小一些？”

（5）积极赋义：针对当前症状，系统地从积极的方面重新进行描述，放弃挑剔、指责态度而代之以一种新的观点，即对家庭的困境加以重新定义。如对于口吃现象，治疗师说：“这是用简洁的语言表达最安全的信息的最好形式。”

（6）软化症状和去诊断：这类提问是为了将病人从标签化的病态中解放出来，解除其病人角色。如对神经性厌食症的病人提问："你是什么时候决定每天只吃两勺饭的？"又如，将"我是病人"，改为"我表现得像个病人"，从而暗示症状并不是人格结构中不可动摇的成分，也不是器质性病变的后果，患者仍然对症状有影响力。

2. 布置家庭作业

（1）悖论干预和症状处方：要求患者故意保持或"加重"症状性行为，如要求成天担心失眠的患者，"睡不着觉的时候，睁大眼睛盯着天花板上某个地方，舌头抵住上腭，坚决不睡觉"；或布置一些令患者抵制或反感的作业，如要求经常吵架的夫妻每周必须吵两次架，如病人不愿去做，则正好有利于终止症状。与此相反，故意不让从事合适的行为，反而会促使其设法去做。如对担心惊恐发作而不敢出门的病人，故意要求其不能出门，有时反而会激起他出门锻炼的努力。

（2）单、双日作业：建议患者在星期一、三、五（单日）和星期二、四、六（双日）做出截然相反的行为。"星期一、三、五，你可以装小孩或病人，什么都需要帮助和满足，不然就发病给她（指妈妈）看；星期二、四、六装大人，买菜、扫地、拖地板，管理自己和家庭。星期天随你便。"与此同时，要求家庭其他成员观察患者两种行为各有什么好处。这类作业的作用是传达一种言外之意，引起对原有退化和症状性行为的反思或领悟，并选择进步的方向；或帮助面对冲突处境的人辨别自己的心理需要，澄清矛盾，学会用异时性的方式处理事态。

（3）记秘密红账：要求家庭成员对患者（或患者对家庭成员）的进步和良好表现进行秘密记录，不准记录坏表现和症状，直到下次会谈时才由治疗师当众宣读，常有数量上的要求，如必须记满20条后才能预约下次会谈。这种作业主要针对家庭中常见的缺陷取向（与资源取向相对）的现象。如家庭成员出现不合意行为表现后，其他人会有焦虑、沮丧、挑剔等负性情绪和态度。这样的作业一方面促进其他成员的注意力重新分配，另一方面则诱导病人做出合意的行为，使之有"立功受奖"的机会。

（4）角色互换：让家庭成员定时或因事而定交换家中角色。比如，请喜欢挑剔的丈夫亲自下厨房做饭，请拖拉的儿子负责每天唤醒全家。

（5）水枪射击或弹橡皮筋：让家庭成员以善意、戏谑的方式，直接对不合意的行为或关系进行干预。准备玩具水枪或橡皮筋，当谁出现不合意行为时便瞄准行为者射击或弹击，即便是对权威的、不苟言笑的父亲或母亲也须执行。比如："你对妈妈一句话说10遍感到厌烦。我们可以事先约定，让她一天内同样的话可以重复5遍，如果超过5遍，你就拿水枪射她。反过来，如果妈妈提醒了3遍，你还不做作业，她也要这样惩罚你。"这种干预的意义并不在于实际上做不做，而是在观念层面上给予冲击。通常，大多数家庭都没有实际执行，他们在接受任务时往往已经发出会心的笑声，因此能快速终止不合意的行为模式。

（6）定期写信或打电话：对居住在外地不容易来访的家庭，也须维持治疗关系和干预效应。这就要求家庭成员定期写信或打电话汇报情况，尤其是以前没有过的新行为。做法同"记红账"，在打电话汇报时，家庭要拿出记录好的秘密红账，当众宣读，互相确认，治疗师在听到后要及时鼓励并布置新的作业。

三、应用和评价

既往的诊病模式给来访者贴标签，无意间强化了病理化过程，是一种试图强行控制改变来访者的缺陷取向。它不考虑行为的内在过程与家庭背景的关系，而家庭治疗资源取向将个人和家庭导向积极健康的新的生活模式中。

系统式家庭治疗与个体治疗相比，它重视症状在人际系统中的功能，而不是将其视为纯粹的障碍、病态，或是直接因果链上的最后的个人性结局。这种资源取向思维模式反对给来访者贴诊断标签，而是利用各种技术改变来访者对问题的看法，将他们的注意力转移、扩展到无症状、无问题的时间、空间上，以促进个体行为和家庭动力学模式的改变。

第四节　正念疗法

一、概述

当今西方医学、心理学、脑神经科学、教育学界，正兴起一股研究和应用东方佛道文化与修行技能的潮流。特别在心理治疗领域，佛教、道教和瑜伽等传统文化中的修行理念与方法，正在深刻地影响着现代心理治疗的发展。基于正念的疗法已经成为现代心理治疗的一个重要势力。

（一）正念的源流与概念

正念源自根本佛教的八正道，即正见、正志、正语、正业、正命、正方便、正念、正定。正念的巴利文为 sati，本义是全神贯注地对目标保持清楚的觉知。此即正念的本质。正念在英语中翻译为 mindfulness，其意是留心、专注、全神贯注，是一种注意力和觉知力。在心理学上“念”应该具有注意、觉知、回忆和记忆等相关的心理要素。

佛教的修行理念与方法，曾以各种机缘影响到心理治疗的发展。自 20 世纪 50 年代，日本禅学家铃木大拙开始在美国各地传播佛学，将禅宗与精神分析理论进行比较，禅宗所蕴含的人本主义精神受到美国的广泛注意。许多心理学家和心理治疗师认真阅读禅学著作，并积极参与禅修实践。美国的禅宗热潮是正念思想进入心理学的直接原因。在美国人眼里，佛教不但能满足个人精神需求，也特别强调人与人之间的温情，能填补人心灵上的空虚感。由此，心理学家们对意识活动与心理状态的研究产生了新的兴趣，他们意识到禅（zen）具有满足精神需求、缓解压力与心理治疗的功效。到 70 年代，禅宗在西方心理学中，尤其是在精神分析与心理动力学派、人本主义与超个人心理学派中已经变得不再陌生。现代社会人们更倾向于自己解决问题，而不是从治疗师那里被动地接受询问、审查以及建议；更倾向于在家中、在生活与工作中解决问题，而不是每周花额外的时间去咨询室。这是一个自我学习、自由发展、自我保健治疗的热潮兴起的时代。

正念思想的自我指导、全面健康思想以及神秘性、简单性，不仅满足了现代社会的需求，也满足了心理治疗系统进一步发展与变革的需求。美国麻省大学的卡巴-金博士，在70年代首先将正念从佛教禅修中引入心理学领域，以正念为理论基础发展出正念减压（mindfulness-based stress reduction，MBSR）疗法，推动了现代心理治疗的新发展。卡巴-金将正念定义为通过有目的地将注意力集中于当下，不加评判地觉知一个又一个瞬间所呈现的体验，而涌现出的一种觉知力。正念的核心在于两点：一是将注意力集中于当下；二是对当下所呈现的所有观念均不作评价。即培养一种对此时此地的觉知力，并保持一个开放和接纳的态度。非评判是指不埋怨自己、环境和他人，这是充分意识到当下心身感受或经验的必要条件。

（二）正念治疗的有效因素

正念的状态，要求心理总处于注意眼前发生的事情，同时也体验自身感觉的状态，这并不容易做到。因为人的习性反应，对快乐的追求和对痛苦的回避，使人总是处于一种焦虑和痛苦当中。使心理处于正念状态，能够把人从痛苦的思维、情绪中抽离出来，减轻症状造成的伤害，这称为去中心化过程。这些机制能够使意识从僵化的关于自己和世界的框架中解脱出来。当正念的意识状态能够建立起来时，一个人能对他的环境进行重新定位，能够产生心理弹性。正念训练可使人的意识功能变得更强大，如注意稳定、觉知清晰，能接纳和承受痛苦，使思维从冲突和障碍中解脱出来。"注意"是对这种意识的定向关注，"觉知"是对自身和外部环境的意识。通过定向的觉知，个体可以全面了解内外部世界而不是局限于某种心念。

最新的正念神经机制研究还揭示了身心相互作用对正念训练和状态保持的重要性，即中枢神经系统与自主神经系统的协调与互动可以有效促进"身心整合"的优化状态，进而获取更多的大脑资源去有效地注意、觉知、去中心化以及改变固化的自我思维定式。

正念可以被看作一种集中注意力的方法，也可以被看作一种包含自我意识的对此时此地的觉知或一系列与自我调节、元认知和接纳相关的心理过程。

正念概念从古典向现代发展的过程中，其宗教色彩逐渐淡化。现代意义上的正念已经成为一个不断发展、内涵不断丰富的心理学概念。

（三）正念的心理与神经机制

近年来正念疗法被广泛应用于西方各临床和康复机构。研究发现，正念可以有效缓解慢性疼痛，辅助治疗癌症、皮肤病、风湿性关节炎和纤维肌痛等疾病，正念还可缓解抑郁、焦虑症状以及防止抑郁复发。那么，正念是如何达到治疗各种身心疾病，维持和增强个体身心健康功效的呢?

正念强调对此时此地内外部刺激的持续注意和不评判接纳。在这个过程中，个体的感知觉敏感性和注意、记忆能力以及情绪状态、情绪调节能力等也将发生显著变化。基本认知能力的变化改变了个体对内外部刺激的初级和高级加工方式，这种信息加工方式的变化对于维持个体（尤其是抑郁、焦虑和注意缺陷患者）身心健康极其重要，这可能是正念达到各种临床功效的重要原因。另外，情绪在个体的身心健康中起着重要作用，而正念的显著功效之一就是改善个体的情绪状态和情绪调节能力。

（1）感知觉。正念过程中，人们的基本感知觉能力会发生变化，即表现为对不良刺激感受性降低，更能容忍和接纳内外部环境。例如，Grant 和 Rainville 的研究表明，在长期的正念训练下，个体对热刺激的痛觉感受性显著降低，即正念训练者能够承受的热痛刺激强度显著大于普通个体。

（2）注意。正念训练可以显著提高儿童和成年人的注意力，从而达到改善个体认知功能的目的。Tang 等的研究表明，与放松训练对照组相比，5 次短期调节法训练（每次 20 分钟）能显著提高注意网络中的执行注意能力（冲突解决）。Ganaden 和 Smith 发现，特质正念水平与个体注意功能紧密相关，特质正念水平高的个体在注意朝向任务中较少受到负性情绪线索的影响，在注意执行控制任务中较少受到情绪侧翼冲突（emotional flankers）的影响。

（3）记忆。正念过程中个体的记忆能力也会发生改变。研究发现，正念可以提高抑郁症患者的自传体记忆特异性、减少过度概括化记忆从而达到有效治疗抑郁症和防止抑郁复发的目的。正念训练对工作记忆容量也有一定的保护功能。Jha 等的实验招募了一批处于高压力情景（即将被调往伊拉克战场）下的军事人员，并将他们随机分为两组，一组接受 8 周的正念训练并记录课后自行训练时间，另外一组为控制组。结果发现，控制组人员的工作记忆容量随着军事调度时间的临近而下降，而正念组中课后自行训练时间较少者工作记忆容量也会下降，但训练时间较多者的工作记忆容量则下降不明显。

（4）情绪。正念与个体的情绪状态和情绪调节能力紧密相关。Tang 等发现，短期调节法训练可以提高免疫能力和增强积极情绪，降低焦虑、抑郁、愤怒和疲劳等负面情绪以及应激激素。正念可以通过增加个体的积极情绪体验、减少消极情绪体验来提高主观幸福感和生活质量水平。它还可以增强个体的共情能力，减少攻击行为。对于社交焦虑障碍患者的研究发现，个体在正念量表上的得分与社交焦虑症状严重程度呈高度负相关，尤其是“觉知”和“不评判”维度得分越高，社交焦虑程度越低。总之，正念能够改善负性情绪，增强积极情绪以保持个体身心健康和提高生活质量。也就是说，正念可能是通过情绪或者情绪调节来达到各种临床和非临床功效的。

在正念状态的神经生理基础方面，Chambers 等测试了注意转换加工过程，这个实验是通过让参加者完成内部转换任务（internal switching task，IST）来完成的。研究结果表明，正念训练能够缩减反应时间。并且这种反应时间的缩减和抑郁症状减轻有很高的相关性。这个实验也表明，正念训练能够促进负性情绪和正性情绪之间的转换。很多研究显示，正念练习能够激活两侧大脑延髓前扣带皮层和背内侧前额叶皮层。许多的研究证实系统的正念训练能够改变注意、意识和情感相关脑区的变化。正念能够提高注意相关脑区的活动，例如右前脑岛、右侧海马、前额叶皮层。这也能够解释为何正念能够增加对自身感觉的觉察能力。Tang 等的研究表明，正念练习者的右前扣带皮层的脑血流量会增加，包括 BA25 和 BA32 区、左脑岛、枕小叶、右后扣带皮层、右楔前叶和皮层下结构的壳核和尾状核。这些脑区是和情绪控制紧密相关的。有研究证实正念能够增加大脑灰质，并且能够使之长久保持。有趣的是，长期的正念练习能够通过抑制大脑灰质萎缩而使认知能力得以保持。这些研究结果证实了正念的训练不但引起了大脑的功能性改变，并且改变了大脑的结构基础。

二、常用的正念疗法

（一）正念减压疗法

卡巴-金于1979年创立并开始推广其正念减压（MBSR）疗法。MBSR采取的是连续8～10周，每周1次的团体训练课程形式，每个团体不超过30人，每次2.5～3小时，不仅实际练习正念禅修，也讨论如何以正念和平等心来面对与处理生活中的压力和自身疾病，并在第六周进行一整天7～8小时的全程禁语的密集型正念禅修。具体练习有45分钟的身体感受扫描以及坐禅（以端坐的方式观察呼吸的感受）、行禅（在日常的走路、站立和吃饭等活动过程中保持正念）等等。MBSR受到患者的欢迎，其减压门诊也于1995年扩大为“医疗、保健与社会正念中心”。现在该正念中心不仅提供治疗，也为医学院学生及医护人员、心理治疗师、教育工作者等提供相关的师资训练。MBSR也是当前得到应用和研究最多的正念疗法。

正念减压疗法的基本技术有如下几种。

1. 静坐冥想

这是正念训练最核心、最基本、最主要的技术，包括正念呼吸、正念身体、正念声音、正念想法四个方面，它们是循序渐进的过程。在练习中，有意地、不逃避地、不加评判地、如其所是地观察伴随呼吸时腹部的起伏，观察身体的各种感觉，注意周围的声音，注意想法的升起、发展、变化，以至消失。

2. 身体扫描

练习者闭上眼睛，按照一定的顺序（从头到脚或从脚到头）逐个扫描并觉知不同身体部位的感受，旨在精细觉知身体的每一个部位。身体觉知能力的增强可以帮助我们处理情绪，同时把注意力从思维状态中转移到对身体的觉知上来。训练程序如下：

（1）请舒适地坐在椅子上，双腿稍稍分开，跟肩差不多宽，双手自然地垂放在腿上。可以微微靠在椅背上，但不宜太用力倚靠。舒服最重要，可以睁着眼睛，可以轻轻地闭上眼睛。

（2）花一点时间去觉察呼吸的运动和身体的感觉。当你准备好了的时候，将注意放到身体的感觉上，如身体接触椅子、双脚踏地的感觉。

（3）为了集中意志，你要提醒自己这是一个“进入清醒”的时间而不是“进入睡眠”的时间。此外，还要提醒自己，不论当前的情境如何，你要做的只是单纯地去觉察当前的时刻。这个练习并不是要你改变体验世界的方式，也不是让你变得轻松或者冷静。它的目的是让你系统性地对身体的每一部分轮流进行关注，然后能够觉察到所有的感官（包括之前觉察不到的感官）。

（4）现在把你的注意力放到腹部，随着呼气和吸气进行，注意腹壁的起伏变化。用几分钟的时间去注意腹部随着吸气而膨胀，随着呼气而收缩的情形。

（5）在保持对腹部觉察的同时，把注意的焦点转移到左腿，顺着腿部一直到脚部，然后再延伸到每一个脚趾上面。依次关注每一个脚趾，用轻轻的、好奇的、温柔的注意去探索你的感觉，也许你会注意到脚趾之间瘙痒、温暖或者麻木的感觉，也可能什么感觉都没有。不论怎样，用心去感受就行了。事实上，不论你体验到的是什么，你都已经活在当下了。

（6）在准备好的情况下，尝试在每一次吸气的时候，体会或者想象气息进入肺部之后顺着流向全身，通过左腿一直到达左脚的趾头。而在呼气的时候，则体会或者想象气息从脚趾和脚上面流回来，顺着左腿和躯干从鼻孔里面出去。用这种方式呼吸几次，每一次的吸气都直灌脚趾，每一次的呼气也都从脚趾开始回流。当然，要进入这种状态有一定的难度——你只要尽量去尝试这种“深度呼吸”的练习，慢慢地就能接近那种状态。

（7）现在，当准备好了之后，在某次呼气的时候，把注意力从脚趾转向左脚的底部——轻轻地去探索脚掌的感觉，然后是脚后跟（比如，你可以注意脚后跟与地面接触的感觉）。尝试着让“呼吸灌注”到所有的感觉——在探索脚底的感觉时，把呼吸作为一种觉察的背景。

（8）现在，允许觉知扩展到脚的其他部位，进行一次稍微更深度的呼吸，指引它往下进入整个左腿——小腿、膝盖、大腿、皮肤——与地板接触的感觉。

（9）继续依次带领觉知和好奇心来探索躯体的其他部位——右脚趾、脚底、脚背、脚跟、右小腿、膝盖、大腿。然后，是骨盆、后背、腹部、胸部、手指、手臂、肩膀、脖子、头部和脸。在每个区域，都能够带领具有同样细节水平的意识和好奇心探索当前的躯体感觉。当离开每一个主要区域时，在呼气时，想象着把气吸入这个部位，在呼气时放开。

（10）当你注意到某个部位紧张时，你要让自己对着它们“吸气”，慢慢地吸气，觉知这种感觉，尽你最大可能。在呼气时，感觉让它们放开或是放松。

（11）你的心理不可避免地会从呼吸和躯体不断地游移到其他地方去，这是完全正常的。这本就是心理的所为，当你注意到这种情况时，逐步地认识它，注意心理刚才的走向，然后，逐步地把你的注意力转回到你打算注意的躯体部分。

（12）以这样的方式扫描全身后，花几分钟把躯体作为整体知觉一下，觉知呼吸在体内自由进出的感觉。

（13）最后，进行几分钟专注的呼吸练习来结束扫描冥想。挺直背，把注意力集中到呼吸上，觉知呼吸在身体里的一进一出，注意在呼吸的伴随下的任何感觉。

3. 行禅

这是在行走之中进行的正念训练。练习时，将注意力集中在脚部，注意脚底与地面接触的感觉，注意行走中脚的抬起、移动、放下，注意脚部、小腿等部位的各种感觉。整个过程中自然地呼吸，不加控制。

4. 三分钟呼吸空间

三分钟呼吸空间是在练习中，练习者采用坐姿，闭上双眼，体验此时此地的想法、情绪状态、身体的各种感觉。慢慢地把注意力集中到呼吸上，注意腹部的起伏。围绕呼吸，将身体作为一个整体去觉知。快速地做一次身体扫描，注意身体的感觉，将注意力停留在异样的感觉上，并对这种感觉进行命名或标记。

5. 正念瑜伽

“正念瑜伽”整合了正念训练和瑜伽，它不追求动作姿势的完美，而是强调在练习瑜伽的过程中体验运动和拉伸的躯体感觉。

（二）正念认知疗法

正念认知疗法（mindfulness-based cognitive therapy，MBCT）是西格尔（Zindel Segal）、威廉姆斯（Mark Williams）和蒂斯代尔（John Teasdale）等心理治疗师将正念减压（MBSR）疗法改进后引入认知疗法而形成的，主要用于抑郁症和抑郁症复发治疗。详见第十二章。

（三）辩证行为疗法

辩证行为疗法（dialectical behavior therapy，DBT）是由玛莎·莱因汉创立的用来治疗边缘型人格障碍的方法。详见第十二章。

（四）接纳承诺疗法

接纳承诺疗法（acceptance and commitment therapy，ACT）是美国临床心理学教授海耶斯（Steven C. Hayes）及其同事于20世纪80年代末至90年代初创立的一种新的行为疗法。ACT与正念减压（MBSR）疗法、正念认知疗法（MBCT）、辩证行为疗法（DBT）等被认为是认知行为治疗的第三代浪潮。

1. 哲学背景与心理学理论基础

ACT的哲学背景是功能性语境主义，功能性语境主义是一种基于语境主义和实用主义的现代科学哲学流派。语境主义把心理行为事件理解成个体与具体情境（包括历史和环境）之间持续不断的相互作用，功能性语境主义的根隐喻是“行动在语境之中”。因此，基于语境主义的行为分析方法以整体性不遭破坏的方式分析心理行为事件，通过预测和影响心理事件与具体情境之间的连续互动，使行为分析达到一定的精确度、范围和深度。以此为基础，ACT将心理事件看作个体与情境之间一系列的互动。因此，如果只是去分析问题行为的症状表现，实际上就脱离了心理事件发生的语境，错过了问题的本质和解决途径。这就不难理解，为何在ACT中，即便心理事件在形式上是“消极的”“非理性的”，甚至是“异常的”，治疗师也要保持开放接受的态度。心理事件的功能，即个体与所处情境之间的相互作用是治疗师所关注的焦点。此外，功能性语境主义的实用取向使得目标变得尤其重要，ACT鼓励来访者投入与自己价值观相一致的生活中，实现自己的生活目标。因此，功能性语境主义可以被看作斯金纳的激进行为主义的拓展和语境解释，它强调有用性、语境和目标在行为分析中的重要性，它不仅是关系框架理论的基础，也充分体现在了ACT的实际应用中。

ACT 的心理学理论基础是关系框架理论（relational frame theory，RFT），RFT 是有关人类语言和认知的一个全面的功能性语境模式。人类在进化过程中产生了语言，无论是现实社会生活还是内心世界，语言无处不在，了解语言和认知是了解人类行为的关键，语言是人类沟通的桥梁，也是心理痛苦的根源。人类在分析和整合刺激并形成刺激关系方面具有非凡的能力。关系框架是指心理上形成的一些具体的不同类型的关系反应。

RFT 具有三个主要特征：第一，这种关系具有"相互推衍性"。如果一个人学习到 A 在某一语境中与 B 有着特定的关系，那么意味着在这一语境中 B 也与 A 有这种关系。第二，这种关系具有"联合推衍性"。如果一个人学习到在特定的语境中，A 与 B 有着特定的关系，而 B 与 C 有着特定的关系，那么，在这一语境下，A 与 C 势必也存在某种关系。第三，这种关系能使刺激的功能在相关刺激中发生转变，如望梅止渴，听到"méizi"想到"梅子"，并分泌唾液。

当所有上述三个特征得以确定并形成某种特定的关系时，我们就称这种关系为"关系框架"。根植于功能性语境主义的 RFT 之所以与临床应用紧密相关，原因在于某一事件被赋予某些功能之后，往往会改变与该事件相关的其他事件的功能。ACT 的心理病理模型和治疗模式与 RFT 紧密相关。

2. 心理病理模型

ACT 将人类的心理病理过程直观地用一个六边形来表示。六边形的每一个角对应造成人类痛苦或心理问题的基本过程之一，六边形的中心是心理僵化（psychological inflexibility），这是对六大心理病理过程之间相互作用的一个概括。从 ACT 的心理病理模型来看，六大基本过程是相互影响和联系的，会同时对特定的心理问题产生不同程度的影响，这打破了以往那种具体心理病理过程导致特定心理问题的传统模式。

ACT 认为人类主要的心理问题源于语言/认知与人们直接经历的偶然事件之间的交互作用方式，包括经验性回避和认知融合。这两者会导致来访者失去对此时此地的真实体验，并依恋于概念化的自我。最终，来访者会缺乏明确的价值方向，无法按照所选择的价值方向过有意义的生活。

ACT 心理病理模型的主要内容如下：

（1）经验性回避，又称经验性控制。指的是人们试图控制或改变自身内在经验（如想法、情绪、躯体感觉或记忆等）在脑海中出现的形式、频率，或对情境的敏感性。如当我们试图控制焦虑时，势必会想起焦虑，同时也会连带唤起焦虑的情绪体验。而且，即便单纯回避的方式能暂缓消极情绪，往往也会造成来访者对刺激的麻木或过敏，最终导致生活空间受限。

（2）认知融合（cognitive fusion）。指的是人类行为受限于思维内容的倾向，该倾向使人们的行为受语言规则和认知评价的过度控制，从而无法用此时此地的经验和直接的经验指导行为。以往认知治疗方法是旨在通过改变来访者的想法来解决问题，认为不合理的想法或信念是心理僵化的主要原因。实际上，这并不是问题的根源。ACT /RFT 认为，认知内容并不会直接导致问题，我们与认知内容的关系才是问题。当陷入认知融合时，我们会把头脑中的想法当成真实的现状，而没有意识到这些想法不过都是不断发展的认知过程的产物而已。

（3）概念化过去与未来。经验性回避和认知融合均会让我们脱离当下。首先，经验性回避会减弱对个人经验的感知能力。对负性的想法、情绪、感觉和记忆的感知通常会伴随恐惧、愤怒、悲伤等消极的情绪体验，我们往往不愿意去面对这样的痛苦。其次，认知融合会让我们无法体验当下。当我们置身于概念化的世界时，我们就失去了直接的此时此地的真实经验，沉浸于过去的错误或可怕的未来，我们的行为会受制于过去已有的想法和习惯反应。

（4）依恋于概念化自我（attachment to the conceptualized self）。自我概念是言语和认知加工过程的核心。在既定的语言模式下，每个人逐渐形成了关于自己过去和将来的自我描述，过去的历史是通过言语构建和描绘的，未来的发展是通过言语预测和评价的，在这样的自我描述过程中就形成了概念化自我。这个概念化自我就像是一张蜘蛛网一样，包含了所有与自我相关的分类、解释、评价和期望。来访者来求助的时候，正是被这种概念化自我限制了，使自我变得狭隘，导致不灵活的行为模式。

（5）缺乏明确的价值方向。ACT 中的所谓价值，指的是来访者内心真正向往和选择的生活方向。然而，价值的形成是一个非常复杂的过程，它深植于每个人的内心深处，却很容易被言语词汇曲解成评价、情绪和过程目标等。价值本身不能被评价，因为它是其他想法和行为的评价标准。从这个意义上来讲，对于持有该价值方向的个人来说，终极价值是完美的。不良的社会环境和过去历史导致来访者没法看清自己的价值方向，尤其是当来访者的行为受限于经验性回避时，就无法选择有意义的方式生活，缺乏价值感和自尊感。

（6）不动、冲动或持续回避。来访者把时间和精力都浪费在过程目标（process goal）的实现上。这些过程目标从短期效益来看，可能会降低来访者的负性反应，让来访者觉得正确，但从长远来看，最终让来访者迷失了他们在生活中真正重视的价值方向，导致长远生活质量降低或生活空间变窄。

3. 治疗目标与治疗技术

ACT 的目标是提高心理灵活性（psychological flexibility），即作为一个有意识的人更充分地接触此时此地的能力，从而能够在行为上做出改变或持久努力以达到既定的价值目标。心理灵活性可以通过 ACT 的六大核心过程获得，包括接纳、认知解离、关注当下、以己为景、明确价值及承诺行动。这六个过程相互依存，互为支持，而不是孤立的、割裂的。在治疗时可以从任何环节切入，选择的依据是治疗师对来访者心理病理模型的评价，看看哪个维度最严重，就可以从哪个环节入手。如缺乏明确的价值方向，则可以从明确价值入手。

从整体结构来看，ACT 的六大核心过程可以划分为三种应对风格和两大基本过程。

三种应对风格指的是开放（open）、中心化（centered）和投入（engaged）。接纳和认知解离对应的是开放的风格，主要是面对、接纳而不是逃避控制内在体验；关注当下和以己为景对应的是中心化的风格，主要是正念过程，不加评判地觉察当下体验；明确价值和承诺行动对应的是投入的风格，主要是将心理能量专注于与价值方向一致的行动。

ACT 包含的两大基本过程如下：

第一步是正念与接纳过程。ACT 试图通过接纳、认知解离、关注当下、以己为景来观察，来减少主观评判，减弱语言统治，减少经验性回避，更多地生活在当下。与此时此地经验相联系，与我们的价值相联系，使行为更具有灵活性。

第二步是承诺与行为改变过程。ACT 通过关注当下、以己为景、明确价值、承诺行动来帮助来访者调动和汇聚能量，朝向目标迈进，过一种有价值和有意义的人生。

这一治疗模式之所以被称为“接纳与承诺疗法”，其原因就在于这两大过程在 ACT 中被融合成一个有机的整体。所以，ACT 在某些语境中是另一种缩写，即接纳（acceptance）、选择（choose）和采取行动（take action）三个关键行为策略。

ACT 的六大核心治疗技术如下：

（1）接纳。接纳是相对于经验性回避的另外一种选择。接纳指的不是容忍，而是对过去经历的个人事件和此时此地经验的一种积极而非评判性的容纳。它是一种在明确价值方向时自愿做出的选择，即为痛苦感受、冲动和负性情绪让出心理空间，不去抗拒、控制和逃避它们，而是将其作为客体去观察。例如，我们会告诉来访者把焦虑看作一种客观事物来面对，来体验观察其起伏消长、生生灭灭，而不去抗拒、逃避或消除。

（2）认知解离（cognitive defusion）。认知解离指的是将自我从思想、意象和记忆中分离，客观地注视思想活动如同观察外在事物，将思想看作语言和文字本身，而不是它所代表的意义，不受其控制。ACT 发展了很多技术来达到认知解离，如大声重复某个词，直到这个词只剩下声音，而没有意义；或者通过外化的方式，给某个想法赋予具体的形状、大小、颜色，从而使它成为客观的事物。

（3）关注当下（being present）。ACT 鼓励来访者有意识地注意此时此地的心理活动，不做评价，完全接受。目的是帮助来访者更直接地体验周围的世界，从而提高他们行为的灵活性，与自己的价值观保持一致。如在治疗过程的开始阶段做一个简短的一到两分钟的正念练习（如观察自己的吸气和呼气，从内心扫描身体感觉，做几个深呼吸，关注五个感官的感觉）会帮助来访者培养出对当下的觉知意识。

（4）以己为景（self as context）。痛苦的思维和感受对来访者的自我产生威胁，这种负面的感受在自我作为概念化对象时尤为显著。RFT 证明了直证关系框架，如“我-你”“这儿-那儿”和“现在-过去”，会创造出一种视角感，视角采择（perspective taking）使人类灵性的直接经验得以形成，以己为景的觉察可以帮助来访者关注自己真实的经验，促进认知解离和接纳。ACT 通常采用正念（mindfulness）、隐喻（metaphor）和体验性过程（experiential processes）来帮助来访者达到以己为景。在 ACT 治疗中要求来访者选取不同的角度看待问题，穿越时间、地点和人物的观点采择的技能可能有助于来访者建立更灵活的视角选择，扩大心理空间。如要求来访者站在将来回头看看现在的自己；甚至也许要求来访者给他自己写一封信，谈谈关于如何以健康的方式来处理当前的状况；也有可能要求来访者将他自己放到空椅子上，从另一个人的角度与他自己对话；等等。

（5）明确价值（values）。ACT 中的价值指的是用语言建构的，来访者所向往的和所选择的生活方向。价值与人们的行为不可分离，有意识地贯穿在生活的每一个有目的的行动中。与价值方向一致的行动是有建设性的，而不是为了逃避或消除痛苦。选择的“自由”是指不受强迫，没有“不得不”的情况的制约。价值选择如同轮船的舵，或者汽车的方向盘，只有某个方向，没有终点。在澄清价值方向时常用的练习是“墓志铭”“八十岁生日晚宴”等。

（6）承诺行动（committed action）。ACT 不仅是一种接纳取向的治疗策略，更是一种改变取向的治疗策略，承诺行动就是选择一种指向目的的特别的行为方式。ACT 的目的是帮助来访者按照自己的价值方向做出行为改变，对自己的行动负责，建构有效的与价值方向一致的生活。“开垦花园”是经典隐喻，可以帮助来访者选择某个价值方向，采取一致性行为。

ACT 已经成为美国心理学会推荐的循证心理治疗方法。ACT 被广泛运用于精神科及内科临床中，针对慢性疼痛、精神病性症状、抑郁症、焦虑症、强迫症、创伤后应激障碍、糖尿病、肥胖、艾滋病、癌症等都有着很好的效果。基于 ACT 开发的团体培训还被用于改善企业员工的绩效管理、压力管理、愤怒管理、沟通管理、家庭关系管理、婚姻管理等。

（五）整体身心调节法

整体身心调节法（integrative body-mind training，IBMT）是美国心理学、神经科学教授唐一源（Yi-yuan Tang）于 20 世纪 90 年代创立的一种新的整体身心并调方法。IBMT是把东方古老的智慧与现代身心科学融为一体而形成和发展的一套身心调理的理论与实践应用体系，分为身心健康法、身心平衡法和身心净化法，对应不同的目标和适应症。在国际正念领域，整体身心调节法被归类为“不刻意努力的正念觉照”（effortless mindfulness meditation）。

研究者采用心理行为测评、生理检测、脑功能成像和基因分析等多层次综合技术和方法，在东西方人群里对 IBMT 进行了系列而严格的双盲随机实验研究。研究发现，IBMT可以在很短的时间内（比如 2 小时）有效地改善情绪，降低焦虑、抑郁、愤怒等消极情绪和应激激素，提高注意力和免疫力、认知表现和积极社会行为。进一步研究揭示了 IBMT 可以增强中枢神经系统（如前扣带回）的可塑性以及它与自主神经系统（副交感神经系统）的联系，这种相互作用可以帮助练习者进入“身心整合”的优化状态，因此获得行为、脑和生理等方面的积极效果。

IBMT 的基本概念包括自然平衡、生命能量、身心协调与大脑优化、疾病心因、状态改变、身心整合、整体调节等。IBMT 的核心技术包括能量中心、大脑空间清理、思维外化、觉照、身心优化、领悟与顿悟、自我消融、自发改变、自主健康等。

IBMT 在调理人体健康和平衡过程中，自始至终把人体作为一个巨系统来考虑，从身、心、行为、环境四个方面综合调整，使身、心、行为与环境协调一致。同时，在事、理、情、态四个层面从宏观、微观两个方面调节。比如，在调理方法上，遵循“调和五脏六腑，疏通全身经络，化解微观心因，增加生命能量”的原则，以启动人体的自我调节和自我康复能力，因而效果显著。

IBMT 由于短时高效，已经被成功应用于教育、健康及身心疾病预防和康复等领域，比如多动症、学习困难、焦虑症、抑郁症、物质依赖与药物成瘾、睡眠障碍、疼痛、高血压、胃溃疡、胆结石、脑损伤后遗症、免疫内分泌疾病、创伤后应激障碍、强迫症等。IBMT 在青少年和成人团体培训中，可以降低压力，提高注意力、学习成绩以及职场表现和业绩，还可以改善情绪调节能力和人际关系等。

三、适应症与评价

正念疗法在临床治疗、医疗和发展性应用中成效显著。例如，正念减压（MBSR）疗法的疗效已得到非常多的研究证实，不仅被用于高压力人群如慢性疾病患儿的照顾者的减压，也被用于心理疾患的治疗。其中 Carlson 对接受和未接受 MBSR 训练的癌症患者所进行的系列研究、Garland 等对已婚女性乳腺癌患者的研究、Miller 对焦虑症患者在 MBSR 训练前后的研究，都提示 MBSR 有很好的临床效果。

正念训练可能有很多好处，包括治疗上的好处。但是有些实验设计还不够理想。研究设计较简单，仅少量研究采用了控制组设计或对比研究，而且目前的研究亦很难确定其在临床上的效果是否优于其他自我调节策略，如放松练习、生物反馈、自我催眠等。与此同时，正念训练者常常报告正念禅修比起其他方法更有意义，更令人愉快，也更容易坚持，并且能培养一种自我探索的兴趣。但是严格地讲，正念训练会产生哪些效果也不是很清楚。尽管对于正念禅修的实验研究已经得出一些有益的结果，但对于正念禅修的研究仍然处于初期阶段。正念禅修的适应症和适用人群，仍然是一个值得进一步探索的领域。

第五节　道家认知疗法

一、概述

道家认知疗法（简称道家疗法）是在道家的处世养生哲学和我国古代朴素的辩证法的基础上，吸收现代认知疗法而创立的。它认为人们的焦虑、抑郁情绪及其行为方式不单纯是表面上的认知误区造成的，还与其文化的价值根源相关。道家的主要哲学思想是自然、无为、虚静、柔弱，倡导天人合一的思维方式、顺应自然的行为原则、返璞归真的价值取向、崇俭抑奢的生活信条、柔弱不争的处世之道以及重生养生的人生追求。杨德森、张亚林所领导的研究团队，经思辨到实证反复研究，总结出道家修身养性的 32 字原则，即“利而不害，为而不争；少私寡欲，知足知止；知和处下，以柔胜刚；清静无为，顺其自然”，并把这一原则贯穿于现代认知疗法中，发明了中式 ABCDE 技术。这些道家处世之道，无论是过去还是今天都是一套行之有效的保健方法。其中包含了心理治疗的基本元素，它们能缓解精神压力、抚慰精神创伤、调整心身状态，对于神经症及精神应激性障碍来讲是一剂对症良药，可以帮助倦怠者缓解情绪上的焦虑，并以良好的心态对待世间的事物，从根本上认识自我、了解自我，建立合理的人生信仰和价值系统，全方位地提高个人素养、心理素质、职业道德，颐养身心，摆脱倦怠的困扰。

二、治疗技术

道家认知疗法分为五个基本步骤。按每一步骤的关键词的第一个字母，其治疗程序可简称为 ABCDE 技术。

1. 评估现实的精神刺激因素（actual stress factors）

主要是找出患者在现实生活中的精神刺激因素，并进行定性、定量及分类。全面评估精神刺激的来源、性质和严重程度，以便制定相应的应对策略，同时辅以一般性支持工作。为了让患者如实全面地报告，有时治疗师需要同患者反复讨论与分析，进行耐心细致的解释和说明，以消除对方的顾虑。

为了使患者正确全面地理解应激源的概念，还应向患者说明，精神刺激不仅指重大的突发事件还包括反复遭遇的日常琐事，不仅指令人悲痛的灾难还包括令人兴奋的事情，不仅指客观存在的生活事件还包括并非事实的错误感知与推测。为此与患者完成上述交谈后，我们使用自评的生活事件量表评估患者的精神压力。

通过评估，我们可以比较全面地了解患者精神刺激的来源、性质及严重程度。然后经过综合分析，判定应激源是属于外在性的（即客观产生，如天灾人祸），还是内在性的（即主观产生，如杞人忧天），以便在治疗时采取相应对策。在完成该步骤的同时，辅以一般性的社会支持。

2. 调查价值系统（belief system）

帮助患者完成价值系统序列表。按最需要的即最有价值的，最不需要的即最无价值的之原则，帮助患者梳理、审视和评估自身价值系统，按需要层次排序。由此了解患者出现应激的内在原因，以利于认知重建，有些患者在了解自己的价值系统后就可能产生顿悟。填写价值系统评价表，评定价值系统时，要提醒患者，应完全按照他自身的想法去评分，而不要考虑别人的看法和社会的看法，更不要考虑孰是孰非。下面所列举的都是人们通常的一些需要，如金钱、自由、安全、爱情、地位、健康、事业、享乐、权力、和睦、名誉、情义等。让患者首先从中选出他认为最重要的一项，评为 10 分；再选出他认为最不重的一项，评 1 分。然后按此标准衡量其他各项并予以评分。如果患者认为还有未列出的项目，可补写在后。

3. 分析心理冲突和应对方式（conflict and coping styles）

分析患者心理冲突的来源，明确冲突双方的性质与强度，根据合理性和可行性情况，制定有效减轻或化解冲突的策略。通过填写应对方式测查表了解患者的应对方式，常用的应对方式有以下八种：压抑或否认、倾诉、升华、物质滥用、发泄、自我惩罚、超脱和自慰、消遣娱乐。每种应对方式分为“不用”“很少用”“常用”“总是用”四种情况，让受试者根据自己的实际情况填报。

经过心理冲突的分析，明了冲突双方的性质和强度，然后根据合理性和可行性的原则，强化一方、弱化一方，以减轻或化解冲突。通过对应对方式的了解，可针对其不当或不足之处予以调整或加强。

4. 道家哲学思想的导入与实践（doctrine direction）

这是道家认知疗法的核心和关键。通过解释说明，让患者能够接受、领悟道家哲学思想的真谛。道家养身哲学的精髓可总结为（32 字保健诀）：“利而不害，为而不争；少私寡欲，知足知止；知和处下，以柔胜刚；清静无为，顺其自然。”

（1）利而不害，为而不争。利而不害意思是只做那些利己利人利天下之事，不为害己害人害社会之举。为而不争是指做事要尽力而为，且不争名争利，不与人攀比，不妒贤嫉能。前句属起码的要求，应从现时做起；后句为崇高境界，需要长期修养。

（2）少私寡欲，知足知止。人要生存、要发展，总是有欲望的，但老庄认为欲海难填。要减少私心、降低过高的物质欲望和对名誉地位的追求。知足知止，是指做事要有分寸，要留有余地，点到为止，见好就收。只有知足，才会常乐；只有知止，才能避免危险。

（3）知和处下，以柔胜刚。和谐是天地万物的根本规律，谦恭是中华民族的传统美德，知和处下，能减少人际冲突、维持安定团结。以柔胜刚的思想，则出于《老子》第三十六章、第四十三章和第七十八章。老子以水为例，认为天下柔弱莫过于水，随圆而圆，随方而方，但大家更知道滴水穿石和水容万物的道理。

（4）清静无为，顺其自然。清静无为是指我们要清楚地认识自己，做老实事而不“妄为”，实际上是有所为有所不为、无为而无所不为。顺其自然，就是说不要勉强去干那些有悖于自然规律的事情，不要强迫蛮干，不要倒行逆施，不要急于求成。要了解和掌握事物发展的客观规律，因势利导，循序渐进，才能事半功倍、游刃有余；否则，就是揠苗助长、劳民伤财、费力不讨好。

总之，要让患者领悟道家思想的真谛。它不是一种纯粹消极的保守思想，不是要人去听天由命。它的最高境界是认识自然规律、顺应自然规律，外柔内刚、后发制人、不言自明、不战自胜。

患者可以通过个体、集体交流的形式，以讲故事、问问题的形式，透彻理解 32 字保健诀的含义。要将自己的价值系统、应对方式与之加以对照，找出不当之处，并做出调整改变。另外，还要思考两个问题：（1）我之前为什么会焦虑和不高兴，为什么有那么多不如意，以前我是怎么缓解痛苦的，与道家思想怎么不同？（2）现在，试着按道家思想去想去做，结果会怎样？特别是目前的生活中，如何运用道家思想调整自己的心理，缓解痛苦？每天写 200 字以上的日记，与治疗师和其他患者一起分享并相互鼓励。

5. 评估（evaluation）与强化疗效

道家认知疗法的短期目标是消除症状，治愈疾病；而治疗的远期目标则是增进健康，预防疾病。此期的重点是评估治疗的效果，总结收获与经验，巩固疗效，为下一步治疗制定目标。对治疗中的进步给予明确肯定和积极鼓励，询问为什么会效果好，或者为什么没有效果。了解不适观念是否完全改变，32 字保健诀是否字字落实。通过症状自评量表（SCL-90）评估疗效，并继续布置家庭作业，此时日记可以变为周记。

三、适应症与评价

道家认知疗法是一种基于中国传统文化的治疗，具有消除症状、治愈疾病的作用，长期治疗能增进健康、预防疾病。道家认知疗法可以用于治疗各种心理障碍，如应激相关障碍、焦虑障碍、抑郁障碍、慢性疼痛、失眠症、慢性躯体疾病所致的情绪障碍。而且年龄偏大、文化程度偏高者的总体效果相对较好。

第六节　眼动脱敏再加工

一、概述

眼动脱敏再加工（eye movement desensitization and reprocessing，EMDR）由弗朗辛·夏皮罗（Francine Shapiro）于 1987 年创立，最初仅为眼动脱敏，1991 年发展为眼动脱敏再加工，其中眼动脱敏仅是 EMDR 中双侧刺激的一种，而双侧刺激是 EMDR 操作的一部分。EMDR 是一种整合的心理疗法，它借鉴了控制论、精神分析、行为、认知、生理学等多种学派的精华，建构了加速信息处理的模式，可以帮助患者迅速降低焦虑，并且诱导积极情感、唤起患者对内的洞察、观念转变和行为改变以及加强内部资源，使患者能够达到理想的行为和人际关系改变。

二、基本理论

根据夏皮罗的信息处理模式，消极生活事件或创伤事件会引起大脑皮层某区域的过度兴奋，阻滞正常的信息处理过程，进而影响大脑物理信息加工系统的生化平衡，造成神经病理改变。这种平衡的扰动使得信息加工无法达到适应性的解决，结果从经验中得到的知觉、情绪、信念和意义被“困”在了神经系统内。被阻断的信息可能被事件的不同方面触发，如情景画面、躯体感觉（身体不适、嗅觉、味觉、声音等）、认知（如自信、价值评价）、情感，也可能与其他相关或不相关的事件存在内在的联系，如有相同的画面、感觉等。EMDR 作为一种信息加工的方法，可能通过几种方式“解放”大脑内被困的信息加工过程，它可能触动了类似在学习和记忆中使用的机制，此时大脑的功能状态如同在慢波睡眠中呈现的那样，其信息加工受阻可能是大脑两半球相对应脑区之间的阶段性不一致所致。EMDR 有节奏的干预使得大脑两半球的沟通得到改善，被阻断的信息材料得到了加工。EMDR 可能促进神经生理功能产生一种定向反射的改变，直接带来了脱敏化的结果。EMDR 通过双侧刺激眼动（可选刺激还有交替击双手、交替的滴答声等）激活存在于大脑内的适应性信息加工系统，使来访者在过去的创伤中形成的非适应性的或功能受损的信息的各个方面（表象、情绪、认知、躯体不适）转化为适应性的解决方式，形成健康的应激反应模式，接受并适应随之而来的丧失，重新建立同环境相适应的社会和情感联系。EMDR 所产生的对情感和认知的转变比传统形式的心理治疗快得多，故常被用于创伤后早期的心理干预。

三、治疗原理

（一）良好的治疗关系

良好的治疗关系是任何一种心理治疗的基础，同样，对于 EMDR 来说，它也是治疗的基本要求。从初期起建立一种良好、可靠的治疗关系，对治疗期望进行公开澄清，对治疗过程中，尤其在对创伤性障碍的治疗进程中难以避免的干扰性因素（比如移情和反移情）进行必要的预警必不可少。但在对待由创伤引发的感知障碍上，在处理治疗关系时，人们往往会陷入一些误区，治疗也因为良好的初衷或从其他角度来看不存在问题的地方失败。其根本原因就在于，在成年期，创伤同样可以引发强烈的移情，而不一定总是与童年期的创伤有关。

（二）何时可以讨论创伤

在创伤治疗过程中很关键的一点是，何时开始或何时还不能开始讨论创伤细节问题，应该完全由患者自己决定。尤其在何时、怎样讨论控制与失去控制权有关的感受时，应由患者掌握主动权，因为再次回忆创伤会引发很多情感反应。

（三）稳定化及其技术

如果从表达性-支持性的维度来看心理治疗中的各种干预，那么在治疗过程中，治疗师必须不断地依据患者的自我功能水平而在表达性-支持性的连续谱上找到一个恰当的平衡点。也就是说，一方面，治疗师要通过支持性干预增强患者的自我功能，维持良好的治疗联盟，构建稳固的工作平台，这对于创伤患者来说尤其重要，因为创伤往往导致患者的自我功能水平严重下降。另一方面，治疗师要在稳固的治疗联盟之上，通过表达性干预使患者暴露、呈现和面对问题（节点），并对其进行再加工。在治疗中，治疗师需要在支持性和表达性之间不断循环游走，在治疗结束之前，往往要以支持性干预结束，使患者走出治疗室之后，不会因为过度自我暴露而陷入创伤性情境之中难以自拔，遭受继发性创伤损害。从这个意义上讲，稳定化应一直贯穿于治疗的始终。

（四）稳定化练习

引导想象练习（guided imagery），是稳定化干预中的一个部分。有证据显示，创伤患者往往具有较高的暗示性而易于接受引导想象练习，所以选择引导想象练习常能达到较好的稳定效果。在开始引导想象练习之前，同样必须建立起良好的治疗联盟，即让患者信任治疗师，愿意接受治疗师的引导。创伤患者的警觉度往往很高，难以对他人建立基本的信任。所以，在了解病史和评估过程中，治疗师同时要努力与患者建立起强有力的治疗联盟，获取患者的信任。如果在尚未建立良好的治疗联盟之前就仓促实施引导想象练习，那么患者可能会对一个陌生人引导自己内心的想象产生不安全感，就不可能有很好的依从性，无法达到理想的想象强度。

除了引导想象练习以外，稳定化还包括以下策略：

（1）让患者了解创伤后应激障碍发生的过程和机制，讨论患者的病情和治疗过程以及对预后做出预测，使患者看到可预测性而感到安全。

（2）共情、关注、接纳患者，使患者感受到支持，并通过治疗师这面镜子看到自己，从而增强患者的自我意识。

（3）展示治疗师能够承受患者承受的能力，以获取信任。

（4）明确治疗师与患者之间的边界，使患者感受到自我边界，增强自我意识。避免患者一味依赖于治疗师，而丧失自我成长的机会。

（5）对患者进行心理学知识的教育，使患者学会对自己的情绪、思维、自我评价、躯体感受等进行命名，增强自我意识。

（6）当患者情感过度宣泄时，转移患者的注意力，以保证其不致再度遭受伤害。

（7）帮助患者找到并利用社会和家庭的支持。

（8）帮助患者制定日常生活安排，保证患者健康的饮食和作息。

（9）需要立即控制症状时要考虑用药。

（五）设置

正因为上面提到的原因，在确定其他与治疗有关的重要元素包括商讨治疗框架（治疗频度、住院、半住院、门诊式的设置和药物等）的时候，应该充分考虑患者本人的意见。在治疗中发现，一部分遭受创伤的敏感患者，感觉自己的权利被谁剥夺了，其结果是，许多创伤患者在“万般无奈”的情况下，在凄苦的心境中投身于治疗，而这往往就与我们的医疗性设置有关。同时也允许治疗师将自己个性化的东西带入治疗中（比如他认为哪些可行、哪些不可行甚至很危险，在治疗中哪些可以做到、哪些不能做到等）。同时兼顾医患双方两个不同的个体，实现真正意义上的对话，患者也会因此而体会到自己像一个人一样被人感知和尊重。

（六）正常化

在创伤性障碍的治疗中被强调得最多的原则就是正常化，也可以说是“神经生理学性的共情”以及自我共情（患者自己的）。在遭受强烈的精神创伤后，对患者而言绝大多数神经生理学现象是混乱的和可怕的（比如情绪的涌入、易激惹等），但它们也完全可以被感同身受地理解，并在心理上对此进行消化和处理相关的心理现象或者防御机制。我们在治疗的过程中，甚至在治疗的早期，可以用患者可以理解的语言把这一信息传达给他们，仅此一点就可以明显减轻心理负担（我没有/不会发疯）。对于创伤患者，许多卓有成效的所谓心理教育之所以有效，就是因为有这样或者相似的基础。

四、治疗原理

EMDR 一共有八个步骤，每一个步骤的使用都依对象的不同而有所区别，在使用时应该有周密的计划并适度使用。这八个步骤如下。

（一）采集一般病史和制订计划

讨论并完成个案概念化和治疗规划。治疗师需要与患者一起讨论。个案概念化是基于一种对患者的症状、病因以及当前问题的功能性分析，进而推断其适应性和非适应性记忆网络底层的功能性结构。用标准的 EMDR 治疗流程组织治疗的总体计划被称为三叉治疗流程（三叉是指过去、现在和未来），EMDR 的临床成效不仅取决于治疗师对应用标准步骤的忠实程度和技能，也取决于良好的个案概念化和治疗规划。不适当的个案概念化或治疗规划会引发多种复杂问题，此阶段的目标是建立治疗关系，收集病史，制订治疗规划和个案概念化。

（二）帮助患者稳定（情绪）和进行必要的准备

在此阶段，治疗师需要向患者介绍治疗原理和治疗目标，并采用一系列稳定化技术（如安全之所、保险箱等）帮助患者达到一个稳定状态。此阶段的目标是取得知情同意，练习稳定化技术和加强治疗关系。

（三）采集创伤病史

在此阶段，治疗师需要引导患者选择需要被再加工的靶标（如图像、情绪、躯体感觉和患者对创伤事件的负性认知及其应该持有的正性认知），并取得对靶标的基准测试参数，即主观不适度（subjective units of discomfort，SUD）和认知有效度（validity of cognition，VOC）分值。SUD 是指创伤事件后患者体验到的心理痛苦或困扰程度，分为 0～10 级（没有困扰为 0 分，最大困扰为 10 分）；VOC 是指创伤事件后患者对正性认知的评价，分为 1～7 级（完全不真实为 1 分，完全真实为 7 分）。此阶段的目标是确立靶标，取得 SUD 和 VOC 值。

（四）脱敏和修通

脱敏和修通阶段主要是通过眼动实现的，也被称为眼动阶段。由于 EMDR 的脱敏、资源植入和身体扫描这三个阶段都涉及不同形式的双侧刺激操作，且与其他的程序性要素一起旨在提升患者对信息的加工，故将此三个阶段共同作为再加工组合。双侧刺激操作的形式包括双侧眼动、双侧音调和双侧手掌轻拍膝盖或肩膀等信号形式。此阶段的目标是对靶标进行再加工，直到生成一种适应性的解决方案，把 SUD 值降低到 0 分。

（五）巩固维持

在此阶段，治疗师需要引导患者对靶标事件和适应性信念（即所希望的正性认知）

保持觉察状态，同时提供几组独立的双侧刺激操作，然后评估VOC参数。此阶段的目标是继续对靶标进行再加工，把适应性信念整合进记忆网络，使VOC值达到7分。

（六）躯体测验

躯体扫描是标准EMDR治疗流程中最后的再加工阶段，是通过几组双侧刺激操作让患者聚焦于对所有残留的躯体感觉的再加工。此阶段的目标是验证任何残留的与靶标相关的困扰是否都已被完全再加工，直至患者只体验到中性或正性的躯体感觉。

（七）结束

在结束阶段，治疗师需要与患者对治疗效果进行简短讨论，并告知患者在治疗间隔期应坚持写自我观察日志，必要时需要采用稳定化技术以保证患者的稳定性和当前的适应状态。此阶段的目标是在每一次再加工治疗结束时，确保患者的稳定性和适应状态。

（八）反馈意见

在反馈意见阶段，治疗师需要复查所有靶标，检查患者的整体功能状态及SUD参数，必要时需要根据患者的日志报告调整治疗规划。此阶段的目标是验证治疗规划的全部内容是否都已经过处理，以保证稳定的治疗效果。

在EMDR治疗过程中，患者需要戴上闪光眼镜，治疗师调动闪光左右方向，告知患者坚持想象创伤情景，并随着闪光平行移动眼球，来回移动15～20秒，反复进行，直到痛苦的回忆及不适的生理反应（例如心动过速、呼吸急促、肌肉紧绷）被成功地消除为止。

EMDR治疗的前三个步骤主要用来建立明确的诊断，并为创伤工作起到稳定和准备的作用；第四至六个步骤用来提供新的结构的应对方式，这对于处理创伤回忆及其对自我意向和自我感知所产生的后果极有意义。EMDR治疗中有一个特殊的步骤，就是在创伤处理的过程中，对于有积极意义的观念应该给予强化。在第五个步骤，除了巩固维持以外，还应该对积极的观念再次进行检验和强化。其中，核心部分就是通过眼球运动进行刺激或称等量刺激。

五、适应症与评价

EMDR的适用范围很广，可应用于创伤后应激障碍（PTSD）、恐惧症、焦虑症和躯体障碍等的治疗，目前临床上主要用于治疗PTSD。PTSD是指强烈的精神创伤后所产生的一系列心理、生理应激反应综合征，主要由反复的创伤性再体验、持续性回避与麻木及持续性警觉增高三组症状组成。它是一种慢性致残性心理障碍，临床上可表现为焦虑、抑郁、躯体形式障碍、进食障碍和酒精或药物依赖等。

对于PTSD的治疗，EMDR是一种容易操作的、快速的、有效的方法。它通过病史采集、准备、评估、脱敏、资源植入、身体扫描、结束和再评估八阶段标准流程，帮助患者降低与创伤记忆有关的反应，进而通过认知重建使患者建立与创伤有关的正性认知，减轻和消除痛苦。但有些学者认为，EMDR的眼动效应过于表面化，且认为目前关于EMDR的对照研究没有严格遵照科学的原则而质疑EMDR的治疗效果。

第十四章

心理治疗疗效评估

人们在接受医疗卫生保健服务之前，通常会存在一些担心，如在就医之前会想要了解一下医生的医术是否高明，是否能对病人的问题做出精确的诊断及有效的处理；拿到处方后，又会想要确定一下医生所开的药物是否已通过了临床检验，不良反应是否很小等。无论在哪个国家，医生所开的任何一种处方药在推向市场之前，其安全性、有效性及不良反应都必须通过专门机构的检验。心理治疗与药物治疗一样，也应参照一定的标准与程序来对其有效性进行检验。也就是说，来访者所接受的心理治疗形式必须已被现有的科学方法证明是有效的。本章将首先对心理治疗疗效评估作一概述；接着，就如何评估心理治疗的有效性进行方法学的探讨；最后讨论各种不同的心理治疗方法的有效性，包括心理治疗功能神经影像学改变方面的研究进展。

第一节　心理治疗疗效评估概述

计划和执行一个方案来评估心理治疗的疗效是一个艰难而复杂的过程，它涉及很多方面的问题，如心理治疗的疗效能不能评估、谁来评估、什么时候评估、用什么标准来评估等。一种观点认为对心理治疗不可能进行科学的实证研究，如弗洛伊德认为接受心理治疗的患者异质性太高，不适合进行统计学分析；冈特瑞普也提出心理治疗太个体化，其过程是不可操作、不可测量、不可量化的，即使采取了完全相同的治疗措施，每个患者的问题及治疗效果也都会有所不同。另一种观点则坚信心理治疗是绝对有效的，根本不需要用科学研究的方法来证明它的有效性。这种拒绝对心理治疗进行实证研究的现象现在虽然有些缓和，但仍不可忽视。

在心理治疗领域，疗效评价的客观性是一个有争议的问题。不同的人、不同时间用不同的标准来评定，得到的心理治疗效果是不同的。临床效果，即患者的机能转变到非病人或正常人的机能范围内是最常用的疗效标准。Tingey 等提出社会性效果验证方法，用这种方法可以区分出轻微症状（即常态）样本和无症状（即健康）样本，从而确定临床上的重要进展。Howard 及其同事提出心理治疗的进展发生在三个相互关联的连续阶段中：首先患者体验到较多的幸福感，然后症状缓解，最后社会生活能力得以提高。具有实证基础的特殊疗效标准涉及两个维度：治疗产生的益处和治疗中的会谈次数。前者指从恢复到有正常的幸福感到获得健康的社会生活能力；后者指的是患者从要求较少的会谈次数，到要求较多的会谈次数。心理治疗领域要获得对某种心理治疗方法的临床效果判断，除了治疗师的主观评价和患者对治疗效果的自我评价外，更重要的是来自客观评价工具的测量所获得的信息。因此，近年来，在疗效评价中出现了一种倾向：无论采用何种心理治疗方法，在评价治疗效果时都必须采用多种客观的、可靠的、有效的评估工具，评价多方面功能的改变，包括外显的症状、情绪和行为，内在的认知模式、自我强度和人格特征，以及总体的社会功能及生活质量。这就是所谓“疗效评估的客观化”趋势。Barkham 等建议发展一套核心测量工具（core battery），即无论在何种临床情境下，无论应用何种治疗技术，无论被试面临的是何种问题，都能适应的结果测量指标，以增加结果研究的可比性。

Lambert 等提出了四维度模型对测量工具进行分类。这种分类模型和核心测量工具一样有利于研究者选择合适的测量工具，以增加不同研究之间的可比性。它们是内容维度，即测量的是个人的（包括情感、行为、认知的）、人际的还是社会的信息；信息来源维度，即测量的信息来自来访者的自我报告、治疗师的评价还是受过培训的观察者或重要他人的评价；数据收集的方法维度，包括评价、描述、观察、状态；时间维度，即测量的是持久的特质类的特征还是短时间的状态特征。按照这四个维度，贝克抑郁量表测量的是个人的、由来访者报告的、描述的、状态类的信息。当然，有些评估工具缺乏信度和效度；有些评估工具虽然有较高的信度、效度，但对治疗性改变不敏感；有些观察到改变有统计学意义，但不一定有临床意义。这些问题有待今后解决。尽管治疗师对疗效的主观评价和病人对治疗效果在辅助症状、情绪、行为、认知模式、人格特征等方面的自我评价，是疗效评价客观化的重要标志，但随着功能神经影像学技术的出现和不断发展，已经有越来越多的神经影像学研究开始探索脑功能改变与心理治疗过程和效果的关系。目前已有研究发现心理治疗会导致脑功能改变，虽然我们并不清楚这些脑影像学变化对于心理治疗意味着什么，但辨认心理治疗有效的生物学标记可能是将来心理治疗研究领域一个重要的趋势。

第二节　心理治疗疗效评估的方法

从根本上说，心理治疗疗效评估的过程与在心理学领域中进行的其他研究没有什么不同，它同样需要严格的实验设计，如采用随机入组、尽量保证对照组与实验组的条件相匹配、确保心理评估的各项指标切实有效、对心理治疗的全过程进行监控，在治疗前及治疗过程中进行评估。对心理治疗进行科学评估的主要目的是：首先，评估经治疗后的患者的病情是否有实质性的缓解，有研究者称之为结果研究，回答心理治疗总体上是否有效这样的问题；其次，评估病情的缓解是治疗的作用，还是由其他一些与治疗无关的因素引起的，这部分可称为过程研究，主要用于识别心理治疗的活性成分和变化机制。

过去心理治疗研究与临床实践差距较大，临床医生对那些更多出于学术兴趣而非临床应用而进行的研究持怀疑态度。近来，研究者认识到心理治疗研究必须对临床实践更具可推广性，从而使研究重点转向证明心理治疗的合理性和解释心理治疗减轻心理疾患的机制。以下将介绍三种不同的评估心理治疗疗效的方法，它们是单病例组内设计（within-subject design）、组间设计（between-subject design）及元分析法（meta analysis）。

一、单病例组内设计

早期关于心理治疗的疗效评估结论主要是依据个案治疗经验来做出的，如弗洛伊德、罗杰斯的研究。Kiesler 认为，要研究心理治疗过程中来访者和治疗师的改变，用严格的实验设计是不合适的。个案研究（single-case study）可以避免实验室的人为性，可以比较好地观察某一被试在某一变量上随着时间的变化而产生的变化，以及影响这一变量随时间变化的因素，获得对个体的深度研究。这种研究最大的问题是治疗师并不知道在没有治疗的情况下，患者的状态是否也会有所改变，运用其他治疗方法是否也可以得到同样的结果，因而导致非系统性的观察和对资料的主观解释。

尽管如此，仍有研究者对此方法进行了改进，如“个案实验设计”（single-case experimental design）。这种设计方案是将被试置于系统设计的多种实验条件下，并在每种条件下评估被试心理功能方面的变化。最常用的两种方法是 A-B-A-B 设计（A-B-A-B design）和多基线设计（multiple baseline design）。A-B-A-B 设计的实验程序为：在基础条件下（没有任何治疗因素的作用）对目标行为进行连续评估，称为 A 阶段；进入治疗方案的实施阶段即为 B 阶段；此后重复一次 A 和 B 阶段。在第二个 A 阶段，治疗因素被撤除，在第二个 B 阶段，治疗因素被重新引入。如果测得的行为随着治疗因素的介入或撤除而出现系统性的改变，就可以说明该治疗是有效的。但在临床实际工作中，人们并不希望撤除治疗或看到病人病情的恶化，而且对于心理治疗来说，要想在开始治疗后的某个阶段又将治疗完全去除，回到最初状态，也是不太可能的。Jehle 等报告的对一例慢性抑郁发作男性患者的心理治疗疗效的评估就是采用单病例 A-B-A-B 设计，但它也不是有意如此设计，而是病人在开始接受每周一次的心理治疗（共 14 次）后提前终止，七周后又回到治疗中，正好形成了类似 A-B-A-B 设计的治疗过程。治疗前和治疗后的每次贝克抑郁量表（BDI）的评估结果见图 14－1。而多基线设计则无须撤除治疗。基本的基线设计是：同一个体在不同的时期分别接受两种或两种以上的治疗，不同的治疗分别针对不同的行为或结果，在整个治疗过程中连续记录来访者的行为变化。要保证实验成功和有效的要点是：一种干预措施只对一种特定的行为起效，即干预手段必须具有特异性。

尽管研究者们对个案研究方法进行了改进，也从这些研究中得到了许多关于心理治疗方法疗效显著的实验结论，但这些方法仍存在严重缺陷：个案研究的对象只是某个特定个体，很难判断该治疗方案是否能有效地推广到其他来访者身上；个案设计的实验结果很难达到传统的统计学意义上的检验标准。

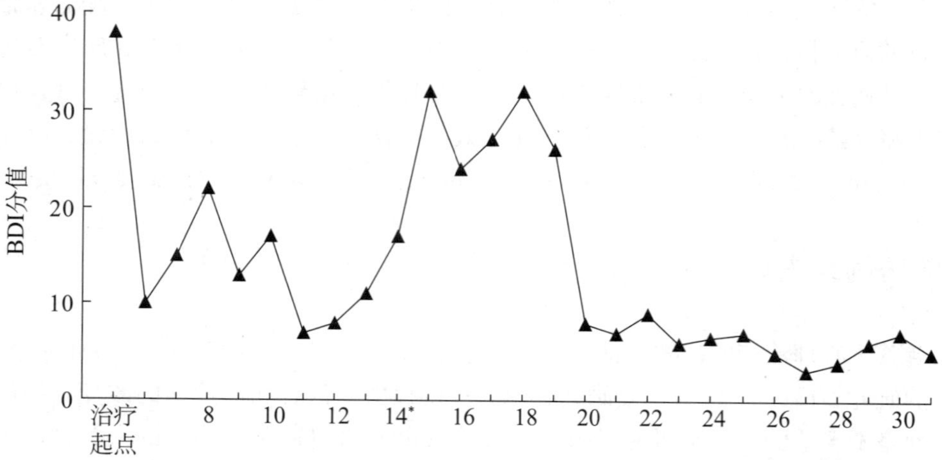

图14－1　类似A-B-A-B设计的心理治疗疗效评估实例

* 表示第14次治疗后来访者中断治疗7周，第15次回到治疗中。

二、组间设计

要研究某种治疗方法是否有效，比个案研究更有说服力的就是设置对照组或对照条件的实验设计。实验研究是指实验者对变量进行系统操纵，用以建立因果关系和普遍规律。这种研究的长处在于操纵具体变量，客观记录资料和建立因果关系。实验的过程中有恒量和变量的存在，这是实验的基本要素。恒量是在实验进行的前后都固定不变的量，变量则是在实验中会发生变化的量，实验的结果主要是通过对变量的操作而完成的。变量又分为两类，由实验者操作的变量叫作自变量，由自变量的变化而引起变化的量叫作因变量，也叫依赖变量。在做心理治疗的实验研究时，心理治疗本身就是自变量，心理治疗的结果是因变量，实验的目的就是用一定的方法来确定两者之间的关系。

（一）非随机对照研究

这是实验研究中最简单的一种，通过对两个“自然发生组”各项指标的比较来进行研究。艾森克对于焦虑症患者的研究用的就是这种方法：一组主动要求进行心理治疗的患者接受了心理治疗，另一组患者则在内科医生那里就诊并被给予了镇静剂、滋补强身剂或暗示、鼓励、保证等支持性治疗，结果是非心理治疗组中有72%的患者康复，而心理治疗组却只有54%的患者病情好转。他因此得出结论：心理治疗对于情绪障碍无效。但这种非随机对照研究也存在一个问题：人们并不知道在治疗前两组患者的基本情况有无差异。事实上，那些寻求心理治疗帮助与寻求医学帮助的患者之间不仅仅存在人口统计学方面的差异，更重要的是可能存在功能失调的严重程度方面的差异。所以，艾森克所得出的心理治疗组的效果比非心理治疗组差的结论，很可能是因为入组时，心理治疗组患者的症状比非心理治疗组的症状更严重些。另外，实验中还有一种可能的情况就是“回归到平均值”（regression to the mean）现象，这是一种统计学的假象，即治疗前心理功能指标明显偏离均值的个体，即使在没有接受任何干预或心理治疗无效的情况下，其分数也有可能会出现倾向于平均值的明显改变。

（二）随机临床实验

由于非随机对照研究存在上述问题，真正的实验研究往往采用另一种更严谨的实验设计，即随机临床实验。它指将相对同质的来访者（主要指心理困扰相似）随机分配接受不同的治疗方案，以便控制潜在的不易弄清的额外变量的影响。这种随机分配也不能保证在治疗前每组患者的指标完全没有差异，但它最大限度地减少了组间系统误差。根据研究中所采用对照组的不同，随机入组的组间设计可以分为三种：非治疗对照设计、等待治疗对照（waiting-list-control）设计及安慰剂（placebo）对照设计。非治疗对照设计又称空白对照设计，就是一组患者接受治疗而另一组患者不接受治疗。如果在治疗结束时实验组的病情比对照组的有明显减轻，就可证明某种特定的治疗手段是有效的，否则被认为是无效的。这种设计最大的问题在于，故意不让非治疗组的患者接受治疗是不符合人道主义精神及心理治疗师的职业道德规范的。为避免这种情况，许多研究者采用了等待治疗对照设计，进入对照组的患者在实验组完成实验后（通常需要 2～4 个月）再接受相应的治疗，把其治疗前后的病情变化与实验组进行比较，就可以得出关于治疗方案是否有效的结论。安慰剂对照设计是药物治疗研究中的常规手段。通常被选作安慰剂的是一些不会对实验结果产生直接影响的物质。可以想象，在心理治疗的疗效研究中采用安慰剂对照设计，比药物治疗要困难得多。心理治疗研究中常用的安慰剂处理方法是由一位治疗师给来访者一些非特异性的支持治疗，并确定其中没有有效的治疗成分。与药物治疗研究一样，安慰剂组与治疗组在治疗以外的其他条件上越接近，两组的差异就越有可能是该治疗方法的特殊疗效。

1. 比较两种或多种治疗方法

采用这种设计方案可以对两种或两种以上不同治疗方法的疗效进行比较，从而将某种干预措施所产生的特异性疗效与仅仅由于处于治疗状态中而引起的非特异性疗效区分开来。如 Bouvard 等对 48 名惊恐障碍患者进行了认知行为治疗（CBT）加药物及 CBT 加安慰剂治疗的对照研究，结果 CBT 加药物治疗组的结果明显优于 CBT 加安慰剂组。Davidson 和 Parker 对 34 个关于眼动脱敏再加工（EMDR）疗法的研究进行了分析，结果发现在治疗焦虑症时，EMDR 的疗效与其他暴露技术并无明显差异，从而认为眼动成分在 EMDR 对焦虑症的治疗过程中并不是必要因素，它所起的只是非特异性的疗效而已。

2. 比较不同的治疗成分

一旦研究者们证实了某种治疗方法对于某一心理障碍有效，接下来他们关心的另一个问题就是：这种治疗方法所包含的每一种治疗成分是否都是有效治疗所必需的？在这种治疗成分分析（components analysis）研究中，Agras 等就对治疗贪食症的认知行为疗法（CBT）进行了研究。他们将 77 例贪食症患者随机分成 4 组：等待治疗组、对热量摄入与泻剂使用情况进行自我监控组、CBT 组及 CBT 加预防呕吐反应组。治疗为期 4 个月，治疗前、治疗中、治疗结束时均对患者的泻剂使用情况、饮食热量摄入情况及心理学症状进行评估，治疗结束后6个月再次评估各项指标。结果包含积极治疗成分组患者的病情治疗效果明显优于等待治疗组。另外，研究发现自我监控与行为改造措施相结合的方法（CBT）比单纯应用自我监控要好得多，CBT治疗与预防呕吐反应措施相结合并不比单用CBT好，相反，效果更差。另有研究者对抑郁症的心理治疗疗效也进行了大规模的研究，对四种治疗方法，即CBT、人际关系治疗、临床管理加抗抑郁剂治疗、临床管理加安慰剂治疗进行了疗效比较。整个治疗涉及3个治疗场所、28位治疗师及250名患者，结果四组病人经治疗后其抑郁程度都较治疗前有所减轻，三个治疗组之间并未出现明显的疗效差异。

治疗真实性（treatment integrity）是随机临床实验遇到的一个问题，即在研究不同治疗方法的效果是否有差异时，要保证治疗师所运用的方法确实是这种疗法，而非其他疗法，并且是对这种疗法恰当的应用。解决这个问题的方法是按照治疗手册进行操作，或者在督导的指导下进行。Jacobson等认为随机临床实验研究能通过改变一些因素（如治疗期长度、治疗师经验、是否按手册进行操作、治疗技术是具有特殊的理论导向还是折中的），来提供与临床治疗效果相关的信息。

三、元分析法

20世纪70年代至80年代，格拉斯（G．V. Glass）提出元分析（meta-analysis）的概念，并发展出了元分析的步骤和方法。元分析亦称总分析，其过程和功能是对已有大批研究提供的统计数据的再统计分析和综合（或说分析的分析），继以探查在这批研究中每次单独研究显现不出的，而对于解决重大问题具备更高价值的结论趋势和形态。元分析只比较均值与对照组之间的差异，并不涉及具体的疗效评估标准。研究者根据每项研究中所测指标的标准差来计算治疗效应值（effect size）。这种根据各组独立测量指标的标准差得出的治疗效应，反映的是治疗组与对照组均值之间的差异。如果治疗组的均值高出对照组1.5个标准差，那么治疗效应就是1.5。运用这一指标我们可以比较不同治疗方法在治疗同类患者时的疗效差异。20世纪90年代，Lambert和Bergin就收集了大量的心理治疗元分析方面的研究，结果显示心理治疗是有效的。其中认知行为疗法和行为疗法比传统的言语治疗和关系取向治疗效果要好。

第三节　心理治疗疗效评估研究

一、心理治疗的总体效果

第一个主张评估心理治疗疗效的有价值的报告是英国心理学家汉斯·艾森克在1952

年《咨询心理学杂志》（*The Journal of Consulting Psychology*）上发表的。他对 7 000 多名各种心理障碍患者的治疗效果进行研究，结果未发现接受正规心理治疗的患者的疗效优于未接受心理治疗的患者。他的报告严重质疑了心理治疗的有效性。尽管他在 1961 年和 1966 年做了两个具有同样批评性的回顾，但其他人的研究大都更为积极地评价心理治疗的有效性。Meltzoff 和 Kornreich 在 1970 年回顾了 101 个研究，认为大体上心理治疗是有效的。Smith，Glass 和 Miller 首次进行了心理治疗疗效的元分析。他们收集了 475 个设有对照组的研究，涉及 78 位不同理论取向的治疗师治疗的患者 25 000 例，平均治疗会期 16 次。这些研究共有 1 766 个效果比较数据，心理治疗的平均治疗效应值为 0.85，即心理治疗组患者的改善程度比对照组要高出 0.85 个标准差，这意味着在治疗结束后，疗效处于治疗组中等水平的患者其治疗效果也要优于 80%的非治疗组患者。Shapiro 采用比 Smith 等更严格的选择标准，并增加了一些新的文献，结果更支持心理治疗的效能，平均效应为 1.0 个标准差。Leichsenring 等对 33 个采用手册指导的心理动力治疗的随机对照研究进行元分析，结果显示，在一些特定的精神障碍的治疗中，心理动力治疗的疗效优于常规治疗组和等待治疗组。Driessen 等对总样本量达 1 365 的 23 个研究进行分析，发现短程心理动力治疗（short-term psychodynamic psychotherapy，STPP）对成人抑郁的治疗效果明显优于对照组（效应值为 0.69）。之后也有研究者报告了心理治疗的元分析报告，虽然每项研究所得的治疗效应值大小不等，但结论都与 Smith 等最初的结论一致：心理治疗确实具有显著疗效。

有关儿童和青少年心理治疗效果的文献综述和再分析相对较少。Casey 和 Berman 发表的儿童心理治疗文献再分析，涉及 1952—1983 年期间发表的文献 75 篇，对象为 3～15 岁儿童，心理问题包括攻击行为、退缩行为、多动症、冲动控制障碍和恐惧症等，治疗方法有心理动力治疗、认知治疗和行为治疗等。结果显示，与对照组相比，各治疗组均有效果，平均效应为 0.71 个标准差。Weisz 等收集了 100 项 4～18 岁儿童青少年心理治疗效果的研究，结果显示，各种心理治疗对不同患者的总体效应为 0.79 个标准差。Reynolds 等对 55 个高质量的随机对照研究进行了元分析。55 个研究涉及儿童及青少年焦虑样本（涉及创伤后应激障碍、社交恐惧症、特定恐惧症、强迫症等）多达 2 434 人，对照组样本 1 824 人，其中大部分研究采用的是认知行为治疗或行为治疗。结果显示，与对照组相比，心理治疗对儿童青少年焦虑障碍的治疗具有中等的治疗效果，其效应值为 0.65。

随着过程-经验治疗的不断发展和对研究的赞成不断增多，已经有了大量的研究证明这一方法是有效的。格林伯格等对 1978—1990 年发表的关于人本主义、存在主义和过程-经验治疗的共 37 个疗效研究进行了回顾，对不同治疗方法的有效性进行了总结，结果发现，人本-存在主义治疗对来访者有明显的改善作用，而且治疗效果可维持九个月到两年。但这些研究均没有设立对照组。格林伯格等对 15 项人本-存在主义或过程-经验治疗效果的研究结果进行了回顾，这些研究均设立了治疗组和非治疗组或等待治疗组。结果发现，与非治疗组比较，治疗组的疗效明显更好。然而，在这 15 项研究中，不同的治疗形式，其治疗效果的大小不同，提示人本-存在主义治疗或过程-经验治疗中的某些形式可能是更有效的。

二、不同心理治疗方法的疗效比较

目前已有足够的证据说明心理治疗是有效的，特别对于轻、中度抑郁症，焦虑症或强迫症患者，心理治疗的效果不亚于药物治疗的效果。但不同治疗方法间疗效是否会有差异？也就是说，是否某些治疗方法比另一些治疗方法更有效？DeRubeis 等在回顾文献后，对心理治疗效果做了如下评价：心理治疗是有效的，其效果与其他昂贵、费力的干预措施（教育训练、药物治疗）相当；不同类型的心理治疗（心理动力治疗、来访者中心治疗、认知治疗或行为治疗）不会产生不同类型或程度的效应；不同治疗形式（团体或个别、老手或新手、长时或短期等）的疗效差异甚微。Birmater 等把 107 名患有抑郁症的青少年随机分到三个心理治疗组：认知行为治疗组、系统行为家庭治疗组、非指导性支持治疗组。疗程为 12～16 个会期，治疗后两年评价其远期治疗效果。结果显示三组治疗的远期效果没有显著差异，痊愈率 80%，有 30%的人复发。Barkham 等研究发现，动力人际关系治疗和认知行为治疗（CBT）对抑郁症的治疗效果相当。Leichsenring 等的元分析也显示，对于一些特定的精神障碍，心理动力治疗的疗效与 CBT 的疗效相当。Keefe 等对 1978—2014 年 14 个针对焦虑障碍的心理动力治疗（PDT）的随机对照研究进行了元分析，结果显示与对照组相比，PDT 对焦虑障碍有明显治疗效果，但与其他治疗相比（如 CBT），疗效差异不显著，随访 1 年及 1 年后随访，与其他治疗比，疗效亦无显著差异。Forman 等将 132 例诊断有焦虑、抑郁等障碍的病人随机分为两组，一组接受 CBT 治疗，一组接受接纳承诺治疗（ACT），并对其抑郁、焦虑、社会功能水平及生命质量等方面进行疗效评估。结果显示，治疗结束时两种治疗方法具有同等的治疗效果；但 1.5 年后随访结果却显示 CBT 年幼儿童的疗效优于 ACT。Reynolds 等针对儿童青少年焦虑的随机对照研究的元分析也发现，对于特定焦虑障碍，个别心理治疗的疗效优于团体治疗，对年长儿童的疗效比对更年幼儿童的疗效要好。Driessen 等分析发现，短程心理动力治疗（STPP）对成人抑郁的治疗效果明显优于对照组（总效应值 0.69），但与其他心理治疗相比，其疗效较低（效应值为－0.30）。尽管治疗后 3 个月、1 年随访时，STPP 与其他心理治疗的疗效差异不再具有统计学意义，但该分析也发现 STPP 团体形式的治疗效果明显低于 STPP 的个别治疗模式。Smit 等也对 11 项随机对照研究进行了分析，研究样本涉及进食障碍、焦虑障碍、抑郁障碍、边缘型人格障碍等。结果显示，与无特定治疗成分的对照组相比，长程心理动力治疗（LTPP）的疗效明显要好，但其疗效并不比其他各种特定的心理治疗对照组好。Knekt 等将 326 例来自精神科门诊的焦虑和抑郁障碍患者随机分配到三个治疗组：焦点解决治疗（SFT）、STPP、LTPP。另有 47 例自愿选择接受精神分析治疗的。共有 71 位治疗师参与研究，接受治疗的患者在治疗前及 5 年随访中的 9 个时间点接受多项指标的评估，包括焦虑和抑郁等精神症状、工作能力等方面。结果显示，5 年随访时，所有接受治疗的患者的精神症状、工作能力等方面均获得明显改善；且在治疗后的第一年，短程治疗（如 SFT 和 STPP；前者治疗频率为每 2～3 周 1 次，治疗最多 12 次或不超过 8 个月，后者为每周 1 次，共 20 次）比精神分析（治疗频率为每周 4 次，持续 5 年）更具有治疗优势。这些研究结果说明，只要方法选择恰当，不同心理治疗方法都具有一定的效果，但不同治疗方法的长期效应、不同治疗形式之间可能存在一定的疗效差异。

三、不同治疗方法对于不同心理障碍的相对有效性

总体而言，不同心理治疗方法的效果没有显著性差异，但并不是说某一治疗方法对各种障碍具有同样的效果，也不是说各种治疗方法对某一心理障碍的效果相当。针对某一特定心理障碍比较各种不同心理治疗疗效的研究文献中，抑郁症及焦虑症方面的研究最多。如美国国家精神卫生研究所抑郁症研究协作项目（National Institute of Mental Health Treatment of Depression Collaborative Research Program），该研究在三个地区分别取 250 名患者，随机分成四组：贝克认知行为治疗（CBT）组、人际关系治疗（IPT）组、丙米嗪加临床监控（IMI＋CM）组、安慰剂加临床监控（PLA＋CM）组。治疗师均经过全面的 CBT 和 IPT 训练，研究小组对治疗过程实施全程监控，实验过程中每名患者平均接受 16 次治疗会期，并在治疗前、中、后分别接受各种心理学指标及心理社会功能的测定。这项研究得到很多成果，如四组病人经治疗后其抑郁程度都较治疗前有所减轻，三个治疗组之间并未出现明显的疗效差异。总的结论是 CBT 与 IPT 治疗抑郁症的疗效相近。在英国，Shapiro 及同事进行了第二期谢菲尔德心理治疗计划（The Second Sheffield Psychotherapy Project）。该研究旨在比较 CBT 与心理动力人际关系治疗在抑郁症治疗上的疗效。共 116 名抑郁症患者，其病情严重程度各异，患者随机接受两种心理治疗中的一种，治疗周期为 8～16 周，每周进行一次治疗会期。结果发现，无论抑郁严重程度如何，CBT 在减轻抑郁症状方面的效果都明显优于心理动力人际关系治疗。而且，抑郁程度越严重的患者，越能从较长疗程的治疗过程中获益。

格林伯格等比较了来访者中心治疗（CCT）和过程-经验治疗（PET）对抑郁障碍的治疗效果，结果发现两种方法对抑郁的治疗均有效，但 PET 在人际问题和自尊方面比 CCT 有更好的效果。Watson 等同样采用 PET 与 CBT 对抑郁症患者进行治疗，其中患者 66 人，进行共 16 周的心理治疗，结果两个治疗组在抑郁水平、自尊、一般症状、功能性不适态度等方面均有明显改善，但在人际问题方面，与 CBT 比较，PET 更具有优势。

Sánchez-Meca 等对 1985—2012 年期间关于儿童青少年强迫症的 18 个心理治疗研究（涉及 24 个独立比较，11 个 CBT，10 个药物治疗，3 个心理和药物结合治疗）进行了元分析。总样本涉及 1 223 人，治疗组 656 人，对照组 567 人；对照组有药物安慰剂治疗、等待治疗和放松训练三种形式。结果显示，CBT、药物治疗和 CBT 与药物结合三种治疗方式均能显著减轻强迫症状，三个效应值均具有统计学意义，但 CBT、心理和药物结合治疗的效应值明显高于药物治疗；且 CBT 对强迫症继发症状（如焦虑、抑郁等）缓解的效应值也是最大的。Ponniah 等对 1988—2012 年共 55 个针对成人强迫症的 45 个随机对照研究进行了综述，结果显示暴露与反应预防（exposure and response prevention, ERP）、CBT 对强迫症有特定的疗效；不包括 ERP 或行为治疗的纯认知的方法，如接纳承诺治疗（ACT）、眼动脱敏再加工（EMDR）治疗等对强迫症可能有效；应激管理和心理动力治疗对强迫症的治疗证据尚缺乏。

在焦虑症的治疗方面，研究的结论与抑郁症治疗是类似的。1994 年 Lambert 和 Berkin 就指出，大量的实验研究、元分析及对各种焦虑障碍如广场恐惧症、强迫障碍、惊恐障碍等的研究显示心理治疗明显有效。以后的研究更深入，多是针对某种特定的焦虑障碍进行不同治疗方法疗效的元分析。例如，一项关于心理治疗与药物治疗对惊恐障碍的疗效对比研究显示，两种治疗均有效，但包含了暴露治疗成分的 CBT 的疗效要优于药物治疗，在长期的维持治疗过程中，CBT 的疗效也是比较好的。

四、心理治疗成分分析

心理治疗疗效研究的主要问题是，每种心理治疗是否像每种药物那样有其独有的活性成分。众所周知，这些复杂的心理治疗方法实际上是由相对简单的治疗成分组成的。比如来访者中心疗法固有的倾听、积极关注、共情和精神分析疗法的用移情克服阻抗已经被其他学派广泛接受。治疗恐惧症的疗法有很多，但成分分析发现，无论用哪种疗法治疗恐惧症，暴露始终是重要的成分。Driessen 等的元分析发现，短程心理动力治疗（STPP）的支持成分和表达成分对成人抑郁具有同等的治疗效果。Lambert 和 Bergin 则列出了 30 个不同心理治疗共享的活性成分，如情绪宣泄、治疗关系、理论依据、认知学习等。目前心理治疗界公认的一个事实是：尊重、积极关注、真诚、共情几乎是一切心理治疗有效的必要条件，但不是充分条件。Cuijpers 等对 2010 年以前关于对成人抑郁的非指示性支持心理治疗（NDST）的 31 个研究进行了元分析，结果显示 NDST 对成人抑郁的治疗是有效的，但比其他心理治疗（如认知行为治疗、过程-经验治疗等）的疗效要差；其中，33.3%的整体功能改善与治疗外因素有关，对抑郁症状的疗效中有 49.6%来自非特定的治疗因子，只有 17.1%是特定的治疗因子的作用。对此，有人认为对于不同形式的疗法共同成分是必要的也是足够的，另一些人认为共同成分与独有成分结合在一起对患者的进展才有实质意义。总之，心理治疗成分分析对于深入研究心理治疗起效的机制、简化治疗过程是很有帮助的。

五、剂量效果问题

既然对于绝大多数心理障碍患者来说，心理治疗是有效的，那么患者的病情好转与其接受的治疗剂量有什么关系？Howard 等将剂量模型引入治疗效果研究领域。这里的剂量指的是会谈的次数，效果指的是患者进步或改善到正常的程度。研究证实治疗中会谈的次数（剂量）与患者有进展或正常化的可能性成正比，且在较高剂量水平情况下病情复发的可能性更低。Shapiro 等发现，抑郁症患者接受治疗时间越长，其临床症状缓解程度就越高。传统的精神分析治疗要求患者接受数年的分析，自然分析取向的治疗师是最支持这一观点的人，而认知或行为取向的治疗师认为，只需要 16～20 次会期的治疗，便可达到最佳疗效。Howard 等对 30 多年来这方面的研究进行了元分析，病例总数超过 2 400 例，分析治疗次数与每次治疗后好转患者占总人数比例之间的关系。结果显示，8 次治疗后 40%的人病情有好转，坚持六个月每周一次治疗的患者中，75%病情明显好转。绝大多数患者在相对较短的治疗时间内病情出现了缓解，而持续 6 个月以上，他们从治疗中的获益程度较初期明显减少。Howard 后来重复了这一研究，结论与之前的研究一致。Hansen 等对美国 4 761 名接受每周一次的标准心理治疗的患者的每次治疗情况进行了追踪，结果显示 15～19 次治疗会期可以获得 50%的有临床意义的阳性治疗反应。

剂量效果研究表明：（1）根据跨会期的心理症状进展率，可以将心理症状划分为三个反应类型：急性苦恼或悲痛型（acute distress），其进展最快；性格型（characterological）苦恼或悲痛的进展最慢；而介于两者之间的是慢性（chronic）苦恼或悲痛，也称中间型（intermediate）。（2）对于大多数临床症状，16 个会谈期至少提供了 50%恢复常态机能的可能性，26～28 个会谈期提供了 75%的可能性。剂量效果研究与随机对照研究可以提供患者治疗进展的总体信息，但具体到个别患者来说，跨会期的疗效进展模式并不是线性的，因此在临床实践中治疗师应当随时关注患者的当前状况，并确认该状况是不是对所采用的治疗方案的反应。

六、心理治疗的脑影像学改变

心理治疗对一个人的信念系统、情绪状态、行为都有着深远的影响。这种心理治疗的影响是否能引起大脑功能的改变一直是研究者感兴趣的主题。Barsaglini 等对 1992—2013 年涉及 PET 和 fMRI 等影像技术的 42 个心理治疗研究进行了系统综述。其中，抑郁症的相关研究最多（13 个），强迫症次之（9 个）；大部分研究涉及认知行为治疗（CBT，25 个），心理动力治疗、人际心理治疗较少；24 个研究设立了健康对照组，11 个研究有药物治疗组，6 个研究设立了等待治疗组。Yoshimura 等研究发现，与健康对照组相比，抑郁症患者在对负性词的自我参照加工（self-referential processing）过程中，其内侧前额皮层（mPFC）活性增强，CBT 治疗后接受同样任务时这一脑区的活性恢复到正常。Buchheim 等研究发现，与健康对照组相比，抑郁症患者治疗前表现出左前海马/杏仁核、膝下扣带回和 mPFC 活性增强，接受 15 个月心理动力治疗后这些部位的活性明显减弱。Baxter 等在对强迫症患者的研究中发现，与治疗前相比，对药物治疗和心理治疗有反应的患者均表现出尾状核代谢活性的降低，且这种代谢改变与症状减轻有关。Kennedy 等的研究显示，与治疗反应差的患者相比，对药物治疗、CBT 治疗反应好的抑郁症患者的眶额皮层（OFC）、左视前额皮层的代谢活性降低，而右枕颞皮层代谢活性增强。在有治疗反应的患者中，只有接受 CBT 治疗的患者表现出后扣带回、丘脑代谢活性增强，左下颞皮层的代谢活性降低。相反，接受药物治疗者则表现出左颞皮层活性增强，后扣带回活性降低。Yamanishi 等对药物治疗无效的强迫症患者进行了 12 周 CBT 治疗，结果发现对治疗有反应的患者的左中前额皮层、双侧额中回活性降低，而有治疗反应与无治疗反应者在治疗前的脑代谢不存在这种差异，且治疗前的双侧 OFC 的区域脑血流量与 CBT 治疗应答者的症状减轻显著相关。这提示治疗前 OFC 的活性可以预测强迫症患者对 CBT 的治疗反应。Fu 等研究显示，背前外侧活性（dorsal anterior activity）可能是抑郁症患者对 CBT 治疗有反应的预测因子。Dichter 等研究发现，治疗前旁扣带回的活性是接受抑郁症的短期行为激发治疗（BATD）后患者症状减轻的重要预测指标。Yang

等对惊恐障碍患者的 CBT 治疗研究结果也显示，脑功能改变可以预测 CBT 的治疗效果。

综合以上研究可以看出：（1）心理治疗对不同心理障碍患者的大脑功能都有潜在的影响。一方面心理治疗可能逆转了心理治疗前与特定心理病理有关的脑功能的异常，即心理治疗使脑功能正常化；另一方面心理治疗可能促使治疗前没有发生改变的脑区发生补偿性改变，或者两者都存在。（2）心理治疗所引起的脑功能改变与药物治疗所引起的脑功能改变具有一定的可比性，但不是所有障碍都表现出这种现象。研究结果也提示心理治疗与药物治疗的作用机制可能不同，心理治疗对脑功能的影响可能涉及自上而下的调节，而药物治疗则可能涉及自下而上的调节。（3）脑功能改变与心理治疗结局有关，提示这些脑功能改变有望作为监测心理治疗进展和治疗结局的客观评定指标。但由于不同研究采用的影像学技术、心理治疗方法、实验范式、控制组类型不同等原因，且大部分研究样本偏小，研究结果还存在不一致现象，因此，目前尚难以得出确切结论。这种脑功能改变本身是否有意义，尚须参考患者心境、信念、行为等的改变来解释。

参考文献

艾肯．心理测量与评估．11 版．北京：北京师范大学出版社，2006.

鲍利克，罗森茨维格．国际心理学手册．上海：华东师范大学出版社，1999.

贝克．认知疗法：基础与应用．2 版．北京：中国轻工业出版社，2013.

程灶火，唐秋萍．实用短程心理治疗．北京：人民卫生出版社，2003.

达蒂利奥，容斯莫．家庭治疗指导计划．北京：中国轻工业出版社，2005.

大原浩一，大原健士郎．森田疗法和新森田疗法．北京：人民卫生出版社，1995.

戴斯，等．认知过程的评估：智力的 PASS 理论．上海：华东师范大学出版社，1999.

费斯特 J，费斯特 G J. 人格理论．7 版．北京：人民卫生出版社，2011.

弗劳利-奥戴，萨尔纳特．督导关系：一种当代心理动力学方法．北京：中国轻工业出版社，2011.

弗洛伊德文集（02）：日常生活心理病理学．北京：九州出版社，2014.

弗洛伊德文集（07）：精神分析导论．北京：九州出版社，2014.

高良武久．森田心理疗法实践：顺应自然的人生学．北京：人民卫生出版社，1989.

格林伯格，帕蒂斯基．理智胜过情感：改变思维模式，排除情绪障碍．北京：中国轻工业出版社，2000.

龚耀先．心理评估．北京：高等教育出版社，2003.

郭念锋．临床心理学．北京：科学出版社，1995.

胡佩诚．心理治疗．2 版．北京：人民卫生出版社，2013.

黄薛冰，张亚林．认知疗法新进展．国际精神病学杂志，2000，27（2）：116-118.

吉利根．艾瑞克森催眠治疗理论．北京：世界图书出版公司，2007.

加菲尔德．短程心理治疗实践．2 版．北京：中国轻工业出版社，2005.

贾蕙萱，康成俊．森田疗法：医治心理障碍的良方．北京：中国社会科学出版社，2010.

姜乾金．医学心理学．4 版．北京：人民卫生出版社，2004.

考利．心理咨询与治疗的理论及实践．8 版．北京：中国轻工业出版社，2010.

克莱尔．现代精神分析“圣经”：客体关系与自体心理学．北京：中国轻工业出版社，2002.

孔帕，戈特利布．临床心理学导论：科学与实践．北京：人民卫生出版社，2004.

李应，张丹红．催眠与暗示疗法．贵阳：贵州科技出版社，1996.

李英，席敏娜，申荷永．正念禅修在心理治疗和医学领域中的应用．心理科学，2009，32（2）：397-398.

刘慧．认知行为治疗之简析．宿州教育学院学报，2008，11（1）：25-27.

罗学港．神经科学基础．长沙：中南大学出版社，2002.

孟莉，侯志瑾，张岚．心理咨询与治疗的研究．中国心理卫生杂志，2005，19（1）：64-68.

莫文彬，宋维真．新版 MMPI：MMPI-2 简介．心理科学．1991（1）：61-62.
尼科尔斯，施瓦茨．家庭治疗：理论与方法．上海：华东理工大学出版社，2005.
牛国英．暗示疗法在临床中的应用．山西中医学院学报，2004，5（2）：44-45.
桑德勒，等．病人与精神分析师．2版．上海：上海科学技术出版社，2004.
斯皮尔曼．人的能力：它们的性质与度量．杭州：浙江教育出版社，1999.
斯腾伯格．超越 IQ：人类智力的三元理论．上海：华东师范大学出版社，2000.
施旺红．战胜自己：顺其自然的森田疗法．3版．西安：第四军医大学出版社，2015.
史靖宇，Schweitzer J，赵旭东．中德家庭治疗师对系统家庭治疗应用的评价．中国心理卫生杂志，2014，28（1）：15-21.
舒姝，刘将．辩证行为疗法的回顾与前瞻．医学与哲学，2010，31（1）：83-85.
汤慈美．神经心理学．北京：人民军医出版社，2001.
汪新建．当代西方认知-行为疗法述评．自然辩证法研究，2000，16（3）：25-29.
王建平，王晓菁，唐苏勤．从认知行为治疗的发展看心理治疗的疗效评估．中国心理卫生杂志，2011，25（12）：933-936.
王蕾．辩证行为疗法治疗策略应用探析．中国心理卫生杂志，2009，23（6）：381-384.
王兴，王国强，张亚林，等．道家认知疗法在临床中的应用．临床心身疾病杂志，2012，18（3）：278-280.
吴明霞，郑涌，汤万文．心理治疗效果研究进展．心理学动态，2001，9（2）：151-156.
谢博，林举达，焦桂花．当代认知疗法述评．公共卫生与预防医学，2009，20（2）：56-58.
熊韦锐．“正念”疗法产生与发展的历史根由及其理论缺失．医学与哲学，2010，31（19）：49-50.
徐俊冕．医学心理学．2版．上海：上海医科大学出版社，1996.
杨德森，张亚林，肖水源，等．中国道家认知疗法介绍．中国神经精神病学杂志，2002，28（2）：152-154.
杨德森．基础精神医学．长沙：湖南科学技术出版社，1994.
杨宏飞．心理咨询效果评价的组织和概念图式简介．心理科学，2002，25（5）：588-590.
姚树桥，杨彦春．医学心理学．6版．北京：人民卫生出版社，2013.
姚树桥．心理评估．2版．北京：人民卫生出版社，2013.
于璐，熊韦锐．正念疗法的兴起、发展与前景．学理论，2011（12）：47-48.
张亚．催眠心经：人人都是自己最好的催眠师．上海：上海科学普及出版社，2006.
张亚．催眠治疗实录．上海：上海教育出版社，2009.
张亚林，杨德森．中国道家认知疗法：ABCDE 技术简介．中国心理卫生杂志，1998，12（3）：188-190.
张亚林，曹玉萍．心理咨询与心理治疗技术操作规范．北京：科学出版社，2014.
张作记，冯学泉，李功迎，等．几种心理行为干预技术的进展与应用．中华行为医学与脑科学杂志，2005，14（6）：481-483.
赵芳．家庭治疗的发展：回顾与展望．南京师大学报（社会科学版），2010（3）：93-98.
赵旭东，宣煦．系统家庭治疗．上海精神医学，1998（4）：205-209.
钟友彬．中国心理分析：认识领悟心理疗法．沈阳：辽宁人民出版社，1988.
左成业，等．心理冲突与解脱：现代心理治疗．长沙：湖南科学技术出版社，1993.
Barkham M，Rees A，Shapiro D A，et al. Outcomes of time-limited psychotherapy in applied settings：Replicating the Second Sheffield Psychotherapy Project. Journal of Consulting and Clinical Psychology,

1996, 64 (5): 1079-1085.

Barkham M, Evans C, Margison F, et al. The rationale for developing and implementing core outcome batteries for routine use in service settings and psychotherapy outcome research. Journal of Mental Health, 1998, 7 (1): 35-47.

Barlow D H, Craske M G, Cerny J A, et al. Behavioral treatment of panic disorder. Behavior Therapy, 1989, 20 (2): 261-282.

Barsaglini A, Sartori G, Benetti S, et al. The effects of psychotherapy on brain function: A systematic and critical review. Progress in Neurobiology. 2014, 114 (1): 1-14.

Bateman A W, Fonagy P. Effectiveness of psychotherapeutic treatment of personality disorder. British Journal of Psychiatry, 2000, 177 (2): 138-143.

Baxter Jr, L R. Neuroimaging studies of obsessive compulsive disorder. Psychiatric Clinics of North America, 1992, 15 (4): 871-884.

Beauchaine T P, Klein D N, Crowell S E, et al. Multifinality in the development of personality disorders: A Biology×Sex×Environment interaction model of antisocial and borderline traits. Development & Psychopathology, 2009, 21 (3): 735-770.

Birmater B, Brent D A, Kolko D, et al. Clinical outcome after short-term psychotherapy for adolescents with major depressive disorder. Archives of General Psychiatry, 2000, 57 (1): 29-36.

Bradley R, Greene J, Russ E, et al. A multidimensional meta-analysis of psychotherapy for PTSD. American Journal of Psychiatry, 2005, 162 (2): 214-227.

Brantley J. Mindfulness-based stress reduction//Orsillo M, Roemer L. Acceptance and mindfullness-based approaches to anxiety: Conceptualization and treatment. New York: Springer, 2005: 131-145.

Buchheim A, Viviani R, Kessler H, et al. Changes in prefrontal-limbic function in major depression after 15 months of long-term psychotherapy. Plos One, 2012, 7 (3): e33745.

Burns A M, Erickson D H, Brenner C A. Cognitive-behavioral therapy for medication-resistant psychosis: A meta-analytic review. Psychiatric Services, 2014, 65 (7): 874-880.

Cao L, Wang G, Yang B. Chinese Taoist cognitive therapy and wore los paxil and duloxetine alone control study for the treatment of somatoform disorders. Journal of International Psychiatry, 2015, 42 (4): 29-33.

Compton S N, March J S, Brent D, et al. Cognitive-behavioral psychotherapy for anxiety and depressive disorders in children and adolescents: An evidence-based medicine review. Journal of the American Academy of Child & Adolescent Psychiatry, 2004, 43 (8): 930-959.

Cormier S, Cormier B. Interviewing strategies for helpers: Foundamental skills and cognitive behavioral interventions. 4th ed. Pacific Grove, C A: Brooks/Cole, 1998.

Corsini R J, Wedding D. Current psychotherapies. 4th ed. Itasca, IL: Peacock, 1989.

Cuijpers P, Driessen E, Hollon S D, et al. The efficacy of non-directive supportive therapy for adult depression: A meta-analysis. Clinical Psychology Review, 2012, 32 (4): 280-291.

DeRubeis R J, Crits-Christoph P. Empirically supported individual and group psychological treatments for adult mental disorders. Journal of Consulting and Clinical Psychology, 1998, 66 (1): 37-52.

Dichter G S, Felder J N, Smoski M J. The effects of brief behavioral activation therapy for depression on cognitive control in affective contexts: An fMRI investigation. Journal of Affective Disorders, 2010, 126 (1): 236-244.

Drayton M. The Minnesota Multiphasic Personality Inventory-2 (MMPI-2). Occupational Medicine, 2009, 59 (2): 135-136.

Driessen E, Cuijpers P, de Meat S C, et al. The efficacy of short-term psychodynamic psychotherapy for depression: A meta-analysis. Clinical Psychology Review, 2010, 30 (1): 25-36.

Feske U, Goldstein A J. Eye movement desensitization and reprocessing treatment for panic disorder: A controlled outcome and partial dismantling study. Journal of Consulting & Clinical Psychology, 1997, 65 (6): 1026-1035.

Forman E M, Shaw J A, Goetter E M, et al. Long-term follow-up of a randomized controlled trial comparing acceptance and commitment therapy and standard cognitive behavior therapy for anxiety and depression. Behavior Therapy, 2012, 43 (4): 801-811.

Frewen P A, Dozois D J, Lanius R A. Neuroimaging studies of psychological interventions for mood and anxiety disorders: Empirical and methodological review. Clinical Psychology Review, 2008, 28 (2): 228-246.

Fu C H, Williams S C, Cleare A J, et al. Neural responses to sad facial expressions in major depression following cognitive behavioral therapy. Biological Psychiatry, 2008, 64 (6): 505-512.

George R L, Cristiani T S. Counseling: Theory and practice. 3rd ed. Englewood Cliffs, N J: Prentice-Hall, 1990.

Grossman P, Niemann L, Schmidt S, et al. Mindfulness-based stress reduction and health benefits: A meta-analysis. Journal of Psychosomatic Research, 2004, 57 (1): 35-43.

Gu J, Strauss C, Bond R, et al. Corrigendum to "How do mindfulness-based cognitive therapy and mindfulness-based stress reduction improve mental health and wellbeing? A systematic review and meta-analysis of mediation studies". Clinical Psychology Review, 2016, 49: 119.

Hansen N B, Lambert M J. An evaluation of the dose-response relationship in naturalistic treatment settings using survival analysis. Mental Health Services Research, 2003, 5 (1): 1-12.

Jehle P J, McCullough J P. Treatment of chronic major depression using the cognitive behavioral analysis system of psychotherapy (CBASP). Journal of Contemporary Psychotherapy, 2002, 32 (4): 263-271.

Joseph L. Biology of personality disorders. Journal of Psychiatry & Neuroscience, 2000, 25 (4): 390-391.

Keefe J R, McCarthy K S, Dinger U, et al. A meta-analytic review of psychodynamic therapies for anxiety disorders. Clinical Psychology Review, 2014, 34 (4): 309-323.

Kennedy S H, Konarski J Z, Segal Z V, et al. Differences in brain glucose metabolism between responders to CBT and venlafaxine in a 16-week randomized controlled trial. American Journal of Psychiatry, 2007, 164 (5): 778-788.

Kennis M, Rademaker A R, Geuze E. Neural correlates of personality: An integrative review. Neuroscience and Biobehavioral Reviews, 2013, 37 (1): 73-95.

Knekt P, Lindfors O, Laaksonen M A, et al. Quasi-experimental study on the effectiveness of psychoanalysis, long-term and short-term psychotherapy on psychiatric symptoms, work ability and functional capacity during a 5-year follow-up. Journal of Affective Disorders, 2011, 132 (1): 37-47.

Knekt P, Lindfors O, Laaksonen M A, et al. Effectiveness of short-term and long-term psychotherapy on work ability and functional capacity: A randomized clinical trial on depressive and anxiety disorders. Journal of Affective Disorders, 2008, 107 (1): 95-106.

Kopka S M, Lueger R J, Howard K I. Individual psychotherapy outcome and progress research. Annual Review of Psychology, 1999, 50: 441-469.

Lambert M J, Anderson E M. Assessment for the time-limited psychotherapies. Annual Review of Psychiatry, 1996, 15: 23-42.

Lambert M J, Masters K S, Ogles B M. Outcome research in counseling//Watkins C E, Schneider L J. Research in counseling. Hillsdale, NJ: Lawrence Erlbaum, 1991: 51-83.

Leichsenring F, Hiller W, Weissberg M, et al. Cognitive-behavioral therapy and psychodynamic psychotherapy: Techniques, efficacy, and indications. American Journal of Psychotherapy, 2006, 60 (3): 233-259.

Leichsenring F, Leibing E. Psychodynamic psychotherapy: A systematic review of techniques, indications and empirical evidence. Psychology and Psychotherapy: Theory, Research and Practice, 2007, 80 (2): 217-228.

Leichsenring F, Rabung S, Leibing E. The efficacy of short-term psychodynamic therapy in specific psychiatric disorders: A meta-analysis. Archives of General Psychiatry, 2004, 61 (2): 1208-1216.

Lezak M D. Neuropsychological assessment. 3rd ed. New York: Oxford University Press, 1995.

Lutz W. Efficacy, effectiveness, and expected treatment response in psychotherapy. Journal of Clinical Psychology, 2003, 59 (7): 745-750.

Meichenbaum D. Cognitive behavior modification: An integrative approach. New York: Plenum Press, 1977.

Meichenbaum D. Cognitive behavior modification. Morristown, NJ: General Learning Press: 185-192.

Meichenbaum D. Enhancing creativity by modifying what subjects say to themselves. American Educational Research Journal, 1975, 12 (2): 129-145.

Mufson L, Dorta K P, Wickramaratne P, et al. A randomized effectiveness trail of interpersonal psychotherapy for depressed adolescents. Archives of General Psychiatry, 2004, 61 (6): 577-584.

Ponniah K, Magiati I, Hollon S D. An update on the efficacy of psychological treatments for obsessive compulsive disorder in adults. Journal of Obsessive-Compulsive and Related Disorders, 2013, 2 (2): 207-218.

Quidé Y, Witteveen A B, El-Hage W, et al. Differences between effects of psychological versus pharmacological treatments on functional and morphological brain alterations in anxiety disorders and major depressive disorder: A systematic review. Neuroscience & Biobehavioral Reviews, 2012, 36 (1): 626-644.

Raskin N J, Roger, C R. Person-centered therapy//Corsini R J, Wedding D. Current psychotherapies. 4th ed. New York: Peacock, 1989: 155-194.

Reynolds S, Wilson C, Austin J, et al. Effects of psychotherapy for anxiety in children and adolescents: A meta-analytic review. Clinical Psychology Review, 2012, 32 (4): 251-262.

Rogers C R. Client centered psychotherapy//Kaplan H I, Sadock B J, Freeman A M. Comprehensive textbook of psychiatry Ⅱ. Baltimore, MD: Willians & Wilkins, 1975.

Rothbaum B O, Astin M C, Marsteller F. Prolonged exposure versus eye movement desensitization and reprocessing (EMDR) for PTSD rape victims. Journal of Traumatic Stress, 2005, 18 (6): 607-616.

Schienle A，Wabnegger A，Scharmüller W. Effects of cognitive behavior therapy on regional brain volume in spider-phobic patients：Preliminary results. Journal of Anxiety Disorders，2014，28（2）：276-279.

Shapiro F. Eye movement desensitization and reprocessing：Basic principles，protocols，and procedures. 2nd ed. New York：Guilford Press，2001.

Smit Y，Huibers M J，Ioannidis J P，et al. The effectiveness of long-term psychoanalytic psychotherapy：A meta-analysis of randomized controlled trials. Clinical Psychology Review. 2012，32（2）：81-92.

Svartberg M，Stiles T C，Seltzer M H. Randomized，controlled trail of the effectiveness of short-term dynamic psychotherapy and cognitive therapy for cluster C personality disorders. American Journal of Psychiatry，2004，161（5）：810-817.

Sánchez-Meca J，Rosa-Alcázar A I，Iniesta-Sepúlveda M，et al. Differential efficacy of cognitive-behavioral therapy and pharmacological treatments for pediatric obsessive-compulsive disorder：A meta-analysis. Journal of Anxiety Disorders. 2014，28（1）：31-44.

Thase M E，Kingdon D，Turkington D. The promise of cognitive behavior therapy for treatment of severe mental disorders：A review of recent developments. World Psychiatry，2014，13（3）：244-250.

Tingey R C，Lambert M J，Burlingame G M，et al. Assessing clinical significance：Proposed extensions to method. Psychotherapy Research，1996，6（2）：109-123.

Van Gestel S，Van Broeckhoven C. Genetics of personality：Are we making progress?. Molecular Psychiatry，2003，8（10）：840-852.

Watson J C，Bedard D L. Clients' emotional processing in psychotherapy：A comparison between cognitive-behavioral and process-experiential therapies. Journal of Consulting and Clinical Psychology，2006，74（1）：152-159.

Watson J C，Gordon L B，Stermac L，et al. Comparing the effectiveness of process-experiential with cognitive-behavioral psychotherapy in the treatment of depression. Journal of Consulting and Clinical Psychology，2003，71（4）：773-781.

Yamanishi T，Nakaaki S，Omori I M，et al. Changes after behavior therapy among responsive and nonresponsive patients with obsessive-compulsive disorder. Psychiatry Research：Neuroimaging，2009，172（3）：242-250.

Yang Y，Kircher T，Straube B. The neural correlates of cognitive behavioral therapy：Recent progress in the investigation of patients with panic disorder. Behaviour Research and Therapy，2014，62：88-96.

Yoshimura S，Okamoto Y，Onoda K，et al. Cognitive behavioral therapy for depression changes medial prefrontal and ventral anterior cingulate cortex activity associated with self-referential processing. Social Cognitive & Affective Neuroscience，2014，9（4）：487-493.

Zhu J F. Interventional effect of Chinese daoistic cognitive therapy on type-A behavior of patients with coronary heart disease. Chinese Journal of Clinical Rehabilitation，2006，10（38）：157-160.

图书在版编目（CIP）数据

临床心理学 / 姚树桥，傅文青等著. —2 版. —北京：中国人民大学出版社，2018.2
新编 21 世纪心理学系列教材
ISBN 978-7-300-25426-5

Ⅰ.①临… Ⅱ.①姚…②傅… Ⅲ.①医学心理学-教材 Ⅳ.①R395.1

中国版本图书馆 CIP 数据核字（2018）第 007813 号

新编 21 世纪心理学系列教材
临床心理学（第 2 版）
姚树桥 傅文青 唐秋萍 朱熊兆 吴大兴 著
Linchuang Xinlixue

出版发行	中国人民大学出版社		
社　　址	北京中关村大街 31 号	**邮政编码**	100080
电　　话	010－62511242（总编室）		010－62511770（质管部）
	010－82501766（邮购部）		010－62514148（门市部）
	010－62515195（发行公司）		010－62515275（盗版举报）
网　　址	http://www.crup.com.cn		
经　　销	新华书店		
印　　刷	北京市鑫霸印务有限公司	**版　　次**	2009 年 8 月第 1 版
规　　格	185 mm×260 mm　16 开本		2018 年 2 月第 2 版
印　　张	21	**印　　次**	2024 年 10 月第 6 次印刷
字　　数	474 000	**定　　价**	48.00 元